東亞區域的經濟發展與日本

The Regional Economic Development of East Asia and Japan

任燿廷 著

目次

圖目次

表目次

第一章　序言

　　東亞國家的經濟發展在 1980 年代以後被譽為經濟發展的奇蹟，主要理由之一是東亞地區國家經濟的一連串成長崛起的現象。在一連串經濟成長的崛起過程中，東亞國家前後梯次漸層銜接的發展型態清晰地被勾勒出來。而東亞國家間層次分明的經濟成長銜接形狀主要就是各國經濟發展策略的外向型轉換亦即轉型出口導向發展策略的先後順序所形成。換言之，即東亞國家採行自由化的改革開放政策，開始落實市場經濟化與國際經濟接軌的先後時期形成先進國日本，新加坡、香港、台灣、韓國等亞洲一梯新興工業經濟體（1st tier Asian Newly Industrialized Economies），馬來西亞、泰國、印尼、菲律賓等二梯新興工業經濟體（2nd tier Asian Newly Industrialized Economies）以及後來的中國、越南等經濟成長的漸層銜接。

　　換言之，第二次世界大戰後東亞國家的經濟成長中的主要特色之一為其對外貿易特別是出口的急速成長。此種快速出口成長帶動的經濟成長一般稱之為出口導向型經濟成長模式，亦有著眼出口快速成長主要成因的外來直接投資（Inward Foreign Direct Investment, IFDI）而稱之為順貿易型直接投資導向工業化成長模式（Pro-trade FDI-led manufactured growth model）[1]。

　　特色之二為東亞國家的出口急速成長過程並非只是單一國家的個別現象，而是東亞各國一連串崛起與先後銜接的整體現象，也

---

[1] 根據小島清的雁行形態發展論述，參照 Kojima Kiyoshi, "The "flying geese" model of Asian economic development: origin, theoretical extensions, and regional policy implications," *Journal of Asian Economics*, Vol.11, 2000, pp.375-401。

因此被稱為東亞經濟的奇蹟[2]。其後 1997 年亞洲金融風暴雖然嚴重影響部份東亞國家經濟持續發展的進程，但就東亞國家整體而言並未中斷其出口的持續成長以及其在世界出口所佔的重要性。在工業化近代經濟成長模式及產業內貿易的持續發展下，東亞區域內的經貿實質關係也更加緊密（de facto integration）[3]。

問題是戰後東亞的出口導向型經濟成長模式下，雁行形態的發展銜接東亞國家間的經濟發展後，特別 1980 年代後東亞區域的經貿關係發生什麼變化，中國經濟的崛起對東亞的雁行發展又產生什麼影響，2000 年後的 FTA 新經濟整合模式又帶給亞洲什麼影響，而日本在其中又扮演什麼角色、發揮什麼影響。

壹、本書的目的

基於上述的問題意識，本書的目的主要為探討以下兩個層面的問題。

一、東亞的出口導向工業化發展與雁行形態發展理論

戰後東亞國家出口導向型工業化發展模式的成功案例成為近代經濟發展理論特別是對外貿易、海外直接投資（Foreign Direct Investment, FDI）與經濟發展相關理論的實證對象。

東亞國家透過貿易與投資在經濟自由化與全球化潮流中形成一股強勁力量，特別是 1960 年代以來貿易導向型工業化政策下工

---

[2] 世界銀行（1993）*The East Asian Miracle: Economic Growth and Public Policy* 白鳥正喜監譯『東アジアの奇跡-経済成長と政府の役割-』（東京：東洋経済新報社，1994），頁 1。
[3] 參照經濟產業省編，『通商白書 2004』（東京：日本経済産業調查会，2004），頁 152-155。

業製品出口的急遽成長匯聚世界的注目。東亞國家的順貿易型直接投資導向工業化成長模式，特別是新興工業經濟體以及後起中國的經貿成長更成為世界關心的焦點。自由市場經濟體制下近代經濟成長的發展模式中，出口導向策略被視為是一種成功的經濟發展模式，特別是出口與外資並用的發展策略。第二次世界大戰以後，東亞國家的經濟成長即是被視為體現此種經濟發展模式的成功案例。東亞國家基於市場機制的經濟發展過程中除總體經濟安定政策外，對於利用國外的資本、技術與市場上也大都採行選擇性的金融、產業育成及輸出獎勵等相關措施並建構一套實現出口導向策略目標的政策營運制度與環境。其中對利用外資的態度雖然東亞國家並不完全相同，部分國家如日本、韓國、印尼等對引進外資上持較保守的態度，特別韓國、泰國、印尼等寧可採國外貸款方式彌補其國內產業資本不足，但亦如東亞國家由進口替代轉型出口導向模式過程的漸進式發展，1990 年代中特別是 97 年亞洲金融風暴後大都轉向解除限制外資的自由化方向。而對國外技術與市場的利用上則東亞國家普遍皆持開放的積極態度。

其主要原因，一方面是 GATT/WTO、IMF、WB 架構下的世界經貿體制對貿易與資本自由化的共識與要求，另一方面更重要的是享受後開發性經濟利益促進經濟成長的出口導向型近代經濟成長工業化發展模式所需要的不只是資本與外匯以突破經濟發展初期此兩項缺口的不利條件，同時亦需要技術、原材料、機器設備及零組件的進口以及國外市場等的配套才能運作，外資的引進除了導入資本外，更重要的是導入技術、機器設備‧零組件以及國外市場的外部資源。

而出口導向型經濟發展模式的營運同時也必須選擇符合其國內資源稟賦條件的發展模式，才能體現經濟的比較利益，創造競爭優勢，將貿易利益轉化為國內經濟成長的利益。並出口導向型發展模式的營運過程中，外部資源的量的增加外，質的方面，經濟自由化、市場化的改革開放是滲透市場機制到經濟運作中，使出口導向型發展模式奏效的必要條件。因為經濟發展的動態過程中，隨著市場價格的變化，其發展模式也必須隨之調整與轉型才能維持競爭優勢，持續經濟成長的可能性。

東亞的出口成長除上述生產、供給面的問題外，另外從需求面特別是國外需求的輸出市場而言，在經濟更形開放的發展下，比較利益的動態性變化促使區域內新興出口國家的出現，其中，吸納產出的需求面上，市場再利用與比較利益再循環（'market recycling' or 'comparative advantage recycling'）的轉換歷程也儼然成為東亞甚至世界經濟銜接成長與發展的另一個重要關鍵[4]。比較利益再循環的論述中主張東亞區域經濟發展中的領先層國家日本、第二層次的亞洲一梯 NIEs 等新興工業經濟體漸次地移轉其傳統出口產業至新興產業，從而讓出傳統產品國內外市場的空間以利二梯 NIEs、中國、越南等新興國家的接續出口，特別是美國的出口市場。東亞中此種市場再利用的情形尤其 1990 年代日本經濟相對低迷以及中國經濟快速興起過程中特別明顯。而此期間東亞國家間出口競爭力結構的更迭演變也支持市場再利用論述的觀點。

戰後東亞國家間經濟發展的銜接型態，日本經濟學者赤松要命名為雁行形態發展模式，其後在小島清、大來佐武郎等學者的承續下逐漸建構出雁行形態論（flying geese theory or catching up product cycle theory）的演繹推論架構，因其契合戰後日本為首東亞國家外向型經濟發展策略下外資、貿易自由化的成長模式，對東亞國家經濟發展及國際經濟關係的演變上具相當程度的詮釋力。

雁行形態理論是根據後發展國家先後享受後開發性經濟利益、模仿已發展國家的工業化經濟發展模式的演化過程所歸納出解釋世界經濟互補性及序列性發展過程及現象的理論[5]。其中亦演繹

[4] 此命名與定義參照 Cutler, Harvey, David J. Berri and Terutomo Ozawa, "Market recycling in labor-intensive goods, flying-geese style: an empirical analysis of East Asian exports to the U.S.," *Journal of Asian Economics*, Vol. 14, 2003, pp.36。

[5] 有關雁行形態理論參照赤松要，『世界經済論』（東京：国元書房，1965），頁 162；小島清，『日本の海外直接投資——経済学的接近』（東京：文真堂，

出世界經濟發展的同質性相剋論與異質性互補論以及合作與競爭的理論基礎。

序列性指在各國經濟持續發展下，後發展國家雖有追趕上已發展國家的可能性，但是在先進國技術相對進步的前提下，超越的可能性則較低，基本上維持轉型先後的順序形態發展。世界經濟的發展與競爭狀態端視演化過程中技術進步的程度而定，全球性汎用型與各國的技術進步速度越快、幅度越大演化速度就越快、幅度亦越大，然而各國經濟發展的序列性除非後發展國家的技術進步超前基本上應是不易改變的。

雁行理論的經濟互補性指後發展國家享受後開性經濟利益達成經濟成長的目標，並藉由貿易、投資、技術移轉的進展回饋世界經濟朝向擴大均衡方向發展。而後發展國家與已開國家間的競爭主要是經濟發展過程中連鎖性結構的改變使經濟體間由異質性互補狀態轉變成同質性狀態所形成的，其後經濟的持續發展、結構的高度化亦會使世界經濟進入另一個異質性互補的均衡狀態。連鎖性經濟結構的改變則主要經由 FDI 及貿易的進展所導致。

雁行形態發展理論對戰後東亞國家的經濟發展模式、過程中藉由貿易、海外直接投資所產生的國際間經濟資源移轉及生產、需求波及效果具相當的詮釋力，而連鎖性經濟結構轉變所歸納出經濟發展的同質性相剋論與異質性互補論亦或合作與競爭演化的論點亦對東亞域內經濟發展過程中各國間經濟關係的演變具相當的詮釋力並也成為區域經濟持續發展的指引。即東亞國家經濟發展初期享受「後開發性經濟利益」的同時由於各國初期條件不同與他國間會先呈現異質性互補利益，隨著各國工業化的進展各國間則會進入同質性競爭的階段，但在技術進步及經濟轉型升級下，則又會進入另一個異質性互補的階段。

1986），頁 43-56 以及 Kojima Kiyoshi, "The "flying geese" model of Asian economic development: origin, theoretical extensions, and regional policy implications," *Journal of Asian Economics*, 11, 2000, pp.382-88。

　　戰後以來東亞經濟的雁行形態發展主要立基在自由市場經濟的運作並受惠於市場經濟與貿易自由化的國際大環境。但是隨著工業化的經濟發展，世界的貿易型態產生變化，而 1900 年代後期區域經濟整合及雙邊自由貿易協定的興起也改變戰後以來多邊架構下的國際經貿環境。探討東亞受此影響其經貿發生什麼變化又如何因應特別是日本的因應策略是本書第一個層面的目的。

二、中國經濟崛起的意涵

　　1990 年代中國大陸的經濟快速成長並在世界經濟體系中產生巨大的影響，其經濟發展的動向成為各國密切關注的焦點。中國經濟轉型漸進式自由市場經濟體制後，與世界經濟進一步接軌取得後開發性利益所呈現出的急遽式經濟成長結果，除體現中國經濟的比較利益，再度印證市場經濟模式下近代經濟成長的可能性，使世界經濟朝擴大均衡的方向發展外，亦印證世界經濟接力競賽中互補性發展的可行性。

　　但是中國經濟的快速興起中，不但勞力密集型產品連資本密集型的高科技產品的出口亦均大幅成長，特別是 1990 年代與已開發國家的產品在世界市場激烈競爭，因此產生所謂的中國經濟威脅論（China Syndrome）。然而美日感受威脅的程度不同，日本似乎較敏感，日本貿易振興会（JETRO）的調查中 50% 受訪企業感受中國的威脅[6]。中國改革開放後的經濟發展，特別是 1990 年代其出口的快速成長及結構的快速轉變下產生所謂的蛙跳現象（leapfrogging）或脫序現象。許多國家同時感受中國強勁出口的競爭威脅，加上同時期日本經濟的長期不振、美國經濟在 ICT 化下的重振以及世界資

---

[6] 日本貿易振興会経済情報部，『日本市場における中国製品の競争力に関するアンケート調査報告書』（東京：日本貿易振興会，2001 年 8 月），頁 8。調査結果顯示日本主要感受威脅的產業有非鐵金屬、成衣、傢俱‧建材、電子零組件、纖維‧紡紗等。

本、金融、外匯市場自由化下的波動加劇特別是亞洲金融風暴的發生等外在經貿環境的蛻變，由於此蛙跳現象乃是基於東亞雁行發展的序列性所產生的觀察結果，因此許多人開始懷疑雁行理論的序列性觀點解釋世界經濟競爭秩序的現實性。中國經濟威脅論便是此種懷疑論的一個表現。此種論點認為中國經濟不但會追趕上先進國家更有超越的可能性。然而東亞國家間銜接式的經濟成長型態及發展序列關係真的發生質變了嗎，而對藉由國際間經濟結構的連鎖性轉變所帶動的各國經濟競爭力結構間又產生什麼影響變化，中國的崛起是否會改變戰後以來東亞的成長模式與路徑，所謂的威脅是表面上的超越亦或是本質上的替代實有深入探討的必要。此為本書第二層面的目的。

　　從經濟發展理論而言，中國經濟 1990 年代以來的快速成長不僅代表一個由共產國家轉型市場經濟的成功案例，更是許多近代經濟發展理論特別是對外貿易、FDI 與經濟發展相關理論的實証對象。多國籍企業（MNCs）是延伸東亞經濟雁行發展的代理人與實際執行者，Radelet and Sachs（1997）及 Ekholm et al.（2007）等進一步衍伸雁行發展理論說明多國籍企業的雁行直接投資活動創造東亞國家的輸出平台機能促進被投資國出口快速成長的雁行工業化發展[7]。以多國籍企業為媒介的輸出平台機能縮短輸入、生產、輸出的一般發展過程直接進入生產並同時輸出的階段，亦可能在各種消費財甚至資本財並進下延伸至產業的加速發展。而此種飛地（enclave）型的變形雁行發展可以合理解釋東亞雁行工業化經濟發展下 1990 年代以來中國高出口經濟成長的蛙跳（leapfrogging）現象，以及 2000 年以來越南的快速出口成長。

　　歸納而言，本書的目的可細分為以下五點。其一，探討東亞域內新貿易型態，產業內貿易的進展與東亞經濟雁行發展的關係。其

---

[7]　Radelet, S.and J. Sachs, "Asia's Reemergence," *Foreign Affairs* 76(6), 1997, November/December, pp. 52-55; Ekholm, K., R. Forslid and J. R. markusen, "Export-Platform Foreign Direct Investment," *Journal of the European Economic Association* 5(4), 2007, pp.776-795。

二，從國際收支發展的角度檢視東亞經濟的發展階段並探討東亞經濟國際收支層面上的雁行發展。其三，從日本對其他東亞國家的直接投資與當地日系製造業的經營探討個體經濟面貿易、投資與技術移轉的雁行發展。其四，檢視中國經濟發展的蛙跳現象，探討中國經濟的崛起是否改變東亞經濟雁行發展的演化狀態，中國的追趕與超越下的所謂中國威脅是表面上的超越亦或是本質上的替代。並作為實證雁行理論序列性觀點的初步分析。其五，探討 2000 年後 FTA 新經濟整合模式下東亞區域經濟整合的發展及影響。

另外本書中依戰後東亞國家轉型出口導向經濟發展策略的先後時期順序，選擇日本、新加坡、香港、台灣、韓國、馬來西亞、泰國、印尼、菲律賓、中國、越南等 11 國作為觀察對象，分佈如圖 1-1 所示，並依聯合國貿易發展委員會（UNCTAD）的分類將新加坡、香港、台灣、韓國歸稱為亞洲一梯 NIEs（Newly industrialized economies: 1st tier），馬來西亞、泰國、印尼、菲律賓歸稱為亞洲二梯 NIEs（Newly industrialized economies: 2nd tier）。

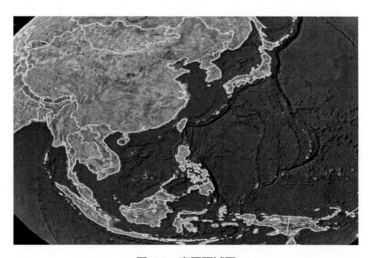

圖 1-1　東亞區域圖

資料出處：Google, Image NASA。

貳、本書的內容與發現

　　本書內容共分成六章，第一章序言、第二章戰後東亞區域內貿易與工業製品產業內貿易的變化、第三章東亞的國際收支發展與貿易失衡的因應、第四章日本對東亞的直接投資與日系企業經營、第五章中國的經濟發展與東亞－兼論中日台的競合關係、第六章東亞區域經濟合作與日本。

　　第二章主要探討二次大戰後東亞經濟雁行發展下區域內貿易的進展與工業製品產業內貿易的變化。章中確認東亞經濟發展中製品產業內貿易的進展，並探討東亞間產業內貿易水準的差異與雁行發展的關係。

　　第三章檢視東亞以及日本對東亞國際收支的發展階段，從經常收支與資本金融收支的演變確認日本與東亞間經貿關係的發展，另也探討日本財貨貿易的失衡與因應。從日本對美國、EU國際收支的發展比較其對東亞的特徵，並從日本對東亞國際收支中的財貨貿易收支、直接投資收支、專利權商標使用費收支及直接投資所得收支的關係演變中歸納出，日本對東亞的直接投資乃是追求比較利益互補效益的投資行為而非財貨貿易收支順差擴大下回避貿易摩擦的投資行為。日本對東亞的直接投資所得順差隨著直接投資收支逆差的擴大而增加，而日本對東亞的直接投資收支逆差越大其技術貿易收支即專利權商標使用費收支順差越大，意涵日本對東亞進行直接投資時伴隨著技術的移轉，此外日本對東亞的直接投資收支逆差越大其直接投資所得收支順差也越大。日本2000年後對東亞技術貿易收支順差越大其直接投資所得收支順差也越大，意涵其對東亞的技術移轉對其直接投資所得收支順差的增加有推升的作用。日本追求比較利益的互補效益，對東亞展開伴隨其技術移轉的直接投資，而日本對東亞的直接投資及技術移轉也增加其直接投資所得的順差回饋日本的經濟發展。

　　第四章探討日本對東亞的直接投資與日系企業經營，主要檢視製造業的直接投資演變以及當地日系製造業的經營變化。海外直接投資是東亞經濟雁行發展及域內國際分工體系形成的主要媒介，章中從東亞日系製造業的個體經濟面角度檢討日系企業對東亞直接投資的原因、經營策略，從銷售、採購結構觀察與日本、域內其他國家及域外的貿易即財貨國際分工的演變，並探討當地雇用、投資及技術分工的進展。

　　第五章探討中國的經濟發展及與東亞的關係。中國經濟的快速崛起刷新東亞的經濟版圖，但中國的經濟發展與東亞間關係密不可分，本章討論中國的出口工業化經濟發展中東亞的角色扮演以及中國經濟對東亞的波及影響，也兼論中國、日本的經貿發展對台灣的影響，探討中、日、台間的輸出競合關係。章中首先從改革開放後中國對外貿易成長中其產品、市場的貿易結構、貿易型態的變化瞭解中國經濟發展的蛙跳現象，並從其出口競爭力結構的演變、發展策略及外資企業在出口中的角色推敲其原因與問題所在，中國的外資與出口導向發展策略特別是 1990 年代中機械製品的的加工出口擴張策略應是其出口快速成長的主要原因。再從其製品出口產業的國內外生產波及效果的變化檢視對其經濟體以及貿易對手國的影響，2000 年中國機械產業演變成最具影響力的出口領導部門，而 1990 年代中其對日本、台灣以外其他東亞國家的生產波及效果亦呈現增強的變化。其次確認中、日、台出口製品競爭力結構間競合關係的變化，也從東亞的視角提出建構互補性合作關係的初步看法。

　　第六章探討 2000 年以來東亞 FTA 的風潮下新區域經濟合作模式的展開中日本與東亞國家間經濟合作夥伴協定（EPA）的進展。2000 年之前東亞出口導向工業化的雁行發展在市場機制的主導下快速進行，域內國際分工體系的成形也自然形成一個鬆散的經濟體。但亞洲金融風暴後，東亞國家鑒於經濟的持續發展製造業以外服務業、農業等產業的生產力、競爭力及整體經濟結構、制度必須提升，同時域內也需要能夠達成更緊密經濟合作關係的制度性安排以防範或因應類似亞洲金融風暴問題的再發生。本章中探討東亞新經濟整合思維下，日本的對外新經濟政策的策略展開，特別針對日本雙邊協定 EPA 的策略、進程及影響進行分析。

第二章

東亞區域內貿易與工業製品產業內貿易的變化

　　1980 年代以來世界經濟在海外投資及財貨、服務貿易的快速進展下，伴隨資金、技術、人力資源的國際間移轉建構成全球性經濟網絡。這種經濟全球化的發展趨勢與過去企業多國籍化發展的主要差異在於資本的移轉關係外，更加上技術、人力資源及商品與服務等整體經營資源的國際間交互運用所形成的多重相互依存關係。這種超越國境或無國境的經濟活動對於各國的貿易結構及型態當然產生巨大衝擊。另外，這種以先進國家為主的經濟全球化發展過程中可以發現有其密切的地緣關連性，美國與美洲及亞洲太平洋地區各國，日本與東亞各國，EU 與其域內及俄羅斯、中東歐各國等。國際間新的貿易型態即產業內貿易的進展對於這樣的發展有極大的推助作用[1]。

---

[1] 世界各國產業內貿易型態比重增加的實證研究參照, Grubel, H. G, and P. J. Lloyd, *INTRA-INDUSTRY TRADE-The Measurement of International Trade in Differentiated Products*（London: Macmillan Press Ltd, 1975）; Havrylyshyn, O. and E. Civan, "Intra-Industry Trade and the Stage of Development-A Regression Analysis of Industrial and Developing Countries," in P.K.M. Tharakan, ed., *Intra-Industry Trade: Empirical and Methodological Aspects* （Amsterdam: North-Holland, 1983）, pp.111-40; Guan, Goh Aik「日本の産業内分業の推移：一考察」,『日本経済研究』, No.21, 1991, p.61; Fontagne, L. and M. Freudenberg, "Long-Term Trends in Intra-Industry Trade," in P. J. Lloyd and Hyun-Hoon Lee, eds., *Frontiers of Intra-Industry Trade*（London: Palgrave Macmillan Press Ltd., 2002）, p.142; Kimura, Fukunari, and Kiichiro Fukasaku, "Globalization and Intra-firm Trade: Further Evidence," in P.J. Lloyd and Hyun-Hoon Lee,eds., *Frontiers of Research in Intra-Industry Trade*（New York: Palgrave Macmillan Press Ltd., 2002）; Fukao, Kyoji, Hikari Ishido and Keiko Ito "Vertical Intra-Industry Trade and Foreign

壹、東亞區域內的貿易比重

　　東亞國家的對外貿易隨著東亞區域經濟的發展，其對東亞地區貿易也越提高。圖 2-1 顯示 1980 年以來東亞 11 國對其他東亞 10 國、美國及歐洲的輸出入佔總輸出入比重變化。同圖比對表 2-1 可知，東亞 11 國對其他東亞 10 國的平均輸入比重 1990 年代以來超過 50%，其後持續增加，相對地對美國的輸入比重持續降低，對歐洲雖 1980 年代中期以後增加但 1990 年代中期以後下降。2006 年東亞 11 國對其他東亞 10 國的平均輸入比重高達 57.4%，歐洲 10.1%，美國 9.3%。而對東亞輸出比重 1990 年代從 1980 年代初期 40% 提升至 50%，2000 年以後超過 50%，相對地對美國的輸出比重從 1980 年代初期 23% 下降至 20%，2000 年以後低於 20%，對歐洲的輸出 1980 年代後期開始雖然增加但 1990 年代後仍下降。2006 年東亞 11 國對其他東亞 10 國的平均輸出比重達 53.3%，美國 16.4%，歐洲 13.8%。

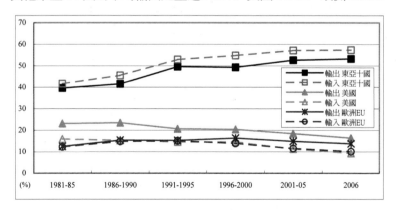

圖 2-1　東亞域內貿易

資料出處：1. ICSAED，1999,2007 年「東アジア経済の趨勢と展望」統計資料。
　　　　　2. 作者計算編製。

Direct Investment in East Asia," *RIETI Discussion Paper Series* 03-E-001,Research Institute of Economy, Trade and Industry, 2002；経済産業省，『通商白書 2003』（東京：日本経済産業調査会，2003），p.69。

表 2-1　東亞貿易的區域比重　　　　　　　　　(%)

		1981-85	1986-1990	1991-1995	1996-2000	2001-05	2006
輸出	東亞十國	39.61	41.53	49.57	49.29	52.61	53.25
	美國	23.12	23.49	20.66	20.40	18.44	16.40
	歐洲 EU	12.53	15.42	15.30	16.39	14.88	13.79
輸入	東亞十國	41.64	45.52	52.93	54.81	57.14	57.36
	美國	15.94	15.33	14.56	14.62	11.25	9.26
	歐洲 EU	12.31	14.84	15.11	13.94	11.51	10.06

注：1.東亞域內 11 國對東亞其他 10 國、美國、EU 貿易比重的平均值。
資料出處：1. ICSAED, 1999, 2007 年「東アジア経済の趨勢と展望」統計資料。
　　　　　http://www.icsead.or.jp/7publication/shiten.html。
　　　　2. 作者計算彙編。

　　東亞各國的東亞域內貿易比重則變化各有不同，由表 2-2 可知
1980 年代以後大多數國家對東亞域內的貿易比重顯著增加。日本
1980 年代對東亞輸出入比重雖提升但均在 30% 以下，1990 年代超
過 30%，2000 年後更超過 40%，2006 年輸出佔 46%，輸入佔 42%。

　　其餘東亞國家的東亞輸入 1990 年代中除台灣、韓國、印尼外均超
過 50%，2000 年以後台灣亦超過 50%，但中國在 2000 年後下降，2006
年 49.5%。2006 年東亞中香港 81% 最高，越南 76% 次之，馬來西亞 63%，
其餘皆在 50% 以上。另外韓國、印尼 2006 年皆在 45% 水準。

　　而日本以外東亞國家對東亞輸出 1990 年代中除台灣、韓國、
泰國、菲律賓外均超過 50%，2000 年以後台灣、泰國、菲律賓亦
均超過 50%，但中國、越南在 2000 年後下降至 50% 以下，2006 年
中國 39.6%、越南 40.3%。2006 年東亞中台灣 64% 最高，新加坡
62.3% 次之，香港 61.7%，印尼 60.5%，其餘皆在 50% 以上。另外
韓國 2006 年為 49%。

　　另外東亞財貨別的域內貿易比重，從表 2-3 可知，首先總財貨
的域內貿易 1980 年以後大幅增加，2005 年達 1 兆 5,390 億美元、
佔總貿易 54.5%，低於 EU 的 2 兆 3,260 億美元、64%，但高於 NAFTA

表 2-2　東亞國家別區域內貿易比重　(%)

		1981-85	1986-1990	1991-1995	1996-2000	2001-05	2006
日本	輸出	24.80	26.64	36.56	38.71	44.27	46.28
	輸入	23.07	27.69	32.08	37.03	42.68	42.27
新加坡	輸出	47.20	44.35	50.00	53.36	63.18	62.29
	輸入	51.30	53.74	57.57	57.12	59.93	58.36
香港	輸出	35.90	42.55	47.87	50.17	57.08	61.67
	輸入	68.17	71.84	75.57	75.67	78.87	81.28
台灣	輸出	25.12	31.16	45.13	48.04	58.27	63.99
	輸入	37.28	42.71	46.13	49.89	55.08	55.00
韓國	輸出	25.49	31.76	42.67	44.92	47.07	48.97
	輸入	33.49	42.21	39.67	38.72	46.30	45.33
馬來西亞	輸出	59.03	55.16	54.30	52.60	54.10	53.18
	輸入	53.55	54.23	59.05	59.46	62.59	62.88
泰國	輸出	39.16	38.58	43.16	45.98	49.64	50.33
	輸入	46.75	52.69	55.25	53.33	55.15	55.94
印尼	輸出	64.44	64.72	60.78	56.51	58.10	60.52
	輸入	48.43	48.52	48.24	47.36	42.97	45.07
菲律賓	輸出	37.66	37.06	37.49	43.75	56.12	58.60
	輸入	39.30	43.83	49.71	53.79	57.01	58.98
中國	輸出	54.70	60.44	59.62	50.81	44.60	39.56
	輸入	42.13	49.02	56.09	55.40	52.96	49.48
越南	輸出	22.23	24.46	67.67	57.39	46.32	40.31
	輸入	14.56	14.29	62.88	75.16	75.02	76.35

注：1.各國對表中所列東亞域內其他10國的貿易比重。
資料出處：1. ICSAED，1999,2007 年「東アジア経済の趨勢と展望」統計資料。
　　　　　http://www.icsead.or.jp/7publication/shiten.html。
　　　　2. 作者計算彙編。

的 7,510 億美元、42%。東亞的中間財域內貿易快速增加，2005 年達 9,320 億美元、佔區域中間財貿易 64.8%，高於最終財的 4,900 億美元、45.4%及材料的 1,170 億美元、38.1%。

　　東亞 2005 年的中間財域內貿易金額及比重低於 EU 但高於 NAFTA，東亞中間財域內貿易比重已接近 EU 水準。EU、NAFTA 同樣是中間財的域內貿易的金額及比重高於最終財及材料。但是 1980 至 2005 年間中間財域內貿易比重的變化，EU 呈現下降趨勢但東亞呈現上升趨勢。另外最終財域內貿易比重，東亞亦呈現上升的趨勢變化，NAFTA 比重亦上升，EU 比重則由 70% 下降至 65%但仍比東亞及 NAFTA 高。而材料域內貿易比重，東亞呈現下降的趨勢變化，NAFTA 比重明顯上升，EU 則 1980 年代上升進入 1990 年代後維持在 40%水準上下。2005 年 NAFTA 的材料域內貿易比重高於 EU 及東亞。

表 2-3　東亞中間財域內貿易比重　　（10 億美元、%）

金額	材料	中間財	最終財	總財貨	比重	材料	中間財	最終財	總財貨
東亞區域									
1980	33	45	27	105	1980	41.0	46.3	31.4	39.8
1990	41	180	125	346	1990	43.8	52.9	39.4	46.0
2000	57	530	320	907	2000	37.7	60.4	46.2	52.7
2005	117	932	490	1539	2005	38.1	64.8	45.4	54.5
EU25									
1980	39	242	203	483	1980	27.6	70.0	69.5	62.2
1990	50	504	432	986	1990	40.0	70.6	68.0	66.9
2000	59	692	618	1369	2000	36.3	65.2	63.8	62.4
2005	117	1158	1052	2326	2005	38.8	67.7	65.0	64.1
NAFTA									
1980	20	46	33	98	1980	25.8	40.3	32.6	33.9
1990	21	110	79	211	1990	29.6	40.8	32.1	35.8
2000	52	319	265	636	2000	43.2	47.6	42.7	45.1
2005	101	362	288	751	2005	46.1	44.4	37.4	41.6

注：1.東亞不含越南、緬甸。

資料出處：經產省（2007）「通商白書 2007 年版」，pp.99。

　　　　http://www.meti.go.jp/report/tsuhaku2007/2007honbun/excel/i2115000.xls。

　　1990 年代以來東亞區域內零組件等中間財貿易佔其總貿易比重的增加使東亞域內的中間財比重持續超過其中間財貿易總額的50%，超過同樣呈現增加趨勢的最終財比重。東亞戰後海外直接投資（FDI）、技術移轉等帶動區域各國產業結構連鎖轉變進一步帶動區域零組件中間財國際分工體系的動態變化也形成區域內貿易結構以及東亞與區域外歐美國家間三角貿易結構的變化。（參照圖2-2）

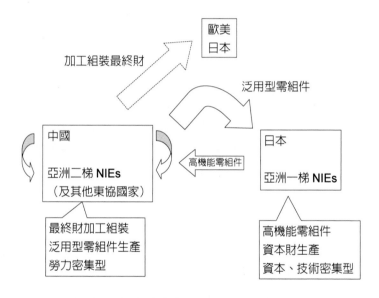

圖 2-2　東亞零組件相互供應的中間財分工體系

注：作者參考日本通商白書 2007 之 2-2-19 圖加工製作。

　　東亞區域內追趕型工業化發展過程形成層疊的雁行經濟發展分佈，也構成日本、亞洲一梯 NIEs 輸出資本財、高機能零組件中間財至亞洲二梯 NIEs、中國、越南等後發展國家，而在亞洲二梯NIEs、中國、越南等後發展國家結合其所生產的勞力密集型、泛用型零組件組裝成最終財後輸出歐美等區域外國家形成東亞域內與域外的三角貿易結構。另外日本、亞洲一梯 NIEs 等先發展國家則從亞洲二梯 NIEs、中國、越南等後發展國家輸入勞力密集型、泛用型零組件以及最終消費財的層疊式貿易結構。此種國際分工的貿易結構提升東亞域內製品的國際競爭力及其附加價值。

東亞區域內貿易快速進展的原因之一為其產業內貿易比重的提升。以下接著檢視東亞產業內貿易的發展。

貳、東亞區域內貿易型態的變化

戰後世界各國相繼工業化經濟發展後，隨著生產能力及消費水準的提升，其貿易的型態，特別是工業製品的貿易型態也逐漸從傳統的產業間貿易轉變為產業內貿易為主的型態，東亞國家也不例外。

影響貿易型態變化的因素，傳統的國際貿易理論基本上是從各國的比較利益的變化來解釋。但是從 H-O 理論（Heckscher-Ohlin theorem）或生產要素稟賦理論只能歸結出各國的貿易特化方向，無法解釋日益增加的產業內貿易發展現象。因此國際經濟學又發展出產業內貿易的相關理論，從供給面的不完全競爭的角度，或從需求面的角度，或從各國經濟發展與工業化程度差異的角度等可以歸納成國別的因素及產業別的因素[2]。國別的因素有各國經濟發展程度、所得分配狀態、國內市場規模大小、地理距離、邊境貿易、人為貿易障礙、經濟統合等，產業別的因素有規模經濟、產品差異化、技術差距、對外直接投資、週期性貿易等。

---

[2] Grubel, H. G. & P. J. Lloyd, *INTRA-INDUSTRY TRADE The Measurement of International Trade in Differentiated Products*（London: The Macmillan Press Ltd., 1975），pp.71-118。

　　特別是近年來關於規模經濟理論及分析手法的發展使我們對產業內貿易的原因有更清楚的暸解[3]。規模經濟通常指企業的長期平均費用呈遞減狀態即生產量的增加呈現生產要素投入量增加以上比例的成長即達到所謂收穫遞增狀態，而這種情形通常只有在寡占或獨占等不完全競爭市場才會發生，但這也是現實經濟活動中工業產品所常見的狀況。而這種情形不只發生在單一企業，亦會透過外部經濟性或外部經濟效果發生在產業或經濟結構中。如同產業的企業集中在特定地區會產生該產業所需技術、人才的匯聚效果，企業集中在特定地區亦會誘發其所需原材料投入財的供給專門廠商匯集在周邊形成分工網絡，更同時由於相關產業的聚集產生相關知識、技術等資訊的相互傳播的擴散效果造就新產品、新製造技術開發的創造環境。這種外部經濟性不論是產品供給者的前方關連效果或需求者的後方關連效果都有透過企業或產業的單位成本遞減達到規模經濟的效益。

　　另外，這種外部經濟性更進一步亦會透過對外直接投資及國際貿易形成全球生產供應中心的特定產業集聚地區（agglomeration）。這主要是製品或製程的國際專業分工或製品差異化分工下，透過國際貿易的進展更使生產規模達到量產效益或學習曲線效果，即生產工廠的單位平均成本遞減時產業內貿易水準會更提升。當然產業集聚形成所帶來上述的外部經濟效益更會產生範疇經濟與網絡經濟的相乘效果。範疇經濟指當具有可以生產多種製品的共同生產要素的前提下企業在不增加成本情況達成多種製品的生產、擴大製品結構範圍以滿足市場多樣化需求的效益。網絡經濟指生產要素外經濟組織或主體間透過資訊、技術訣竅等的共享所產生的經濟效益。這種透過貿易、直接投資、技術移轉等國際經濟關係形成特定產業集聚的情境另外尚需要考慮運輸成本的問題，而運輸成本的考量不只

---

[3]　Krugman, P., "Scale Economies, Product Differentiation, and the Pattern of Trade," *American Economic Review*, Vol.70 No.5, 1980, Dec., pp.950-59。

是財貨的運輸費用還包含人員、技術、資訊的移動成本以及包括輸入關稅在內的流通成本。當然運輸成本越低越能顯現這種外部經濟效果。因此產業內貿易水準亦可視為國際分工程度的一項指標。1990 年代中日本與東亞 10 國間已逐漸形成音響、映像等家電及通信資訊機械產業的集聚地區,這也更進一步促進東亞域內及域外的貿易特別是產業內貿易的發展。

　　以下探討東亞國家 1980 年代以來工業製品產業內貿易的進展。

一、東亞對世界的工業製品產業內貿易

(一)東亞國家別工業製品產業內貿易

　　首先檢視東亞對世界的工業製品產業內貿易。

　　表 2-4 及 2-5 顯示 1980 至 2002 年東亞國家對世界的工業製品及製品別產業內貿易係數值。產業內貿易係數代表一國對外貿易產品的產業內貿易型態的比重水準,其計測方法依 Grubel & Lloyd(1975)所開發的計算式原型再修正的產品別貿易比重加權集計的方法,即 Grubel-Lloyd Weighted Intra-Industry Trade Index (GLWIIT)[4]。其計算式如下:

$$IIT(GLW)_i = W_j(1 - |X_{ij} - M_{ij}| / (X_{ij} + M_{ij})),$$
$$W_j = (X_j + M_j) / \sum_{j=1}^{n}(X_j + M_j),$$

即產業內貿易係數 $= \sum_{j=1}^{n} W_j$(1- | i 國 j 產品出口-i 國 j 產品進口 |)/(i 國 j 產品出口+i 國 j 產品進口)。

　　從表 2-4 及 2-5 中各國的產業內貿易係數值可知,整體工業製品的產業內貿易水準,觀察期間內 EU 持續最高水準的進展,超過美國與東亞各國的水準。美國維持中等水準的進展,但 2000 年以後降低。東亞中,除香港外均呈現提升趨勢的進展。

---

[4]　G-L 的未經調整指數計算式,參照 Grubel, H.G.(1977)*INTERNATIONAL ECONOMICS*(Homewood: Richard D. Irwin, INC.),pp.72。

　　工業製品別的變化中，EU1990 年代中為止化學製品高於其他與機械製品的水準，其後則其他製品超過化學與機械製品的水準。美國則 1980 年代以來化學與機械製品持續最高與次高的水準。

　　東亞中，日本 1980、90 年代化學與其他製品持續最高與次高的水準，2000 年後機械製品超越其他製品躍居為次高水準。新加坡、台灣、韓國 1980 年代以來機械與化學製品持續最高與次高的水準。香港 1980、90 年代其他與機械製品持續最高與次高的水準，2000 年後化學製品超越機械製品躍居為次高水準。馬來西亞 1980 年代機械與其他製品持續最高與次高的水準，90 年代化學製品超越其他製品晉升為次高水準，2000 年後化學製品更超越機械製品躍居為最高水準，機械製品降為次高。泰國 1980 年代機械與其他製品持續最高與次高的水準，90 年代開始化學製品超越其他製品晉升為次高水準。印尼 1980、90 年代化學與其他製品持續最高與次高的水準，90 年代後期機械製品超越其他製品躍居為次高水準。菲律賓 1980 年代機械與化學製品持續最高與次高的水準，年代開其他始製品超越化學製品晉升為次高水準。中國 1980 年代化學與其他製品為最高與次高的水準，90 年代開始則機械與化學製品持續最高與次高的水準。工業製品別的產業內貿易水準變化中，亞洲一梯 NIEs 相對穩定，二梯 NIEs 則製品間變化較大。中國則是 1980 年代後半期呈現其他東亞所未見的跳躍式水準提升特別是機械製品。

（二）東亞各國產業內貿易進展的比較

　　其次從東亞整體的角度比較各國產業內貿易的進展。

　　由圖 2-3 並比對表 2-4 及 2-5 可知，東亞國家工業製品與世界的產業內貿易水準雖然比 EU 低，而新加坡以外國家也比美國低，但 1980 年代以後除香港外均提高。東亞與世界的工業製品產業內貿易以新加坡的水準最高，除香港、印尼外，日本、中國接近 0.5，其餘均在 0.5 以上水準。

表 2-4　東亞工業製品產業內貿易（GLWIIT）一

		1980	1985	1990	1995	1998	2000	2001	2002
EU	工業製品	0.8554	0.8491	0.8987	0.8778	0.8815	0.8866	0.8864	0.8423
	化學製品	0.8777	0.8841	0.9284	0.9105	0.8864	0.8796	0.8806	0.8478
	其他製品	0.8806	0.8662	0.9099	0.8892	0.8882	0.8861	0.8886	0.8523
	機械製品	0.8224	0.8208	0.8806	0.8587	0.8755	0.8889	0.8867	0.8346
美國	工業製品	0.5768	0.5596	0.6523	0.6728	0.6639	0.6575	0.6495	0.6093
	化學製品	0.5943	0.7417	0.7207	0.7592	0.7678	0.7556	0.7558	0.7143
	其他製品	0.5632	0.3912	0.5244	0.5658	0.5490	0.5492	0.5405	0.5098
	機械製品	0.5812	0.6182	0.7086	0.7129	0.7068	0.6967	0.6881	0.6437
日本	工業製品	0.2517	0.2314	0.3502	0.4131	0.4471	0.4777	0.4954	0.4681
	化學製品	0.6472	0.6459	0.6861	0.6298	0.6629	0.6825	0.6947	0.6695
	其他製品	0.2938	0.3466	0.4312	0.4320	0.4687	0.4520	0.4352	0.4309
	機械製品	0.1677	0.1326	0.2713	0.3755	0.4091	0.4596	0.4907	0.4521
新加坡	工業製品	0.6728	0.7269	0.7029	0.7662	0.7785	0.8143	0.7953	0.7984
	化學製品	0.6343	0.7449	0.7195	0.7993	0.8146	0.8013	0.7441	0.6937
	其他製品	0.5765	0.6178	0.6607	0.7282	0.7590	0.7249	0.7492	0.7683
	機械製品	0.7333	0.7773	0.7167	0.7726	0.7795	0.8341	0.8109	0.8180
香港	工業製品	0.4284	0.4922	0.4900	0.2779	0.2462	0.2062	0.1867	0.1550
	化學製品	0.1278	0.1468	0.2443	0.1501	0.1371	0.1133	0.1146	0.1064
	其他製品	0.4495	0.5079	0.5324	0.3428	0.3369	0.2992	0.2867	0.2580
	機械製品	0.4393	0.5249	0.4618	0.2193	0.1527	0.1192	0.0911	0.0637
台灣	工業製品	0.3388	0.3381	0.4542	0.5158	0.5491	0.6131	0.5975	.
	化學製品	0.3977	0.3678	0.4633	0.5184	0.5543	0.5558	0.5965	.
	其他製品	0.1954	0.1803	0.3001	0.4113	0.4275	0.4201	0.4322	.
	機械製品	0.5253	0.5635	0.5951	0.5860	0.6146	0.7087	0.6754	.
韓國	工業製品	0.3808	0.4867	0.4599	0.5212	0.5173	0.5899	0.5781	0.5670
	化學製品	0.3487	0.4106	0.4863	0.5647	0.5671	0.5632	0.5633	0.5519
	其他製品	0.2841	0.3072	0.3811	0.5176	0.4006	0.5231	0.5564	0.5811
	機械製品	0.5494	0.6597	0.5272	0.5151	0.5720	0.6225	0.5906	0.5638

注：1. 空白處無資料。

2. IIT(GLW)=W_j (1- $|X_{ij}-M_{ij}|$ /($X_{ij}+M_{ij}$))，W_j=(X_j+M_j)/ $\Sigma_{j=1}^{n}$(X_j+M_j)，即 W_j（1-｜i 國 j 產品出口 -i 國 j 產品進口｜）/（i 國 j 產品出口+i 國 j 產品進口）。

3. 工業製品（Manufactured goods）包括 SITC 5 至 8 類商品但不含 SITC 68 非鐵金屬，n=141；化學製品（Chemical products）包括所有 SITC 5 類商品，n=25；其他製品（Other manufactured goods）包括 SITC 6 及 8 類商品但不含 SITC 68 非鐵金屬，n=71；機械製品（Machinery and transport equipment）包括所有 SITC 7 類商品，n=45。

4. 作者計算編製。

資料出處：UNCTAD，*Handbook of Statistics 2003*。

表 2-5　東亞工業製品產業內貿易（GLWIIT）二

		1980	1985	1990	1995	1998	2000	2001	2002
中國	工業製品	.	0.0479	0.4639	0.4174	0.4244	0.4751	0.4685	0.4549
	化學製品	.	0.1004	0.4176	0.3726	0.3884	0.3904	0.4094	0.3977
	其他製品	.	0.0476	0.4048	0.3746	0.3301	0.3551	0.3538	0.3411
	機械製品	.	0.0146	0.5591	0.4922	0.5551	0.6152	0.5837	0.5580
馬來西亞	工業製品	0.4107	0.5020	0.5385	0.5918	0.6553	0.6205	0.6447	.
	化學製品	0.1553	0.2540	0.2959	0.5102	0.6362	0.7037	0.7236	.
	其他製品	0.3373	0.3774	0.4085	0.4749	0.5179	0.5427	0.5790	.
	機械製品	0.4935	0.5912	0.6213	0.6329	0.6914	0.6312	0.6536	.
泰國	工業製品	0.2429	0.2982	0.3748	0.4805	0.5271	0.5961	0.5814	.
	化學製品	0.0840	0.1323	0.1939	0.4069	0.5279	0.5548	0.5388	.
	其他製品	0.3074	0.3211	0.3673	0.3987	0.4316	0.4856	0.4851	.
	機械製品	0.2474	0.3416	0.4188	0.5498	0.5857	0.6621	0.6404	.
印尼	工業製品	0.0620	0.0949	0.1670	0.2507	0.3481	0.3218	0.3211	.
	化學製品	0.1126	0.1620	0.2287	0.3434	0.5988	0.6265	0.6063	.
	其他製品	0.1020	0.1161	0.2258	0.2381	0.2572	0.2428	0.2332	.
	機械製品	0.0177	0.0374	0.0686	0.2309	0.3658	0.2925	0.3116	.
菲律賓	工業製品	0.1544	0.2624	0.2944	0.3596	0.5871	0.5060	0.5421	0.5340
	化學製品	0.1851	0.3092	0.2856	0.2275	0.2436	0.2049	0.2175	0.2501
	其他製品	0.1975	0.1251	0.1743	0.2331	0.3013	0.3057	0.2974	0.2967
	機械製品	0.0961	0.4047	0.4045	0.4624	0.6806	0.5716	0.6258	0.6221

注：1. 空白處無資料。
　　2. IIT(GLW)=$W_j(1-|X_{ij}-M_{ij}|/(X_{ij}+M_{ij}))$，$W_j=(X_j+M_j)/\sum_{j=1}^{n}(X_j+M_j)$，即 $W_j(1-|$ i 國 j 產品出口-i 國 j 產品進口$|)/($i 國 j 產品出口+i 國 j 產品進口$)$。
　　3. 工業製品（Manufactured goods）包括 SITC 5 至 8 類商品但不含 SITC 68 非鐵金屬，n=141；化學製品（Chemical products）包括所有 SITC 5 類商品，n=25；其他製品（Other manufactured goods）包括 SITC 6 及 8 類商品但不含 SITC 68 非鐵金屬，n=71；機械製品（Machinery and transport equipment）包括所有 SITC 7 類商品，n=45。
　　4. 作者計算編製。
資料出處：UNCTAD, *Handbook of Statistics 2003*。

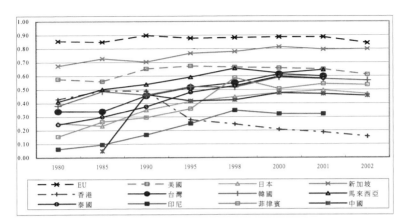

圖2-3　東亞工業製品產業內貿易（GLWIIT）

　　東亞機械製品別的產業內貿易水準從圖2-4可知，雷同整體工業製品，比EU低，除新加坡以外國家也比美國低，但1980年代以後除香港外均提高。東亞與世界的機械製品產業內貿易以新加坡的水準最高。中國的機械製品產業內貿易水準與工業製品相同，1985年以後呈現跳躍式的提升，2000年後東亞中除日本皆近0.5，印尼、香港低於0.5外，其餘均高於0.5。

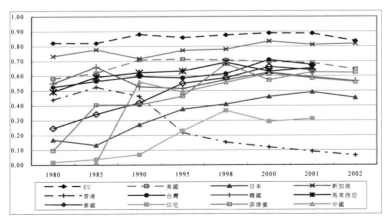

圖2-4　東亞機械製品產業內貿易（GLWIIT）

再從圖 2-5 可知東亞其他製品別的產業內貿易水準亦比 EU
低，除新加坡以外國家也比美國低，但 1980 年代以後除香港外均
提高，但其水準除日本、印尼、中國外明顯低於機械製品。東亞與
世界的其他製品產業內貿易亦以新加坡的水準最高，中國 1985 年
以後亦呈現跳躍式的提升，但 1990 年代中香港與中國的水準均下
降，其他東亞國家則普遍提高。其中馬來西亞、韓國、泰國呈現追
趕提升趨勢發展，2000 年後其水準接續在東亞最高的新加坡之
後，除中國、菲律賓、印尼、香港外均在 0.4 以上。

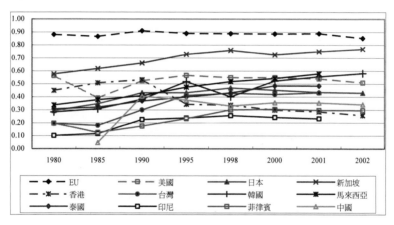

圖 2-5　東亞其他製品產業內貿易（GLWIIT）

東亞化學製品的產業內貿易水準從圖 2-6 可知與其他製品相
似，均低於 EU，除新加坡外亦均低於美國。但不同於其他的製品
是化學製品的產業內貿易水準除香港、菲律賓、中國外普遍均高，
而東亞中日本的水準亦相對較高，馬來西亞、印尼、泰國水準的追
趕提升均大於中國，馬來西亞 2000 年以後水準更高於日本等東亞
國家。2000 年後除中國、菲律賓、香港外均在 0.5 以上。東亞化學
製品產業內貿易的進展呈現雁行追趕的形態但主要追趕國家與其
他製品相同，不是中國而主要發生在二梯 NIEs。

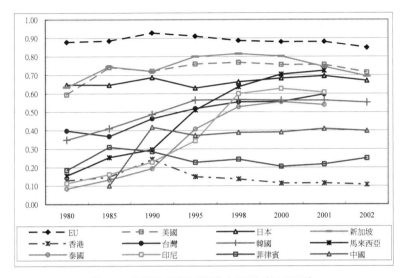

圖 2-6　東亞化學製品產業內貿易（GLWIIT）

　　整體而言，東亞製品產業內貿易的水準雖大多進展亦呈現追趕的過程但並未呈現經濟發展先後所形成所得高低順序的雁行追趕與排列。而各國出口競爭力高的製品其產業內貿易的水準也不一定較高，雖然機械製品具競爭優勢國家其水準大多相對較高，但其他製品則水準普遍相對較低，而東亞國家相對不具競爭優勢的化學製品的水準則普遍提升其水準也大多高於其他製品。產業內貿易的進展除了各國經濟水準、經濟的開放程度以外，製品的競爭優劣勢亦即與輸入間的互補作用也是影響進展的重要原因。

　　另外不同於單向（One-Way Trade, OWT）的產業間貿易，依製品的差異化或製程分斷所形成的國際間雙向產業內貿易亦由起因於要素稟賦條件及消費性向的不同而可區分為垂直（Vertical Intra-Industry Trade, VIIT）與水平型（Horizontal Intra-Industry Trade, HIIT）的產業內貿易。垂直型產業內貿易基本上歸因於要素稟賦條件的差異，而水平型產業內貿易則歸因於消費性向的不同。產業內貿易型態的實證研究，除 Grubel & Lloyd（1975）的先行研究外，Helpman & Krugman（1985）提出規模經濟性與製品差異化的說明，其後更細緻化進展的多項研究則依相互貿易國家間同產品的單位輸入價格的差異判別製品差異化如高級車與大眾車或黑白電視機與彩色電視機等製品機能、品質不同的「垂直型」，以及製品機能、品質雖類似但設計、式樣不同的「水平型」產業內貿易，並據以區分貿易額中不同產業內貿易型態的比重演變[5]。相互貿易國家間同產品的單位輸入價格的差距若介於一定水準間則視為水平型產業內貿易，若超出此水準則視為垂直型產業內貿易[6]。

石戶光、伊藤惠子等（2003）對東亞產業內貿易型態的研究結果發現，以相互貿易國家間同產品的單位輸入價格25%（0.8-1.25）的差距為基準所區分的垂直與水平型產業內貿易比重如表 2-6 所示，1996 至 2000 年東亞產業內貿易比重的顯著增加中，主要是垂直型產業內貿易的增加，水平型產業內貿易雖亦增加但進展有限。與 EU 域內相比，東亞的垂直型產業內貿易比重仍低，水平型產業內貿易更是落後。而 EU 與東亞的單向（One-Way Trade, OWT）產業間貿易中皆主要為農產品與礦產品。EU 與東亞的垂直型產業內貿易雖然機械製品皆高但東亞主要集中電氣、一般及精密機械，而 EU 則包括電氣、一般、精密及運輸機械等均高，EU 並且化學製品及木製品等其他製品的垂直型產業內貿易亦均高，東亞則為低水準。EU 域內德國、法國等高所得國家的垂直型及水平型產業內貿易比重相對較高，但東亞域內新加坡、馬來西亞、菲律賓的垂直型產業內貿易比重高於日本、韓國。而 1988 至 2000 年間日本與馬來西亞以外二梯 NIEs 及中國的垂直型產業內貿易比重均顯著增加。

---

[5] 如 Greenway, Hine and Milner（1994, 1995），Fontagne, Freudenberg and Peridy（1997），Aturupane, Djankov and Hoekman（1999），Fukao, Ishido and Ito（2003）。

[6] 而單位輸入價格的差距有設定有 25%（0.8-1.25）及 15%（0.9-1.15）等。

表 2-6　EU 與東亞產業內貿易型態比重（全產業、1996-2000 年）　(%)

	EU 域內貿易				東亞域內貿易			
	OWT	VIIT	HIIT	GL 指數	OWT	VIIT	HIIT	GL 指數
1996	34.0	37.5	28.5	38.8	78.7	16.6	4.7	17.5
1997	35.0	38.9	26.1	38.4	76.1	17.8	6.1	18.1
1998	33.5	40.0	26.5	39.5	75.0	20.0	5.1	18.5
1999	33.2	40.6	26.2	39.4	70.3	24.6	5.1	19.9
2000	34.1	40.0	25.8	38.4	68.7	23.7	7.6	20.5

注：EU 為法國、英國、德國、比利時、盧森堡、荷蘭、義大利、葡萄牙、西班牙、希臘、愛爾蘭、
　　丹麥。東亞為日本、新加坡、香港、韓國、馬來西亞、泰國、印尼、菲律賓、中國。
資料出處：石戶光、伊藤惠子、深尾京司、吉池喜政（2003）「東アジアにおける垂直的產業內貿
　　易と直接投資」ICSEAD Working Paper Series Vol. 2003-11，表 2-6，pp.38。

　　石戶光、伊藤惠子等（2003）的研究另外亦證實以當地日系企業營業額為指標觀察的對外直接投資規模為促進日本與東亞國家間電氣機械製品垂直型產業內貿易的主要原因。而反映運輸及交易成本的地理距離則為減低垂直型產業內貿易的原因。日本與東亞國家間人均 GDP 差距超過 1 萬美元的前提下，其差距越大則垂直型產業內貿易的比重越高。此結果亦證實日本與東亞低所得國家間的垂直型產業內貿易進展與要素稟賦條件差異性的因果關係[7]。

　　Bhagwati et al.（1992）指出關稅、數量管制等貿易障礙都是廣義的運輸成本增加，而貿易雙方的貿易障礙增加會促進水平型 FDI，只是被投資國的貿易障礙增加則會促進垂直型 FDI 的進展[8]。Markusen（2002）則指出，製品運輸成本越低時會促使多國籍企業

---

[7]　石戶光、伊藤惠子、深尾京司、吉池喜政，「東アジアにおける垂直的產業內貿易と直接投資」ICSEAD Working Paper Series Vol. 2003-11，2003，pp.22-23。

[8]　Bhagwati, J., E. Dinopoulos and Kar-yiu Wong, "Quid Pro Quo Foreign Investment," *American Economic Review* 82(2), 1992, pp. 186-190。

集中在一國生產並增加產業內貿易的進行（垂直型多國籍企業），而減少在各自國家生產的水平型多國籍企業的進展[9]。

另外 Yeaple（2003），在 2 個先進國及 1 個開發中國各自生產以技術勞工為主的高技術中間財、一般勞工為主的低技術中間財及中間財組裝的最終財等三種財的模型下進行分析的結果，運輸成本非常高的情形下，先進國各自在國內生產中間財並組裝成最終財（水平型多國籍企業）；運輸成本非常低廉的情形下，先進國的多國籍企業選擇在開發中國生產低技術中間財，並與其國內生產的高技術中間財組裝成最終財輸出至另一個先進國家（垂直型多國籍企業）；運輸成本在中程度的情形，則會產生在 2 個先進國利用技術勞工生產的高技術中間財，以及輸入開發中國生產的低技術中間財在各先進國組裝成最終財的複雜型整合多國籍企業，而此種整合型態即為達成垂直型 FDI 與水平型 FDI 的互補效果[10]。Grossman et al.（2006）也同樣證實垂直型 FDI 與水平型 FDI 間的互補效果[11]。Ekholm et al.（2007），對建立輸出平台目的 FDI（export-platform FDI）多國籍企業的要因分析，也證實複雜型整合多國籍企業通常發生在中程度運輸成本的情形，主要因為運輸成本非常低廉時會誘導垂直型 FDI 的進展，而運輸成本非常高的情形時會誘導水平型 FDI 的進展[12]。此些型態 FDI 的展開透過企業內貿易的進行也帶動垂直型與水平型以及複合型產業內貿易的進展。

---

[9] Markusen, J. R., *Multinational Firms and the Theory of International Trade*（Boston: The MIT Press, 2002），Ch.8。

[10] Yeaple, S. R., "The Complex Integration Strategies of Multinationals and Cross Country Dependencies in the Structure of Foreign Direct Investment," *Journal of International Economics* 60(2), 2003, pp. 293-314。

[11] Grossman, G., E. Helpman and A. Szeidl, "Optimal Integration Strategies for the Multinational Firm," *Journal of Internatiional Economics* 70(1), 2006, pp. 216-238。

[12] Ekholm, K., R. Forslid and J. R. markusen, "Export-Platform Foreign Direct Investment," *Journal of the European Economic Association* 5(4), 2007, pp.776-795。

（三）東亞經濟發展與製品產業內貿易的進展

　　以下以各國人均所得代表經濟發展水準進一步觀察 1980 年代後東亞國家製品產業內貿易的進展與經濟水準變化的關係。圖 2-7 顯示 1985 年 EU、美國及特定東亞國家的工業製品及製品別產業內貿易水準的分佈。

　　首先 1985 年工業製品的產業內貿易水準與各國發展水準間呈現上升的趨勢，其乘冪回歸式的相關係數 0.53 為中等相關，美國、EU 以外，東亞國家除日本、新加坡、馬來西亞、韓國外均為貼近趨勢線的分佈。大抵上可說明各國所得水準與其產業內貿易水準間存在相當程度的關係。

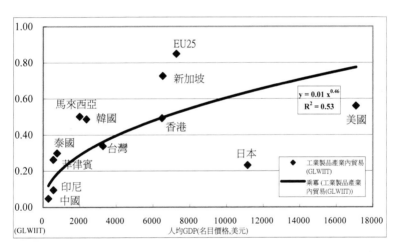

圖 2-7　1985 年工業製品產業內貿易（GLWIIT）

　　同年度機械製品的產業內貿易水準從圖 2-8 可知其與各國發展水準間亦呈現上升的趨勢，其對數回歸式可知，觀察國間平均而言其所得水準高出 1% 產業內貿易水準則高出 0.12%，但相關係數值只有 0.34，顯示各國所得水準與其產業內貿易水準間相關程度低

外，各國間的差異也極大。此時期的東亞國家除日本外大多不具
機械製品出口競爭力，只有貿易開放程度相對較高的國家特別是
在工業化發展下對機械資本財及其關鍵零組件的輸入殷切需求，其
產業內貿易水準也相對較高。另外此時期後發展低所得東亞國家的
外匯存底也低應是限制輸入成長導致產業內貿易水準較低的原因
之一。

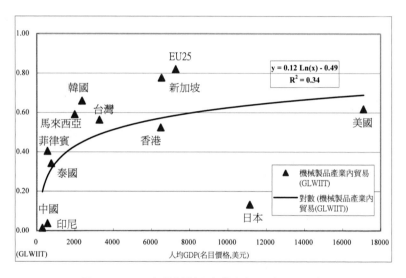

圖 2-8　1985 年機械製品產業內貿易（GLWIIT）

再從圖2-8可知其他製品的產業內貿易水準與各國發展水準間
亦呈現上升的趨勢，其乘冪回歸式的相關係數值 0.63 顯示為中等
相關。此時期值東亞後發展低所得國家其他製品的出口競爭優勢開
始顯現，而其對相關原材料或最終消費財的輸入需求則依經濟發展
即所得水準及上述外匯存底而程度不同，應是馬來西亞等二梯
NIEs 及中國等依所得順序呈現雁行排列的理由所在。

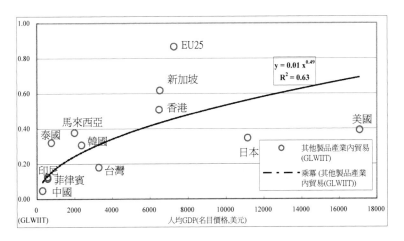

圖 2-9　1985 年其他製品產業內貿易（GLWIIT）

而化學製品的產業內貿易水準從圖 2-10 可知與各國發展水準間亦呈現上升的趨勢，其對數回歸式可知，觀察國間平均而言其所得水準高出 1%產業內貿易水準則高出 0.16%，其相關係數值 0.59 顯示為中等相關。東亞國家除香港、馬來西亞、泰國外化學製品的產業內貿易水準普遍高於其他製品。

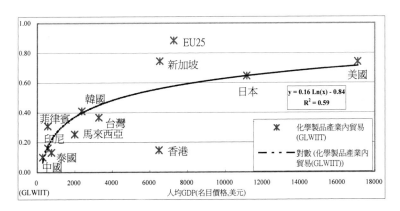

圖 2-10　1985 年化學製品產業內貿易（GLWIIT）

　　與 1985 年相比，圖 2-11 可知 2001 年觀察國家工業製品的產業內貿易係數分佈在東亞國家普遍水準提升下發生較大變化。因為移除香港後相關係數較佳故 2001 年的分佈圖不含香港。2001年產業內貿易水準與各國發展水準間呈現倒 U 字型的排列，相關係數 0.53 為中等相關。美國、EU、東亞國家均為貼近趨勢線的分佈。所得較高的美日及所得較低的中菲印的產業內貿易水準各分布在左右兩側較低的水準，中間所得的新加坡、EU 則分布在較高的水準。

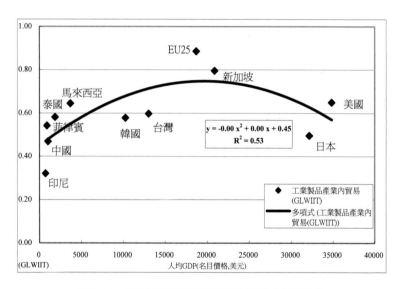

圖 2-11　2001 年工業製品產業內貿易（GLWIIT）

　　機械製品的產業內貿易水準與各國發展水準間從圖 2-12 可知亦呈現倒 U 字型的排列，但產業內貿易水準較整體工業製品高。同樣所得較高的美日及所得較低的中菲印的產業內貿易水準各分布在左右兩側較低的水準，中間所得的新加坡、EU 則分布在較高的水準。

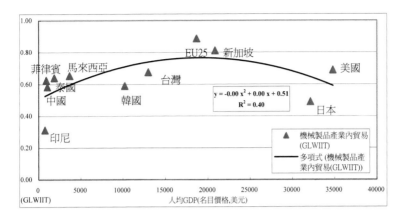

圖 2-12　2001 年機械製品產業內貿易（GLWIIT）

　　再從圖 2-13 可知其他製品的產業內貿易水準與各國發展水準間亦呈現倒 U 字型的排列，同樣是所得較高的美日及所得較低的中菲印的產業內貿易水準各分布在左右兩側較低的水準，中間所得的新加坡、EU 則分布在較高的水準。東亞中馬來西亞以下所得水準國家的產業內貿易水準呈現雁行排列。

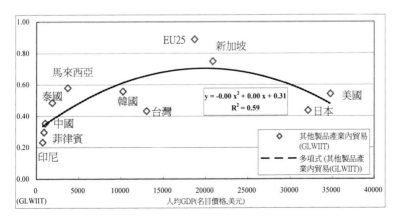

圖 2-13　2001 年其他製品產業內貿易（GLWIIT）

化學製品則呈現呈現上升的趨勢，從圖 2-14 其對數回歸式可知，觀察國間平均而言其所得水準高出 1%產業內貿易水準則高出 0.09%，其相關係數值 0.52 顯示為中等相關。東亞國家除香港、馬來西亞、菲律賓外化學製品的產業內貿易水準普遍高於其他製品。

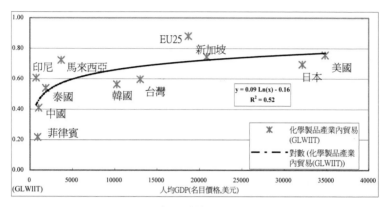

圖 2-14　2001 年化學製品產業內貿易（GLWIIT）

二、日本與東亞國家的產業內貿易

接著探討日本與東亞國家間工業製品的產業內貿易進展。

（一）東亞國家別工業製品與日本產業內貿易

前述東亞國家工業製品產業內貿易在 1990 年代中大多發生轉折變化。以下針對 1980 年代以後美國及東亞特定國家與日本工業製品產業內貿易的進展進行探討。首先觀察美國與日本的工業製品產業內貿易。表 2-7 可知 1980 年代以後美國與日本間工業製品的產業內貿易水準上升但 2000 年後下降，觀察期間在 0.3-0.45 間變動。而製品別的進展變化也雷同，其中其他製品與化學製品持續最高與次高水準，過程中 1999、2004 年曾發生逆轉的變化。其他製品中的纖維紡織品的水準持續上升，觀察期間在 0.27-0.45 間變動。

　　東亞中，台灣 1980 年代以後與日本間工業製品的產業內貿易水準持續上升但 2000 年後亦微降，觀察期間在 0.29-0.4 間變動。而製品別的進展中亦主要是其他製品在 1990 年代後期下降，但機械製品持續上升，其中 1990 年代中期止其他製品與機械製品為最高與次高水準，其後逆轉為機械製品與其他製品最高與次高水準。其他製品中的纖維紡織品的水準持續上升，觀察期間在 0.36-0.53 間變動。韓國 1980 年代以後與日本間工業製品的產業內貿易水準持續上升但 2000 年後亦微降，觀察期間在 0.3-0.45 間變動。而製品別的進展中主要是其他製品在 1990 年代後期下降但機械製品持續上升，其中 1990 年代中期止其他製品與機械製品為最高與次高水準，其後機械製品與化學製品轉變為最高與次高水準。其他製品中的纖維紡織品的水準持續上升，觀察期間在 0.1-0.5 間變動。

　　馬來西亞 1980 年代以後與日本間工業製品的產業內貿易水準持續上升，觀察期間在 0.2-0.42 間變動。而製品別的進展中亦主要是化學製品在 1990 年代後期相對上升與機械製品持續上升，因此 1990 年代中期止其他製品與機械製品為最高與次高水準，其後則轉變為機械製品與化學製品最高與次高水準。其他製品中的纖維紡織品的水準雖持續上升但水準低，觀察期間在 0.07-0.14 間變動。泰國 1980 年代以後與日本間工業製品的產業內貿易水準持續上升，觀察期間在 0.2-0.37 間變動。而製品別的持續上升進展中，機械製品與其他製品持續最高與次高水準。其他製品中的纖維紡織品的水準亦持續上升，觀察期間在 0.08-0.23 間變動。印尼 1980 年代以後與日本間工業製品的產業內貿易水準持續上升，觀察期間在 0.06-0.25 間變動。而製品別的持續上升進展中，機械製品在 1990 年代後期相對上升與化學製品持續上升，因此 1990 年代中期止化學製品與其他製品為最高與次高水準，其後則轉變為化學製品與機械製品最高與次高水準。其他製品中的纖維紡織品的水準亦持續上升，觀察期間在 0.08-0.23 間變動。

表 2-7　日本與東亞間的產業內貿易

		1991	1993	1995	1997	1999	2001	2003	2004
美國	工業製品	0.3242	0.3182	0.4034	0.4450	0.3770	0.3873	0.3359	0.3328
	化學製品	0.4116	0.4414	0.4449	0.4763	0.4740	0.4477	0.4459	0.4413
	機械製品	0.2712	0.2655	0.3713	0.4177	0.3402	0.3431	0.2675	0.2605
	其他製品	0.4748	0.4623	0.4745	0.4854	0.4398	0.4802	0.4936	0.4294
	紡織品	0.3522	0.2695	0.2712	0.3441	0.3719	0.4239	0.4518	0.4476
台灣	工業製品	0.3211	0.2888	0.3397	0.3600	0.3917	0.3971	0.3967	0.3511
	化學製品	0.2412	0.2199	0.2216	0.2299	0.2331	0.2403	0.2148	0.1947
	機械製品	0.3069	0.2534	0.3525	0.4109	0.4605	0.4483	0.4602	0.4112
	其他製品	0.3630	0.3633	0.3529	0.2954	0.2816	0.2870	0.2787	0.2011
	紡織品	0.3767	0.3649	0.4609	0.4928	0.5090	0.5253	0.4989	0.4378
韓國	工業製品	0.3122	0.3191	0.3344	0.3707	0.4044	0.4546	0.4498	0.4362
	化學製品	0.2972	0.3136	0.3084	0.3677	0.3386	0.3439	0.3489	0.3665
	機械製品	0.2698	0.3123	0.3158	0.3804	0.4581	0.5251	0.5359	0.5108
	其他製品	0.3594	0.3220	0.3634	0.3426	0.3183	0.3406	0.2899	0.1824
	紡織品	0.1294	0.1352	0.1946	0.3162	0.2364	0.3350	0.4971	0.5074
馬來西亞	工業製品	0.2159	0.2317	0.2162	0.2427	0.3469	0.3811	0.4192	0.4033
	化學製品	0.0839	0.0791	0.1219	0.1696	0.2650	0.3298	0.3240	0.3227
	機械製品	0.2162	0.2480	0.2123	0.2411	0.3683	0.4012	0.4621	0.4357
	其他製品	0.2077	0.1918	0.2382	0.2416	0.2639	0.2817	0.2549	0.2401
	紡織品	0.0967	0.0915	0.0702	0.0736	0.1184	0.1354	0.0902	0.1150
泰國	工業製品	0.2028	0.2241	0.2092	0.2695	0.3298	0.3554	0.3619	0.3634
	化學製品	0.0943	0.1096	0.0968	0.1496	0.2330	0.2696	0.2208	0.2276
	機械製品	0.2529	0.2593	0.2332	0.2823	0.3545	0.3633	0.3842	0.3821
	其他製品	0.1292	0.1706	0.1776	0.2624	0.2844	0.3169	0.3211	0.2434
	紡織品	0.0898	0.0896	0.1121	0.1833	0.1825	0.1754	0.2152	0.2293
印尼	工業製品	0.0687	0.0869	0.1170	0.1566	0.2564	0.2343	0.2518	0.2435
	化學製品	0.1494	0.1390	0.1526	0.2391	0.2756	0.2670	0.2851	0.2759
	機械製品	0.0330	0.0676	0.0875	0.1601	0.3468	0.2737	0.2753	0.2762
	其他製品	0.0968	0.0945	0.1469	0.1278	0.1512	0.1593	0.1868	0.0974
	紡織品	0.0818	0.1007	0.1599	0.1516	0.1460	0.1871	0.1984	0.2260
中國	工業製品	0.1706	0.1495	0.2219	0.2638	0.2670	0.2575	0.2949	0.3229
	化學製品	0.2831	0.2904	0.2656	0.2879	0.2508	0.2565	0.2441	0.2542
	機械製品	0.2253	0.2076	0.3872	0.4817	0.4856	0.4344	0.4072	0.4313
	其他製品	0.1220	0.0961	0.1166	0.1131	0.1126	0.1127	0.1656	0.1610
	紡織品	0.0926	0.0675	0.0612	0.0585	0.0466	0.0413	0.0463	0.0520
越南	工業製品	0.0089	0.0203	0.0455	0.0921	0.1311	0.1566	0.2239	0.2428
	化學製品	0.0000	0.0023	0.0036	0.0191	0.0508	0.0851	0.0950	0.1205
	機械製品	0.0031	0.0029	0.0222	0.1380	0.2045	0.2270	0.3072	0.3234
	其他製品	0.0185	0.0428	0.0645	0.0706	0.0804	0.1021	0.1498	0.1427
	紡織品	0.0194	0.0400	0.0660	0.0339	0.0296	0.0260	0.0443	0.0548

注：1. 日本與各國間產業內貿易的計算式為 $GLWIIT_{ij} = \sum_{j}^{n} W_j (1-|X_{ij}-M_{ij}|/(X_{ij}+M_{ij}))$，$W_j = (X_{ij}+M_{ij})/\sum_{j}^{n}(X_{ij}+M_{ij})$，即加權數為各製品類別比重。

　　2. 工業製品（Manufactured goods）包括 SITC 5 至 8 類商品但不含 SITC 68 非鐵金屬，n=141；化學製品（Chemical products）包括所有 SITC 5 類商品，n=25；其他製品（Other manufactured goods）包括 SITC 6 及 8 類商品但不含 SITC 68 非鐵金屬，n=71；機械製品（Machinery and transport equipment）包括所有 SITC 7 類商品，n=45。

　　3. 作者計算編製。

資料出處：OECD(2006)，ITS [SITC Rev.2]: Japan (1991-2004)，
　　　　　http://oecd-stats.ingenta.com/OECD/eng/TableViewer/wdsview/dispviewp.asp。

　　中國 1980 年代以後與日本間工業製品的產業內貿易水準持續上升，觀察期間在 0.14-0.33 間變動。而製品別的持續上升進展中，1990 年代中期止化學製品與機械製品為最高與次高水準，其後則逆轉為機械製品與化學製品的最高與次高水準。相對低水準上升的其他製品中纖維紡織品的水準則呈現下降趨勢，觀察期間在 0.1-0.04 間變動。越南 1980 年代以後與日本間工業製品的產業內貿易水準持續上升，觀察期間在 0.008-0.243 間大幅變動。而製品別的持續上升進展中，1990 年代中期止其他製品與機械製品為最高與次高水準，其後則逆轉為機械製品與其他製品的最高與次高水準。其他製品中纖維紡織品的方向不明顯，1990 年代中期止上升其後下降 2003 年又上升，觀察期間在 0.01-0.07 間變動。

（二）東亞各國與日本工業製品產業內貿易進展的比較

　　接著從東亞整體的角度比較各國與日本間產業內貿易的進展。圖 2-15 顯示 1991 至 2004 年美國及東亞國家與日本工業製品的產業內貿易水準。1990 年代開始的觀察期間內，東亞國家大都持續上升趨勢，只有台灣 2002 年高峰後明顯下降。而東亞國家水準雖然 1990 年代前半期比美國低，但 1998 年亞洲金融風暴後，韓國首先超過美國接著台灣亦超過，2000 年後馬來西亞持續上升而美國下降下，馬來西亞亦超越美國的水準。中國 1990 年代持續上升至接近美國的水準。印尼、越南亦都呈現上升趨勢，越南相對大幅上升下已接近印尼的水準。2000 年後韓台馬泰水準較高在 0.35 以上，美中其次在 0.3 以上，印越則相對低水準在 0.25。

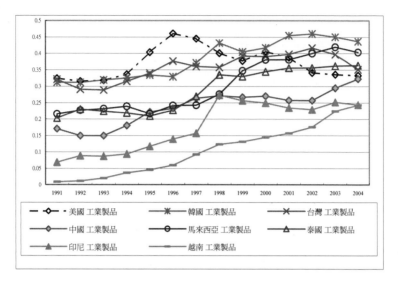

圖 2-15　日本與東亞國家間工業製品產業內貿易

　　圖 2-16 顯示 1991 至 2004 年美國及東亞國家與日本機械製品的產業內貿易水準。1990 年代開始的觀察期間內，雷同整體工業製品，東亞國家大都持續上升趨勢，只有台灣 2002 年高峰後明顯下降。而東亞國家水準 1990 年代前半期較低水準時期韓國、泰國 1993 年止比美國高其後中國追趕上升 1995 年後超越美國至 2000 年居首，但 2000 年後韓台又超越中國，台灣在 2003 年被 1998 年以來持續追趕上升的馬來西亞超越。1998 年亞洲金融風暴後，美國快速下降下，東亞國家相對地上升特別是二梯 NIEs、越南。中國 1990 年代持續上升 2000 年後下降，但仍與台馬同在 0.4 以上的水準。印尼、越南亦都呈現上升趨勢，越南相對大幅上升下 2003 年超過印尼，其水準在 0.3 以上。美國在亞洲金融風暴後急劇下跌下，2003 年後低於所有東亞國家水準。東亞與日本機械製品產業內貿易的追趕發展比整體工業製品激烈。

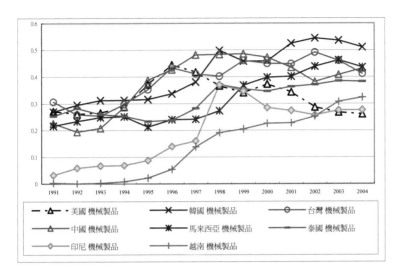

圖 2-16　日本與東亞國家間機械製品產業內貿易

　　圖 2-17 顯示 1991 至 2004 年美國及東亞國家與日本化學製品的產業內貿易水準。1990 年代開始的觀察期間內，東亞國家均低於美國，但大都持續上升趨勢，只有泰國 2000 年高峰後明顯下降。而東亞國家中韓國持續最高水準在 0.3 至 0.4 間，印尼 1990 年代中期以後追趕提升 1998 年超越台中，其後馬來西亞持續 1990 年以來追趕上升 2001 年超越其他東亞國家緊接韓國之後，泰國 2000 年持續 1990 年代中期以來的追趕上升一度超越馬來西亞。1998 年亞洲金融風暴後，東亞與日本化學製品產業內貿易的進展呈現雁行追趕的形態但主要是二梯 NIEs 的追趕超越。中國觀察期間內在 0.2-0.3 水準波動，2000 年後高於台泰越但低於韓馬印。1990 年代持續上升 2000 年後下降，但仍與台馬同在 0.4 以上的水準。但是化學製品的產業內貿易水準普遍低於機械製品。

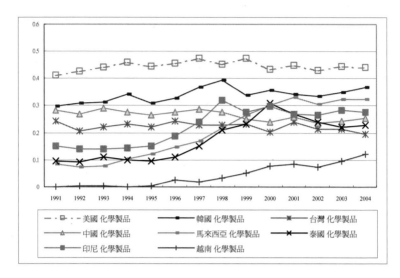

圖 2-17　日本與東亞國家間化學製品產業內貿易

　　圖 2-18 顯示 1991 至 2004 年美國及東亞國家與日本其他製品的產業內貿易水準。1990 年代開始的觀察期間內，東亞國家均低於美國，但只有二梯 NIEs、中國、越南呈現較明顯上升趨勢，2002 年後除越南外所有國家均明顯下降。而東亞國家中台灣 1990 年代中期止居首，其後為韓國超越，2002 年持續 1990 年中以來追趕上升的泰國又超越韓國居首，2004 年泰國與 1990 年代中期以後追趕提升的馬來西亞並列首位。1998 年亞洲金融風暴後，東亞與日本其他製品產業內貿易的進展亦呈現雁行追趕的形態但主要是二梯 NIEs 的追趕超越。中國觀察期間內在 0.1-0.2 水準波動，2000 年後只高於越印。東亞其他製品的產業內貿易水準低於化學製品且 2000 年後普遍呈現下降。

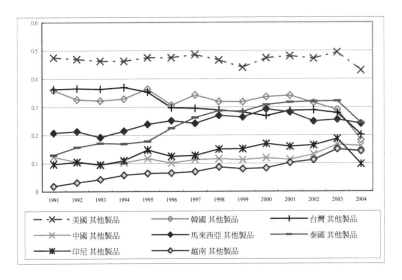

圖 2-18　日本與東亞國家間其他製品產業內貿易

　　接著檢視其他製品中東亞與日本纖維紡織品產業內貿易的進展。圖 2-19 顯示 1991 至 2004 年美國及東亞國家與日本纖維紡織品的產業內貿易水準。1990 年代開始的觀察期間內，台灣至 2003 年止高於美國，其他東亞國家則大都低於美國，但 2004 年韓國持續 1998 年以來第二波的追趕提升下超越台灣。美國在 1990 年代中期持續上升。其他東亞國家只有印尼、泰國、馬來西亞呈現較明顯上升趨勢，印尼、泰國相互更迭過程中上升，2000 年後水準在 0.2 以上，馬來西亞在 0.1 水準上下波動中微幅上升。而中國、越南則在 0.1 的低水準。2000 年後東亞國家中台灣、韓國在 0.5 上下水準外，其餘均處於低水準。與日本纖維紡織品產業內貿易的追趕主要發生在台韓間，其次為中泰間。

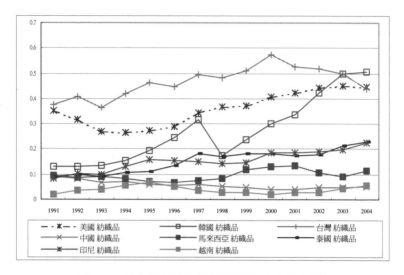

圖 2-19　日本與東亞國家間纖維紡織品產業內貿易

　　東亞國家與日本的工業製品產業內貿易的進展過程相對比對世界更明顯呈現雁行發展的追趕提升現象，製品別中機械製品呈現更激烈的追趕提升，只是東亞普遍相對不具出口競爭優勢的化學製品其水準較低追趕提升也只呈現在二梯 NIEs 局部國家間，其他製品的追趕提升則只呈現在顯現競爭優勢的二梯 NIEs、越南等局部國家間，纖維紡織品的追趕提升更清楚顯示主要發生在逐漸喪失競爭優勢的台韓間，以及顯現競爭優勢的中泰間。中國、越南的纖維紡織品在東亞國家中具相對高競爭力，與日本間主要是對日的輸出，故產業內貿易相對處於低水準。

三、東亞的經濟發展與對日產業內貿易

（一）國別經濟發展與對日本工業製品產業內貿易

　　以下接著檢討東亞經濟發展與其對日本產業內貿易的關係。首先從各國美元計價年人均所得除以日本人均所得的相對所得與對日本產業內貿易係數的變化觀察。影響產業內貿易進展的原因中兩國經濟的發展水準是重要的因素之一，雙方水準越接近除了代表生產技術能力差距較小較易形成同技術層次產品特別是中間財零組件的分工以及差異化產品生產的可能性，同時也因為所得水準接近所以購買力也較接近容易形成對差異化產品的需求。

　　從產業內貿易係數的觀察瞭解戰後經濟發展下美國與東亞國家不但對全世界，與日本間的工業製品產業內貿易大多呈現快速進展。以下針對 1991 至 2004 年美國及東亞特定國家與日本間工業製品產業內貿易的進展與代表兩國經濟發展相對水準的相對所得成長間的關係進行探討。美國與日本工業製品產業內貿易雖進展，但與代表兩國經濟發展相對水準的相對所得成長間的關係則只有紡織品最明顯。從圖 2-20 可知 1990 年代後隨著兩國相對所得的上升，美日間纖維紡織品產業內貿易亦跟著進展。由對數回歸式可知，美日相對所得每提升 1% 美日間纖維紡織品產業內貿易提升 0.34%。但其他的機械、化學及包括非紡織品的其他製品等的產業內貿易與相對所得水準間相關係數低，相對所得所代表的兩國經濟成長的相對變化對其產業內貿易的影響並不明顯[13]。

---

[13] 美日間相對所得與工業製品產業內貿易係數值變化的相關係數，整體工業製品與相對所得間多項是回歸的相關係數值只有 0.17，紡織品以外的製品中機械製品較高但也只有 0.19。

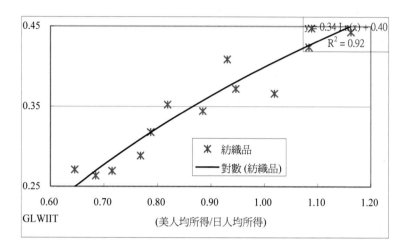

圖 2-20　美日紡織品產業內貿易

　　接著探討東亞特定國家與日本相對所得的變化與工業製品產業內貿易的相關。首先觀察台灣與日本間的演變。圖 2-21 顯示觀察期間台日間工業製品的產業內貿易水準與日本相對所得的上升趨勢線，隨著相對所得的提升而產業內貿易水準也提升。

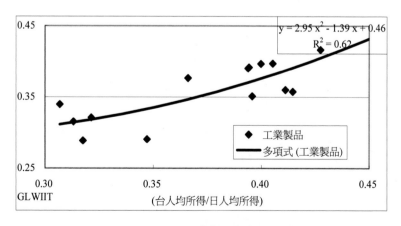

圖 2-21　台日工業製品產業內貿易

　　台日間機械製品的產業內貿易水準如圖 2-22 所示上升趨勢線，亦隨著相對所得的提升而提升。

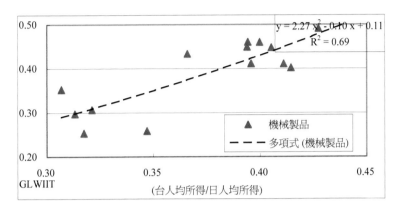

圖 2-22　台日機械製品產業內貿易

　　而台日的其他製品別的產業內貿易水準則如圖 2-23 所示下降趨勢線，隨著相對所得的提升而下降，顯示與機械製品相反的發展趨勢。

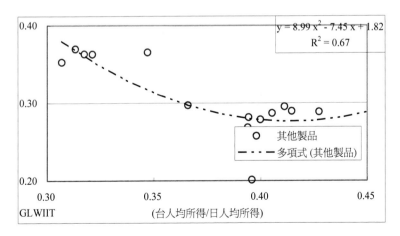

圖 2-23　台日其他製品產業內貿易

　　但是其他製品中的纖維紡織品則呈現與其他製品不同的發展趨勢。1990 年代開始台灣纖維紡織品出口競爭優勢逐漸喪失過程中，其與日本的的產業內貿易水準如圖 2-24 所示上升趨勢線，呈現隨著相對所得的提升而產業內貿易水準亦提升的分佈。另比對前出台灣纖維紡織品出口競爭力可知，競爭力越下降其與日本間業內貿易水準越提升。

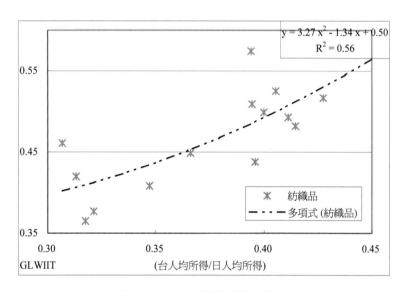

圖 2-24　台日紡織品產業內貿易

　　接著再觀察韓國與日本的關係。圖 2-25 顯示觀察期間韓日間工業製品的產業內貿易水準與日本相對所得的上升趨勢線，與台灣相同亦呈現隨著相對所得的提升而產業內貿易水準也提升。但其相關係數值只有 0.42 偏低。

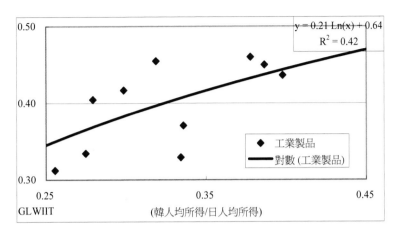

圖 2-25 韓日工業製品產業內貿易

　　而韓日的其他製品別的產業內貿易水準則如圖 2-26 所示的下降趨勢線,隨著相對所得的提升而下降,顯示與整體工業製品相反的發展趨勢。特別在相對所得提升至 0.35 後顯示產業內貿易水準急劇下降的變化。

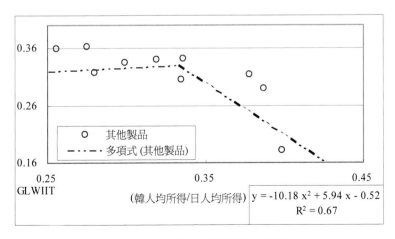

圖 2-26 韓日其他製品產業內貿易

　　但是其他製品中的纖維紡織品則與台灣相同，呈現與其他製品不同的發展趨勢。1990 年代開始韓國纖維紡織品出口競爭優勢逐漸喪失過程中，其與日本的的產業內貿易水準如圖 2-27 所示上升趨勢線，呈現隨著相對所得的提升而產業內貿易水準亦提升的分佈。另從與其纖維紡織品出口競爭力可知，競爭力越下降其與日本間產業內貿易水準越提升。從對數回歸式可知，韓日相對所得每提升 1%韓日間產業內貿易水準會提升 0.69%。

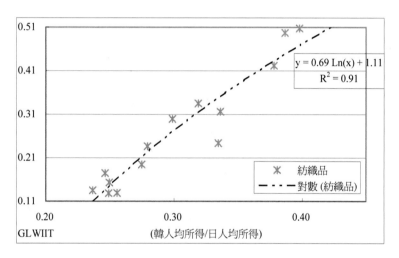

圖 2-27　韓日紡織品產業內貿易

　　韓日間機械製品的產業內貿易水準如圖 2-28 所示上升趨勢線，亦隨著相對所得的提升而提升。特別在相對所得提升至 0.35 後顯示產業內貿易水準急劇上升的變化。

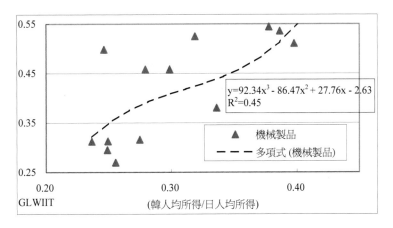

圖 2-28 韓日機械製品產業內貿易

接著觀察馬來西亞與日本的關係演變。圖 2-29 顯示觀察期間馬日間工業製品的產業內貿易水準與日本相對所得的趨勢線呈現倒 U 字型，顯示相對所得提升至 0.12 過程中產業內貿易水準上升的變化，但提升至 0.13 後呈現上下不穩定的變化。其相關係數 0.49 偏低，整體發展趨勢不明確。

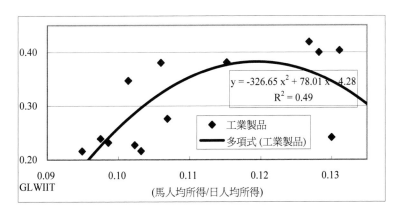

圖 2-29 馬日工業製品產業內貿易

　　而馬日的其他製品別的產業內貿易水準則亦如圖 2-30 所示的倒 U 字型，顯示相對所得提升至 0.12 過程中產業內貿易水準上升的變化，但提升至 0.13 中呈現產業內貿易水準下降的變化。其相關係數 0.62 為中等相關。另外馬日纖維紡織品的回歸式相關係數值只有 0.2 故不在此進一步分析。

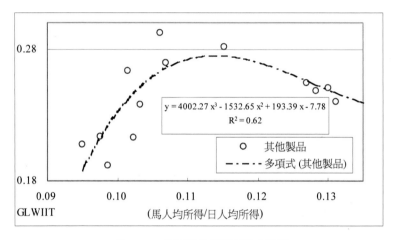

圖 2-30　馬日其他製品產業內貿易

　　而馬日的化學製品別的產業內貿易水準則亦如圖 2-31 所示的倒 U 字型，顯示相對所得提升至 0.11 過程中產業內貿易水準上升的變化，但提升至 0.13 後呈現上下不穩定的變化。其相關係數 0.59 為中等相關。

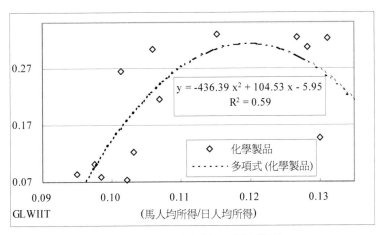

圖 2-31 馬日化學製品產業內貿易

馬日間機械製品的產業內貿易水準如圖 2-32 所示亦呈倒 U 字型，顯示相對所得提升至 0.11 過程中產業內貿易水準上升的變化，但提升至 0.13 後呈現上下不穩定的變化。其相關係數 0.45 為低相關。

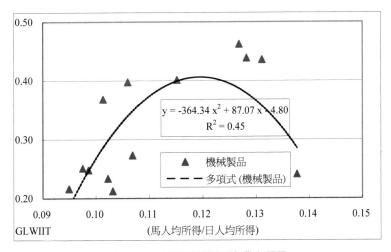

圖 2-32 馬日機械製品產業內貿易

　　泰國、印尼與日本的兩國回歸式相關係數值均低，產業內貿易的進展無法單從相對所得的提升中得到合理的解釋。在此不進一步討論。

　　接下來觀察中國與日本的關係。圖 2-33 顯示觀察期間中日間工業製品的產業內貿易水準與日本相對所得的上升趨勢線，隨著相對所得的提升而產業內貿易水準也提升。

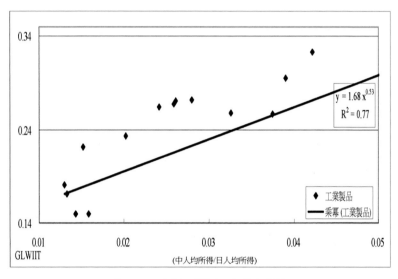

圖 2-33　中日工業製品產業內貿易

　　而中日的其他製品別的產業內貿易水準如圖 2-34 所示為相對緩和的上升趨勢線，隨著相對所得的提升而緩和上升，顯示與台韓相反的發展趨勢。

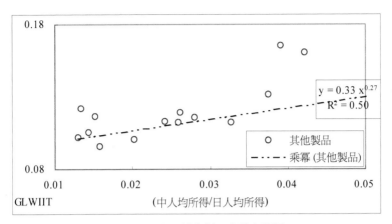

圖 2-34　中日其他製品產業內貿易

　　但是其他製品中的纖維紡織品則呈現與其他製品不同的發展趨勢。1990 年代中國纖維紡織品出口競爭優勢延續 80 年代增強過程中，其與日本的的產業內貿易水準如圖 2-35 所示下降趨勢線，呈現隨著相對所得的提升至 0.03 過程其產業內貿易水準下降，而提升至 0.04 後其產業內貿易水準反而提升的分佈。

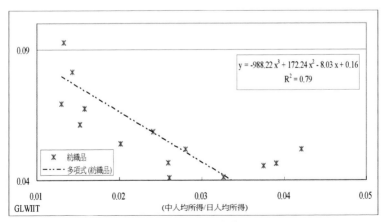

圖 2-35　中日紡織品產業內貿易

　　而中日間機械製品的產業內貿易水準如圖 2-36 所示上升趨勢線，其與日本的的產業內貿易水準亦隨著相對所得的提升而提升。

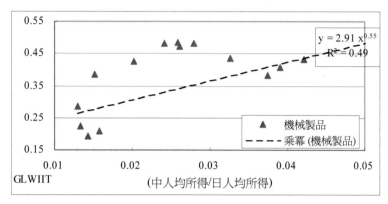

圖 2-36　中日機械製品產業內貿易

　　最後檢討越南與日本的關係。圖 2-37 顯示觀察期間越日間工業製品的產業內貿易水準與日本相對所得的上升趨勢線，隨著相對所得的提升而產業內貿易水準也提升。

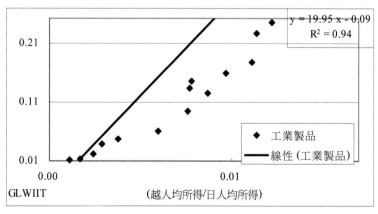

圖 2-37　越日工業製品產業內貿易

　　越日間機械製品的產業內貿易水準如圖 2-38 所示上升趨勢線，亦是隨著相對所得的提升而提升。

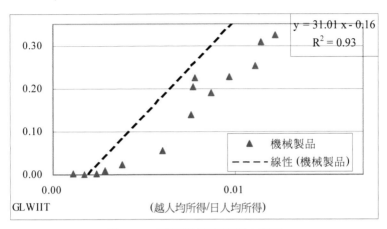

圖 2-38　越日機械製品產業內貿易

　　而越日的其他製品別的產業內貿易水準如圖 2-39 所示上升趨勢線，亦是隨著相對所得的提升而提升。

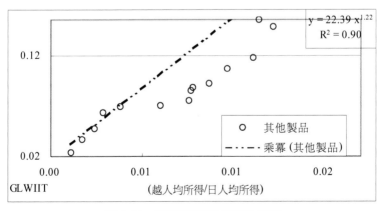

圖 2-39　越日其他製品產業內貿易

　　越南與日本間的工業製品產業內貿易水準皆呈現隨著相對所得的提升而提升的上升發展趨勢。隨著經濟的發展，越南的生產能力也跟著提升，但與日本間產業內貿易的進展不只是因為越南本身經濟力的提高，如同 1980 年代以來中國的外資企業的貢獻，其與越南外資特別日系企業的企業內貿易的展開有密切的關係。特別就開發中國家而言，多國籍企業國際分工佈局下所進行的企業內貿易活動是帶動兩國間產業內貿易的重要原因之一。因此產業內貿易的水準亦意涵兩國間分工的程度。

　　上述東亞國家與日本的產業內貿易發展中，可確認機械製品的水準大多與其相對所得的提升成正向關係的變化。意涵與日本間的分工互補關係越強。

（二）東亞經濟發展與日本的產業內貿易

　　其次從東亞整體的角度探討與日本的產業內貿易發展。依東亞國家人均所得高低排序的工業製品產業內貿易係數觀察，首先由圖 2-40 可知 1991 年東亞特定國家與日本的產業內貿易形成上升趨勢的雁行排列。因為去除新加坡、香港、菲律賓後相關係數較佳故回歸式中不含此三國。即先發展的所得高國家與日本的產業內貿易水準相對也高，所得低國家則相對較低。

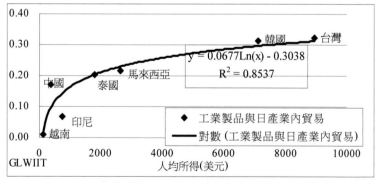

圖 2-40　1991 年東亞工業製品與日本產業內貿易

　　但是製品別的情況則各不相同。東亞競爭力普遍較低的化學製品，從圖 2-41 可知 1991 年東亞特定國家與日本的產業內貿易水準與其所得水準間關係不明確。東亞與日本的化學製品產業內貿易水準與各國所得分佈關係不明顯。台灣雖然相對高水準但低於韓國、中國等所得較低國家。馬來西亞、泰國亦低於印尼、中國。影響化學製品產業內貿易水準除所得外，應與各國自然資源稟賦如印尼、中國的石油以及經濟產業發展策略與政策的不同有關。

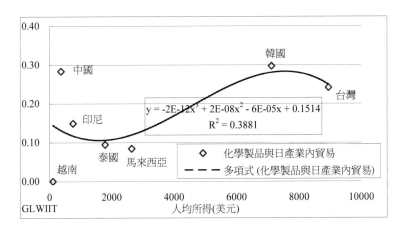

圖 2-41　1991 年東亞化學製品與日本產業內貿易

　　其他製品的 1991 年東亞特定國家與日本的產業內貿易則形成上升趨勢的雁行排列。圖 2-42 可知同為先發展的所得高國家與日本的產業內貿易水準相對也高，所得低國家則相對較低，但印尼稍低於中國。

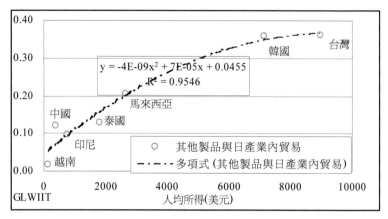

圖 2-42　1991 年東亞其他製品與日本產業內貿易

　　其他製品中的纖維紡織品從圖 2-43 可知，1991 年東亞特定國家與日本的產業內貿易大致亦可視為上升趨勢的雁行排列。亦即先發展的所得高國家與日本的產業內貿易水準相對也高，所得低國家則相對較低。其中台灣低於韓國，而中國與馬泰同水準是不完全的地方。

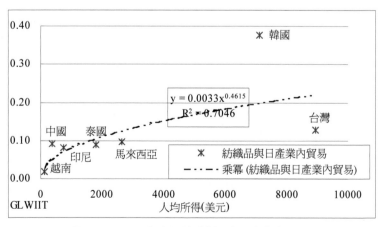

圖 2-43　1991 年東亞紡織製品與日本產業內貿易

　　機械製品從圖 2-44 亦可知，1991 年東亞特定國家與日本的產業內貿易亦可視為上升趨勢的雁行排列。即先發展的所得高國家與日本的產業內貿易水準相對也高，所得低國家則相對較低。其中馬來西亞低於泰國是不完全的地方。

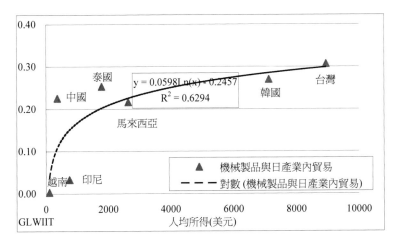

圖 2-44　1991 年東亞機械製品與日本產業內貿易

　　東亞各國隨著經濟的發展，人均所得提升後其與日本的產業內貿易 2000 年後發生變化。首先由圖 2-45 可知 2004 年東亞特定國家與日本的產業內貿易水準形成倒 U 字型排列。產業內貿易水準隨著所得提升大致均提升，但是台灣的水準低於馬來西亞是 2004 年東亞國家沒有形成上升趨勢的雁行排列，即先發展的所得高國家與日本的產業內貿易水準相對也高而所得低國家則相對較低的主要原因。

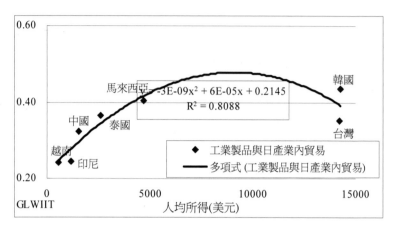

圖 2-45　2004 年東亞工業製品與日本產業內貿易

　　2004 年東亞特定國家與日本的化學製品產業內貿易水準從圖
2-46 可知亦形成倒 U 字型排列。產業內貿易水準隨著所得提升雖大
致均提升，但是台灣的低產業內貿易水準以及中國低於印尼高於泰
國是 2004 年東亞國家沒有形成上升趨勢的雁行排列的主要原因。

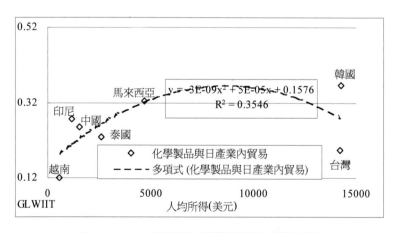

圖 2-46　2004 年東亞化學製品與日本產業內貿易

　　其他製品從圖 2-47 可知 2004 年東亞特定國家所得水準排列的與日本產業內貿易水準形成不規則形狀。產業內貿易水準隨著所得提升雖大致提升，但是台韓的產業內貿易水準低低於馬來西亞、泰國是 2004 年東亞國家沒有形成上升趨勢的雁行排列的主要原因。

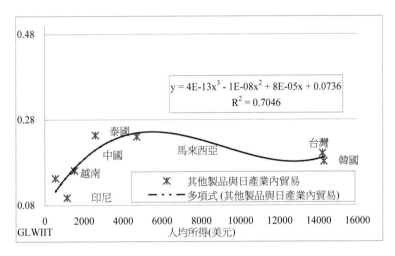

圖 2-47　2004 年東亞其他製品與日本產業內貿易

　　而其他製品中纖維紡織品從圖 2-48 可知，2004 年東亞特定國家與日本的產業內貿易水準呈現上升趨勢。但台灣的產業內貿易水準高於韓國，馬來西亞低於泰國、中國，印尼低於越南，故無法視為雁行的排列。

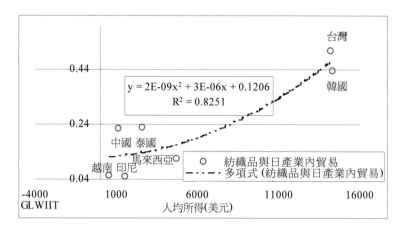

圖 2-48　2004 年東亞紡織品與日本產業內貿易

　　機械製品從圖 2-49 可知 2004 年東亞特定國家與日本的產業內貿易亦呈現上升趨勢，但彼纖維紡織品緩和。台灣的產業內貿易水準低於韓國亦低於馬來西亞、中國，另外中國高於泰國，越南高於印尼，故無法視為雁行的排列。

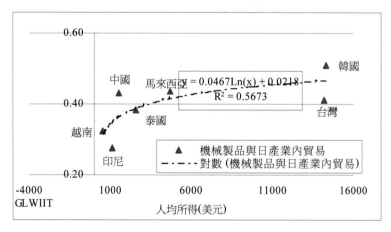

圖 2-49　2004 年東亞機械製品與日本產業內貿易

參、小結

大體而言，東亞國家隨著經濟的發展，各國所得提升下與日本的工業製品產業內貿易水準亦大多提升。其中機械製品特別顯著。纖維紡織品、機械製品的產業內貿易水準雖呈現上升的發展趨勢，但 2004 年產業內貿易水準並非依所得水準高低的排列即雁行排列不明顯存在。

產業內貿易進展的原因如前述，各國經濟發展程度、所得分配狀態、國內市場規模大小、地理距離、邊境貿易、人為貿易障礙、經濟統合等國別的因素以外，還有規模經濟、產品差異化、技術差距、對外直接投資、週期性貿易等產業別的因素。

佐佐木仁等（2005）的實證研究結果顯示 1989 至 2000 年日本對越南以外東亞 9 國的機械製品產業內貿易，特別是依據要素稟賦條件差異下的垂直型產業內貿易進展較快，比依據品質等製品屬性的差異化製品下的水平型產業內貿易的比重更高，其中尤以中間財零組件為甚[14]。其研究將此種貿易型態進展的影響原因歸納為與東亞貿易對手國間資本勞動比率的差異以及對其直接投資的增加，特別在製程間產業內分工越進展的情形，其垂直型產業內貿易的比重與對外直接投資間的正相關越大，即東亞間海外直接投資的帶動下其垂直型產業內貿易的比重越大。此與以不完全競爭市場下規模經濟等因素所決定的水平型產業內貿易的進展不同。

本章以所得或相對所得代表經濟發展程度差異對東亞產業內貿易進展的檢討，只是分析其影響因素的一部份，隨著貿易國的經濟發展，其產業內貿易進展與水準更不再只依所得水準決定。本章的分析雖然基本上確認東亞國家與日本間的產業內貿易水準隨著所得水準的提高而提升，但也發現東亞國家間產業內貿易水準的進

---

[14] 參照佐佐木仁、古賀優子（2005）「機械部門の貿易パターンの分析」日本銀行 working paper series、日本銀行調查統計局，pp.20。

展中雁行排列則不明顯。佐佐木仁等（2005）的實證研究雖然確認東亞偏重垂直型產業內貿易的進展與要素稟賦條件的差異有關，但亦不能否定差異化製品、技術差距及其他影響水平型產業內貿易進展因素的影響。東亞的國際分工在製程分割（fragmentation）及產業集聚（agglomeration）的發展下已形成細緻且有機性的生產及流通網絡，再加上科技創新政策等各國政策誘導的影響，各國對外貿易已不再只是取決於要素稟賦條件的差異，東亞國家間產業內貿易的進展中不明顯呈現雁行的排列，就理論上而言應是合理的結果。

第三章

東亞的國際收支發展與貿易失衡的因應

　　國際收支係某一特定期間（一季、半年或一年），一經濟體居民與非居民間一切經濟交易的有系統紀錄（屬流量統計）。這種紀錄通常以複式記帳作借貸等額記載，故稱之為平衡表。國際收支平衡表由經常帳、資本帳、金融帳及誤差與遺漏項加總而成，餘額反映在各國央行「準備資產」的變動。

　　經常帳係國際收支帳的項目之一，記載一經濟體居民與非居民間之商品進出口、服務、薪資及投資所得交易以及經常性移轉收支的各項交易。服務貿易指對個人或法人無形的服務提供如旅行、運輸、金融、專利權‧商標權使用、事務服務等。經常性移轉收支包含對外經濟援助等項目。資本帳係國際收支帳的項目之一，記載一經濟體居民與非居民間之政府與民間的資本移轉（如移民移轉）及非生產性、非金融性資產（如專利權、商譽等無形資產）的取得與處分交易。金融帳係國際收支帳的項目之一，記載一經濟體對外的金融資產與負債的交易，根據投資的功能或種類分為直接投資、證券投資、衍生性金融商品與其他投資，各類投資均區分為資產（居民對非居民之債權）及負債（居民對非居民之債務）。衍生性金融商品就是由傳統金融市場工具〔包括貨幣、債券、股票、外匯等〕衍生出來的金融商品，其價值是由買賣雙方根據基礎資產（Underlying Assets）的價值、報酬率或其他指標（如匯率、利率、股價、股價指數等）來決定。衍生性金融商品的種類相當繁多，基本上區分為四類：遠期契約（Forwards）、期貨（Futures）、選擇權

（Options）及交換（Swaps）。這四種基本商品又可重新組合成許多其他新種的衍生性商品。

經常收支的餘額要等於資本金融收支及準備與相關項目的合計，意即等於一國一定期間對外淨資產餘額。若對外淨資產餘額為正值表示債權，負值則表示負債即債務，其變動的增減表示債權或債務的增減。債權內容包括外匯、外國企業股票‧債券、政府公債等。

國際投資部位係指某特定時點（通常為年底）一經濟體居民對非居民之金融資產與負債的存量，其統計的項目分類與國際收支的金融帳一致，亦即按功能區分為直接投資、證券投資、衍生性金融商品、其他投資及準備資產。

壹、國際收支上的東亞國家經濟發展階段

從國際收支的變化可以觀察一個國家內外經濟的發展變化。一般而言，國家初期發展階段通常由於經濟發展所需輸入的外匯需求而努力提高財貨輸出透過財貨貿易順差累積所需外匯，所以發展初期階段通常可以看到財貨貿易逆差的改善或透過生產要素東亞特別是勞力的輸出即海外勞工的提供以累積外匯。而在發展成熟階段通常由於國內生產要素相對價格的變化以及物價成本的上漲，競爭力隨著國內比較利益改變而變化，國內生產必須改變生產模式如資本的深化以替代工資成本上漲的勞動力投入或差異化以提高附加價值降低勞力成本的比重亦或移轉海外仍存在勞力成本優勢的國家進行生產。另外通常已開發國家的服務業如金融、運輸、電信等較開發中國家具競爭優勢，其服務貿易收支大多會由逆差轉變為順差或順差擴大。但成熟階段國家的輸入需求因所得提升也可能更高，因此大多數已開發國家的財貨貿易轉變為逆差，外匯的來源由服務貿易及海外投資所得特別是直接投資所得的順差取而代之。處於中間發展階段的國家則是財貨貿易順差、服務貿易逆差遞減及投

資所得順差遞增的交替變化，亦或持續財貨貿易順差同時投資所得順差遞增的變化。當一國的產品出口競爭力隨著經濟結構及世界市場的變化而更被強化，同時海外投資也持續增加的情況就可能產生後者的結果。

　　經濟的發展過程中，經常收支與各發展階段緊密相關。另從資金的角度而言，開發中國家因為發展的關係通常需要投資超過自己所能生產以上的財貨服務，此超過需求的部份則會以對外債務增加的形式實現，此時經常收支也就會變成逆差，當然也須視開發中國家的債信水準、未來經濟發展中的債務償還能力是否能調集資金而定。相對於此，已開發國家因為國內投資報酬率下降的關係，其經濟發展所累積的豐沛資金可能轉移或轉貸國外的政府、企業法人或個人以獲取更大的利息或投資報酬，此也會以對外債權增加的形式表現，其經常收支也通常會呈順差的狀態。此即形成國際間資金的循環。但是成熟階段的已開發國家如高齡化社會的來臨，不但會開始減少其國內超額儲蓄甚至因為需要動用到海外累積債權而使其對外債權開始下降，其經常收支順差也自然開始減少甚至變成逆差。

　　Crowther（1957）或 Kindleberger（1963）將發展過程分成六個階段的循環，而 Samuelson（1973）則分成四個階段的循環。

　　Crowther（1957）以所得特別是投資收益所得收支與資本金融收支為基準劃分各發展階段國際收支的演變。所得收支順差源自於為海外純資產的收益，通常發生在擁有海外純資產淨額的債權國家，相反的海外純資產淨額為負的債務國家其所得收支則為逆差。國內資本不足的資本輸入國當然資本金融收支呈現順差狀態，而有能力對外輸出資本的國家其資本輸出額大都大於輸入額呈現資本收支逆差的狀態。如表 3-1 所示，Crowther 依此將發展階段分為未成熟債務國、成熟債務國、債務清償國、未成熟債權國、成熟債權國以及債權崩解國等六種階段。

　　一國的輸出競爭力上升下其貿易收支轉為較大幅順差後，經常收支轉為順差外，開始亦有餘力清償外債時，其資本收支亦會開始轉為逆差。在進一步展開對外投資後，投資收益所得隨著海外純資產淨額的增加下，其所得收支亦轉變為順差，但是資本輸出續增下其資本收支逆差可能擴大，此是為未成熟債權國（immature creditor-lender）的情形。而債權國因內外所得的提升，一方面帶動國內輸入需求的增加，另一方面國內物價成本增加下輸出競爭力減弱故貿易收支可能轉為逆差，對外投資能力因外匯累積能力下降而減弱因此資本收支逆差減少，但因海外純資產淨額的累增下其所得收支因投資收益所得的增加而呈現更大的順差，是為成熟債權國（mature creditor-lender）的情形。而成熟債權國的競爭力若未能回升或持續強化時，其貿易服務收支逆差可能更形惡化，經常收支也轉為逆差，雖然因為保有海外純資產淨額而持續所得收支的順差，但因海外純資產未能持續累增甚或開始減少故所得順差可能下降，而資本收支在需要外來資本挹注的情形下亦會轉為順差，此是債權崩解國（creditor-borrower）的情形。債權崩解國的情形與未成熟債務國的差別只在債權國仍擁有海外純資產存量故其所得收支仍能維繫順差，實際上部分此階段國家也有淪為債務國的情形。因此 Crowther 的國際收支的階段發展並非單向進行，存在循環發展的可能性。

表 3-1　國際收支發展階段

	未成熟債務國	成熟債務國	債務清償國	未成熟債權國	成熟債權國	債權崩解國
經常收支	-	-	+	++	+	-
財貨服務貿易收支	-	+	++	+	-	-
所得收支（投資所得）	-	-	-	+	++	+
資本金融收支	+	+	-	--	-	+
對外純資產淨額	-	-	-	+	++	+

注：1. '+'表示順差或資金流入，'-'表示逆差或資金流出，雙符號代表程度加重。
　　2. 原出處日本經濟產業省（2003）『日本通商白書2002』第 2-3-1 圖，作者重新編制。

　　Samuelson（1973）就國際收支的演變歸納出一國國內儲蓄小於所需投資下其財貨服務貿易、所得及經常收支皆為逆差而資本金融收支為順差（new borrower phase）的 I 階段，國內儲蓄雖仍小於所需投資但導入外資或外債下競爭力提升後其財貨服務貿易收支與資本金融收支均轉為順差（evolved borrower phase）、而所得及經常收支則仍為逆差的 II 階段，財貨服務貿易順差擴大下外匯存底的累積加上國內儲蓄超過投資後開始有能力清償外債同時因為國內投資報酬率下降也開始嘗試海外投資故其財貨服務貿易收支順差擴大、而所得與資本金融收支逆差均減少（new lender phase）的 III 階段，其後因競爭力下降財貨服務貿易收支轉為逆差下國內儲蓄由國內投資轉為對外投資的進一步增加使海外純資產淨額加速累積故其所得轉為順差但資本金融收支則轉為逆差（evolved lender phase）的 IV 階段[1]。

　　Razgallah（2004）將 Samuelson（1973）的四階段論精緻化，如表 3-2 所示五個主要階段及前三個階段演化過程中間的各小階段。此五個主要階段的國際收支的演化特徵與 Crowther 的六階段差異並不大，財貨服務貿易、所得及經常收支均呈現逆差但仰賴海外資本或貸款其資本金融收支為順差的 I 階段，外資或外債導入下競爭力提升財貨服務貿易收支轉為順差但仍持續仰賴外資及外債情形未變故資本金融收支持續逆差而所得收支亦持續逆差經常收支在所得收支逆差大於財貨服務貿易順差下亦為逆差的 II 階段，過渡期中財貨服務貿易收支達均衡狀態其他不變的 I-1 階段，接著競爭力持續提升下財貨服務貿易收支順差擴大並大於所得收支的逆差故經常收支轉為順差並外匯累積及國內儲蓄提升下開始對外投資另國內投資報酬率下降下資本金融收支開始轉為逆差的 III 階段，競爭力因國內成本上漲國外追趕下降下財貨服務貿易收支轉為逆差但因海外純資產的持續累積其所得收支持續順差並大於財貨

---

[1]　Samuelson, P. A.（1973）*Economics*, 都留重人訳『サムエルソン経済学』（東京：岩波書店，1976），pp.1102-03。

服務貿易逆差故經常收支保持順差的 IV 階段，其過渡期中所得收支達到均衡的 III-1 及轉為順差的 III-2 階段，最後為財貨服務貿易、所得及經常收支均呈現逆差但又開始需仰賴海外資本或貸款故其資本金融收支轉為順差的 V 階段[2]。此 V 階段的國際收支的符號特徵與 I 階段是一樣的。與 Crowther 的第六階段相同意涵國際收支的階段發展並非單向進行，同樣存在循環發展的可能性。

表 3-2　國際收支發展階段（Razgallah）

階段	財貨服務貿易收支	所得收支（投資所得）	經常收支	資本金融收支
I				
I-00	-	0	-	+
I-01	-	+	-	+
I-1	0	-	-	+
II	+	-	-	+
II-1	+	+	-	+
III	+	-	+	-
III-1	+	0	+	-
III-2	+	+	+	-
IV	-	+	+	-
V	-	-	-	+

資料出處：Brahim Razgallah(2004) "The balance of payments stages 'hypothesis': A reappraisal, ", Table 1, pp.9-10. http://www.u-paris2.fr/troisdi/pdfs/The_BoP_stages_hypothesis.pdf

　　Razgallah（2004）所提出的發展階段的演變中，特別強調與比較利益轉變的競爭優勢移轉的關係，其中外資因為自身比較利益衰

---

[2]　但是 I-00 及 01 的過渡階段為何呈現所得收支的均衡及順差，作者在文中並未詳細說明。

退冀與被投資國的比較利益形成互補性效益以及被投資國希望導入外資顯現自國比較利益提升出口競爭力的策略密切相關。因此一國的經濟發展與資本收支變化即資本移動的關係以人均所得與資本收支為兩軸下可以描繪出圖 3-1 呈現的五個國際收支發展階段的分佈示意圖。當然此國際收支發展階段論的成立是基於數項嚴苛的前提假設如匯率、各國資本市場及制度是開放自由的，外資的引進也能改變被投資國的要素投入比率顯現比較利益提升競爭力並促進經濟成長，舉用外債國家初期階段即有償付貸款的足夠儲蓄能力，投資的邊際期望報酬率至少會等於其利率加上風險加碼的資金成本等[3]。

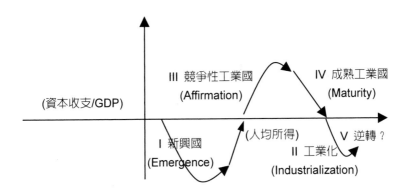

圖 3-1　國際收支發展階段（Razgallah）

資料出處：Brahim Razgallah(2004) "The balance of payments stages 'hypothesis': A reappraisal, ",
　　　　　Figure.3, pp.9, http://www.u-paris2.fr/troisdi/pdfs/The_BoP_stages_hypothesis.pdf

---

[3]　Razgallah, B., "The balance of payments stages 'hypothesis': A reappraisal," 2004,
　　　pp.7 <http://www.u-paris2.fr/troisdi/pdfs/The_BoP_stages_hypothesis.pdf>。

　　從 Razgallah（2004）對世界 189 國或經濟體 1967 至 2000 年的實證研究結果顯示，美國雖然近似 V 的逆轉階段，但是作者認為需要統計上的確認以及更長的觀察時間才能下定論。而從 50 個開發中及已開發國家的國際收支變化循環的被說明變數與各國貿易專業特化指數（Quality of specialization）及經濟發展程度和要素生產力的代理變數人均所得等的說明變數間的回歸分析的實證結果，證實進入 II 階段後即人均所得在世界 194 個國家級經濟體的平均水準以上的階段時，國際收支結構的變化與各國專業特化形成的國際分工以及經濟發展程度間的顯著性關連。意即國際收支結構的變化導因於國際分工的進展。而國際間資本的移動也主要可由經濟發展階段的不同來說明，非單只是儲蓄與投資的缺口。已開發國家至開發中國家的資本移動主要導因於比較利益的互補作用。但各國經濟政策仍扮演關鍵的角色亦不容忽視[4]。

一、經常收支

　　以下針對東亞國家的國際收支變化探討其經濟的發展階段。

　　表 3-3 及 3-4 顯示 1981-2006 年美國及東亞國家的經常收支對 GDP 比率的演變。

　　首先美國的經常收支 1981 年以後呈現逆差的持續擴大。從表 3-3 中可知其逆差主要由於財貨貿易逆差的擴大。其財貨貿易逆差均大於經常收支逆差，差額主要由其服務貿易的順差以及投資所得順差填補。而投資所得順差因其證券與其他投資 1980 年代中期開始呈現逆差的持續擴大可知主要是來自直接投資所得持續擴大的順差。美國是世界經濟中已開發國家的代表，其國際收支的演變如實呈現上述的發展階段特徵。

---

[4] Razgallah（2004），pp.17-18。

　　其次觀察東亞國家的演變。日本的經常收支與美國相反，1981年以後呈現順差的持續擴大。其財貨貿易順差在歷經 1980 年代以來其國內及世界經濟變化的衝擊仍持續順差，1990 年代後期開始呈現順差減少的變化，但 2000 年後仍維持在 GDP 的 2%水準。另與美國不同的是其服務貿易收支為逆差，但 1990 年代後期開始呈現逆差減少的變化。而日本的投資所得亦為順差，但不同於美國的是其持續增加的發展趨勢，且佔 GDP 的比率高於美國。而其投資所得中，雖然直接投資所得順差持續擴大，但其證券與其他投資的順差遠大於直接投資所得順差，可知投資所得的順差主要來自證券與其他投資，此是與美國另一點的不同。日本直接投資所得順差佔 GDP 的比率持續遠低於美國。日本 2006 年止的國際收支變化的發展，明顯已進入成熟發展國家的階段，但因服務貿易持續逆差且直接投資所得順差與證券與其他投資順差的巨幅差距，應可視為成熟發展國家的初期階段。

　　新加坡的經常收支 1980 年代中期以後呈現順差的持續擴大，其佔 GDP 的比率 2006 年高達 31%，遠高於其他東亞國家。其財貨貿易亦在 1980 年代中期以後呈現順差的持續擴大，1990 年代中期以後順差更大於財貨貿易的順差。其服務貿易收支 1980、90 年代持續順差，但 1990 年代後期開始順差大幅縮小，2000 年後轉變為逆差。而投資所得 1980 年代前期為逆差中期後轉為順差，但 2001-05 年又轉變為逆差，2006 年則回復順差。其投資所得的變化主要來自證券與其他投資的變化。新加坡 2006 年止的國際收支變化的發展，應屬進入成熟發展國家前的階段。

　　香港的經常收支，資料關係可知 1990 年代中期以後呈現順差的持續擴大，其佔 GDP 的比率 2006 年達 10.9%，東亞中只低於新加坡。其財貨貿易則呈現逆差的持續擴大，但服務貿易順差持續大幅增加。而投資所得呈現順差，但直接投資所得持續逆差的擴大，其投資所得的順差主要來自證券與其他投資的順差擴大。香港 2006 年止的國際收支變化的發展，其經常收支的順差最主要來自服務貿易順差的持續增加，其次來自於證券與其他投資的順差，服務貿易的發展與新加坡不同但應同屬進入成熟發展國家前的階段。

台灣的經常收支，1981 年以後皆呈現順差，但 1990 年代大幅減少，2000 年後才回增至 GDP 的 7%水準，但仍低於 1980 年代。其財貨貿易持續順差，但如經常收支 1990 年代大幅減少，2000 年後才微幅回增，另外 1980、90 年代高於經常收支的順差但其後則低於經常收支。其服務貿易收支為逆差，但 1990 年代後期開始呈現逆差減少的變化。其所得收支中工作者匯款 1980 年代順差但其後轉為逆差，比率皆小。而投資所得亦為順差，但 1990 年代後期曾大幅減低 2000 年後回增並超過 1980、90 年代水準。其投資所得中，證券與其他投資的順差 2000 年後回增至 1980 年代水準，而直接投資所得逆差則減低，可知投資所得的順差主要來自證券與其他投資。台灣 2006 年止的國際收支變化的發展，亦屬進入成熟發展國家前的階段。

韓國的經常收支，1990 年代中期以後才呈現順差的穩定擴大。其財貨貿易亦相同 1990 年代中期以後才呈現順差的穩定擴大且高於經常收支的順差。其服務貿易收支 1990 年代開始轉為逆差，其後呈現逆差擴大的變化。而投資所得亦為逆差，但 2000 年後逆差大幅縮小。其所得收支中工作者匯款持續順差但 1980 年代佔 GDP0.3%水準為高峰後減低，2000 年後減至 0.1%以下。而其投資所得中，證券與其他投資逆差 2000 年後轉變為順差，而直接投資所得順差則 1990 年代後期轉變為逆差，可知其投資所得逆差的大幅縮小主要因為證券與其他投資的順差轉變及增加。

馬來西亞的經常收支，亦在 1990 年代中期以後才呈現順差的穩定擴大。但其財貨貿易順差則 1980 年代開始即為順差且均大幅高於經常收支的順差。其服務貿易收支持續逆差，1990 年代後期開始呈現較大幅度的逆差減小變化。其所得收支中工作者匯款持續為逆差。而投資所得亦持續為逆差，其投資所得中，證券與其他投資逆差 2000 年後轉變為順差，但直接投資所得持續逆差，可知 2000 年後其投資所得逆差的縮小主要因為證券與其他投資的順差轉變及增加。

表 3-3　東亞經常收支淨額對 GDP 比率一 　　　　(%)

		1981-85	1986-90	1991-95	1996-2000	2001-05	2006
美國	經常收支	-1.39	-2.45	-1.06	-2.65	-4.88	-6.11
	財貨貿易	-1.94	-2.63	-1.88	-3.18	-5.14	-6.28
	服務貿易	0.24	0.30	0.90	0.93	0.52	0.57
	所得收支	0.81	0.37	0.34	0.17	0.37	0.28
	工作者匯款	-0.02	-0.03	-0.05	-0.05	-0.05	-0.05
	投資所得	0.83	0.40	0.39	0.22	0.42	0.32
	直接投資所得	0.65	0.90	0.89	0.86	1.11	1.31
	證券與其他投資所得	0.17	-0.50	-0.50	-0.64	-0.69	-0.99
	經常移轉收支	-0.50	-0.49	-0.42	-0.57	-0.64	-0.67
日本	經常收支	1.88	2.82	2.57	2.40	3.13	3.84
	財貨貿易	2.73	3.30	2.97	2.55	2.31	1.83
	服務貿易	-0.97	-1.04	-1.10	-1.24	-0.86	-0.41
	所得收支	0.23	0.68	0.86	1.31	1.84	2.66
	工作者匯款	-0.01	.	-0.02	.	.	.
	投資所得	0.14	.	0.88	1.31	1.84	2.66
	直接投資所得	0.08	.	0.15	0.20	0.31	0.59
	證券與其他投資所得	0.06	.	0.74	1.12	1.54	2.08
	經常移轉收支	-0.12	-0.12	-0.17	-0.22	-0.17	-0.24
新加坡	經常收支	-4.93	5.40	12.73	16.33	20.88	31.24
	財貨貿易	-23.10	-3.22	0.69	13.75	27.34	33.89
	服務貿易	19.79	7.73	11.05	2.00	-3.74	-1.92
	所得收支	-0.41	1.90	1.99	1.83	-1.52	0.30
	工作者匯款	.	.	.	.	.	.
	投資所得	-0.41	1.90	1.48	.	.	.
	直接投資所得	.	.	.	.	.	.
	證券與其他投資所得	-0.41	1.90	1.48	.	.	.
	經常移轉收支	-1.21	-1.01	-0.99	-1.25	-1.19	-1.02
香港	經常收支	.	.	.	2.38	8.95	10.86
	財貨貿易	.	.	.	-2.30	-4.33	-7.40
	服務貿易	.	.	.	4.35	13.05	19.09
	所得收支	.	.	.	0.90	1.37	0.35
	工作者匯款	.	.	.	-0.02	-0.08	-0.04
	投資所得	.	.	.	0.92	1.45	0.38
	直接投資所得	.	.	.	-2.84	-6.38	-9.63
	證券與其他投資所得	.	.	.	3.76	7.84	10.01
	經常移轉收支	.	.	.	-0.58	-1.16	-1.17
台灣	經常收支	7.98	12.16	3.66	2.56	7.01	6.93
	財貨貿易	11.22	14.38	5.76	4.72	6.70	6.58
	服務貿易	-3.62	-3.89	-3.72	-2.51	-1.38	-1.23
	所得收支	0.64	2.55	1.99	1.10	2.72	2.69
	工作者匯款	0.13	0.02	-0.01	-0.11	-0.10	-0.03
	投資所得	1.43	2.53	2.00	1.21	2.82	2.73
	直接投資所得	-0.32	-0.44	-0.43	-0.42	-0.11	-0.13
	證券與其他投資所得	1.75	2.94	2.36	1.63	2.93	2.85
	經常移轉收支	-0.26	-0.87	-0.37	-0.75	-1.02	-1.11
韓國	經常收支	-2.76	4.14	-1.27	2.76	2.13	0.70
	財貨貿易	-2.50	3.24	-0.76	3.69	3.76	3.35
	服務貿易	0.20	0.80	-0.63	-0.43	-1.29	-2.15
	所得收支	-1.31	-0.84	-0.13	-0.82	-0.03	-0.06
	工作者匯款	0.33	0.28	0.17	0.11	0.09	0.05
	投資所得	-1.64	-1.12	-0.30	-0.93	-0.13	-0.11
	直接投資所得	1.97	0.18	0.03	-0.19	-0.24	-0.32
	證券與其他投資所得	-3.62	-1.30	-0.33	-0.75	0.11	0.21
	經常移轉收支	0.84	0.94	0.24	0.32	-0.31	-0.44

注：1. "."無資料，2.各國經常收支對 GDP 比率除台灣 1981-85 年工作者匯款、投資所得、直接投資所得、
　　證券與其他投資所得為 1984,85 年之平均值外餘均為 5 年平均值，作者計算彙編。
資料來源：UNCTAD, *Handbook of Statistics 2007*, http://stats.unctad.org/Handbook/TableViewer/download.aspx.

　　泰國的經常收支，亦在 1990 年代中期以後才呈現順差的穩定擴大。其財貨貿易亦相同 1990 年代中期以後才呈現順差的穩定擴大且高於經常收支的順差。其服務貿易收支 1990 年代開始轉變為逆差且持續增加。其所得收支中工作者匯款持續為順差，2000 年後呈現減少的變化。而投資所得亦持續為逆差，1990 年代後期開始呈現擴大的變化。其投資所得逆差中，證券與其他投資逆差大於直接投資所得逆差，但 2000 年後其投資所得逆差亦擴大至接近證券與其他投資的逆差水準。泰國的經常收支 1990 年代中期以後順差穩定擴大主要來自財貨貿易的順差擴大以及海外工作者匯款的順差。

　　印尼的經常收支，亦在 1990 年代中期以後才呈現順差的穩定擴大。但其財貨貿易順差則 1980 年代開始即為順差且均大幅高於經常收支的順差。其服務貿易收支持續逆差，1990 年代後期開始呈現逆差擴大的變化。而投資所得亦持續為逆差，其投資所得中，1980 年代後期開始證券與其他投資逆差轉變為大於直接投資所得的逆差，但 2000 年後則又逆轉。其投資所得逆差主要因為證券與其他投資的逆差。

　　菲律賓的經常收支，在 2000 年後才呈現順差的穩定擴大。但其財貨貿易則 1980 年代以來持續逆差，其逆差 1990 年代前期達 GDP10.3%的高峰後減低，但 2000 年後仍為 6%以上水準。其服務貿易收支 1990 年代後期開始轉變為逆差。其所得收支中工作者匯款持續順差但 1990 年代後期達 GDP4.8%的高峰後減低，2000 年後仍在 3%的水準。菲律賓與泰國同為東亞中工作者匯款持續順差較大的兩個國家，但 1990 年代開始菲律賓的順差比率比泰國高出 3 至 4 倍。而投資所得亦持續為逆差，其投資所得中，證券與其他投資逆差持續大於直接投資所得的逆差。菲律賓的外匯主要來自海外工作者匯款。

表 3-4　東亞經常收支淨額對 GDP 比率二　　　　　(%)

		1981-85	1986-90	1991-95	1996-2000	2001-05	2006
馬來西亞	經常收支	-8.32	2.40	-6.49	5.63	11.31	17.16
	財貨貿易	3.67	12.46	2.53	16.65	22.64	24.73
	服務貿易	-6.54	-4.77	-4.11	-2.78	-2.34	-1.34
	所得收支	-5.42	-5.62	-4.93	-6.16	-6.11	-3.18
	工作者匯款	0.00	-0.04	-0.03	-0.18	-0.24	-0.06
	投資所得	-5.42	-5.58	-4.90	-5.98	-5.87	-3.12
	直接投資所得	-3.85	-3.62	-4.74	-5.63	-6.04	-3.81
	證券與其他投資所得	-1.57	-1.96	-0.15	-0.34	0.16	0.69
	經常移轉收支	-0.03	0.33	0.01	-2.08	-2.88	-3.04
泰國	經常收支	-5.26	-2.97	-6.43	4.08	1.74	1.57
	財貨貿易	-4.59	-3.05	-4.12	6.26	6.18	7.18
	服務貿易	0.02	1.11	-1.57	-0.38	-2.11	-3.84
	所得收支	-1.20	-1.41	-1.24	-2.19	-3.27	-3.41
	工作者匯款	1.78	1.33	0.83	1.19	1.00	0.65
	投資所得	-2.99	-2.75	-2.08	-3.37	-4.26	-4.05
	直接投資所得	-0.05	-0.25	-0.01	.	-1.98	-2.03
	證券與其他投資所得	-2.93	-2.50	-2.06	-3.37	-2.28	-2.02
	經常移轉收支	0.50	0.39	0.50	0.38	0.94	1.63
印尼	經常收支	-3.28	-2.35	-2.08	1.48	2.54	2.67
	財貨貿易	4.32	4.89	3.95	10.56	10.50	8.15
	服務貿易	-4.20	-3.46	-3.23	-5.23	-4.85	-3.09
	所得收支	-3.54	-4.09	-3.12	-4.77	-3.81	-3.73
	工作者匯款	.	.	.	.	-0.01	.
	投資所得	-3.54	-4.09	-3.12	-4.77	-3.80	.
	直接投資所得	-3.06	-1.60	-0.98	-1.78	-2.27	.
	證券與其他投資所得	-0.49	-2.48	-2.14	-2.99	-1.53	.
	經常移轉收支	0.15	0.30	0.33	0.91	0.71	1.33
菲律賓	經常收支	-5.40	-1.74	-3.40	-2.88	0.29	4.29
	財貨貿易	-4.91	-4.35	-10.34	-8.61	-7.56	-5.95
	服務貿易	1.30	4.10	3.63	-0.64	-2.34	-0.57
	所得收支	-3.10	-3.24	1.85	2.80	-0.27	-0.46
	工作者匯款	2.17	2.41	4.60	4.79	3.24	2.36
	投資所得	-5.27	-5.65	-2.74	-1.99	-3.51	-2.82
	直接投資所得	-0.45	-0.56	-0.45	-0.21	-1.35	-1.26
	證券與其他投資所得	-4.82	-5.09	-2.29	-1.78	-2.16	-1.56
	經常移轉收支	1.32	1.76	1.46	3.56	10.46	11.28
中國	經常收支	0.20	-0.22	0.80	2.24	3.43	9.37
	財貨貿易	-0.44	-0.75	1.01	3.50	3.45	8.17
	服務貿易	0.10	0.38	-0.05	-0.36	-0.47	-0.33
	所得收支	0.27	0.05	-0.34	-1.33	-0.54	0.44
	工作者匯款	0.02	0.02	0.01	-0.01	0.01	0.07
	投資所得	0.25	0.04	-0.34	-1.31	-0.54	0.37
	直接投資所得	0.00	0.00	-0.28	-1.47	-1.11	-0.93
	證券與其他投資所得	0.25	0.04	-0.05	0.15	0.56	1.30
	經常移轉收支	0.11	0.09	0.17	0.43	0.98	1.09
越南	經常收支	.	.	.	-2.04	-1.24	0.31
	財貨貿易	.	.	.	-2.99	-2.93	.
	服務貿易	.	.	.	-1.64	-1.97	.
	所得收支	.	.	.	-1.80	-1.97	.
	工作者匯款	.	.	.	.	.	.
	投資所得	.	.	.	.	.	.
	直接投資所得	.	.	.	.	.	.
	證券與其他投資所得	.	.	.	.	.	.
	經常移轉收支	.	.	.	4.39	5.62	.

注：1. "."無資料，2.各國經常收支對 GDP 比率均為 5 年平均值，作者計算彙編。

資料來源：UNCTAD, *Handbook of Statistics 2007*, http://stats.unctad.org/Handbook/TableViewer/download.aspx.

　　中國的經常收支，亦在 1990 年代才呈現順差的穩定擴大。其財貨貿易亦相同 1990 年代才呈現順差的穩定擴大且高於經常收支的順差。其服務貿易收支 1990 年代開始轉變為逆差且持續增加。其所得收支中工作者匯款除 1990 年代後期逆差外均為順差持續順差但比率小。而投資所得亦持續為逆差，1980 年代順差，1990 年代及 2001 至 05 年轉為逆差，2006 年又呈現順差。1990 年代前期投資所得逆差因為證券與其他投資與直接投資所得皆轉為逆差，1990 年代後期至 2005 年其逆差主要因為直接投資所得逆差大於證券與其他投資的順差，但 2006 年順差乃因其投資所得逆差小於證券與其他投資的順差。

　　越南的經常收支，資料關係可知 1990 年代中期以後及 2001 至 05 年轉為逆差，2006 年又呈現順差。其財貨、服務貿易及所得收支皆為逆差，但因經常移轉收支的鉅額順差 1990 年代後期佔 GDP4.4%，2001 至 05 年更高達 5.6%，故其經常收支呈現較小的逆差。經常移轉收支的順差主要來自國外的政府經濟援助。

二、資本金融收支

　　其次檢討資本金融帳的演變。表 3-5 及 3-6 顯示 1981-2006 年美國及東亞國家的資本金融收支淨額對 GDP 比率的演變。

　　首先美國的資本金融收支 1981 年以後呈現順差的持續擴大。從表 3-5 中可知其順差主要由於金融收支順差的擴大。金融收支中，其證券金融商品的外來投資 1990 年代中期以後大幅增加使其順差大幅擴大是金融收支順差主要原因。另外其他投資順差也持續增加，但直接投資則因波動較大，1990 年代後期及 2001 至 05 年外來投資皆小於其對外投資。

　　其次觀察東亞國家的演變。日本的資本金融收支與美國相反，1980 年代以後呈現逆差的持續擴大，主要是金融收支逆差的持續擴大。金融收支中，其證券金融商品的外來投資 1990 年代中期以

表 3-5　東亞資本金融收支淨額對 GDP 比率一　　　(%)

		1981-85	1986-90	1991-95	1996-2000	2001-05	2006
美國	資本金融收支	0.63	2.17	1.27	2.52	4.90	6.24
	資本收支	0.00	-0.02	-0.03	-0.02	-0.02	-0.03
	金融收支	0.62	2.19	1.30	2.54	4.92	6.27
	對外直接投資	-0.23	-0.63	-1.03	-1.62	-1.31	-1.77
	外來直接投資	0.52	1.05	0.58	2.16	1.03	1.36
	證券金融商品投資（資產）	-0.18	-0.25	-1.26	-1.48	-1.08	-3.21
	證券金融商品投資（負債）	0.80	1.38	1.72	3.59	5.47	7.66
	其他投資（資產）	-1.69	-1.22	-0.25	-2.17	-1.75	-2.98
	其他投資（負債）	1.50	1.93	1.51	2.06	2.56	4.98
日本	資本金融收支	-2.13	-2.11	-2.45	-2.74	-2.87	-3.14
	資本收支		-0.03	-0.04	-0.02	-0.09	-0.11
	金融收支	-2.12	-2.08	-2.41	-2.52	-2.78	-3.03
	對外直接投資	-0.42	-1.20	-0.50	-0.59	-0.82	-1.13
	外來直接投資	0.03	0.01	0.03	0.13	0.15	-0.15
	證券金融商品投資（資產）	-1.99	-3.55	-1.66	-2.22	-3.42	-1.60
	證券金融商品投資（負債）	1.06	1.04	1.26	1.74	2.24	4.48
	其他投資（資產）	.	.	-0.07	0.52	0.45	-1.94
	其他投資（負債）	0.82	1.62	-0.99	-1.29	0.71	-2.01
新加坡	資本金融收支	4.25	-4.13	-12.24	-18.87	-20.83	-25.17
	資本收支	.	.	-0.10	-0.21	-0.18	-0.27
	金融收支	4.25	-4.00	-12.14	-18.66	-20.65	-24.90
	對外直接投資	-0.80	-2.17	-4.42	-7.73	-8.48	.
	外來直接投資	8.36	12.41	9.93	14.27	13.74	.
	證券金融商品投資（資產）	-1.16	-1.81	-6.48	-14.28	-14.75	.
	證券金融商品投資（負債）	1.04	0.60	1.46	0.86	3.28	.
	其他投資（資產）	-10.33	-13.20	-9.91	-19.68	-18.43	.
	其他投資（負債）	14.35	7.86	7.66	14.38	9.85	.
香港	資本金融收支	.	.	.	.	-12.27	-13.70
	資本收支	.	.	.	.	-0.63	-0.15
	金融收支	.	.	.	.	-11.64	-13.55
	對外直接投資	.	.	.	.	-12.77	-22.93
	外來直接投資	.	.	.	.	13.65	22.63
	證券金融商品投資（資產）	.	.	.	.	-23.69	-26.68
	證券金融商品投資（負債）	.	.	.	.	1.41	9.17
	其他投資（資產）	.	.	.	.	3.13	-26.57
	其他投資（負債）	.	.	.	.	3.76	31.36
台灣	資本金融收支	.	.	-2.17	-0.89	1.62	-5.55
	資本收支	.	.	-0.19	-0.11	-0.04	-0.03
	金融收支	.	.	-1.98	-0.78	1.65	-5.52
	對外直接投資	.	.	-1.06	-1.61	-1.88	-2.08
	外來直接投資	.	.	0.52	0.80	0.62	2.09
	證券金融商品投資（資產）	.	.	-0.58	-1.94	-7.46	-11.47
	證券金融商品投資（負債）	.	.	0.83	1.80	6.04	6.13
	其他投資（資產）	.	.	-2.96	-1.01	0.62	-0.36
	其他投資（負債）	.	.	1.27	1.23	3.92	0.44
韓國	資本金融收支	3.80	-4.09	1.29	-2.07	-2.34	-0.40
	資本收支	-0.09	-0.14	-0.11	-0.08	-0.23	-0.35
	金融收支	3.89	-3.95	1.41	-2.00	-2.12	-0.05
	對外直接投資	-0.22	-0.49	-0.49	-0.99	-0.55	-0.82
	外來直接投資	0.13	0.44	0.26	1.29	0.78	0.42
	證券金融商品投資（資產）			-0.27	-0.27	-1.21	-3.08
	證券金融商品投資（負債）	0.67	-0.12	2.13	2.18	2.35	0.97
	其他投資（資產）	-0.51	-0.56	-1.54	-0.83	-0.12	-1.00
	其他投資（負債）	4.09	-1.80	2.15	0.03	-0.09	6.47

注：1. "."無資料，2.各國資本金融收支對 GDP 比率除台灣 1990-95 年為 1991-95 年之平均值外餘均為 5 年
平均值，另準備與相關項目未顯示。作者計算彙編。

資料出處：UNCTAD, *Handbook of Statistics 2007*, http://stats.unctad.org/Handbook/TableViewer/download.aspx.

表 3-6　東亞資本金融收支淨額對 GDP 比率二　　　(%)

		1981-85	1986-90	1991-95	1996-2000	2001-05	2006
馬來西亞	資本金融收支	9.95	-2.97	5.57	-4.92	-10.19	-12.61
	資本收支	-0.05	-0.12	.	.	.	.
	金融收支	10.01	-2.85	5.65	-4.92	-10.19	-12.61
	對外直接投資	.	.	.	.	-1.53	-4.06
	外來直接投資	3.81	2.95	6.98	4.46	2.66	4.07
	證券金融商品投資（資產）	.	.	.	.	-0.26	-1.43
	證券金融商品投資（負債）	3.69	-0.32	-1.06	-0.72	0.94	3.76
	其他投資（資產）	-1.04	-0.99	0.98	-4.80	-5.08	-5.73
	其他投資（負債）	4.14	-1.54	3.64	.	0.32	-4.62
泰國	資本金融收支	5.09	1.87	6.53	-2.75	-1.92	-2.32
	資本收支	0.00	0.00	.	.	.	.
	金融收支	5.09	1.87	6.53	-2.75	-1.92	-2.32
	對外直接投資	0.00	-0.12	-0.27	-0.26	-0.26	-0.38
	外來直接投資	0.72	1.68	1.51	3.62	3.88	5.21
	證券金融商品投資（資產）	.	.	.	-0.04	-0.35	-0.76
	證券金融商品投資（負債）	0.65	0.70	1.85	0.96	1.01	2.80
	其他投資（資產）	-0.29	-0.05	-0.90	-1.30	0.08	-4.82
	其他投資（負債）	4.67	2.93	7.87	-6.08	-4.00	1.77
印尼	資本金融收支	3.91	3.13	2.80	-2.49	-1.89	.
	資本收支	.	.	.	.	.	.
	金融收支	3.91	3.13	2.80	-2.49	-1.92	.
	對外直接投資	.	.	.	.	.	.
	外來直接投資	0.24	0.57	1.28	0.05	0.12	.
	證券金融商品投資（資產）	.	.	.	.	.	.
	證券金融商品投資（負債）	0.14	-0.03	0.96	-0.64	0.98	.
	其他投資（資產）	.	.	.	.	-0.44	.
	其他投資（負債）	3.47	3.05	1.43	-0.38	-1.60	.
菲律賓	資本金融收支	5.67	0.96	4.14	4.95	0.18	-4.70
	資本收支	.	.	.	.	0.05	0.12
	金融收支	5.67	0.95	4.14	4.87	0.13	-4.82
	對外直接投資	.	.	.	-0.19	-0.23	-0.09
	外來直接投資	0.18	1.27	1.68	2.29	1.12	2.01
	證券金融商品投資（資產）	.	.	-0.98	-0.52	-0.61	-0.39
	證券金融商品投資（負債）	.	0.16	1.43	2.38	1.56	2.74
	其他投資（資產）	.	.	.	0.31	-0.85	-4.02
	其他投資（負債）	4.26	0.45	4.92	2.54	-0.88	-2.43
中國	資本金融收支	.	0.58	0.95	-0.57	-3.81	-8.88
	資本收支	.	.	.	.	0.03	0.15
	金融收支	.	0.58	0.95	-0.56	-3.84	-9.03
	對外直接投資	.	-0.18	-0.46	-0.20	-0.26	-0.67
	外來直接投資	.	0.74	3.62	3.99	3.18	2.93
	證券金融商品投資（資產）	.	-0.05	-0.06	-0.49	-0.61	-4.14
	證券金融商品投資（負債）	.	.	0.31	0.32	0.47	1.61
	其他投資（資產）	.	-0.08	-0.27	-2.68	-0.35	-1.19
	其他投資（負債）	.	0.76	0.09	0.38	0.84	1.69
越南	資本金融收支	.	.	.	4.21	2.75	.
	資本收支	.	.	.	.	.	.
	金融收支	.	.	.	4.21	2.75	.
	對外直接投資	.	.	.	.	.	.
	外來直接投資	.	.	.	6.64	3.77	.
	證券金融商品投資（資產）	.	.	.	.	.	.
	證券金融商品投資（負債）	.	.	.	.	.	.
	其他投資（資產）	.	.	.	-2.39	0.09	.
	其他投資（負債）	.	.	.	1.45	1.24	.

注：1. "."無資料，2.各國經常收支對 GDP 比率均為 5 年平均值，另準備與相關項目未顯示。作者計算彙編。

資料出處：UNCTAD, *Handbook of Statistics 2007*, http://stats.unctad.org/Handbook/TableViewer/download.aspx.

後雖然快速增加但其對外的投資更大使其逆差大幅擴大是金融收支順差主要原因。另外直接投資逆差也持續擴大。

　　新加坡的資本金融收支 1980 年代中期以後呈現逆差且持續擴大。金融收支中，1980 年代主要是直接與其他投資的收支變化的影響，前期兩者皆為順差下整體金融收支亦呈現順差，後期則主要是其他投資收支逆差的影響。進入 1990 年代金融收支逆差的持續擴大主要是其證券金融商品投資的收支逆差擴大所致，其次為其他投資逆差的擴大特別是 2000 年以後。另外直接投資則 1980 年代以來順差持續擴大。

　　香港的資本金融收支，資料關係，2000 年以後呈現逆差且擴大，主要因為金融收支逆差的巨幅逆差所致。金融收支中又主要是證券金融商品投資收支的鋸幅逆差所致。

　　台灣的資本金融收支 1990 年代持續逆差，2001 至 05 年轉為順差，但 2006 年又呈現逆差。金融收支中，直接投資 1990 年代、證券金融商品收支 1990 年代中期開始持續逆差，其他投資則 1990 年代後期由逆差轉為順差。1990 年代前期主要是其他投資逆差所致，1990 年代後期主要是直接投資逆差所致，2001 至 05 的順差則主要是大幅外來其他投資導致其他投資收支的順差大於直接與證券金融商品收支逆差合計所致，2006 年的鉅幅逆差主要是證券金融商品收支的鉅幅逆差所致。其直接投資持續逆差，證券金融商品收支則 1990 年代後期開始持續逆差且擴大 2000 年以後更成為金融收支最大逆差項目。

　　韓國的資本金融收支 1990 年代後期開始穩定持續逆差，1980 年代後期雖為逆差但 1980、90 年代前期則呈現順差。1980 年代前期的順差主要因為其他投資收支鉅幅順差所致，90 年代前期順差則主要是證券金融商品收支的順差所致。1980 年代後期的逆差主要是其他投資收支的逆差所致，90 年代後期及 2001 至 05 年的逆差則主要是準備相關項目與其他投資收支的逆差所致，2006 年的逆差主要是證券金融商品收支的逆差所致。其直接投資 1980 年代、90 年代前期持續逆差，但其後至 2001 至 05 年轉為順差，2006 年才又呈現逆差。證券金融商品收支則持續順差且擴大 2006 年才轉為逆差。

馬來西亞的資本金融收支 1990 年代後期開始穩定持續逆差，1980 年代後期雖為逆差但 1980、90 年代前期則呈現順差，主要又都受金融收支變化的影響。1980 年代前期的順差乃因為直接、證券金融商品、其他投資收支的順差皆大所致，90 年代前期順差則主要是其他投資其次為直接投資收支的順差所致。1980、90 年代年代後期的逆差主要是其他投資收支的逆差所致，2001 至 05 年的逆差則主要是準備相關項目與其他投資收支的逆差所致，2006 年的逆差主要是其他投資收支的逆差所致。其外來直接投資的比重波動大，而外來證券金融商品投資比重波動則劇烈 1980 年代後期至 90 年代前期均減少。

泰國的資本金融收支亦是 1990 年代後期開始呈現穩定逆差的擴大，其前則為順差，主要亦都受金融收支變化的影響。1980 年代至 90 年代前期順差主要都是其他投資其次為直接投資收支的順差所致。1990 年代後期、2001 至 05 年的逆差則主要是其他投資收支的逆差所致，2006 年的逆差主要是準備相關項目與其他投資收支的逆差所致。其外來直接投資持續擴大直接投資收支亦持續順差且擴大，證券金融商品收支則 1990 年代後期開始呈現順差。

印尼的資本金融收支亦是 1990 年代後期開始呈現穩定逆差，其前則為順差但持續降低，主要亦都受金融收支變化的影響。1980 年代至 90 年代前期順差主要都是其他投資其次為直接投資收支的順差所致。1990 年代後期、2001 至 05 年的逆差主要是準備相關項目與其他投資收支的逆差所致。其外來直接投資至 1990 年代前期持續擴大，其後減少。外來證券金融商品投資則波動劇烈，呈現不穩定的變化。

菲律賓的資本金融收支 1980 年代至 05 年前皆為順差，2006 年才轉為逆差，主要亦都受金融收支變化的影響。1990 年代後期順差主要都是其他投資其次為直接投資收支的順差所致，2001 至 05 年的順差主要是直接投資與證券金融商品投資收支的順差所致。其外來直接投資至 1990 年代止持續擴大，其後減少。外來證券金融商品投資亦是 1990 年代止持續擴大，其後減少但 2006 年比重增加並大於其前。

中國的資本金融收支 1990 年代後期開始穩定持續逆差的擴大，其前皆呈現順差，主要又都受金融收支變化的影響。1980 年代後期的順差乃因為其他與直接投資收支的順差所致，90 年代前期順差則主要是直接投資收支的順差所致。1990 年代後期的逆差主要是其他投資收支的逆差所致，2000 年以後的逆差則主要是準備相關項目與證券金融商品投資收支的逆差所致。其直接投資收支持續順差，而證券金融商品投資收支則 1990 年代後期開始持續逆差。

越南的金融收支，資料關係，1990 年代後期、2001 至 05 年皆為順差，其外來直接投資 1990 年代後期比重甚大，2001 至 05 年則降低。

東亞的資本金融收支，日本、韓國以外亞洲一梯 NIEs 皆為逆差，韓國、菲律賓以外二梯 NIEs1990 年代後期開始轉變為穩定逆差，菲律賓 2006 年才轉變為逆差。金融收支，日本持續逆差，新加坡 1980 年代後期，台灣 1990 年代，韓國、馬來西亞、泰國、印尼、中國 1990 年代後期，菲律賓 2006 年開始轉變為逆差。

三、東亞對外淨資產餘額

各國對外淨資產餘額係依國際貨幣基金（IMF）「特別資料公布標準」（Special Data Dissemination Standard, SDDS）之規範，公布各國「國際投資部位表」（International Investment Position，IIP），國際投資部位表乃是國際貨幣基金第五版國際收支手冊新增的統計，記載某特定時點（通常為年底）一經濟體居民對非居民之金融資產與負債的存量統計，原則上按當時的市價計價，除非是無公開市價（如非上市櫃公司的股權投資）的金融交易，則得以面值或淨值計價。

國際投資部位表與國際收支平衡表分別為一經濟體對外交易的存量統計與交易量統計，該表的項目分類與國際收支金融帳一致，按功能區分為直接投資、證券投資、衍生性金融商品、其他投資及準備資產。惟國際投資部位表之兩個時點的差額，並不等於國際收支金額，亦即該差額除了反映國際收支所記載的對外交易，尚包含國外資產及負債的價格變化、匯率變動及其他調整。其他調整則包含特別提款權的分配/取消、黃金貨幣化/非貨幣化、項目的重新分類、債務的免除、徵收或沒收等。

而國際投資部位顯示對外資產與負債的差額呈淨資產（正值）或淨負債（負值），代表各國對世界的債權國或債務國立場。另其資產負債的結構，係以股權為主或債權為主，顯示各國長短期之配置，計價之幣別等的不同，故其面臨資產價格或匯率變動引發的風險亦不同。例如對呈淨資產的國家而言，風險主要來自外國資產價格相對於本國資產價格跌幅大或本國通貨升值，使得以本國幣折算表示之國外淨資產價值縮減；另一方面，對淨負債國家而言，若外幣借款占國外負債的比重較大，一旦本國通貨貶值或外國利率上升，將使得國外淨負債增加。

表 3-7 為東亞各國以美元計價的對外淨資產餘額及對 GDP 比率。依 IMF 規定 2000 年以後各國大多公布對外淨資產餘額統計資料，此表以 IMF 公佈的統計資料 IFS 為主編製[5]。但因各國所公佈的起始計算時間點不同，表中 1996-2000 年平均資料，香港、台灣係 2000 年資料，2001-05 年平均資料，中國為 2004-05 年平均，其餘則皆為各五年的平均值。

---

[5] 此對外資產餘額統計資料的蒐集特別感謝央行 BOP 科蔡小姐及研究處高先生的幫忙，但所有資料使用上的錯誤則全歸作者的責任。

　　首先美國對外淨資產餘額 1980 年代中期以後由正轉負並持續擴大，顯示美國在 1980 年代後期，正確地說在 1989 年開始由債權國轉變為債務國，2006 年對外淨負債餘額達 2 兆 5,396 億美元。其餘額對 GDP 比，1980 年代中期以後對外淨負債比由 1980 年代後期-3%至 2006 年為-19.1%。

　　日本則 1980 年代以來對外淨資產餘額持續擴大，即持續債權國地位，2006 年對外淨資產餘額達 1 兆 8,081 億美元。其餘額對 GDP 比，1980 年代中期以後對外淨資產比由 1980 年代前期 4.5%至 2006 年增為 40.8%。

表 3-7　東亞對外淨資產餘額及對 GDP 比率　（百萬美元，%）

	1981-85	1986-90	1991-95	1996-2000	2001-05	2006
美國	239,688	-138,545	-365,860	-871,696	-2,136,120	-2,539,600
日本	56,536	252,505	603,830	998,090	1,550,422	1,808,170
新加坡	.	.	.	.	93,245	129,246
香港	.	.	.	221,850	373,366	518,330
台灣	.	.	.	189,143	287,834	393,831
韓國	-6,283	1,397	-4,426	.	-96,769	-200,948
馬來西亞	-12,525	-13,043	-11,340	.	-32,797	-6,546
泰國	.	.	-53,850	-61,567	-52,808	-46,795
印尼	.	.	.	.	-112,481	-139,045
菲律賓	.	.	.	.	-37,497	-29,040
中國	.	.	.	.	357,669	662,055
對 GDP 比						
美國	7.08	-3.00	-5.48	-9.75	-19.15	-19.12
日本	4.48	9.99	13.81	23.18	36.27	40.77
新加坡	.	.	.	.	94.32	97.80
香港	.	.	.	131.46	224.25	273.47
台灣	.	.	.	58.89	91.94	110.73
韓國	-7.24	0.26	-1.30	.	-15.07	-23.02
馬來西亞	-41.63	-37.66	-19.74	.	-31.89	-4.40
泰國	.	.	-32.05	-45.59	-37.12	-22.69
印尼	.	.	.	.	-51.53	-38.15
菲律賓	.	.	.	.	-46.04	-24.84
中國	.	.	.	.	16.84	24.83

注：台灣為中央銀行統計資料，其餘為 IMF IFS 統計資料。越南未納入 IMF 資料中。

其餘東亞中，新加坡 2000 年後對外淨資產餘額持續擴大，確認為債權國地位，2006 年對外淨資產餘額達 1,293 億美元。其餘額對 GDP 比，2006 年自 2001-05 年 94.3%上升為 97.8%。香港對外淨資產餘額 2000 年後亦持續擴大，確認為債權國地位，2006 年對外淨資產餘額達 5,183 億美元。其餘額對 GDP 比，2006 年自 2000 年 131.5%上升為 273.5%。台灣對外淨資產餘額亦從 2000 年後持續擴大，確認為債權國地位，2006 年對外淨資產餘額達 3,938 億美元。其餘額對 GDP 比，2006 年自 2000 年 58.9%上升為 110.7%。韓國對外淨資產餘額除 1980 年代後期為正外均為負值即淨負債且 2000 年後負債餘額持續擴大，顯示韓國基本上為債務國，2006 年對外淨負債餘額達 2,009 億美元。其對外淨負債餘額對 GDP 比，由 1980 年代後期-1.3%至 2006 年增為-23%。

馬來西亞對外淨資產餘額 1980 年代以來均為負值即淨負債，顯示馬來西亞為債務國，但 2006 年對外淨負債餘額由 2001-05 年 3,280 億降為 65 億美元。其對外淨負債餘額對 GDP 比，由 1980 年代前期-41.6%至 2006 年降增為-4.4%，但 2001-05 年仍佔 31.9%。泰國對外淨資產餘額除 1990 年代以來均為負值即淨負債，顯示泰國為債務國，2006 年對外淨負債餘額達 468 億美元。其對外淨負債餘額對 GDP 比，由 1990 年代前期-32.1%至 2006 年降為-22.7%。印尼對外淨資產餘額 2000 年代以來均為負值即淨負債，顯示印尼為債務國，2006 年對外淨負債餘額達 1,391 億美元。其對外淨負債餘額對 GDP 比，由 2001-05 年-51.5%至 2006 年降為-38.2%。菲律賓對外淨資產餘額 2000 年代以來亦均為負值即淨負債，顯示菲律賓為債務國，2006 年對外淨負債餘額達 290 億美元。其對外淨負債餘額對 GDP 比，由 2001-05 年-46%至 2006 年降為-24.8%。中國對外淨資產額則從 2000 年後持續擴大，確認為債權國地位，2006 年對外淨資產餘額達 6,621 億美元。其餘額對 GDP 比，2006 年自 2001-05 年 16.8%上升為 24.8%。

2006 年底，東亞中日本、新加坡、香港、台灣與中國為債權國，韓國、馬來西亞、泰國、印尼、菲律賓、越南等為債務國。以對外淨資產餘額佔 GDP 比而言，香港 273.5、台灣 110.7、新加坡 97.8 皆高於日本，而債務國中則印尼-38.2 最高，馬來西亞-4.4 最低。

四、東亞的國際收支發展階段

以上分別檢討 1980 年代以來美國及東亞經常收支、資本金融收支與對外淨資產餘額的變化，本小節綜合上述的檢討從國際收支整體的角度歸納其發展的階段。

美國 1970 年代後期經常收支開始轉變為逆差，從表 3-8 及圖 3-2 可知，1980 年代後期在鉅額財政擴張政策下其逆差更形擴大，同時期 1989 年美國的對外純資產淨額亦轉為負即純負債國。1990 年代前期經常收支雖一度改善但其後期美國 IT 景氣帶動下國外資本大量流入，美國的經常收支持續惡化逆差持續擴大。其投資所得收支及整體所得收支則持續順差，2000 年後投資所得收支順差呈現擴大變化。

另一方面美國的資本金融收支順差在 1990 年代開始快速擴大，2006 年超過 GDP 的 6%。而直接投資收支 1980 年代以後順差與逆差交相替換，其變化在 GDP 的正負 1%之間。

美國是世界先進經濟國，戰後以來以其貿易服務收支的鉅額順差為基礎累積外匯存底成為世界資本的輸出國，也因此形成其投資所得收支及所得收支的順差。但是 1980 年代以來貿易服務收支轉為逆差並持續擴大，雖然直接投資所得收支及所得收支仍維持順差但因遠小於其貿易服務收支的逆差故經常收支呈現如貿易服務收支逆差般的的擴大趨勢。如前國際收支發展階段論的分析，美國似乎面臨前述 V 期或債權崩解的逆轉期的關鍵時期。是否逆轉回 I 期或未成熟債務國的階段有待進一步觀察。但其直接投資所得收支仍持續順差，而服務業競爭力相對仍強，主要就視其財貨出口競爭力能否提升以改善其貿易逆差。當然國內經濟政策,特別在開放經濟體系下匯率與利率的連動影響亦不容忽視。

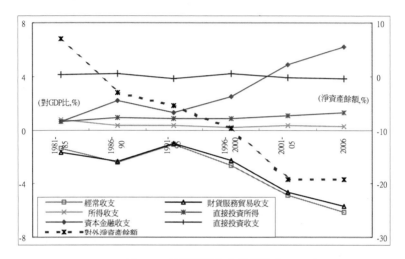

圖 3-2　美國國際收支發展階段

　　從表 3-8 及圖 3-3 可知日本 1980 年代以來經常收支順差持續擴大,但是 1990 年代以來貿易服務收支順差減少而直接投資所得及所得收支順差則持續擴大,所得收支順差的擴大幅度大於直接投資所得順差如前述其證券金融商品投資順差的擴大亦為重要原因,而所得收支順差在 2000 年以後超過貿易服務收支成為經常收支順差的主要來源。

　　另外其資本金融收支逆差在 1990 年代開始快速擴大,2006 年超過 GDP 的-3%。而直接投資收支 1980 年代以後主要在-0.5%上下波動,其變化亦是證券金融商品投資逆差的擴大所致。日本對外純資產淨額 2000 年後擴增,並自 2000 年底成為世界最大純債權國,2001 年底佔 GDP36%。依國際收支發展論,日本在 III-2 或未成熟債權國的階段。

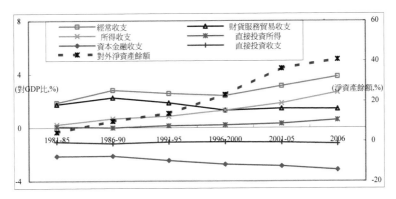

圖 3-3　日本國際收支發展階段

　　同表 3-8 及圖 3-4 可知新加坡 1980 年代中期以來經常收支轉為順差並持續擴大，主要是貿易服務收支順差的擴大所致。所得收支亦在1980 年代中期轉為順差，但 2000 年後轉逆差，2006 年又呈現順差。另外其資本金融收支在 1980 年代中期轉為逆差並快速擴大，2006 年超過 GDP 的-25%。而直接投資收支順差 1980 年代以後雖亦減少但2000 年後仍佔 GDP5%上下。因所得收支順差不完全穩定，依國際收支發展論，新加坡在 III 及 III-1 間或進入未成熟債權國的階段。

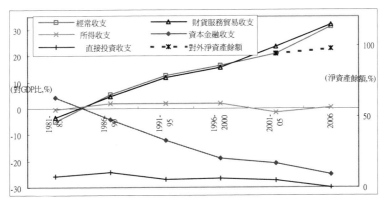

圖 3-4　新加坡國際收支發展階段

　　同表 3-8 及圖 3-5 可知香港 1990 年代以來經常收支轉為順差並持續擴大，主要是貿易服務收支順差的擴大所致。而 1990 年代以來直接投資所得收支雖持續逆差的擴大但所得收支持續順差。另外其資本金融收支在 1990 年代中期以後逆差快速擴大，2006 年超過 GDP 的-13%。而直接投資收支順差 2006 年後轉為逆差。依國際收支發展論，香港在 III-1 及 III-2 間或未成熟債權國的階段。

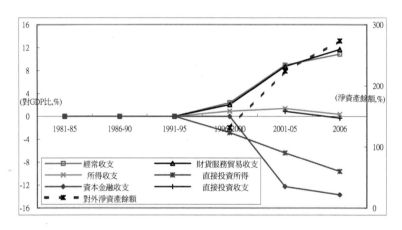

圖 3-5　香港國際收支發展階段

　　同表 3-8 及圖 3-6 可知台灣 1990 年代以來經常收支持續順差，其變化與貿易服務收支順差相同，1980 年代中期達高峰佔 GDP12.2%後減小，2000 年後才回升，同時可知主要是貿易服務收支順差的擴大所致。而 1980 年代以來其直接投資所得收支持續逆差的擴大但所得收支則持續順差。另外其資本金融收支在進入 1990 年代以後的逆差 2000 年初期一度轉為順差但 2006 年又呈現大幅逆差，2006 年超過 GDP 的-5%。而直接投資收支 1990 年代以來持續逆差但 2006 年為 0.01。依國際收支發展論，台灣在 III-1 及 III-2 間或未成熟債權國的階段。

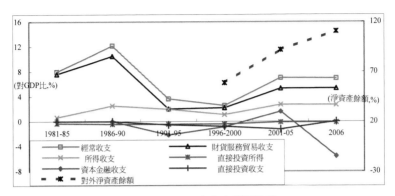

圖3-6　台灣國際收支發展階段

　　同表 3-8 及圖 3-7 可知韓國 1980 年代以來經常收支的變化亦與貿易服務收支同步，持續順差，80 年代中期由前其逆差轉順差並達高峰佔 GDP4% 後減小，90 年代前期轉為逆差其後期才回升為順差，主要是貿易服務收支順差的變化所致。而 1980 年代以來其直接投資所得收支的順差 90 年代後期轉為逆差的擴大但所得收支則持續逆差。另外其資本金融收支變化甚大在進入 1990 年代中期以後才穩定呈現逆差，2006 年超過 GDP 的-0.4%。而直接投資收支亦在 1990 年代中期以後逆差轉順差但 2006 年又轉為逆差。依國際收支發展論，韓國在 III 期或成熟債務國的階段。

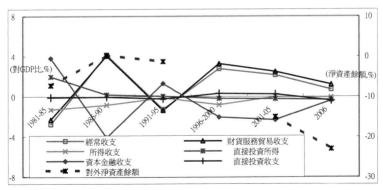

圖3-7　韓國國際收支發展階段

表 3-8　東亞國際收支淨額對 GDP 比率一　　　　(%)

		1981-85	1986-90	1991-95	1996-2000	2001-05	2006
美國	經常收支	-1.39	-2.45	-1.06	-2.65	-4.88	-6.11
	財貨服務貿易收支	-1.70	-2.33	-0.98	-2.25	-4.62	-5.71
	所得收支	0.81	0.37	0.34	0.17	0.37	0.28
	直接投資所得	0.65	0.90	0.89	0.86	1.11	1.31
	資本金融收支	0.63	2.17	1.27	2.52	4.90	6.24
	直接投資收支	0.29	0.42	-0.45	0.54	-0.28	-0.41
日本	經常收支	1.88	2.82	2.57	2.40	3.13	3.84
	財貨服務貿易收支	1.76	2.26	1.87	1.31	1.45	1.42
	所得收支	0.23	0.68	0.86	1.31	1.84	2.66
	直接投資所得	0.08	.	0.15	0.20	0.31	0.59
	資本金融收支	-2.13	-2.11	-2.45	-2.74	-2.87	-3.14
	直接投資收支	-0.39	-1.19	-0.47	-0.46	-0.67	-1.28
新加坡	經常收支	-4.93	5.40	12.73	16.33	20.88	31.24
	財貨服務貿易收支	-3.31	4.51	11.74	15.75	23.60	31.97
	所得收支	-0.41	1.90	1.99	1.83	-1.52	0.30
	直接投資所得	.	.	.	.	.	.
	資本金融收支	4.25	-4.13	-12.24	-18.87	-20.83	-25.17
	直接投資收支	7.56	10.24	5.51	6.54	5.26	.
香港	經常收支	.	.	.	2.38	8.95	10.86
	財貨服務貿易收支	.	.	.	2.05	8.72	11.69
	所得收支	.	.	.	0.90	1.37	0.35
	直接投資所得	.	.	.	-2.84	-6.38	-9.63
	資本金融收支	.	.	.	.	-12.27	-13.70
	直接投資收支	.	.	.	.	0.88	-0.30
台灣	經常收支	7.98	12.16	3.66	2.56	7.01	6.93
	財貨服務貿易收支	7.60	10.49	2.04	2.21	5.32	5.35
	所得收支	0.64	2.55	1.99	1.10	2.72	2.69
	直接投資所得	-0.32	-0.44	-0.43	-0.42	-0.11	-0.13
	資本金融收支	.	.	-2.17	-0.89	1.62	-5.55
	直接投資收支	.	.	-0.54	-0.81	-1.26	0.01
韓國	經常收支	-2.76	4.14	-1.27	2.76	2.13	0.70
	財貨服務貿易收支	-2.30	4.04	-1.39	3.26	2.47	1.20
	所得收支	-1.31	-0.84	-0.13	-0.82	-0.03	-0.06
	直接投資所得	1.97	0.18	0.03	-0.19	-0.24	-0.32
	資本金融收支	3.80	-4.09	1.29	-2.07	-2.34	-0.40
	直接投資收支	-0.09	-0.05	-0.23	0.30	0.23	-0.40

注：　1."." 無資料，2.各國國際收支對 GDP 比率均為 5 年平均值，作者計算彙編。

資料出處：UNCTAD, *Handbook of Statistics 2007*,
　　　　　http://stats.unctad.org/Handbook/TableViewer/download.aspx.

　　從表 3-9 及圖 3-8 可知馬來西亞 1990 年代中期以後經常收支隨著貿易服務收支轉變為穩定順差並快速擴大，2006 年其貿易服務順差達 GDP23.4%，經常收支達 GDP17.2%。而 1980 年代以來其直接投資所得及所得收支則持續逆差。另外其資本金融收支 1990 年代中期以前變化不穩定其後才穩定呈現逆差，2006 年超過 GDP 的-12.6%。而直接投資收支則在 1980 年代以來持續順差。依國際收支發展論，馬來西亞在 III 期或成熟債務國的階段。

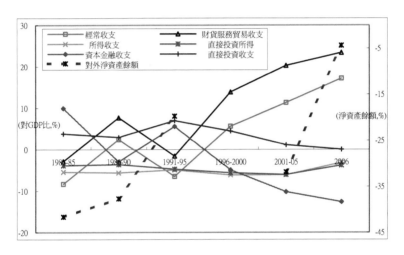

圖 3-8　馬來西亞國際收支發展階段

　　同表 3-9 及圖 3-9 可知泰國經常收支亦在 1990 年代中期以後隨著貿易服務收支轉變為穩定順差，2006 年其貿易服務順差達 GDP3.3%，經常收支達 GDP1.6%。而 1980 年代以來其直接投資所得及所得收支均持續逆差。另外其資本金融收支 1990 年代中期以後由順差轉為穩定逆差，2006 年超過 GDP 的-2.3%。而直接投資收支則在 1980 年代以來持續順差。依國際收支發展論，泰國在 III 期或成熟債務國的階段。

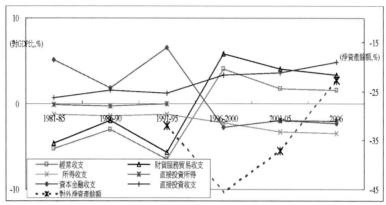

圖 3-9　泰國國際收支發展階段

同表 3-9 及圖 3-10 可知印尼貿易服務收支持續順差 1990 年代中期以後加速擴大而經常收支在 90 年代中期以後隨著貿易服務收支的擴大由逆差轉變為穩定順差，2006 年其貿易服務順差達 GDP5.1%，經常收支達 GDP2.7%。而 1980 年代以來其直接投資所得及所得收支均持續逆差。另外其資本金融收支 1990 年代中期以後由順差轉為穩定逆差，而直接投資收支則在 1980 年代以來持續順差。依國際收支發展論，印尼在 III 期或成熟債務國的階段。

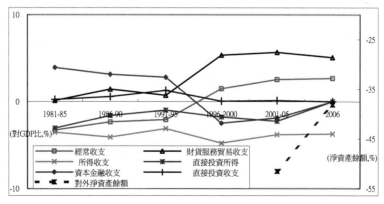

圖 3-10　印尼國際收支發展階段

同表 3-9 及圖 3-11 可知菲律賓 1980 年代以來其貿易服務收支持續逆差，而經常收支在 2000 年後由逆差轉變為順差，2006 年其貿易服務逆差達 GDP-6.5%，經常收支順差為 GDP4.3%。而所得收支 1990 年代中曾轉為順差但 2000 年後又轉為逆差，其直接投資所得則持續逆差。另外其資本金融收支 1980 年代至 2005 年持續順差但 2006 年轉為逆差，而直接投資收支則在 1980 年代以來持續順差。依國際收支發展論，菲律賓在 I-00 期或未成熟債務國的階段。

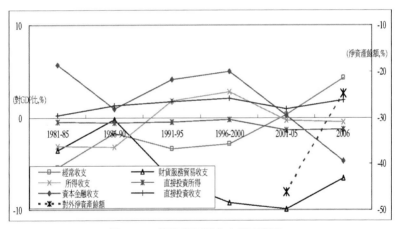

圖 3-11　菲律賓國際收支發展階段

同表 3-9 及圖 3-12 可知中國進入 1990 年代以後經常收支隨著貿易服務收支轉變為順差並穩定快速擴大，2006 年其貿易服務順差達 GDP7.8%，經常收支達 GDP9.4%。而其直接投資所得收支 1990 年代以來持續逆差，所得收支亦自 1990 年代以來持續逆差但 2006 年轉為順差。另外其資本金融收支 1990 年代中期以後呈現逆差穩定擴大，2006 年超過 GDP 的-8.9%。但直接投資收支則在 1980 年代中期以來持續順差。依國際收支發展論，中國在 II-1 至 III 期間或債務清償國進入未成熟債權國的過渡階段。

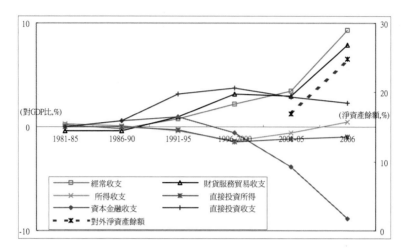

圖 3-12　中國國際收支發展階段

　　越南資料關係無法判別，但從表 3-9 及圖 3-13 的有限資料中可知其經常收支逆差在改善中，財貨服務貿易收支持續逆差，所得收支亦為逆差，但資本金融收支順差，基本上屬 I 期或未成熟債務國階段。

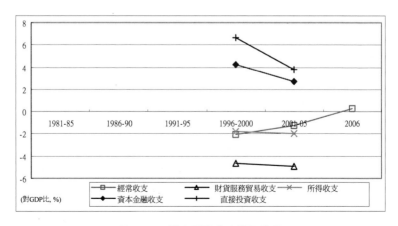

圖 3-13　越南國際收支發展階段

表 3-9　東亞國際收支淨額對 GDP 比率二　　　　　　(%)

		1981-85	1986-90	1991-95	1996-2000	2001-05	2006
馬來西亞	經常收支	-8.32	2.40	-6.49	5.63	11.31	17.16
	財貨服務貿易收支	-2.87	7.69	-1.58	13.87	20.30	23.39
	所得收支	-5.42	-5.62	-4.93	-6.16	-6.11	-3.18
	直接投資所得	-3.85	-3.62	-4.74	-5.63	-6.04	-3.81
	資本金融收支	9.95	-2.97	5.57	-4.92	-10.19	-12.61
	直接投資收支	3.81	2.95	6.98	4.46	1.13	0.01
泰國	經常收支	-5.26	-2.97	-6.43	4.08	1.74	1.57
	財貨服務貿易收支	-4.57	-1.94	-5.69	5.88	4.07	3.34
	所得收支	-1.20	-1.41	-1.24	-2.19	-3.27	-3.41
	直接投資所得	-0.05	-0.25	-0.01	.	-1.98	-2.03
	資本金融收支	5.09	1.87	6.53	-2.75	-1.92	-2.32
	直接投資收支	0.72	1.56	1.24	3.36	3.62	4.83
印尼	經常收支	-3.28	-2.35	-2.08	1.48	2.54	2.67
	財貨服務貿易收支	0.12	1.43	0.72	5.33	5.65	5.06
	所得收支	-3.54	-4.09	-3.12	-4.77	-3.81	-3.73
	直接投資所得	-3.06	-1.60	-0.98	-1.78	-2.27	.
	資本金融收支	3.91	3.13	2.80	-2.49	-1.89	.
	直接投資收支	0.24	0.57	1.28	0.05	0.12	.
菲律賓	經常收支	-5.40	-1.74	-3.40	-2.88	0.29	4.29
	財貨服務貿易收支	-3.61	-0.25	-6.71	-9.25	-9.90	-6.52
	所得收支	-3.10	-3.24	1.85	2.80	-0.27	-0.46
	直接投資所得	-0.45	-0.56	-0.45	-0.21	-1.35	-1.26
	資本金融收支	5.67	0.96	4.14	4.95	0.18	-4.70
	直接投資收支	0.18	1.27	1.68	2.10	0.89	1.92
中國	經常收支	0.20	-0.22	0.80	2.24	3.43	9.37
	財貨服務貿易收支	-0.34	-0.37	0.96	3.14	2.98	7.84
	所得收支	0.27	0.05	-0.34	-1.33	-0.54	0.44
	直接投資所得	0.00	0.00	-0.28	-1.47	-1.11	-0.93
	資本金融收支	.	0.58	0.95	-0.57	-3.81	-8.88
	直接投資收支	.	0.56	3.16	3.79	2.92	2.26
越南	經常收支	.	.	.	-2.04	-1.24	0.31
	財貨服務貿易收支	.	.	.	-4.63	-4.90	.
	所得收支	.	.	.	-1.80	-1.97	.
	直接投資所得	.	.	.	.	.	.
	資本金融收支	.	.	.	4.21	2.75	.
	直接投資收支	.	.	.	6.64	3.77	.

注：1."." 無資料，2.各國國際收支對 GDP 比率均為 5 年平均值，作者計算彙編。

資料出處：UNCTAD, *Handbook of Statistics 2007*,

　　　　　http://stats.unctad.org/Handbook/TableViewer/download.aspx.

　　東亞的國際收支發展大體而言分佈在未成熟債務國至未成熟債權國之間，就流量的部份觀察，分佈在 I 至 III-2 期之間。東亞在輸出導向型工業化經濟發展下，其經常收支的順差化過程大致可分成三個階段。初期階段至中輸出成長的同時輸入亦擴大因此其財貨服務貿易收支、所得收支皆呈現逆差，伴隨出口競爭力的提升其輸出金額逐漸大於輸入，進入財貨服務貿易收支順差而所得收支仍為逆差但因財貨貿易收支順差大於所得收支逆差其經常收支開始轉為順差的階段，其後跟隨著對外投資的增加其投資所得收支特別是直接投資所得收支亦開始呈現順差。從圖 3-14 可看出東亞不同經濟發展階段中除菲律賓外均朝此經常收支的順差化進展。

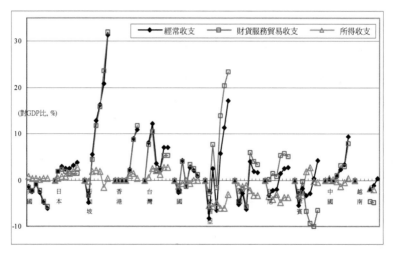

圖 3-14　東亞經常收支（1981-2006）

　　東亞整個輸出導向型工業化經濟發展的另外一項重要支持力量是外資的導入，經濟發展初期或後發展國家的資本金融收支特別是直接投資收支因此普遍呈現順差，此可從圖 3-15 中的二梯

NIEs、中國、越南得到證實。但隨著財貨服務貿易收支、所得收支的順差擴大及累積，外匯存底的充實加上國內比較利益的轉變下，開始對外投資並擴大展開後，資本金融收支特別是直接投資收支轉為逆差，對外淨資產餘額則開始轉為正值即由債務國轉為債權國。東亞國家中先發展的日本、1990 年代後期的韓國以外亞洲一梯NIEs 及 2000 年後的中國其對外淨資產皆增加且轉化為世界債權國。部分國家因而海外投資所得收支轉為順差更促進其所得收支的順差化，此對財貨服務貿易收支順差降低的國家如日本則成為遞補其經常收支順差的來源。不過東亞中直接投資收支明顯呈現逆差的只有日本，其餘東亞國家均尚在順差即外來直接投資大於對外直接投資的階段，而日本的對外直接投資中則主要是集中東亞國家。東亞在 1990 年代後期開始的資本金融收支逆差化的進展則主要是對外證券金融商品及其他投資的擴大所致。

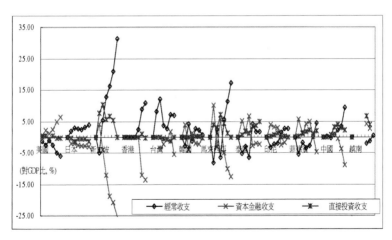

圖 3-15　東亞經常收支與資本金融收支（1980-2006）

　　綜合以上檢討可知東亞國家的國際收支發展過程顯現其對外總體經濟關係上雁行的先後發展。戰後以來東亞國家在輸出導向經濟發展策略下累積大量的財貨服務貿易順差及外匯存底，此一方面導致東亞國家要素相對價格的逆轉或是投資報酬率的下降亦或是國內物價成本的上揚、匯率的升值使其比較利益、出口競爭力因而改變，另一方面因此也促使其對外投資的展開以及技術上創新研發的重視。從資金循環的角度，此是東亞國家貿易順差累積的資金以對外投資的方式回流世界的進展。

再從圖 3-16 中可看出東亞整體的國際收支發展分佈呈現魚形的形狀，其中日本、一梯 NIEs 間呈現第一個魚形，接著二梯 NIEs、中國、越南間呈現第二個魚形。而美國及整個東亞可看出從越南開始至美國間呈現從 I 期至 IV-V 期的國際收支發展不同階段的分佈。但是為頭的美國及其尾的越南資本金融收支為正值即順差，貿易服務收支為負值即逆差，其他東亞國家則相反，意即美國與東亞間可視為整個國際收支發展循環週期的展現。東亞各國經濟條件不盡相同故進展的程度也互異，但從階段的演化過程仍可看出其存在雁行發展的先後順序別以及中國在國際收支發展上的超越印尼、菲律賓等二梯 NIEs。

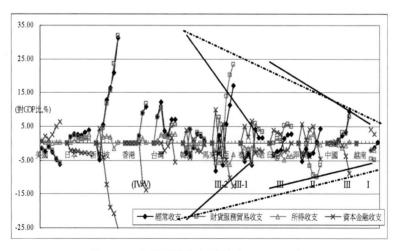

圖 3-16　東亞國際收支發展（1980-2006）

貳、日本對東亞國家的國際收支發展

一、日本對東亞的國際收支

接著探討日本與東亞國家間國際收支的發展。越南因國際收支統計較不完善故此小節的觀察略過越南，另從上節的探討亦知東亞在 1990 年代中期以後其國際收支特別是資本金融收支呈現相對大幅的變化故以下的探討主要集中 1990 年代中期以後的變化。

表 3-10 顯示 1995 至 2005 年日本與東亞間的國際收支。首先從經常收支觀察可知日本與東亞整體的經常收支持續順差，1990 年代後期呈現減少但其後回升的發展。主要除財貨貿易變化的影響外，服務貿易逆差的遞減以及所得收支的遞增是重要原因。服務貿易收支中技術貿易的專利權、商標等使用費持續順差，運輸、其他事務服務在 2000 年後由負轉正是影響服務貿易收支逆差減少的主要較大變化。所得收支呈現增加的發展趨勢，其中主要是直接投資所得收支順差 2000 年後的成長。

而資本金融收支基本上為逆差的發展。其變化中，直接投資收支的逆差持續並 2000 年後擴大，但證券投資特別是股票投資的順差 1990 年後期增加，債券投資收支則因 1998 年 204 億美元的逆差使 1996 至 2000 年期間平均只有小幅順差但 2000 年後順差增加，另外其他投資收支逆差 2000 年後呈大幅減小變化。金融收支逆差主要受直接投資收支的逆差擴大及其他投資逆差減小的影響 2000 年後因此減少。

日本與東亞的國際收支主要以經常收支特別是財貨貿易的變化為主導因素，但 2000 年後可看出其所得收支特別是直接投資所得收支以及直接投資收支的影響逐漸加大的趨勢發展。

表 3-10　日本對東亞九國經常收支與金融收支　（10億美元）

	1995	1996-2000	2001-05
經常收支	75.31	41.46	53.21
財貨貿易收支	79.21	47.07	52.42
服務貿易收支	-7.50	-7.89	-5.52
運輸	-1.56	-0.41	0.05
旅行	-9.54	-8.60	-7.67
營建	1.74	0.77	0.42
專利權、商標等使用費	2.32	1.92	2.32
其他事務服務	-0.37	-1.06	-0.62
其他服務	-0.08	-0.51	-0.02
所得收支	5.19	4.98	8.05
薪資	0.09	-0.12	-0.10
直接投資所得	4.04	2.64	6.04
證券投資所得	0.95	0.78	0.66
其他投資所得	0.12	1.69	1.45
經常移轉收支	-1.59	-2.70	-1.74
工作者的匯款	.	0.00	0.00
金融收支	-3.26	-15.10	-5.87
直接投資	-7.99	-5.72	-8.61
證券投資	-2.81	5.18	5.30
股權證券	3.63	4.98	4.20
債權證券	-6.44	0.21	1.09
衍生性金融商品	.	-0.30	-0.20
其他投資	7.54	-14.26	-2.35

注：1.東亞九國為越南以外的東亞國家。
資料出處：1.ICSAED，2007年「東アジア経済の趨勢と展望」統計。
　　　　　　http://www.icsead.or.jp/7publication/shiten.html。
　　　　　2.作者計算彙編。

二、日本對東亞國別國際收支的發展

其次觀察日本與新加坡國際收支的發展。從表 3-11 中的經常收支可知日本與新加坡的經常收支持續順差，1990 年代後期呈現減少的發展趨勢。服務貿易及所得收支逆差的遞減雖是推升經常收支持續順差的重要因素，但財貨貿易減少的變化是影響經常收支順差減少的主因。服務貿易收支中的主要變化，2000 年後技術貿易的專利權、商標等使用費順差轉為逆差，旅行逆差減少，但其他事務服務順差的擴大是影響服務貿易收支逆差減少的主要變化。所得收支逆差呈現減少的發展趨勢，其中主要是直接投資所得收支順差 2000 年後的擴大以及其他投資收支逆差的減少。

而資本金融收支 2000 年後由順差轉為逆差的發展。其變化主要因為其他投資收支的逆差擴大以及直接投資收支持續逆差但 2000 年後的減少。而證券投資 1990 年代後期開始皆為順差，1990 年代後期主要是債券投資的順差，2000-05 年主要是股票投資轉為順差的影響。

日本與新加坡的國際收支主要仍以經常收支特別是財貨貿易的變化為主導因素，但 2000 年後可看出所得收支特別是直接投資所得收支的影響逐漸加大的趨勢發展。2000 年後日本對新加坡的經常收支與財貨服務貿易收支為順差，投資所得收支為逆差，金融收支為逆差，對日本而言可視為國際收支發展的 III 期階段，對新加坡而言為 I-01 期階段。

表 3-11　日本對新加坡經常收支與金融收支　（10 億美元）

	1995	1996-2000	2001-05
經常收支	13.69	9.79	7.98
財貨貿易收支	17.27	12.02	9.05
服務貿易收支	-2.25	-0.85	-0.71
運輸	-1.74	-0.60	-0.80
旅行	-1.64	-0.99	-0.61
營建	0.31	0.02	-0.08
專利權、商標等使用費	0.28	0.10	-0.51
其他事務服務	0.54	0.68	1.35
其他服務	-0.01	-0.06	-0.06
所得收支	-1.34	-1.38	-0.37
薪資	-0.01	0.00	0.00
直接投資所得	0.87	0.44	1.16
證券投資所得	-0.36	-0.28	-0.17
其他投資所得	-1.84	-1.55	-1.36
經常移轉收支	0.01	0.01	0.01
工作者的匯款	0.00	.	.
金融收支	3.97	0.70	-1.78
直接投資	-0.67	-0.62	-0.33
證券投資	-1.78	3.54	1.28
股權證券	0.50	-0.21	1.28
債權證券	-2.28	3.75	0.00
衍生性金融商品	0.00	-0.39	-0.21
其他投資	6.42	-1.83	-2.52

資料出處：1. ICSAED，2007 年「東アジア経済の趨勢と展望」統計。
　　　　　http://www.icsead.or.jp/7publication/shiten.html。
　　　　2. 作者計算彙編。

　　接著觀察日本與香港國際收支的發展。從表 3-12 中的經常收支可知日本與香港的經常收支持續順差，2000 年後呈現擴大的發展。主要除財貨貿易順差擴大的影響外，服務貿易逆差以及所得收支順差亦均遞增。服務貿易收支中，技術貿易的專利權、商標等使用費收支順差擴大而營建收支逆差轉順差，但其他事務服務收支順差 2000 年後轉為逆差以及運輸服務收支逆差的擴大是影響服務貿易收支逆差增加的主要變化。所得收支呈現增加的發展趨勢，其中主要是 2000 年後其他投資所得收支逆差的減小及證券投資所得收支順差的增加所影響。

　　而資本金融收支為逆差的發展，但 2000 年後呈現減少變化。其變化中，主要為其他投資收支逆差及證券投資收支順差減小變化的影響。證券投資收支中債券投資順差減小。1990 年代後期日本對香港證券投資收支變化極大，亞洲金融風暴前債券投資收支順差大幅超過證券，其後則逆轉。

　　日本與香港的國際收支主要以經常收支特別是財貨貿易順差的擴大變化為主導因素，但 2000 年後可看出所得收支順差擴大，其中特別是證券投資所得收支順差加大而其他投資所得收支逆差減小的影響。2000 年後日本對香港的經常收支與財貨服務貿易收支為順差，投資所得收支為逆差，金融收支為逆差，對日本而言可視為國際收支發展的 III 期階段，對香港而言為 I-01 期階段。

表 3-12　日本對香港經常收支與金融收支　　（10億美元）

	1995	1996-2000	2001-05
經常收支	23.49	21.62	27.25
財貨貿易收支	25.39	22.46	28.21
服務貿易收支	-2.20	-1.33	-1.83
運輸	-0.58	-0.21	-0.37
旅行	-2.39	-1.58	-1.36
營建	0.31	-0.09	0.01
專利權、商標等使用費	0.18	0.18	0.27
其他事務服務	0.06	0.56	-0.50
其他服務	0.22	-0.19	0.13
所得收支	0.49	0.71	0.91
薪資	0.01	0.00	0.00
直接投資所得	2.10	1.41	1.00
證券投資所得	0.50	0.17	0.48
其他投資所得	-2.13	-0.86	-0.57
經常移轉收支	-0.20	-0.22	-0.04
工作者的匯款	0.00	.	.
金融收支	31.72	-4.30	-0.85
直接投資	-0.11	-0.27	-0.30
證券投資	17.14	7.59	3.78
股權證券	3.04	4.82	3.60
債權證券	14.11	2.77	0.18
衍生性金融商品	0.00	0.01	0.03
其他投資	14.70	-11.63	-4.37

資料出處：1. ICSAED，2007 年「東アジア経済の趨勢と展望」統計。
　　　　　http://www.icsead.or.jp/7publication/shiten.html。
　　　　2. 作者計算彙編。

　　日本與台灣國際收支的發展，從表 3-13 中的經常收支可知日本與台灣的經常收支持續順差，2000 年後呈現擴大的發展。主要是財貨服務貿易及所得收支的順差均擴大變化的影響。服務貿易收支中技術貿易的專利權、商標等使用費以及運輸、營建收支 2000 年後持續順差並擴大，其他事務服務及其他服務由逆差轉順差等是影響服務貿易收支順差擴大的主要變化。所得收支呈現順差增加的發展趨勢，其中主要是 2000 年後直接投資所得收支順差的成長。

　　而金融收支為逆差，但 2000 年後減小的發展。其變化中，主要為直接投資收支逆差 2000 年後持續並擴大的影響，但證券投資逆差減小特別是股票投資的順差 2000 年後轉為逆差，債券投資收支逆差轉為微幅順差，另外其他投資也由逆差轉為順差變化的影響。

　　日本與台灣的國際收支主要以經常收支特別是財貨貿易的變化為主導因素，但 2000 年後可看出所得收支特別是直接投資所得收支以及直接投資收支的影響逐漸加大的趨勢發展。2000 年後日本對台灣的經常收支與財貨服務貿易收支為順差，投資所得收支為順差但相對較小，金融收支為逆差，對日本而言可視為國際收支發展的 III-2 期階段，對台灣而言為 I-00 期階段。

表 3-13　日本對台灣經常收支與金融收支　　（10 億美元）

	1995	1996-2000	2001-05
經常收支	15.53	16.07	20.79
財貨貿易收支	15.37	15.81	18.92
服務貿易收支	-0.06	0.05	1.46
運輸	0.28	0.38	0.53
旅行	-0.37	-0.32	0.07
營建	0.04	0.03	0.09
專利權、商標等使用費	0.27	0.38	0.45
其他事務服務	-0.31	-0.40	0.30
其他服務	0.02	-0.01	0.00
所得收支	0.12	0.29	0.46
薪資	0.02	0.00	0.00
直接投資所得	0.13	0.29	0.44
證券投資所得	0.04	0.04	0.03
其他投資所得	-0.07	-0.03	-0.01
經常移轉收支	0.11	-0.08	-0.05
工作者的匯款	0.00	.	.
金融收支	-0.42	-0.77	-0.26
直接投資	-0.41	-0.15	-0.42
證券投資	0.38	-0.49	-0.25
股權證券	0.06	0.05	-0.26
債權證券	0.32	-0.54	0.01
衍生性金融商品	0.00	-0.02	0.01
其他投資	-0.39	-0.11	0.40

資料出處：1. ICSAED，2007 年「東アジア経済の趨勢と展望」統計。
　　　　　http://www.icsead.or.jp/7publication/shiten.html。
　　　　2. 作者計算彙編。

　　日本與韓國國際收支的發展，從表 3-14 中的經常收支可知日本與韓國的經常收支持續順差，2000 年後呈現擴大的發展。主要受財貨貿易順差擴大變化的影響，但服務貿易逆差以及所得收支順差的的減小亦是重要原因。服務貿易收支中技術貿易的專利權、商標等使用費收支順差減小，但運輸、其他事務服務、旅行服務收支逆差在 2000 年後減少是變化的主要因素。所得收支順差呈現減小的發展，其中直接投資所得收支順差 2000 年後增加，但證券投資及其他投資所得收資順差則皆減小。

　　而金融收支為順差的發展，但 2000 年後減小。其變化主要為直接投資收支逆差 2000 年後持續並擴大，而證券投資特別是債券投資收支以及其他投資的順差減小變化的影響。

　　日本與韓國的國際收支主要以經常收支特別是財貨貿易的變化為主導因素，但 2000 年後可看出服務貿易收支，所得收支特別是直接投資所得收支以及直接投資收支的影響逐漸加大的趨勢發展。2000 年後日本對韓國的經常收支與財貨服務貿易收支為順差，投資所得收支為順差但相對較小，金融收支為順差，但直接與證券投資收支為逆差，對日本而言可視為國際收支發展的 II-1 與 III 期的過渡期階段，對韓國而言為 I-00 期階段。

表 3-14　日本對韓國經常收支與金融收支　　（10 億美元）

	1995	1996-2000	2001-05
經常收支	14.94	8.12	15.76
財貨貿易收支	15.12	10.03	17.29
服務貿易收支	-0.77	-2.10	-1.73
運輸	0.08	-0.17	-0.13
旅行	-1.38	-2.13	-1.91
營建	-0.14	-0.07	-0.08
專利權、商標等使用費	0.60	0.39	0.27
其他事務服務	0.08	-0.26	-0.03
其他服務	-0.01	0.16	0.15
所得收支	0.90	0.83	0.65
薪資	-0.01	-0.03	-0.02
直接投資所得	0.09	0.07	0.32
證券投資所得	0.27	0.33	0.18
其他投資所得	0.54	0.47	0.16
經常移轉收支	-0.31	-0.64	-0.44
工作者的匯款	0.00	.	.
金融收支	-4.03	2.98	0.64
直接投資	-0.23	-0.44	-0.74
證券投資	-1.46	0.90	0.24
股權證券	0.01	-0.11	-0.07
債權證券	-1.47	1.01	0.31
衍生性金融商品	0.00	0.09	0.00
其他投資	-2.34	2.43	1.14

資料出處：1. ICSAED，2007 年「東アジア經濟の趨勢と展望」統計。
　　　　　http://www.icsead.or.jp/7publication/shiten.html。
　　　　2. 作者計算彙編。

　　日本與馬來西亞國際收支的發展，從表 3-15 中的經常收支可知日本與馬來西亞的經常收支順差 2000 年後轉變為逆差的發展。主要是財貨貿易收支轉為逆差及服務貿易收支逆差擴大變化的影響，但所得收支收支持續順差並遞增。服務貿易收支的逆差擴大中技術貿易的專利權、商標等使用費雖持續順差，但其他事務服務逆差擴大，營建服務收支順差減少是影響服務貿易收支逆差增加的主要變化。所得收支呈現增加的變化，其中主要是 2000 年後直接投資所得收支順差的成長。

　　而金融收支基本上為逆差的發展，但 2000 年後逆差減小。其變化中，主要為其他投資逆差轉為順差變化的影響。直接投資、證券投資收支逆差持續但 2000 年後均減小。

　　日本與馬來西亞的國際收支中 1990 年代後期經常收支順差與金融收支逆差接近，2000 年後則皆為逆差。經常收支中 2000 年後財貨貿易收支的變化雖仍為重要因素，但財貨及服務貿易收支均為逆差下，所得收支特別是直接投資所得收支順差的影響加大。而直接、證券投資收支等投資收支則皆呈現逆差減小的發展。

　　2000 年後日本對馬來西亞的經常收支與財貨服務貿易收支為逆差，投資所得收支為順差，金融收支為逆差，此發展對日本而言不同於一般國際收支發展階段的歸類，對馬來西亞而言則為 II-1 至 III 的過渡期階段。

表 3-15　日本對馬來西亞經常收支與金融收支　　（10億美元）

	1995	1996-2000	2001-05
經常收支	6.96	1.64	-1.43
財貨貿易收支	6.43	1.98	-0.78
服務貿易收支	0.12	-0.74	-1.29
運輸	-0.04	-0.13	-0.08
旅行	-0.42	-0.28	-0.25
營建	0.27	0.22	0.08
專利權、商標等使用費	0.26	0.26	0.27
其他事務服務	0.04	-0.81	-1.31
其他服務	0.01	-0.02	0.00
所得收支	0.52	0.61	0.71
薪資	0.03	0.00	0.00
直接投資所得	0.24	0.26	0.51
證券投資所得	0.04	0.11	0.05
其他投資所得	0.22	0.23	0.15
經常移轉收支	-0.12	-0.20	-0.07
工作者的匯款	0.00	.	.
金融收支	-3.90	-1.92	-0.48
直接投資	-0.37	-0.33	-0.20
證券投資	-0.17	-1.31	-0.64
股權證券	0.00	0.38	0.01
債權證券	-0.17	-1.69	-0.65
衍生性金融商品	0.00	0.01	0.01
其他投資	-3.36	-0.29	0.35

資料出處：1. ICSAED，2007 年「東アジア経済の趨勢と展望」統計。
　　　　　http://www.icsead.or.jp/7publication/shiten.html。
　　　　2. 作者計算彙編。

　　日本與泰國國際收支的發展，從表 3-16 中的經常收支可知日本與泰國的經常收支持續順差，2000 年後呈現擴大的發展。主要除財貨貿易順差擴大變化的影響外，所得收支順差的增加亦是重要原因。服務貿易收支逆差微增變化中，技術貿易的專利權、商標等使用費及運輸、營建收支順差擴大，而旅行服務收支逆差擴大及其他事務服務收支順差在 2000 年後轉為逆差等是主要的變化原因。所得收支順差呈現擴大的發展，其中主要是直接投資所得收支順差 2000 年後增加，但證券投資及其他投資所得收資順差則皆減小。

　　而金融收支 2000 年後逆差轉為順差的發展。其變化中，主要為其他投資逆差轉為順差變化的影響。直接投資收支逆差持續並 2000 年後擴大，但證券投資特別是債券投資的逆差減小。

　　日本與泰國的國際收支主要以經常收支特別是財貨貿易的變化為主導因素，但 2000 年後可看出所得收支特別是直接投資所得收支以及直接投資收支的影響逐漸加大的發展。2000 年後日本對泰國的經常收支與財貨服務貿易收支為順差，投資所得收支為順差，金融收支為順差，但直接與證券投資收支為逆差，對日本而言可暫視為國際收支發展的 II-1 至 III 的過渡期階段，對泰國而言為 I 階段。

表 3-16　日本對泰國經常收支與金融收支　　（10 億美元）

	1995	1996-2000	2001-05
經常收支	11.30	4.83	6.09
財貨貿易收支	10.41	4.51	5.01
服務貿易收支	-0.11	-0.24	-0.28
運輸	0.18	0.19	0.21
旅行	-1.06	-0.97	-1.13
營建	0.41	0.04	0.05
專利權、商標等使用費	0.37	0.38	0.61
其他事務服務	0.06	0.13	-0.02
其他服務	-0.06	-0.02	0.01
所得收支	1.14	0.80	1.40
薪資	0.03	0.00	0.00
直接投資所得	0.26	0.10	1.01
證券投資所得	0.08	0.01	-0.01
其他投資所得	0.77	0.69	0.40
經常移轉收支	-0.15	-0.23	-0.04
工作者的匯款	0.00	.	.
金融收支	-18.73	-3.85	1.00
直接投資	-0.93	-1.11	-1.42
證券投資	-14.18	-2.45	-0.11
股權證券	0.00	0.04	0.05
債權證券	-14.18	-2.49	-0.17
衍生性金融商品	0.00	0.04	-0.01
其他投資	-3.62	-0.33	2.54

資料出處：1. ICSAED，2007 年「東アジア経済の趨勢と展望」統計。
　　　　　http://www.icsead.or.jp/7publication/shiten.html。
　　　2. 作者計算彙編。

　　日本與印尼國際收支的發展，從表 3-17 中的經常收支可知日本與印尼的經常收支持續逆差，2000 年後呈現擴大的發展。主要受財貨貿易逆差擴大的影響外，服務貿易逆差的遞減以及所得收支順差的遞增亦是重要原因。服務貿易收支中其他事務服務收支逆差擴大，運輸服務收支順差擴大而營建收支順差減少，但技術貿易的專利權、商標等使用費收支 2000 年後逆差轉為順差是影響服務貿易收支逆差減少的主要變化。所得收支呈現增加的發展趨勢，其中主要是其他投資所得收支順差的持續及直接投資所得收支順差 2000 年後的成長。

　　而金融收支為逆差的發展，但 2000 年後呈現減少變化。其變化中，主要為其他投資收支逆差減小變化的影響。直接投資與證券投資收支逆差亦均減小但以證券投資特別是債券投資收支的逆差較大幅度減小。

　　日本與東亞的國際收支主要以經常收支特別是財貨貿易的變化為主導因素，但 2000 年後可看出所得收支特別是直接投資所得收支以及其他投資收支的影響逐漸加大的發展。2000 年後日本對印尼的經常收支與財貨服務貿易收支為逆差，投資所得收支為順差，金融收支為逆差，對印尼而言為國際收支發展的 II-1 至 III 的過渡期階段。

表 3-17 日本對印尼經常收支與金融收支 （10 億美元）

	1995	1996-2000	2001-05
經常收支	-1.99	-5.00	-6.79
財貨貿易收支	-3.21	-5.92	-8.41
服務貿易收支	-0.08	-0.30	-0.14
運輸	0.16	0.12	0.33
旅行	-0.52	-0.64	-0.61
營建	0.38	0.42	0.18
專利權、商標等使用費	0.19	-0.10	0.25
其他事務服務	-0.31	-0.09	-0.30
其他服務	0.02	-0.02	0.01
所得收支	1.59	1.64	2.34
薪資	0.01	-0.01	0.00
直接投資所得	0.16	0.05	0.55
證券投資所得	0.04	0.04	0.03
其他投資所得	1.39	1.56	1.76
經常移轉收支	-0.29	-0.42	-0.58
工作者的匯款	0.00	.	.
金融收支	-1.77	-4.05	-1.26
直接投資	-0.96	-0.96	-0.60
證券投資	0.08	-1.07	-0.13
股權證券	0.00	0.06	-0.02
債權證券	0.08	-1.13	-0.11
衍生性金融商品	0.00	0.01	-0.01
其他投資	-0.89	-2.04	-0.53

資料出處：1. ICSAED，2007 年「東アジア経済の趨勢と展望」統計。
　　　　　http://www.icsead.or.jp/7publication/shiten.html。
　　　　2. 作者計算彙編。

　　日本與菲律賓國際收支的發展，從表 3-18 中的經常收支可知日本與菲律賓的經常收支持續順差，2000 年後呈現減少的變化。主要受財貨貿易順差減少變化的影響。服務貿易收支逆差減少變化中，技術貿易的專利權、商標等使用費收支持續順差，運輸收支逆差擴大，但旅行及其他事務服務收支逆差減少是影響服務貿易收支逆差減少的主要變化。所得收支順差呈現增加的變化，其中主要是直接投資所得收支 2000 年後逆差轉為順差的變化。

　　而金融收支 2000 年後由逆差轉為順差的發展。其變化中，主要為證券投資及其他投資逆差轉為順差變化的影響。直接投資收支持續逆差，但證券投資中股票及債券投資均由逆差轉為順差。

　　日本與菲律賓的國際收支主要以經常收支特別是財貨貿易的變化為主導因素，但 2000 年後可看出所得收支特別是其他投資及直接投資所得收支以及證券投資收支的影響逐漸加大的趨勢發展。2000 年後日本對菲律賓的經常收支與財貨服務貿易收支為順差，投資所得收支為順差，金融收支為順差，但直接與證券投資收支順差只有 0.2 億美元，對菲律賓而言為國際收支發展的 I 至 I-00 的過渡期階段。

表 3-18　日本對菲律賓經常收支與金融收支　　（10 億美元）

	1995	1996-2000	2001-05
經常收支	3.74	3.57	2.57
財貨貿易收支	3.78	3.68	2.11
服務貿易收支	-0.53	-0.44	-0.06
運輸	-0.14	-0.09	-0.11
旅行	-0.34	-0.25	-0.05
營建	0.06	0.04	0.04
專利權、商標等使用費	0.03	0.11	0.14
其他事務服務	-0.07	-0.16	-0.02
其他服務	-0.08	-0.07	-0.07
所得收支	0.68	0.54	0.59
薪資	-0.02	-0.07	-0.06
直接投資所得	0.02	-0.01	0.18
證券投資所得	0.07	0.19	0.09
其他投資所得	0.61	0.43	0.38
經常移轉收支	-0.19	-0.22	-0.08
工作者的匯款	0.00	.	.
金融收支	-4.17	-1.22	0.20
直接投資	-1.08	-0.49	-0.38
證券投資	-2.99	-0.26	0.40
股權證券	0.02	-0.04	0.04
債權證券	-3.01	-0.22	0.35
衍生性金融商品	0.00	0.01	-0.03
其他投資	-0.11	-0.48	0.21

資料出處：1. ICSAED，2007 年「東アジア経済の趨勢と展望」統計。
　　　　　http://www.icsead.or.jp/7publication/shiten.html。
　　　　2. 作者計算彙編。

　　日本與中國國際收支的發展，從表 3-19 中的經常收支可知日本與中國的經常收支持續逆差，主要受財貨貿易逆差擴大的影響。服務貿易逆差減小而所得收支順差則遞增。服務貿易收支中技術貿易的專利權、商標等使用費、運輸收支持續順差並擴大，旅行收支逆差擴大、其他服務逆差減小，但其他事務服務逆差減小是影響服務貿易收支逆差減少的主要較大變化。所得收支呈現增加的發展趨勢，其中主要是直接投資所得收支順差 2000 年後的成長。

　　而金融收支為逆差，2000 年後擴大的變化。其變化中，主要為直接投資收支逆差的持續並 2000 年後擴大所影響，但證券投資特別是股票投資的逆差增加，債券投資收支則 2000 年後由逆差轉為順差。其他投資順差擴大。

　　日本與中國的國際收支主要以經常收支特別是財貨貿易逆差的變化為主導因素，但 2000 年後可看出所得收支特別是直接投資所得收支以及直接投資收支的影響逐漸加大的發展。2000 年後日本對中國的經常收支與財貨服務貿易收支為逆差，投資所得收支為順差，金融收支為逆差，對中國而言為國際收支發展的 II-1 至 III 的過渡期階段。

表 3-19　日本對中國經常收支與金融收支　　（10 億美元）

	1995	1996-2000	2001-05
經常收支	-12.34	-19.20	-19.00
財貨貿易收支	-11.35	-17.49	-18.97
服務貿易收支	-1.62	-1.94	-0.94
運輸	0.23	0.09	0.47
旅行	-1.43	-1.45	-1.82
營建	0.09	0.16	0.14
專利權、商標等使用費	0.13	0.23	0.56
其他事務服務	-0.46	-0.71	-0.10
其他服務	-0.17	-0.27	-0.19
所得收支	1.08	0.94	1.36
薪資	0.02	-0.01	-0.01
直接投資所得	0.16	0.04	0.86
證券投資所得	0.28	0.17	-0.03
其他投資所得	0.63	0.74	0.53
經常移轉收支	-0.45	-0.70	-0.45
工作者的匯款	0.00	.	.
金融收支	-5.93	-2.66	-3.08
直接投資	-3.23	-1.36	-4.24
證券投資	0.17	-1.28	0.73
股權證券	0.00	-0.03	-0.44
債權證券	0.17	-1.26	1.17
衍生性金融商品	0.00	-0.05	0.00
其他投資	-2.87	0.03	0.42

資料出處：1. ICSAED，2007 年「東アジア経済の趨勢と展望」統計。
　　　　　http://www.icsead.or.jp/7publication/shiten.html。
　　　　2. 作者計算彙編。

三、日本對東亞的國際收支發展

　　接著以上日本與東亞國別國際收支發展的檢討,以下從東亞整體的角度進一步觀察。另外日本對其他東亞國家的直接投資行為模式亦會影響其與日本的貿易與投資所得收支的變化。以比較利益的演變為基礎的直接投資通常也會帶動雙方財貨貿易的成長影響財貨服務貿易收支的變化,也會影響當地投資的獲利變化以及投資所得收支。而直接投資通常伴隨技術的移轉以彌補被投資國技術的不足,被投資國因此不必另行向外直接購買或輸入所需技術,此也會影響技術貿易收支的變化。本段中亦從國際收支的經常收支與資本收支的變化檢視以上所述日本與其他東亞國家直接投資與技術貿易、財貨服務貿易等經貿活動的交互影響關係。

　　圖 3-17 可知,1990 年代中期以後,日本對東亞的經常收支除印尼、中國外均為順差,2000 年以後馬來西亞也轉變為逆差,其餘國家則持續順差。2000 年以後對香港、台灣、韓國、泰國的順差成長。日本對東亞經常收支的變化基本上與財貨貿易收支是連動變化的關係。而對東亞的服務貿易除台灣外均為逆差。所得收支除新加坡外均為順差,直接投資所得收支則均為順差。而除新加坡、香港、台灣外直接投資所得收支順差均小於所得收支,其差額則為證券投資或其他投資收支的順差。

　　日本對東亞一梯 NIEs 的財貨貿易收支及經常收支順差水準最高,印尼除外二梯 NIEs 順差水準次之,印尼與中國皆為逆差且呈現擴大的發展。日本與其他東亞財貨貿易收支及經常收支順差水準的排列呈現另一種雁行型態的發展。此除了上述比較利益轉變下的互補關係的意涵外,日本與一梯 NIEs 間的貿易擴大應為產業內貿易的進展所致,但日本仍持續順差的擴大意即主要為垂直型產業內貿易。

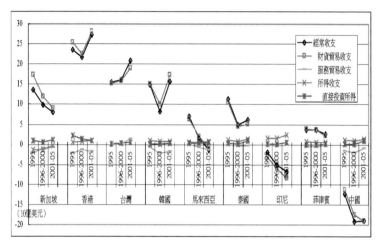

圖 3-17　日本對東亞經常收支發展

　　而日本對東亞的金融收支從圖 3-18 可知，1990 年代後期除韓國外均為逆差即淨流出，2000 年後則韓國、泰國、菲律賓外均為逆差。而直接投資收支則均為逆差，特別台灣、韓國、泰國、中國的逆差呈現深化。可知日本對香港、馬來西亞、印尼等金融投資收支逆差的減少或韓國、泰國、菲律賓轉為順差主要導因於證券投資及其他投資的逆差的減少或轉為順差意即此部分對日本投資的流入增加所致。2000 年後日本對東亞大部份國家直接投資收支持續逆差的反面，證券投資收支則呈現逆差減少或逆差轉順差的狀態，金融收支因此除新加坡、香港外大多呈現逆差的減少。此一方面也反應日本與其他東亞國家資本市場發展的相對健全性與國家風險性。而日本對東亞直接投資中以中國的順差最大。

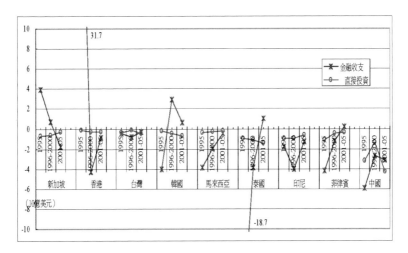

圖 3-18　日本對東亞金融收支發展

　　接著進一步觀察日本對東亞的直接投資與直接投資所得收支的變化。表 3-20 可知 1990 年代後期對東亞直接投資收支逆差中，對中國 13.6 億美元佔東亞 24%最大，泰國 11 億美元 19%次之，接著印尼 9.6 億美元 17%等，香港 2.7 億美元 4.7%最少。2000 年後同對中國 42.4 億美元 49%最大，泰國 14.2 億美元 16.5%次之，接著韓國 7.4 億美元 8.6%等，馬來西亞 2 億美元 2.3%最少，逆差的前二位順位國家相同外其後的順序變化激烈。圖 3-19 可知 2000 年後日本對東亞的直接投資收支中除新加坡、馬來西亞、印尼、菲律賓逆差減少外，其餘皆擴增，特別中國年平均的增幅 29 億美元最多。

　　對東亞的直接投資所得收支順差則 1990 年代後期年平均香港 14 億美元 53.4%最大，新加坡 4.4 億美元 16.7%次之，接著台灣 2.9 億美元 11%、馬來西亞 2.6 億美元 9.9%等，只有菲律賓為逆差。2000 年後直接投資所得收支順差新加坡 11.6 億美元 19.2%最大，泰國 10.1 億美元 16.7%次之，接著香港 10 億美元 16.6%，中國 8.6

億美元 14.2%躍升第四，印尼 5.5 億美元 9.1%第五。同圖 3-19 可知 2000 年後日本對東亞的直接投資所得順差中除香港外均增加，菲律賓由逆差轉為順差，特別泰國的年平均增幅 9.1 億美元最多，中國 8.2 億美元次之。

表 3-20　日本對東亞直接投資與技術貿易收支　　（10 億美元，%）

	1996-2000			2001-05		
	專利權、商標等使用費	直接投資所得	直接投資收支	專利權、商標等使用費	直接投資所得	直接投資收支
新加坡	0.10	0.44	-0.62	-0.51	1.16	-0.33
香港	0.18	1.41	-0.27	0.27	1.00	-0.30
韓國	0.39	0.07	-0.44	0.27	0.32	-0.74
台灣	0.38	0.29	-0.15	0.45	0.44	-0.42
馬來西亞	0.26	0.26	-0.33	0.27	0.51	-0.20
泰國	0.38	0.10	-1.11	0.61	1.01	-1.42
印尼	-0.10	0.05	-0.96	0.25	0.55	-0.60
菲律賓	0.11	-0.01	-0.49	0.14	0.18	-0.38
中國	0.23	0.04	-1.36	0.56	0.86	-4.24
東亞九國	1.92	2.64	-5.72	2.32	6.04	-8.61
新加坡	5.21	16.67	10.84	-21.98	19.21	3.83
香港	9.38	53.41	4.72	11.64	16.56	3.48
韓國	20.31	2.65	7.69	11.64	5.30	8.59
台灣	19.79	10.98	2.62	19.40	7.28	4.88
馬來西亞	13.54	9.85	5.77	11.64	8.44	2.32
泰國	19.79	3.79	19.41	26.29	16.72	16.49
印尼	-5.21	1.89	16.78	10.78	9.11	6.97
菲律賓	5.73	-0.38	8.57	6.03	2.98	4.41
中國	11.98	1.52	23.78	24.14	14.24	49.25
東亞九國	100.00	100.00	100.00	100.00	100.00	100.00

　　圖3-19可觀察出日本對東亞的直接投資與其投資所得間，2000年後直接投資收支逆差擴大下直接投資所得收支順差也增加的變化發展。但以相關係數值而言，1990 年代後期為 0.452，2001-05年為-0.207， 2000 年後轉為逆相關可知其呈現日本對直接投資收支逆差大的國家其直接投資所得收支順差也大，而直接投資收支逆差擴大下直接投資所得收支順差也增加的關係，但係數值不大。再觀察直接投資所得收支與前期的直接投資收支的相關為-0.377，逆相關值比同期大，則可知投資所得收支與直接投資的變化間有時間落差的關係，但係數值仍低。

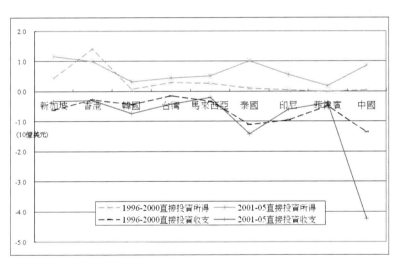

圖 3-19　東亞直接投資收支與直接投資所得

　　另外圖 3-20 所示東亞間的直接投資與其投資所得變化也無法歸納出逆相關的發展規則趨勢，但若除去變異較大的新加坡與中國後則如圖 3-21 所示呈現緩和的往左上升趨勢即直接投資收支逆差越大其投資所得收支順差也越大的關係。2000 年後的趨勢線也比1990 年代後期上揚。

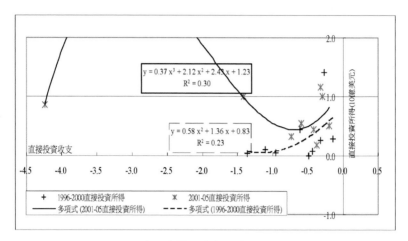

圖 3-20　東亞直接投資與直接投資所得收支

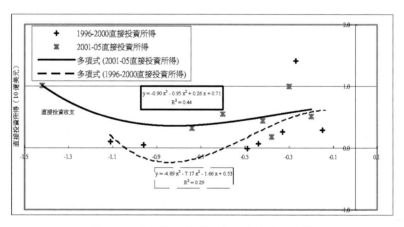

圖 3-21　東亞直接投資收支與直接投資所得

　　而日本對東亞的技術貿易收支即服務貿易的專利權、商標等使用費收支變化中，同表 3-20 可知 1990 年代後期順差年平均韓國 3.9 億美元 20.3%最大，台灣、泰國皆為 3.8 億美元 19.8%次之，接著馬來西亞 2.6 億美元 13.5%、中國 2.3 億美元 12%等，只有印尼為逆差。

2000 年後技術貿易收支順差泰國 6.1 億美元 26.3%最大，中國 5.6 億美元 24.1%次之，接著台灣 4.5 億美元 19.4%，香港、韓國、馬來西亞皆為 2.7 億美元 11.6%並列第四，印尼 2.5 億美元 10.8%第五，只有新加坡為逆差並達 5.1 億美元。

　　另從圖 3-22 可觀察出日本對東亞的直接投資與技術貿易收支的變化間，2000 年後直接投資收支逆差擴大下技術貿易收支順差也增加的變化發展。但以相關係數值而言，1990 年代後期為 0.206，2001-05 年為-0.472，2000 年後轉為逆相關可知，其呈現日本對直接投資收支逆差大的國家其技術貿易收支順差也大，並且直接投資收支逆差擴大下技術貿易收支順差也增加的關係，但係數值不大。再觀察技術貿易收支與前期的直接投資收支的相關為-0.377，逆相關值比同期小，可知投資所得收支與技術貿易的變化間當期的關係較大，可知投資所得收支與直接投資的變化間有時間落差的關係，但係數值仍低。

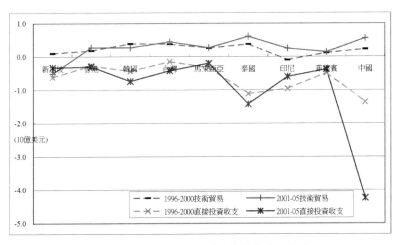

圖 3-22　東亞直接投資收支與技術貿易收支

　　另外圖 3-23 所示東亞國家的直接投資與其技術貿易的分佈變化間，1990 年代後期呈現 U 字型，2000 年後呈現倒 U 字型的趨勢發展，也無法歸納出發展的規則趨勢，但若除去變異較大的新加坡與中國後則如圖 3-24 所示 2000 年後呈現緩和的往左上升趨勢即直接投資收支逆差越大其技術貿易收支順差也越大的關係。而 2000 年後的趨勢線也比 1990 年代後期上揚。

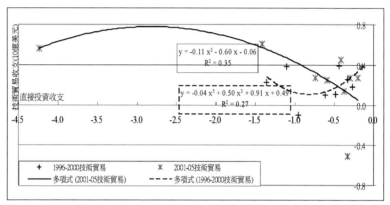

圖 3-23　東亞直接投資與技術貿易收支

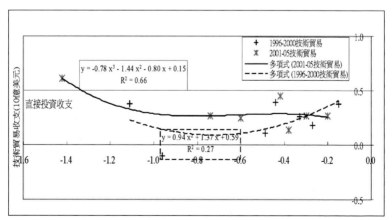

圖 3-24　東亞直接投資與技術貿易收支

　　從圖 3-25 觀察日本對東亞的直接投資所得與技術貿易收支間的變化關係。2000 年後除香港外直接投資所得收支順差均擴大，技術貿易收支順差除新加坡轉為逆差，韓國順差減少外均增加的變化發展。以各國兩者間相關係數值而言，1990 年代後期為-0.042，2001-05 年為-0.207，均為逆相關可知其呈現日本對直接投資所得收支順差大的國家其技術貿易收支順差則小，並且直接投資所得收支順差擴大下技術貿易收支順差相反變小的關係，但係數值不大。此意涵對外直接投資時，直接投資所得與專利等技術所得間的抵反關係（trade-off）。但若除去變異大的新加坡後，1990 年代後期為-0.010，2001-05 年為 0.645，雖然 1990 年代後期仍為負相關，2000 年後轉變為正相關，顯示去除變異大的新加坡因素後，東亞間呈現日本對技術貿易收支順差大的國家其直接投資所得收支順差其也大，反之亦然的關係。

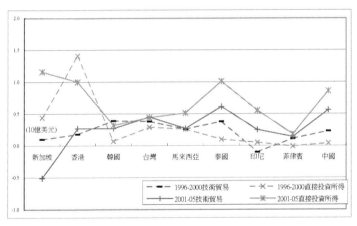

圖 3-25　東亞直接投資所得與技術貿易收支

　　另外圖 3-26 所示東亞國家的技術貿易收支與其直接投資所得的分佈變化間，1990 年代後期呈現倒 U 字型，2000 年後呈現平緩 U 字型的趨勢發展，無法歸納出兩者相關的發展規則趨勢，但若除去變異較大的新加坡後則如圖 3-27 所示 2000 年後呈現往右上升趨勢即技術貿易收支順差越大其直接投資所得收支順差也越大的關係。

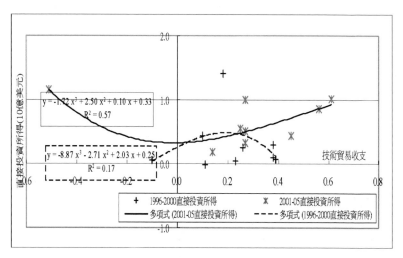

圖 3-26　東亞直接投資所得與技術貿易收支

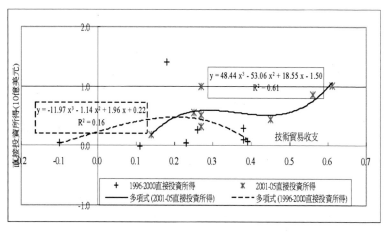

圖 3-27　東亞直接投資所得與技術貿易收支

　　最後日本對東亞國家的直接投資收支與其財貨貿易收支的發展關係，1996-2000 年期間的相關係數 0.802，2001-06 年為 0.642，各國兩者間正相關顯示日本對東亞財貨貿易順差大者其直接投資收支的逆差即淨流出較小，財貨貿易順差小者其直接投資收支逆差較大，而財貨貿易收支逆差大者其直接投資收支的逆差即淨流出也大。從圖 3-28 所示對東亞國家的直接投資收支與其財貨貿易收支的分佈變化間，1996-2000 年及 2001-06 年期間皆呈現由左下往右上的趨勢排列。此意涵日本對東亞的直接投資收支逆差即淨流出隨著財貨貿易收支順差的減小而增加，對財貨貿易收支順差大的國家其直接投資的淨流出反而較小。日本對東亞的直接投資並非是財貨貿易收支順差大時所進行的貿易摩擦迴避的目的，而是比較利益相對下降下，即財貨貿易收支順差減少或呈現逆差時直接投資才隨之增加，此為追求比較利益互補效益的投資行為。

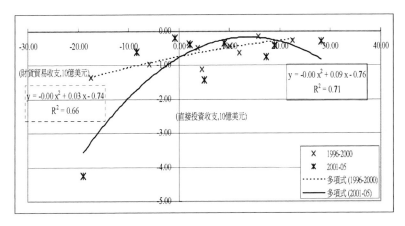

圖 3-28　日本對東亞財貨貿易收支與直接投資收支

　　日本企業對東亞的直接投資行為基本上根據各國比較利益的轉變為準則。東亞經濟從相對豐富勞力的利用開始經濟發展的過程，日本透過直接投資及通常伴隨的技術移轉提供其相對稀少的資本、技術等互補性資源，同時在回銷日本上提供出口市場的需求吸納機能，此一方面協助其他東亞國家工業化經濟發展，另一方面日本也獲取投資收益及貿易利益。此不同於因為貿易摩擦關係為替代日本的輸出所進行的當地直接投資行為。迴避貿易摩擦的直接投資基本上是逆貿易（anti-trade）傾向，而比較利益互補型的直接投資則為順貿易（pro-trade）傾向。

四、世界中日本對東亞的國際收支發展

（一）日本對美歐東亞的國際收支發展

以下擷取日本財務省所公佈日本對東亞 10 國的日圓計價國際收支資料中國際收支主要項目計算對其 GDP 比進一步觀察日本對東亞的國際收支發展的特徵。圖 3-29 及表 3-21 顯示日本對東亞及美國、EU 的經常收支及資本金融收支對日本 GDP 比。

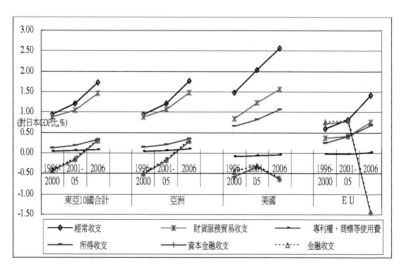

圖 3-29　日本對美歐亞的國際收支發展

　　首先日本對亞洲的經常收支，東亞佔絕大部分，1990 年代中期以來呈現順差持續擴大的趨勢發展。然東亞與日本的經常收支比日本對美國的順差仍有差距，2000 後雖擴大亦仍低於美國，但超過 EU。

　　但東亞的財貨服務貿易收支的 GDP 比則 1990 年代後期超過美歐，2001-05 年雖增幅小於美國以致低於美國，但遠大於 EU。其中對東亞的服務貿易逆差小於美歐，而財貨貿易收支順差則 1990 年代後期以來持續小於美國但大於 EU。對東亞的服務貿易與美歐最大的差別在於技術貿易收支即專利權商標使用費收支，對東亞為順差但對美歐為逆差。而運輸收支對歐為逆差，但對美與東亞則皆為順差，2000 年後對美順差大於東亞。金融服務收支 1990 年代後期對美歐雖皆為逆差但 2000 年後則皆轉為順差且大於東亞。

　　日本對東亞所得收支順差 GDP 比遠低於美歐，此是東亞經常收支順差小於美國的主要原因，另外雖然所得收支順差 GDP 比低於 EU，但因貿易收支順差 GDP 比遠大於 EU 故經常收支順差 GDP 比仍大於 EU。

　　對東亞的資本金融收支，2005 年止為逆差但減小變化，2006 年則與亞洲皆呈現順差。對美國 2005 年止逆差減小變化但 2006 年逆差擴大。對 EU 則 2005 年止順差擴大但 2006 年轉為逆差。以 1990 年代中期以後至 2005 年觀察，美國因為其國內儲蓄小於投資的基本結構問題所以日本對美的資本金融收支持逆差，對 EU 則持續順差，主要來自 EU 對日本的金融投資收支的順差，而日本對東亞的資本金融收支逆差減小變化則反映東亞國家的對外投資能力特別是證券投資的提昇，未來日本對東亞可能朝 EU 的順差化方向發展。

表 3-21　日本對東亞經常收支、資本金融收支的 GDP 比

(%)

	東亞 10 國合計			亞洲			美國			EU		
	1996-2000	2001-05	2006	1996-2000	2001-05	2006	1996-2000	2001-05	2006	1996-2000	2001-05	2006
經常收支	0.935	1.203	1.725	0.941	1.221	1.774	1.473	2.031	2.570	0.598	0.825	1.422
財貨服務貿易收支	0.880	1.056	1.455	0.876	1.062	1.486	0.851	1.240	1.559	0.372	0.421	0.751
財貨貿易收支	1.065	1.193	1.391	1.065	1.197	1.410	1.269	1.497	1.769	0.636	0.573	0.763
服務貿易收支	-0.185	-0.137	0.064	-0.190	-0.135	0.077	-0.417	-0.257	-0.210	-0.264	-0.152	-0.012
運輸	-0.009	0.002	0.017	-0.010	0.003	0.021	0.013	0.036	0.045	-0.009	-0.011	-0.027
旅行	-0.199	-0.185	-0.084	-0.204	-0.188	-0.085	-0.187	-0.160	-0.156	-0.152	-0.097	-0.078
金融	0.000	0.007	0.008	0.000	0.007	0.008	-0.004	0.016	0.026	-0.006	0.009	0.031
專利權、商標等使用費	0.044	0.054	0.090	0.045	0.057	0.096	-0.079	-0.052	-0.048	-0.016	-0.012	0.017
所得收支	0.118	0.189	0.322	0.136	0.205	0.345	0.664	0.824	1.060	0.238	0.414	0.677
經常移轉收支	-0.063	-0.042	-0.053	-0.071	-0.046	-0.058	-0.042	-0.032	-0.050	-0.012	-0.010	-0.006
資本金融收支	-0.427	-0.157	0.311	-0.518	-0.190	0.285	-0.577	-0.319	-0.631	0.710	0.791	-1.451
金融收支	-0.417	-0.149	0.317	-0.497	-0.170	0.304	-0.458	-0.309	-0.622	0.758	0.800	-1.446
其他投資收支	-0.009	-0.008	-0.006	-0.022	-0.021	-0.019	-0.119	-0.010	-0.009	-0.048	-0.009	-0.005

注：1. 日本對東亞經常收支、金融投資收支的 GDP 比指各收支對日本 GDP 的比率。
　　2. 作者計算。
資料出處：日本財務省。http://www.mof.go.jp/bpoffice/bpdata/a1bop.htm，http://www.mof.go.jp/bpoffice/bpdata/a2bop.htm，
http://www.mof.go.jp/bpoffice/bpdata/a3bop.htm。

　　如前所述經常收支順差的累增會轉換成其對外債權的增加，此從日本的資本金融收支特別是直接與證券投資為主的金融收支的逆差可印證。1990 年代後期及 2001-05 年的期間平均，日本對東亞及美國金融收支均為逆差，而對東亞 2001-05 年期間平均比 1990 年代後期平均的逆差減少，美國則擴大。但對 EU 為順差。其他投資收支則皆為逆差。

　　接著進一步觀察日本的對外淨資產餘額，表 3-22 顯示 2006 年日本直接投資證券投資的資產負債及淨資產餘額。日本對世界投資中證券投資高於直接投資，證券投資以對 EU 整體大於美國，但單一國家則美國最多，直接投資則對美國大於 EU 整體，而亞洲不論證券或直接投資均小於美歐。以日本直接投資與證券投資淨資產餘額合計觀察，對美歐皆為正數即日本為債權國，但對亞洲雖然整體為正值即日本仍為債權國，但東亞中對新加坡及香港則為債務國。對東亞的投資淨資產餘額中直接投資均為正值即債權國，但證券投

表 3-22　2006 年底日本對外淨資產餘額　　　　　（億日圓,%）

	資產		負債		淨資產餘額		餘額合計	餘額比
	直接投資	證券投資	直接投資	證券投資	直接投資	證券投資		
世界	534760	2787573	128033	2096957	406727	690616	1097343	100.00
亞洲	128021	60307	9807	119562	118214	-59255	58959	5.37
新加坡	16969	8918	5001	33942	11969	-25024	-13055	-1.19
香港	9247	13944	2293	29731	6954	-15787	-8832	-0.80
台灣	7525	3160	1754	2723	5771	437	6207	0.57
韓國	12688	10840	503	14084	12184	-3244	8941	0.81
馬來西亞	9232	1839	16	3374	9216	-1536	7681	0.70
泰國	17647	1418	50	4370	17597	-2952	14645	1.33
印尼	8868	1100	10	331	8858	769	9627	0.88
菲律賓	5058	1906	51	526	5007	1380	6386	0.58
中國	36052	12213	119	29357	35933	-17144	18789	1.71
美國	186004	948755	49933	683174	136071	265581	401652	36.60
EU	141338	1024245	47122	1014937	94217	9308	103525	9.43

資料出處：日本銀行，http://www.boj.or.jp/theme/research/stat/bop/bop/index.htm。

資則除台灣、印尼、菲律賓外均為負值即債務國。此如前述應為日本資本市場及國家安全性的因素促使其他東亞對日本的證券投資相對較高所致。而日本對東亞直接投資與證券投資合計的淨資產餘額中，對中國的債權最大，泰國次之，接著印尼、韓國、馬來西亞、台灣等。另外對美國及 EU 則皆為債權國，且對美國的債權最高佔其對世界淨資產餘額的 37%，對東亞的債權則低於美歐。但對美歐的直接投資與證券投資淨資產餘額皆為正值即債權國，而對東亞則證券投資中大部分國家為負值即債務國。

（二）日本對東亞國際收支發展的特徵

綜合以上檢討，日本對東亞國際收支的發展可歸納以下的特徵。東亞的財貨服務貿易收支順差為其經常收支順差的主要影響因素，雖低於日本對美國的順差但高於對 EU。其中對東亞的財貨貿易收支順差小於美國的順差但大於 EU。而對東亞服務貿易收支呈現逆差但低於美歐的逆差。服務貿易收支中對東亞的技術貿易收支即專利權商標使用費收支持續順差，此與對美歐的逆差相異。而對東亞所得收支的順差則皆小於對美歐。對東亞資本金融收支為逆差，此與對美國相同但不同於對 EU 的順差，但對東亞金融收支逆差減小變化與對美國的擴大變化不同。而直接投資與證券投資為主的金融收支中，對東亞雖然直接投資收支皆為逆差即淨流出，但證券投資則呈現部分東亞國家為順差即淨流入的狀態。此與 2006 年底日本對外淨資產餘額中對東亞雖然直接投資皆為債權國但證券投資則只對台灣、印尼及菲律賓為債權國相對應，而與對美國及 EU 兩者皆為債權國的情形不同。

接著從圖 3-30 所示日本對東亞各國經常與資本金融收支與其 GDP 比的國際收支的發展可知，首先日本對東亞的經常收支中，一梯 NIEs 的經常與財貨服務貿易收支均為順差且其 GDP 比相對其他東亞國家均較高。二梯 NIEs 中泰國與菲律賓的經常與財貨服務貿易收支為順差但其 GDP 比相對較低且菲律賓呈現減低的變化。

對馬來西亞 2000 年以後由順差轉為逆差，對印尼、中國與越南持續逆差。而日本對東亞的所得收支，除新加坡外均為順差，所得順差的 GDP 比中以對印尼最高，對越南最低。而對新加坡的逆差則呈現減少的變化。其次，日本對東亞的資本金融收支則變化較大，新加坡 2000 年以後由順差轉為逆差，韓國 2006 年由順差轉為逆差，香港、台灣逆差但減小且 2006 年呈現順差，泰國 2001-05 年一度轉為順差 2006 年又呈現逆差，馬來西亞、印尼持續逆差但減小變化，中國、越南亦持續逆差但擴大變化。但對東亞的資本金融收支順差的 GDP 比除香港 2006 年外普遍不高，此一如前述日本對東亞的直接投資收支普遍為逆差的情形下，可知對東亞資本金融收支的波動主要受證券投資收支變化的影響。

再援引日本對東亞各國的債權、債務國的立場關係，日本對新加坡、香港可視為清償債務國的階段，對印尼、中國在未成熟與成熟債權國的過渡階段，對其他東亞國家則基本上為未成熟債權國的階段。

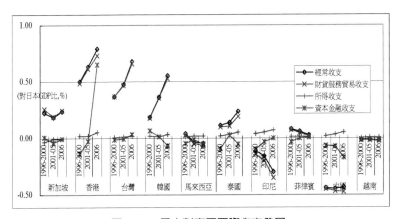

圖 3-30 日本對東亞國際收支發展

注：1.日本對東亞經常收支、資本金融收支的 GDP 比指各收支對日本 GDP 的比率。
　　2.作者計算編製。資料出處：日本財務省。http://www.mof.go.jp/bpoffice/bpdata/a1bop.htm，
　　　http://www.mof.go.jp/bpoffice/bpdata/a2bop.htm，http://www.mof.go.jp/bpoffice/bpdata/a3bop.htm。

　　而日本對東亞的直接投資收支的逆差是比較利益相對下降下即財貨貿易收支順差減少或呈現逆差時才隨之增加,此可解讀為日本對東亞的直接投資乃是追求比較利益互補效益的投資行為而非財貨貿易收支順差擴大下回避貿易摩擦的投資行為。

　　日本對東亞的直接投資所得順差隨著直接投資收支逆差的擴大而增加且前期投資收支對後期直接投資所得收支有時間落差上的影響關係。而日本對東亞的直接投資收支逆差越大其技術貿易收支即專利權商標使用費收支順差越大,此意涵日本對東亞進行直接投資時伴隨著技術的移轉。另外對東亞的直接投資收支逆差越大其直接投資所得收支順差也越大。而 2000 年後對東亞技術貿易收支順差越大其直接投資所得收支順差也越大,意涵日本對東亞的技術移轉對其直接投資所得收支順差的增加有推升的作用。日本追求比較利益的互補效益,伴隨其技術移轉展開對東亞的直接投資,而其對東亞的直接投資及技術移轉也增加直接投資所得順差助益日本的經濟發展。

參、日本與東亞國家的貿易收支失衡與因應

一、日本與東亞國家的貿易收支

　　前節檢討中已知在日本對東亞經常收支順差中財貨貿易收支的重要影響,而日本對東亞各國的經常收支與財貨貿易收支的重要性在此節進一步由其對雙方貿易國的 GDP 比觀察出其對日本及東亞的重要性。首先檢視對日本的重要性。由表 3-23 可知,日本對東亞各國的經常收支與財貨貿易收支佔日本 GDP 比,順差國家新加坡、菲律賓減少,香港、台灣、韓國、泰國皆增加,但馬來西亞轉為逆差,印尼、中國則逆差擴大。2001-05 年香港的順差比 0.63 最大,中國則逆差比-0.45 最大,香港基本上是中國的轉口港,對

中國與香港加總後日本還是順差，所以對東亞真正的逆差國就屬印尼，主要與印尼的能源輸日有關。

其次檢討與日本的經常收支對東亞的重要性。

同樣從表 3-23 中日本的東亞貿易對手國的 GDP 比觀察可知，經常收支 1990 年代後期，香港、新加坡逆差皆在-10%以上，台灣-5.4%，菲律賓-4.7%，泰國-3.5%，馬來西亞-1.9%，韓國-1.7%，印尼順差 2.8%，越南 2.1%，中國 1.8%。2000 年後新加坡逆差減少為-8.1%，菲律賓-3.1%，馬來西亞由逆差轉為順差 1.3%，其他逆差國的逆差均擴大，順差國印尼的順差擴大但中國、越南順差縮小。財貨貿易收支而言，各國的順逆差狀況基本上與經常收支相似，其間的差額為服務貿易與所得收支，其中台灣、泰國逆差小於經常收支，印尼順差大於經常收支，表示其服務貿易與所得收支存在逆差，其他國家則服務貿易與所得收支為順差，但所有東亞財貨貿易收支均佔其經常收支的主要部份。對日本經常或財貨貿易收支，先發展的一梯 NIEs 均為逆差其比重絕對值相對其他東亞國家

表 3-23　日本對東亞經常收支、財貨貿易收支的 GDP 比　　(%)

	經常收支				財貨貿易收支			
	對日本 GDP 比		對各國 GDP 比		對日本 GDP 比		對各國 GDP 比	
	1996-2000	2001-05	1996-2000	2001-05	1996-2000	2001-05	1996-2000	2001-05
新加坡	0.22	0.18	-10.97	-8.14	0.28	0.21	-13.47	-9.23
香港	0.50	0.63	-12.96	-16.37	0.52	0.65	-13.46	-16.95
台灣	0.37	0.48	-5.41	-6.69	0.36	0.44	-5.32	-6.08
韓國	0.18	0.36	-1.71	-2.54	0.23	0.40	-2.11	-2.78
馬來西亞	0.04	-0.03	-1.85	1.33	0.05	-0.02	-2.24	0.73
泰國	0.11	0.14	-3.50	-4.21	0.10	0.11	-3.27	-3.47
印尼	-0.11	-0.16	2.75	3.01	-0.14	-0.20	3.25	3.73
菲律賓	0.08	0.06	-4.68	-3.11	0.08	0.05	-4.82	-2.56
中國	-0.44	-0.45	1.84	1.10	-0.40	-0.45	1.68	1.10
越南	-0.01	-0.01	2.11	1.44	-0.01	-0.01	1.84	1.16

較大，且除新加坡外均擴大，後發展的中國、越南均為順差其比重絕對值但相對其他東亞國家較小且順差縮小，二梯 NIEs 泰國、菲律賓逆差而印尼、馬來西亞順差但除泰國逆差擴大外其餘逆差縮小或順差擴大，比重絕對值在一梯 NIEs 與中國、越南間。

與日本的經常、財貨貿易收支對東亞的重要性而言，新加坡對世界經常、財貨貿易收支的順差佔 GDP 比如表 3-24 所示 1996-2000 及 2001-05 年各為 16.3%、20.9%及 13.8%、27.3%，其對日本的逆差佔對世界的比則經常收支 1996-2000 及 2001-05 年各為-67.2%、-39%及-98%、-33.8%。意即新加坡對世界順差中對日的逆差所佔比率雖各由 67%及 98%降低但仍佔達 39%及 34%。其他東亞國家對日經常收支佔其對世界比中，新加坡以外對日逆差的香港、台灣、韓國、泰國、菲律賓皆超過 100%，但台灣 2001-05 年降低至 95.4%，對日順差的印尼、對日逆差越南亦超過 100%，中國雖低於 100%且降低但 2001-05 年仍達 32%。馬來西亞的對日收支所佔比率最低，1996-2000 年的逆差佔 32.9%而 2001-05 年轉為的順差佔 11.8%。東亞除越南外對世界經常收支的普遍順差中，除馬來西亞外對日的順差或逆差均佔相當高的比率。

而對日財貨貿易收支佔東亞對世界比中，對日逆差的香港超過 100%，台灣 2001-05 年下降仍達 90.8%，韓國、泰國 2001-05 年上升皆超過 50%以上，新加坡、菲律賓 2001-05 年下降仍皆超過 30%以上，對日順差的印尼 2001-05 年上升超過 30%以上，中國、越南 2001-05 年下降仍超過 30%以上，只有轉為順差的馬來西亞最低佔 3.2%。2001-05 年東亞對日財貨貿易逆差佔其對世界順差中，香港最高達 391.5%，台灣 90%以上，韓國超過 70%，泰國超過 50%，新加坡超過 30%，菲律賓佔其對世界逆差 30%以上，而對日財貨貿易順差的印尼、中國皆占對世界順差超過 30%，越南則佔其對世界逆差的 40%。東亞對日財貨貿易收支除馬來西亞外均佔其對世界財貨貿易收支的顯著比重。

表 3-24 東亞對日本經常收支、財貨貿易收支佔其對世界的 GDP 比 (%)

	各國對世界佔 GDP 比				各國對日本佔其對世界的比			
	經常收支		財貨貿易收支		經常收支		財貨貿易收支	
	1996-2000	2001-05	1996-2000	2001-05	1996-2000	2001-05	1996-2000	2001-05
新加坡	16.33	20.88	13.75	27.34	-67.18	-38.98	-97.96	-33.76
香港	2.38	8.95	-2.30	-4.33	-544.54	-182.91	585.22	391.45
台灣	2.56	7.01	4.72	6.70	-211.33	-95.44	-112.71	-90.75
韓國	2.76	2.13	3.69	3.76	-61.96	-119.25	-57.18	-73.94
馬來西亞	5.63	11.31	16.65	22.64	-32.86	11.76	-13.45	3.22
泰國	4.08	1.74	6.26	6.18	-85.78	-241.95	-52.24	-56.15
印尼	1.48	2.54	10.56	10.50	185.81	118.50	30.78	35.52
菲律賓	-2.88	0.29	-8.61	-7.56	162.50	-1072.41	55.98	33.86
中國	2.24	3.43	3.50	3.45	82.14	32.07	48.00	31.88
越南	-2.04	-1.24	-2.99	-2.93	-103.43	-116.13	-61.54	-39.59

　　東亞對日本經常或財貨貿易收支的重要性在於其為國際分工的結構性互補關係的呈現。國際貿易對其經濟發展上的意義在於東亞的比較利益或規模經濟或技術的差距所體現的競爭優勢透過國際貿易賺取貿易利得，進而轉化成國內經濟成長的利得。一般視財貨貿易順差為貿易利得的觀察指標，從以上觀察可知，與日本的財貨貿易收支，對印尼、中國是順差的重要來源，對越南是減低對世界逆差的重要順差來源，對其他東亞國家則為抵銷對世界順差的重要逆差原因。因此對輸出導向經濟發展的東亞國家而言，特別是對日的逆差依然仍是東亞重要的經貿議題。但是國際貿易另也意涵透過輸入相對競爭劣勢財貨挹助國內的生產力、競爭力或提升消費者經濟福祉。就生產面而言，國際貿易銜接貿易體間的生產技術結構顯現其間的互補或競爭關係，貿易收支即呈現此關係的變化。而順差或逆差的貿易收支失衡問題所以被尖銳化主要在其對各貿易體

產生內部結構調整的壓力以及高額社會調整成本所致，特別是集中在特定產品的大幅貿易收支失衡情形。1990 年代以來東亞區域內貿易比重提升下，此結構調整的壓力來源也轉變成主要來自於東亞各國間，其中特別是東亞一梯與部分二梯 NIEs 對日財貨貿易持續逆差以及日本對東亞特別是中國的貿易逆差持續擴大的問題。

二、日美的貿易摩擦與因應

戰後以來日本與美國間經歷長時期的貿易失衡所引發的貿易摩擦過程。日本一如其他東亞國家，其戰後的經濟發展過程中輸出扮演支持經濟發展必要技術、原材料等輸入所需外匯的賺取與累積的角色。從表 3-25 可知，1960 年代以來美國即為日本主要輸出市場，對美輸出 31 億美元佔日本總輸出的 30%，此後隨著輸出的成長，對美輸出持續增加，但比重在 80 年代達 33.1%的高峰後下降，90 年代 29%，2000 年以後 25%。另一方面對美輸入 1960 年代平均 30.7 億美元佔日本總輸入 28.6%，其後隨著輸入的成長亦增加但

表 3-25　日本對美國財貨貿易　　　　（10 億美元，%）

	世界輸出額	美國	世界輸入額	美國	世界輸出額	美國比重	世界輸入額	美國比重	世界(輸出額-輸入額)	美國
1962-70	10.443	3.133	10.729	3.071	100.00	30.00	100.00	28.62	-0.285	0.062
1971-80	65.698	16.252	64.978	12.499	100.00	24.74	100.00	19.24	0.720	3.754
1981-90	204.015	67.497	157.701	32.981	100.00	33.08	100.00	20.91	46.313	34.516
1991-2000	393.669	113.891	295.944	65.588	100.00	28.93	100.00	22.16	97.726	48.303
2001-06	515.849	126.873	436.382	62.333	100.00	24.60	100.00	14.28	79.467	64.541

注：1.各期間年平均值。2.作者計算編製。
資料出處：日本總務省統計局及財務省海關，http://www.stat.go.jp/data/chouki/zuhyou/18-01-a.xls，
　　　　　http://www.customs.go.jp/toukei/suii/csv/d42ca003.csv，
　　　　　http://www.customs.go.jp/toukei/suii/csv/d42ca001.csv。

金額低於輸出，而美國的輸入比重 60 年代為最高峰，其後 90 年代曾回升至 22.2%。日本對世界財貨貿易收支 1970 年代開始呈現順差的穩定擴大，80 及 90 年代順差呈現跳躍式的增加。其中對美財貨貿易順差也在 1970 年代開始持續增加，2000 年以後的順差額是 1960 年代以來的最高值。而對美貿易順差自 1970 年代以來即是日本貿易順差的主要來源。

另外，日本對美財貨貿易順差的持續擴大並未因為日円對美元的升值而受挫。圖 3-31 可知，1985 年廣場協議後日円對美元開始大幅升值過程中，日本對世界的財貨貿易順差反而持續擴大，其對美貿易順差亦持續增加只是幅度較小。日本輸出價格彈性值的絕對值小於其輸出所得彈性值，意涵日本的輸出增加特別在 1980 年以後主要是貿易對手國的經濟發展上的對日輸入需求增加所致。

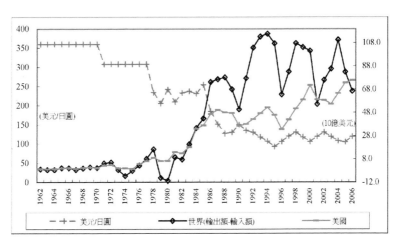

圖 3-31　日本對美國財貨貿易收支

雖然主要是貿易對手國的輸入需求所帶動的貿易順差增加,但是因為個別產品的輸入量鉅大,輸入國的美國國內相關產業因此遭受嚴厲的調整壓力。美國國內對日本產品的輸入依產品別採取不同的因應措施[6]。1960 年代主要針對日本輸入的纖維紡織品。當時尼克森總統依其對美國紡織業的競選政見,在其當選後即要求日本實施輸出自我設限(Voluntary Export Restraint, VER),而此摩擦在 1972 年美國歸還沖繩縣時訂定日美纖維協定暫時畫下句點。因此日本國內有以紗換繩的比喻。其後 1974 年日美以多邊紡織品協定(MFA)為基礎架構訂定雙邊的纖維協定,並持續延長至 1991 年才失效。日美的纖維協定不只影響日本,更由於美國以此協定為範本要求其他對美纖維輸出國家自我設限因此多邊紡織品協定下的管理貿易制度成形,世界紡織品進入管理貿易的時代直至 2005 年 WTO 才解除此長達 30 年的管理貿易制度。

　　1970 年代中代表性的日美貿易摩擦產品為鋼鐵製品與彩色電視機。依據雙方協定設定啟動傾銷調查的啟動價格機制(trigger price),此啟動價格制度以日本的鋼鐵生產成本為基礎設定美國輸入的最低價格,當美國對日鋼鐵輸入價格低於此價格時美國財政部即可啟動是否傾銷的調查。彩色電視機則以訂定市場秩序維持協定下由日本實施輸出自我設限的方式畫下句點。1970 年代末美國國內對日本產品的大量輸美及日本市場的開放性充滿不滿與警戒心。

　　1980 年代日美的貿易失衡產品擴大到汽車、電腦、VTR/DAD[7]與其後 90 年代的半導體等高科技品目。其中汽車也初步在 1981 年以日本實施輸出自我設限的方式解決,其實施持續至 1994 年,期間中每三年作檢討的日本輸出自我設限額度從初期的 168 萬台,1980 年代下半期曾調高至 230 萬台但 1992 年又調降至 165 萬台。另外對迴避自我設限到美國當地投資生產的日系汽車則增加自

---

[6] 參照日本通產省『通商白書 1996 年』(東京:日本経済産業調查会,1996),附表 4 的日本主要通商問題的演變,pp.346。

[7] Digital Audio Disc Player 的簡稱。

製率的規定，美國也要求日本增加美國汽車及其零組件的輸入，同時也要求日本檢討改善其國內汽車市場的排他性交易習慣與制度。

而半導體的貿易失衡起源於 1980 年日美間半導體貿易收支日本首次由逆差轉為順差，1981 年雙方開始透過政府協商，首先達成關稅調降協議，其後 86 年雙方基於擴大貿易的前提簽定日美半導體協定。但是日本市場的開放仍持續成為雙方爭議的焦點。1991 年的新協定中就明定 1992 年前日本應增加美國半導體的日本市場占有率至 20%以上。此也使雙方的討論擴及當時 NTT 及日本國公立大學大型電腦採購等政府採購的其他問題上。

事實上日美間的貿易協商自此已由貿易財貨品目延伸至日本國內市場的開放及產業組織結構改善的協議。其中特別是美國具競爭優勢的資本金融及流通業等服務業的市場開放與結構調整。

另外美國對高科技品目的貿易失衡問題的因應上，因考慮其與國家安全的密切關連性，也把瞄頭指向日本經濟產業政策的不公平性上。此一方面導因於日本政府 1976 年當時的通商產業省補助主導下的大型積體電路（VLSI）研發案的實施，美國提出日本開放讓美國企業亦可以參加其國家型研發案的要求，另一方面則為日本對專利權的申請審查程序及時間比其他國家複雜且冗長使國外的企業因此可能喪失其在日本市場的技術競爭優勢，因此要求日本改善其專利申請制度。

日美間的貿易協商到 1989 年日美結構協議（Structural Impediments Initiative,SII）的訂定正式移轉為日美經濟結構協商的方向。1990 年結構協議的最終報告書列舉日本必要改革的國內六大項目為，改善儲蓄投資失衡結構即日本應提升國內社會資本投資以改善因超額儲蓄導致經常收支及財貨貿易順差的持續擴大，改善國土利用即透過都市計劃、建築法規及土地稅制的修改提高土地利用的效率以改善國民生活品質進而提升對輸入的需求，改善流通結構即放寬流通業如大規模零售業（量販店）的限制措施、加速港灣整建及通關便捷化等以提高市場的對外開放性，改善排他性交易習慣即加強獨占禁止法（日本公平交易法）的實施、行政指導的透明化及獎勵企業對國內外的無差別性採購等以促進市場的自由公平競爭增加外國企業參與的機會進而提高消費者的經濟福祉，改善系列化的企業關係即排除阻礙外國企業進入日本市場的系列化企業關係並改正外匯法規以促進外資對日投資及技術輸出的自由化，活化價格機制即減低國內外的價格差距以提高國民生活品質並促進輸入的擴大。

對美國方面有七項改善項目各為，改善儲蓄投資失衡結構即削減美國財政鉅額赤字，加強美國企業的投資與生產力，改善美國企業行動模式，減少政府管制如 Cocom 的管制措施，提升技術研發活動，強化美國產品的海外行銷，提升人力資本如勞動者等的教育、訓練等。

其後在 1991 年完成第一次追蹤年度報告，92 年第二次追蹤年度報告後才結束此日美結構協商。

而 1993 年開始進入日美綜合性經濟協商，94 年達成電信醫療技術領域的政府採購及保險、平板玻璃的協定，95 年達成汽車及零組件領域的協定。此些個別領域的協定均為 1985 年開始的市場導向個別領域協商（MOSS）的成果。日美綜合性經濟協商包含總體經濟、環境合作及個別領域/結構問題等三大方面。其中個別領域/結構問題的協商以汽車及零組件、政府採購、保險以及美國輸出的拓展與競爭力等議題為優先。其中針對個別品目的協商，日本基本上皆以不接受美國的數值目標訂定要求為原則下與美國進行協商，期間協商亦因此而中斷，但最後則是美國分別妥協同意才達成協議。

其中汽車及零組件則波折較大，美國雖然一手祭出 301 條款，但仍在 1995 年同意不要求輸入數值目標設定前提下與日本重啟協商之門，但因協商過程中另行要求進口車代理商的數值目標設定使協商破裂。美國祭出 301 條款，判定日本汽車修補零件市場有限制美國製品進入的不公平交易習慣而擬對日本進口車課徵 100%關稅，日本則向美國提出依據 GATT22 條 1 款規定進行協商的要求，其後在澳洲為第三者的參加下進行協商。日本向美國提出其措施違反最惠國待遇、數量限制禁止及關稅減讓等 WTO 的協商原則。最後 1995 年 6 月在 WTO 的日內瓦部長會議上作成各國都應遵守 WTO 的貿易原則、數值目標應被排除以維持自由貿易與經濟的原則以及此決議無差別性適用於所有會員國的決議下，爭議才得到解決。[8]

美國對日本的批評或要求大部分是日本戰前管制經濟體制殘留下來的遺物，是日本經濟升級所必須改革的項目。日美雙方的學者專家共同擬定的此構造協議方案可以說是日本有識之士藉美國的外壓排除國內利益團體的內壓進行國內改革的方便門。

雖說對日本經濟結構的改革具有實質上的意義，但美國的出發點卻亦也引發世人的爭議。1974 年其貿易法案 301 條款中引進公平交易的概念，因此美國政府對於美國企業受到不公平的交易行為或習慣而遭受損失時有必要採取對抗或報復的手段回擊，而貿易糾紛的處理則以當時 GATT 的手續程序為基準。但 1988 年特別 301 條款的增列後此精神大幅改變，除美國大幅縮短啟動報復措施的前置調查時間，美國亦擴大其對智慧財產權、服務貿易及對外投資等 GATT 未達成共識領域的適用範圍，特別 301 條款也允許對違反財貨服務公平貿易的特定國家在一定期間後實施報復措施，另外此實施權限由美國總統下放給貿易代表署（USTR）。此實施的作業程序為美國通商代表署向國會及總統提出國外貿易障礙的報告書後 30 日內必須確認其不公平貿易行為或習慣，並在其後 21 日內啟動調查機制同時開始與對手國展開交涉，最長一年半內必須與對手國達成並簽訂排除此不公平貿易行為或習慣的協定，若無法達成協定則必須檢討所要啟動的報復措施。此特別 301 條款的精神基本上是美國單方主義的呈現，判定公平與否完全以美國的基準為主，報復措

---

[8]　參照日本通產省『通商白書 1996』（東京：日本經濟產業調查会，1996），pp.92-93。

施也單方面以美國利益為考量。此完全無視 GATT/WTO 的無差別原則或相互減讓的談判原則等共識的存在。

　　日本在與美國的貿易協商過程中迫於此貿易法案的壓力而屈服的情形如汽車、超級電腦、半導體等不在少數。不公平貿易障礙的排除原為此法案的目的，但美國政府或企業延伸至輸出（VER）或輸入（Voluntary Import Expansion, VIE）數值目標的要求則是其策略性的變相運用。另外此法案也被策略性運用於交換不同領域的市場開放上。

　　日本對美國的協商態度在上述 1994 年的領域別協商中開始改變，特別 1996 年日美半導體協定的延長談判中日本更以美國持續要求輸入自主擴大（VIE）違反 WTO 的自由貿易精神予以回絕並中斷協定的延長。日本對於貿易紛爭的處理至此轉變為以多邊談判的 WTO 精神為基準，其理由除了美國策略性運用其貿易法案在個別貿易品目的不合理要求外，諸如半導體等高科技製品在其他國家亦多為獨占或寡占性企業所生產容易形成政治性介入，而日本產業經濟結構的轉變下過去輸出優勢製品如成衣紡織品也轉變為入超，日本政府也轉變成輸入國的因應立場，因此多邊談判的立場在因應未來更多可能來自於其他國家如東亞 NIEs 等的貿易協商時可能是更適切的選項。

三、日本與東亞的貿易失衡與因應

　　反觀日本與東亞的財貨貿易，隨著東亞的經濟發展，日本與東亞貿易日益擴大。從表 3-26 可知，日本對東亞的輸出從 1960 年代對台灣、香港年平均 3.9 億美元最高各佔日本總輸出 3.7%，東亞合計 25.3 億美元佔 24.3%，至 1980 年代開始大幅增加，台灣最高 103.4 億美元占 5.1%，韓國 90 億美元次之佔 4.4%，中國 74.6 億美元躍升第四佔 3.7%，東亞合計 528 億美元佔 25.9%，1990 年代，韓國 256 億美元最高佔 6.5%，香港 235.5 億美元次之佔 6%，台灣 235.2

億美元佔近 6%，中國 101.2 億美元第四佔 4.9%，東亞合計 1,495 億美元佔 38%。2001 至 06 年中國年平均達 290 億美元最高佔 12%，韓國 367.6 億美元次之佔 7.13%，台灣 367.2 億美元佔 7.12%，東亞合計 2,325 億美元佔 45.1%。1990 年代開始日本對東亞 10 國輸出合計比重超過美國。

表 3-26　日本對東亞財貨輸出　　（10 億美元，%）

	新加坡	香港	台灣	韓國	馬來西亞	泰國	印尼	菲律賓	中國	越南	東亞10國
1962-70	0.189	0.391	0.391	0.327	0.090	0.295	0.168	0.298	0.265	0.120	2.534
1971-80	1.667	2.054	3.198	2.466	0.821	1.084	1.586	1.023	2.115	0.130	16.144
1981-90	6.058	8.039	10.339	8.999	2.939	3.721	3.434	1.674	7.455	0.152	52.810
1991-2000	17.586	23.552	23.523	25.598	11.787	13.263	7.029	6.700	19.441	1.017	149.496
2001-06	16.563	31.020	36.724	36.756	11.909	17.780	7.583	8.866	62.436	2.904	232.541
佔日本總輸出比重											
1962-70	1.81	3.75	3.74	3.13	0.86	2.82	1.61	2.85	2.54	1.15	24.26
1971-80	2.54	3.13	4.87	3.75	1.25	1.65	2.41	1.56	3.22	0.20	24.58
1981-90	2.97	3.94	5.07	4.41	1.44	1.82	1.68	0.82	3.65	0.07	25.87
1991-2000	4.47	5.98	5.98	6.50	2.99	3.37	1.79	1.70	4.94	0.26	37.98
2001-06	3.21	6.01	7.12	7.13	2.31	3.45	1.47	1.72	12.10	0.56	45.08

注：1.各期間年平均值。2.越南 1976 年止為北越與南越合計值。3.作者計算編製。
資料出處：日本總務省統計局及財務省海關，http://www.stat.go.jp/data/chouki/zuhyou/18-01-a.xls，
　　　　　http://www.customs.go.jp/toukei/suii/csv/d42ca003.csv，
　　　　　http://www.customs.go.jp/toukei/suii/csv/d42ca001.csv。

而日本對東亞的輸入從表 3-27 可知，1960 年代對菲律賓年平均 3.3 億美元最高佔日本總輸入 3.1%，馬來西亞 3 億美元佔 2.8%，東亞合計 15.5 億美元佔 14.5%，1970 年代對印尼 47.3 億美元最高佔 7.3%，韓國 17.2 億美元次之佔 2.7%，東亞合計 134.5 億美元佔 20.7%，至 1980 年代開始亦大幅增加，印尼 106.4 億美元最高佔 6.8%，中國 74.2 億美元次之佔 4.7%，韓國 68 億美元佔 4.3%，台

灣 51.9 億美元第四佔 3.3%，東亞合計 412.4 億美元佔 26.2%，1990
年代，中國 330.9 億美元最高佔 11.2%，韓國 144.4 億美元次之佔
4.9%，印尼 133.2 億美元佔 4.5%，台灣 121.4 億美元第四佔近 4.1%，
東亞合計 1,037.5 億美元佔 35%。2001 至 06 年中國年平均達 860.4
億美元最高佔 19.7%，韓國 207.2 億美元次之佔 4.8%，印尼 181.7
億美元佔 4.2%，台灣 161.7 億美元佔 3.7%，東亞合計 1,862.7 億美
元佔 42.7%。1990 年代開始日本對東亞 10 國輸入合計比重亦超過
美國。

表 3-27　日本對東亞財貨輸入　　　　（10 億美元，%）

	新加坡	香港	台灣	韓國	馬來西亞	泰國	印尼	菲律賓	中國	越南	東亞10國
1962-70	0.043	0.047	0.150	0.085	0.304	0.138	0.236	0.332	0.199	0.014	1.548
1971-80	0.651	0.334	1.202	1.723	1.438	0.684	4.730	1.008	1.635	0.043	13.448
1981-90	2.099	1.268	5.194	6.807	4.153	1.883	10.641	1.617	7.422	0.158	41.242
1991-2000	5.115	2.081	12.139	14.438	9.611	8.288	13.319	3.950	33.092	1.615	103.648
2001-06	6.041	1.489	16.174	20.718	13.475	13.210	18.172	7.305	86.039	3.653	186.276
	佔日本總輸入比重										
1962-70	0.40	0.44	1.40	0.79	2.84	1.29	2.20	3.10	1.86	0.13	14.45
1971-80	1.00	0.51	1.85	2.65	2.21	1.05	7.28	1.55	2.52	0.07	20.69
1981-90	1.33	0.80	3.29	4.32	2.63	1.19	6.75	1.03	4.71	0.10	26.15
1991-2000	1.73	0.70	4.10	4.88	3.25	2.80	4.50	1.33	11.18	0.55	35.02
2001-06	1.38	0.34	3.71	4.75	3.09	3.03	4.16	1.67	19.72	0.84	42.69

注：1.各期間年平均值。2.越南 1976 年止為北越與南越合計值。3.作者計算編製。
資料出處：日本總務省統計局及財務省海關，http://www.stat.go.jp/data/chouki/zuhyou/18-01-a.xls，
　　　　　http://www.customs.go.jp/toukei/suii/csv/d42ca003.csv，
　　　　　http://www.customs.go.jp/toukei/suii/csv/d42ca001.csv。

　　因此日本對美國的財貨貿易收支佔 GDP 比從圖 3-32 可知，一
如其對世界自 1970 年代開始呈現順差並持續至 2006 年，1980 年
代達 1.9%，2000 年以後 1.5% 比 1990 年代 1.14% 高。對東亞 10 國

則 1960 年代以來持續順差，1990 年代超過 1% 為 1.06%，2000 年以後亦相同。1980 年代對東亞的貿易順差 GDP 比因美國大幅上昇而與美國差距拉大，1990 年代因美國大幅減低而東亞上昇因此與美國接近，2000 年後因美國回昇而與東亞差距再擴大，但對東亞與美國的差距比 1980 年代縮小。

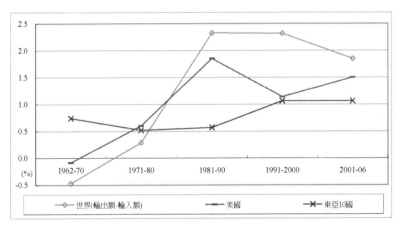

圖 3-32　日本對美國及東亞貿易收支佔 GDP 比

　　而從表 3-28 可知東亞中，對印尼持續為逆差但 1970 年代 -0.46% 最高其後減低，對馬來西亞除 1990 年為順差外均為逆差但逆差比持續減低，對菲律賓 1970 年代由逆差轉為小幅順差，對新加坡、香港、台灣、韓國、泰國均是順差的擴大，對中國、越南則在 1990 年代開始由順差轉為逆差。2001 至 06 年東亞中對香港的年平均順差 0.68% 最大，韓國 0.46% 次之，台灣 0.38% 第三，新加坡 0.24% 第四，而逆差則中國 -0.55% 最大，印尼 -0.25% 次之。

表 3-28　日本對美國及東亞財貨貿易收支佔日本 GDP 比　　(%)

	世界 (輸出額- 輸入額)	美國	新 加 坡	香港	台灣	韓國	馬來 西亞	泰國	印尼	菲 律 賓	中國	越南	東亞 10 國
1962-70	-0.47	-0.09	0.12	0.29	0.19	0.17	-0.20	0.13	-0.04	-0.04	0.04	0.08	0.74
1971-80	0.28	0.60	0.18	0.28	0.13	0.32	-0.09	0.07	-0.46	0.00	0.08	0.02	0.52
1981-90	2.33	1.85	0.21	0.37	0.12	0.27	-0.07	0.09	-0.45	0.00	0.03	0.00	0.57
1991-2000	2.32	1.14	0.29	0.50	0.26	0.26	0.05	0.11	-0.15	0.06	-0.31	-0.01	1.06
2001-06	1.85	1.50	0.24	0.68	0.38	0.46	-0.04	0.10	-0.25	0.04	-0.55	-0.02	1.06

注：1.各期間年平均值。2.越南 1976 年止為北越與南越合計值。3.作者計算編製。

資料出處：日本總務省統計局及財務省海關，http://www.stat.go.jp/data/chouki/zuhyou/18-01-a.xls，
　　　　　http://www.customs.go.jp/toukei/suii/csv/d42ca003.csv ，
　　　　　http://www.customs.go.jp/toukei/suii/csv/d42ca001.csv。

　　日本對東亞一梯 NIEs 普遍為順差且擴大，對中國、越南 1990
年代開始轉呈逆差且加大，對二梯 NIEs 則變化不一。東亞一梯 NIEs
特別是韓國、台灣以及中國 1990 年代對日本財貨貿易收支持續失
衡且擴大，與日本財貨貿易收支的平衡自然成為貿易雙方國特別關
注的經貿議題。

四、日本與東亞國家的財貨別貿易收支結構

　　以下檢視 1990 年代中期以後日本與東亞的產品別財貨貿易收
支的變化。表 3-29 為 1995 至 2006 年日本與東亞 10 國的產品別財
貨貿易收支額，從表中可知日本對東亞 10 國的順差主要來自機械
製品及化學製品的順差，農產品、礦物性燃料、原材料皆為逆差，
其他製品雖 1995、2004 及 05 年為順差但其他年度均為逆差。

表 3-29　日本對東亞 10 國財貨貿易收支　　　(10 億美元)

	1995	1996	1997	1998	1999	2000	2001	2002	2003	2004	2005	2006
財貨貿易收支額	70.0	50.5	52.2	30.3	32.4	39.5	14.6	33.0	48.8	68.3	59.0	54.6
農產品	-14.7	-14.5	-12.1	-10.9	-12.0	-12.5	-11.9	-11.9	-12.2	-13.7	-14.0	-13.9
燃料以外原材料	-5.5	-4.7	-4.5	-2.7	-3.0	-3.6	-2.7	-2.4	-2.6	-2.3	-2.6	-4.0
礦物性燃料	-11.7	-14.6	-13.6	-9.3	-11.1	-17.4	-15.3	-13.5	-16.9	-19.2	-21.6	-22.8
化學製品	13.7	12.1	12.3	9.9	12.2	14.5	11.5	13.7	16.4	22.0	24.0	27.4
機械製品	84.6	73.1	69.2	44.4	45.5	55.8	36.6	44.9	58.1	68.9	62.3	64.7
其他製品	1.5	-3.1	-1.7	-3.4	-2.8	-1.9	-8.1	-3.1	-1.3	3.8	0.7	-8.3
特殊品目	2.1	2.3	2.6	2.4	3.5	4.7	4.4	5.3	7.3	8.9	10.2	11.6

　　進一步從表 3-30 所示日本對東亞的產品別貿易收支佔貿易雙方 GDP 的比率檢視對雙方的重要性。首先，日本對東亞農產品除香港外均為逆差，其中對中國逆差最大，泰國次之，韓國第三，台灣 1995-2000 年平均為第四，2001-06 年平均則印尼躍升第四。對東亞各經濟體則越南最高，泰國次之均超過其 GDP1%，接著菲律賓，印尼第四。

　　燃料以外原材料貿易收支均不大，但逆差中以印尼最高，接著馬來西亞及泰國，但 2001-06 年平均則泰國躍升第二。對東亞礦物性燃料貿易收支逆差中印尼最高，馬來西亞次之。而對各經濟體亦以印尼最高，馬來西亞次之，皆超過其 GDP3%，越南超過其 GDP1% 第三。

　　工業製品中日本對東亞化學製品貿易收支普遍為順差，其中 1995-2000 年平均對台灣最高，韓國次之，中國第三，2001-06 年平均則中國微幅超過台灣躍昇第一，韓國仍為第三。對各經濟體則香港最高，台灣第二皆超過其 GDP1%，接著泰國及韓國皆過其 GDP0.5%。

　　對東亞機械製品貿易收支均為順差，其中對香港最高，1995-2000 年平均對新加坡次之，台灣第三，韓國第四，但 2001-06

年平均則韓國躍升第二,台灣第三,新加坡第四。對各經濟體而言,1995-2000 年平均對新加坡最高超過其 GDP10%,香港超過其 GDP8%次之,馬來西亞超過其 GDP5%第三,菲律賓超過其 GDP4%第四,泰國、台灣皆超過其 GDP3%,越南超過其 GDP2%,印尼、韓國超過其 GDP1%;2001-06 年平均則香港最高超過其 GDP10%,新加坡其 GDP7%次之,泰國超過其 GDP3%第三,台灣超過其 GDP2%第四,接著馬來西亞、韓國、越南、印尼、菲律賓皆超過其 GDP1%。

機械製品中,一般機械貿易收支 1995-2000 年平均對台灣最高,韓國次之,中國第三,接著泰國、香港、新加坡、馬來西亞,但 2001-06 年平均則中國躍升第一,台灣第二,韓國第三,泰國第四,香港第五。對各經濟體而言,1995-2000 年平均對新加坡最高超過其 GDP3%,馬來西亞超過其 GDP2.5%次之,泰國超過其 GDP2%第三,接著香港、台灣皆超過其 GDP1.7%,菲律賓超過其 GDP1.5%,越南、印尼、韓國超過其 GDP1%;2001-06 年平均則泰國最高超過其 GDP2%,台灣次之新加坡第三皆超過其 GDP1.9%,香港超過其 GDP1.7%第四,接著馬來西亞、菲律賓皆超過其 GDP1%,越南接近其 GDP1%,印尼、韓國在其 GDP0.8%水準。

而電腦等事務機器貿易收支,日本對東亞中除香港為順差、越南平衡外均為逆差。1995-2000 年平均對台灣逆差最高,馬來西亞次之,中國第三,接著泰國、菲律賓,但 2001-06 年平均則中國躍升第一,台灣第二,馬來西亞第三,韓國、泰國第四。對各經濟體而言,1995-2000 年平均對馬來西亞最高超過其 GDP1%,菲律賓超過其 GDP0.7%次之,接著泰國香港、新加坡、台灣皆超過其 GDP1.7%,菲律賓超過其 GDP0.4%;2001-06 年平均馬來西亞亦最高接近其 GDP1%,菲律賓超過其 GDP0.6%次之,台灣接近其 GDP0.6%第三,接著新加坡、泰國皆超過其 GDP0.4%,中國低於其 GDP0.4%,韓國低於其 GDP0.2%。

表 3-30　日本對東亞產品別貿易收支佔 GDP 比 (%)

日本對新加坡

	佔日本 GDP 1995-2000	佔日本 GDP 2001-06	佔新加坡 GDP 1995-2000	佔新加坡 GDP 2001-06
貿易收支額	0.294	0.245	-14.944	-10.250
農產品	-0.005	-0.004	0.227	0.161
礦物以外原材料	-0.002	-0.002	0.114	0.094
礦物性燃料	-0.011	-0.013	0.561	0.534
化學製品	0.016	0.008	-0.830	-0.353
機械製品	0.212	0.170	-10.813	-7.100
一般機械	0.059	0.044	-3.024	-1.909
電腦等事務機器	-0.008	-0.011	0.441	0.497
其他製品	0.064	0.051	-3.260	-2.114
纖維製品	0.003	0.002	-0.151	-0.104
成衣及紡織品	0.000	0.000	0.000	0.000
鋼鐵	0.015	0.011	-0.738	-0.467

日本對馬來西亞

	佔日本 GDP 1995-2000	佔日本 GDP 2001-06	佔馬來西亞 GDP 1995-2000	佔馬來西亞 GDP 2001-06
貿易收支額	0.046	-0.035	-2.344	1.320
農產品	-0.009	-0.010	0.458	0.364
礦物以外原材料	-0.021	-0.010	1.038	0.373
礦物性燃料	-0.057	-0.094	2.880	3.554
化學製品	0.014	0.007	-0.697	-0.276
機械製品	0.102	0.048	-5.129	-1.826
一般機械	0.050	0.034	-2.514	-1.355
電腦等事務機器	-0.025	-0.022	1.280	0.912
其他製品	0.018	0.015	-0.945	-0.569
纖維製品	0.000	0.000	0.017	0.000
成衣及紡織品	-0.002	-0.003	0.115	0.110
鋼鐵	0.019	0.021	-0.937	-0.845

日本對台灣

	佔日本 GDP 1995-2000	佔日本 GDP 2001-06	佔台灣 GDP 1995-2000	佔台灣 GDP 2001-06
貿易收支額	0.338	0.436	-5.111	-5.881
農產品	-0.029	-0.014	0.477	0.186
礦物以外原材料	-0.001	0.003	0.023	-0.041
礦物性燃料	0.005	0.000	-0.069	-0.001
化學製品	0.073	0.108	-1.101	-1.448
機械製品	0.200	0.187	-3.062	-2.528
一般機械	0.117	0.140	-1.765	-1.936
電腦等事務機器	-0.029	-0.043	0.433	0.586
其他製品	0.082	0.142	-1.231	-1.911
纖維製品	0.000	-0.001	-0.001	0.012
成衣及紡織品	-0.003	0.000	0.041	0.000
鋼鐵	0.025	0.028	-0.391	-0.381

日本對韓國

	佔日本 GDP 1995-2000	佔日本 GDP 2001-06	佔韓國 GDP 1995-2000	佔韓國 GDP 2001-06
貿易收支額	0.216	0.403	-1.973	-2.591
農產品	-0.035	-0.024	0.331	0.160
礦物以外原材料	0.005	0.015	-0.043	-0.095
礦物性燃料	-0.031	-0.053	0.288	0.352
化學製品	0.059	0.105	-0.552	-0.667
機械製品	0.177	0.197	-1.633	-1.280
一般機械	0.112	0.114	-1.024	-0.782
電腦等事務機器	-0.010	-0.022	0.091	0.158
其他製品	0.033	0.140	-0.294	-0.919
纖維製品	-0.001	0.001	0.011	-0.004
成衣及紡織品	-0.024	-0.010	0.233	0.068
鋼鐵	0.014	0.059	-0.126	-0.405

日本對菲律賓

	佔日本 GDP 1995-2000	佔日本 GDP 2001-06	佔菲律賓 GDP 1995-2000	佔菲律賓 GDP 2001-06
貿易收支額	0.077	0.038	-4.514	-1.910
農產品	-0.015	-0.018	0.904	0.874
礦物以外原材料	-0.008	-0.009	0.483	0.429
礦物性燃料	0.000	0.000	0.022	0.023
化學製品	0.008	0.012	-0.464	-0.602
機械製品	0.070	0.023	-4.161	-1.154
一般機械	0.028	0.019	-1.637	-1.004
電腦等事務機器	-0.014	-0.012	0.770	0.652
其他製品	0.018	0.022	-1.065	-1.100
纖維製品	0.002	0.002	-0.132	-0.123
成衣及紡織品	-0.003	-0.002	0.195	0.123
鋼鐵	0.006	0.008	-0.352	-0.404

日本對印尼

	佔日本 GDP 1995-2000	佔日本 GDP 2001-06	佔印尼 GDP 1995-2000	佔印尼 GDP 2001-06
貿易收支額	-0.143	-0.245	3.818	4.296
農產品	-0.029	-0.022	0.710	0.406
礦物以外原材料	-0.028	-0.056	0.704	0.944
礦物性燃料	-0.148	-0.207	3.708	3.655
化學製品	0.014	0.007	-0.334	-0.125
機械製品	0.082	0.063	-1.857	-1.165
一般機械	0.048	0.043	-1.103	-0.823
電腦等事務機器	-0.001	-0.003	0.033	0.053
其他製品	-0.036	-0.035	0.920	0.639
纖維製品	-0.004	-0.006	0.109	0.116
成衣及紡織品	-0.006	-0.003	0.152	0.069
鋼鐵	0.012	0.013	-0.283	-0.246

日本對香港

	佔日本 GDP 1995-2000	佔日本 GDP 2001-06	佔香港 GDP 1995-2000	佔香港 GDP 2001-06
貿易收支額	0.520	0.683	-14.310	-17.300
農產品	0.007	0.010	-0.185	-0.244
礦物以外原材料	0.003	0.003	-0.072	-0.077
礦物性燃料	0.004	0.005	-0.115	-0.114
化學製品	0.047	0.059	-1.283	-1.488
機械製品	0.302	0.399	-8.326	-10.114
一般機械	0.021	0.031	-0.564	-1.757
電腦等事務機器	0.139	0.162	-3.827	-4.108
其他製品	0.020	0.017	-0.556	-0.433
纖維製品	-0.003	0.001	0.095	-0.037
成衣及紡織品	0.025	0.020	-0.678	-0.505

日本對泰國

	佔日本 GDP 1995-2000	佔日本 GDP 2001-06	佔泰國 GDP 1995-2000	佔泰國 GDP 2001-06
貿易收支額	0.105	0.104	-3.159	-2.820
農產品	-0.051	-0.016	1.622	1.474
礦物以外原材料	-0.016	-0.003	0.495	0.430
礦物性燃料	0.000	0.023	-0.010	0.062
化學製品	0.020	0.116	-0.634	-0.620
機械製品	0.127	0.076	-3.874	-3.212
一般機械	0.067	0.038	-2.049	-2.224
電腦等事務機器	0.026	0.038	0.448	0.453
其他製品	-0.014	-0.015	-0.801	-1.027
纖維製品	0.001	0.001	-0.037	-0.027
成衣及紡織品	-0.009	-0.007	0.266	0.197
鋼鐵	0.028	0.041	-0.881	-1.186

日本對中國

	佔日本 GDP 1995-2000	佔日本 GDP 2001-06	佔中國 GDP 1995-2000	佔中國 GDP 2001-06
貿易收支額	-0.427	-0.548	-1.906	1.318
農產品	-0.111	-0.151	0.505	0.358
礦物以外原材料	-0.020	0.008	0.094	-0.011
礦物性燃料	-0.037	-0.045	0.173	0.108
化學製品	0.027	0.109	-0.116	-0.245
機械製品	0.087	0.076	-0.438	-0.177
一般機械	0.093	0.180	-0.443	-0.441
電腦等事務機器	-0.019	-0.156	0.081	0.375
其他製品	-0.380	-0.592	1.719	1.390
纖維製品	0.003	0.002	-0.011	-0.006
成衣及紡織品	-0.254	-0.372	1.156	0.942
鋼鐵	0.022	0.061	-0.100	0.150

日本對越南

	佔日本 GDP 1995-2000	佔日本 GDP 2001-06	佔越南 GDP 1995-2000	佔越南 GDP 2001-06
貿易收支額	-0.018	-0.017	2.604	1.753
農產品	-0.015	-0.010	1.705	1.670
礦物以外原材料	-0.010	-0.001	0.000	0.110
礦物性燃料	-0.012	-0.013	2.065	1.260
化學製品	0.002	0.004	-0.383	-0.363
機械製品	0.013	0.013	-2.156	-1.263
一般機械	0.007	0.009	-1.127	-0.978
電腦等事務機器	0.000	0.000	0.000	-0.038
其他製品	-0.010	-0.007	1.635	0.663
纖維製品	0.002	0.003	-0.303	-0.332
成衣及紡織品	-0.011	-0.013	1.768	1.334
鋼鐵	0.002	0.008	-0.369	-0.853

資料出處：1. ICSEAD，1999、2007 年「東アジア経済の趨勢と展望」，貿易統計資料，貿易收支は「東アジア経済の趨勢と展望」http://www.icsead.or.jp/7publication/shiten.html。2. GDP 比為作者計算彙編。

其他製品貿易收支中，除對印尼、中國、越南逆差外，對其他東亞皆為順差。對中國逆差最大，其次為印尼。1995-2000 年平均中國、越南的順差各超過其 GDP1.5%，印尼低於其 GDP1%，2001-06 年平均中國的順差仍超過其 GDP1%，越南、印尼則皆低於其 GDP1%。而日本對東亞順差中香港最高，台灣次之，1995-2000 年平均新加坡第三，2001-06 年平均則韓國第三。對各經濟體則香港逆差佔其 GDP4%水準最高，1995-2000 年平均新加坡超過其 GDP3%次之，台灣、新加坡超過其 GDP1%；2001-06 年平均新加坡超過其 GDP2%次之，台灣佔其 GDP1.9%，泰國、菲律賓超過其 GDP1%。

其他製品中，日本對東亞中纖維製品除台灣、韓國外均為順差，但成衣除香港外均為逆差。日本對東亞成衣紡織品貿易逆差主要集中國，1995-2000 年平均中國的順差超過其 GDP1%，2001-06 年平均接近其 GDP1%水準。日本對中國、越南其他製品貿易的逆差主要由於成衣的逆差。

鋼鐵貿易收支則對東亞均為順差，1995-2000 年平均對泰國最高，台灣、香港次之，中國第三，馬來西亞第四，2001-06 年平均中國最高，韓國次之，泰國第三，台灣第四。對各經濟體而言，1995-2000 年平均馬來西亞接近其 GDP1%最高，接著泰國、新加坡，2001-06 年平均泰國超過其 GDP1%最高，接著馬來西亞、越南。

整理 1990 年代中期以來日本對東亞產品別貿易收支變化，如圖 3-33 所示，化學製品及機械製品皆為順差，農產品則除香港外均為逆差，而其他製品除中國、印尼、越南為逆差外其他為順差。對日本的逆差中，中國的農產品及其他製品特別成衣紡織品不但比重大且持續擴大，對印尼則主要為礦物性燃料能源收支逆差。

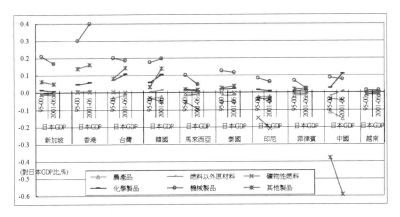

圖 3-33 日對東亞產品別貿易收支佔日本 GDP 比

另如圖 3-34 所示，日本對東亞機械製品貿易收支順差普遍佔東亞貿易對手國 GDP 的顯著比重，其中雖然新加坡、香港部分為轉口貿易的關係而比重特別高外，其餘東亞經濟體也佔顯著的比重。另外農產品貿易收支佔日本 GDP 比重雖然不高，但對東亞部分經濟體特別是泰國、菲律賓、越南仍佔其 GDP1%或近 1%的比重，顯示對其重要性。

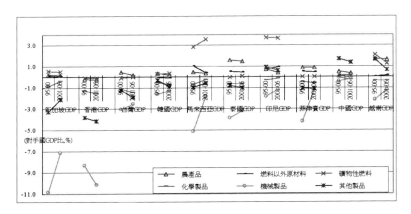

圖 3-34 日本對東亞產品別貿易收支佔對手國 GDP 比

　　對日機械製品貿易收支中，如圖 3-35 所示，東亞的一般機械
及汽車等運輸機械均為逆差而電腦事務機器及通信機器則新加坡
的通信機器及香港、越南外為順差。其中一般機械貿易逆差除中
國、韓國、印尼外都超過其 GDP1%，而電腦事務機器及通信機器
貿易順差馬來西亞超過其 GDP1%，菲律賓、泰國也都近 GDP1%，
新加坡、台灣及 2000 年以後中國的電腦事務機器均佔 GDP 顯著的
比重。

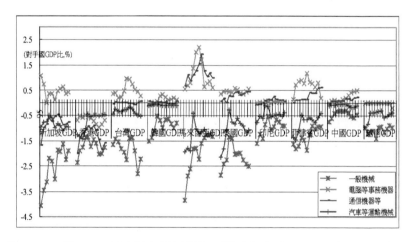

圖 3-35　日本對東亞機械製品別貿易收支（1995-2005）

　　另外其他製品貿易收支中，從圖 3-36 可知，東亞對日本成衣
紡織品的順差與紡織上游纖維製品的逆差呈現對照的變化分布。對
日成衣紡織品的順差韓國、二梯 NIEs、中國、越南呈現雁行高低
排列，特別中國、越南佔其 GDP 的 1 至 2%比重。
　　東亞對日鋼鐵貿易收支皆為逆差，其中泰國、馬來西亞佔其
GDP 顯著比重，其他則逆差比重呈現擴大的變化。精密機器的貿
易收支，一梯 NIEs 明顯呈現逆差擴大，特別是香港、台灣。

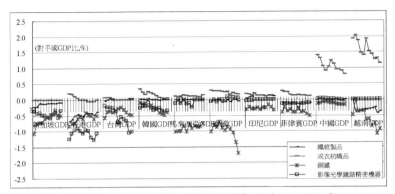

圖 3-36　日本對東亞其他製品別貿易收支（1995-2005）

　　以上日本與東亞國家的財貨別貿易收支變化可知，隨著東亞的經濟發展即其競爭優勢的轉變，一如日美間貿易，產品別貿易呈現不同程度的失衡現象。其中對日本而言農產品與成衣紡織品的貿易逆差持續擴大且集中於中國。圖 3-37 可知，日本對中國農產品貿易逆差額持續擴大中，其貿易逆差佔貿易總額比（（X-M）/（X+M）），雖然 2003 年以後稍降而低於 95% 但仍超過 90%，接近中國輸出特化的狀態。另一方面纖維製品日本持續順差，但成衣紡織品則貿易逆差額持續擴大，2006 年達 182 億美元，其貿易逆差佔貿易總額比則接近 100% 呈現中國輸出特化的狀態。

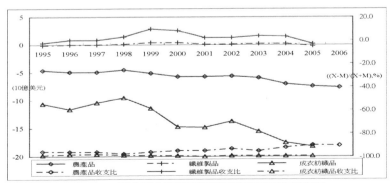

圖 3-37　日本對中國農產品與紡纖製品別貿易收支

　　但是日本對東亞的農產品與成衣紡織品貿易失衡不只是中國的情形，1990年代對韓國亦呈現相同狀況。圖3-38可知，日本1990年代後期對韓國農產品呈現15億美元以上的貿易逆差，其貿易逆差佔貿易總額比亦在80%的水準，但2000年後貿易逆差額降至10億美元以下，貿易逆差佔貿易總額比亦降至60%的水準。而1990年代日本對韓國纖維製品與成衣紡織品亦均為貿易逆差，其中成衣紡織品1995年逆差額曾達18億美元，90年代中在10億美元以上，其貿易逆差佔貿易總額比在90%的水準，接近韓國輸出特化狀態。直至2000年後纖維製品貿易收支平衡，而成衣紡織品貿易逆差才降低，成衣紡織品逆差減小至5億美元以下水準，其貿易逆差佔貿易總額比亦降至80%的水準。

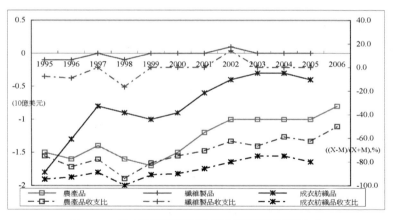

圖3-38　日本對韓國農產品與紡織製品別貿易收支

　　另對台灣從圖3-39可知，日本1990年代後期對台灣農產品從1995年29億美元的貿易逆差97年驟減為9億美元後維持在5億美元以上，其貿易逆差佔貿易總額比亦從83%降至53%，其後維持在40%的水準，2000年後貿易逆差額2004年一度回升至8億美元其貿易逆差比也回增至 50%，但 2005 年貿易逆差額又降至 5 億美元其佔貿易總額比則降至 30%的水準。而 1990 年代日本對台灣纖維製品與成衣紡織品則均為接近貿易平衡的微幅順差或逆差，其中成衣紡織品 1990 年代逆差額由 2 億美元降至 1 億美元 2000 年後接近平衡，其逆差佔貿易總額比從 60%的水準降至接近平衡狀態，而纖維製品由 1995 年 1 億美元貿易順差 1997 年轉為 1 億美元逆差後接近平衡 2005 年又呈現 1 億美元逆差，其收支佔貿易總額比從正負 10%水準間一度在平衡狀態 2005 年才又轉為逆差的 17%狀態。

　　日本對台灣的農產品與成衣紡織品貿易至 1990 年代中期亦呈現台灣輸出特化狀態，但 90 年代後期逆差驟減，成衣紡織品貿易 2000 年後甚至達到貿易平衡狀態。此對照中國的輸出特化的進展，顯示台灣及韓國相關產品對日出口競爭力下降而為中國取代的快速變化。特別是對台灣的成衣紡織品貿易總額急減下收支呈現接近平衡的情形。但紡織上游的纖維製品雖然貿易總額亦減低但因差異化下產業內貿易的進展則仍呈現逆差狀態。

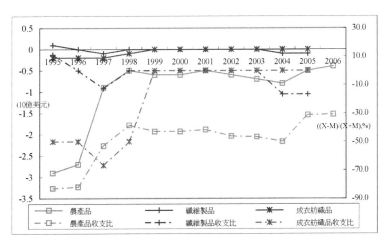

圖 3-39　日本對台灣農產品與紡纖製品別貿易收支

　　日本對東亞產品別貿易收支隨著與對手國財貨貿易結構及輸出入產品集中度的改變，日本對東亞呈現不同程度的產品間貿易失衡。此失衡事實上可說是東亞在世界經貿發展過程中承續日本對美國失衡的雁行發展，但是日本的立場從對美貿易順差轉變為對東亞順差與逆差並存的情形。其中特別是對東亞部分產品如農產品、成衣紡織品的輸入特化發展使日本在因應國內壓力下由對美失衡的被制裁國立場轉變成對東亞輸入的限制發動國立場。

　　日本對東亞貿易失衡的因應基本上根據 GATT/WTO 多邊協議的措施，特別是緊急輸入限制（safeguard）及反傾銷稅的課徵措施。

　　GATT/WTO 為促進世界自由貿易的進行，原則上禁止實施貿易數量限制措施，緊急輸入限制乃是輸入國的輸入相關產業因輸入大量增加導致嚴重衝擊（serious injury）時，為使受打擊產業能進行結構調整以回復其競爭力而給予減低輸入衝擊的一定寬限時間（原則上四年，最長八年，但期間內必須逐步自由化）。而實施此根據 GATT/WTO 第 19 條規定下的輸入緊急限制的迴避條款時基本上有兩項要件，一為所採不論是數量上、市場占有率限制或關稅調升的限制措施均須無差別性適用所有會員國，二為實施國必須承認對受限制國家採取的抗衡措施（但前三年輸出國不得實施對抗措施）。

　　但是一時的緊急輸入限制措施並無法保證產業或產品別企業能達到結構調整並回復競爭力的結果。通常還必須輔以結構調整措施或特定產業的救濟措施。

　　日本鑑於過去美國在成衣紡織品發動緊急輸入限制的案例經驗中，對美國相關產業雇用人數及勞動生產力回復或提昇上並未真正發揮作用因而基本上對發動緊急輸入限制措施採取保留的態度。但是緊急輸入限制對具回復競爭潛力的企業以及做為因應國內保護貿易的要求壓力及確保未來自由貿易發展的策略上，日本則持肯定的看法。[9]

---

[9]　參照日本經濟產業省『通商白書 2002 年』（東京：日本経済産業調查会，

表 3-31　緊急輸入限制措施發動件數

	2000	2001	2002	2003	2004	2005	2006	2007	2008	1995-2008	1970-1995
美國	2	1	0	0	0	0	0	0	0	10	13
EU	0	0	1	1	1	1	0	0	0	4	21
日本	1	0	0	0	0	0	0	0	0	1	0
韓國	0	0	0	0	0	0	0	0	0	4	.
印尼	0	0	0	0	1	1	1	0	1	4	.
菲律賓	0	3	0	3	0	0	1	0	0	7	.
中國	0	0	1	0	0	0	0	0	0	1	.
其他	0	8	32	11	12	5	11	6	2	133	94
合計	25	12	34	15	14	7	13	6	3	164	134

注：日本發動的緊急輸入限制為 II 類蔬菜產品，韓國 1995-2000 年為生鮮肉品(I 類)、蔬菜(II 類)、食用油(III 類)及運輸機械(XVII 類)，中國為賤金屬(base metals,(XV 類))，印尼為加工食品(IV 類)、水泥(VIII 類)及雜項製品(XX 類)，菲律賓為加工食品(IV 類)、礦物製品(V 類)、化學製品(VI 類)及水泥(VIII 類)。

資料出處：1970-95 年資料取自日本經產省『通商白書 2002 年版』，1995-2008/06/19 資料取自 WTO。
http://www.meti.go.jp/report/tsuhaku2002/14TsuushohHP/index.html，
http://www.wto.org/english/tratop_e/safeg_e/safeg_e.htm。

　　實際上日本鮮少發動緊急輸入限制措施，從表 3-31 所列 WTO公佈的緊急輸入限制件數統計可知 1995 年至 2008 年 6 月 19 日止，日本只有一件，此為對中國洋蔥、磨菇及藺草的緊急輸入限制案例。比較 1970 年以來美國的 23 件、EU25 件，甚至東亞的韓國、印尼、菲律賓皆顯著為低。其主要除了必須符合 WTO 規定的發動要件外，此措施是兩面刃，雖然給予受輸入影響產業調整的寬限期以解除部份導因於大量輸入的傷害，但亦使其他使用該輸入產品的產業及消費者的權益受到損害。另外日本對東亞的產品輸入中因為日本企業的海外投資生產移轉而再輸入即「逆輸入」的情形相當普

2002），第三章第二節的日本官方見解。

遍，輸入限制勢必也會部分限制海外日系企業的企業內或產業內貿易的進行。因此發動緊急輸入限制措施的經濟效益雖然可能有各直接受輸入衝擊產業及其產業鏈廠商因此受益或加上關稅的增收等，但卻需付出因輸入限制受到影響的使用輸入產品的產業及消費者以及海外日系企業的損失成本，大體而言對整體經濟福祉產生負效益的可能性較高。

就貿易政策而言，若考慮其他使用輸入產品的產業及消費者的經濟福祉時，對因大量輸入而蒙受損害的產業實施直接補助的措施是較佳的選擇。

但是不論是緊急輸入限制或反傾銷制裁措施也都存在恆久化的副作用，即適用措施的產業通常會透過政治影響力使此種保護措施長期化。其結果也通常與啟動此些措施的最初目的背道而行，反而削減受暫時保護產業自行調整結構的意願變成其提升生產力與競爭力的阻礙。

因此對於受到大量輸入嚴屬損害的產業或企業單一實施緊急輸入限制措施無法確保其在受暫時性保護期間回復競爭力的可能性。所以必要同時實施相關配套措施。產業回復生產力或競爭力過程中勢必伴隨生產要素等生產結構的調整，資本或勞動順利移轉其他產業上的勞動者再教育訓練、所得補貼及過度投資設備處理相關的債務、稅務支援等的僱用及資本設備調整支援配套措施，此亦是降低社會調整成本所必要的。另外生產力的提升上，研發資源的增加投入是促進技術進步帶動競爭力所必要，其相關的支援配套措施亦非常重要。當然其適用產業特別是企業的條件認定如未來是否具回復競爭力、仍有獲利可能性或未來經濟效益是否可能高於保護措施所投下的整體社會成本是發動緊急輸入限制的前提所在。（參照表 3-32）

表 3-32　緊急輸入限制措施實施的配套措施

政策目標　＼　政策手段	現狀	只實施緊急輸入限制措施	緊急輸入限制措施＋產業間調整支援措施(僱用調整支援對策等)	緊急輸入限制措施＋提升產業競爭力措施(研發支援對策等)
緩和調整成本的擴大（失業與企業倒閉的因應）	×	○	○	○
緊急輸入限制的社會成本極小化（減低或削除轉嫁給消費者的緊急輸入限制成本）		×	○	○
實現提昇產業競爭力的結構調整	無效果			○
實現促進產業間生產要素順利移轉的結構調整	無效果		○	

資料來源：日本經產省『通商白書 2002 年版』，
http://www.meti.go.jp/report/tsuhaku2002/14TsuushohHP/excel/14322121.xls。

　　關於緊急輸入限制的發動及其相關配套措施，美國在其 1974 年貿易法案 201 條款中以達成積極性調整（positive adjustment）為目的規範此措施的實施並規定以 TAA（Transitional Adjustment Assistance）計劃作為發動的輔助措施。TAA 計劃即上述生產要素的產業間移轉及促進研發等相關的資金技術上的支援計畫。1970 年代後半期此計畫支出大幅增加下，1981 年綜合預算調整法，美國縮減計劃總預算並將重點由勞動者給付金（Trade Readjustment Allowances, TRA）移至職業訓練及職業介紹等促進結構調整的相關措施上。1988 年綜合貿易法案進一步規定領取勞動者給付金必須接受職業再訓練的義務。另外對企業則 1986 年後廢止直接融資及融資保證支援只提供技術支援項目，且企業調整計畫必須通過審查。而技術支援包含企管顧問、業界或銀行對生產管理、品質保證、行銷、財務、資訊、技術等提升競爭力相關的廣泛經營領域，費用由企業與政府（Trade Adjustment Assistance Center, TAAC）對半負擔但政府每件以 15 萬美元為上限。

韓國在 2001 年制定的不公平貿易與產業受害救濟法中導入同樣結構調整的概念，基本上以 WTO 協定為基準，雖不像美國將輔助措施定為配套法案內容但以一般性政策提供相關支援。

日本的相關政策措施與美國雖不盡相同，但精神則大致趨近，特別日本重視包含促進技術創新等的產業結構調整措施。

另一項反傾銷措施方面，依據 WTO 規定，課徵反傾銷稅之前控訴國必須首先發動傾銷調查以確認輸出國的傾銷行為以及輸入國受害的事實，確認事實後控訴國才能對輸出國相關產品課徵與傾銷比率同水準的反傾銷稅。表 3-33 根據 WTO 所公佈控訴國發動傾銷調查提報件數資料，1995 至 2007 年底日本共提報 6 件反傾銷調查。其中對台灣、韓國、中國、澳洲、南非及西班牙各一件，輸入品目別則化學製品（VI 類）4 件、纖維製品（XI 類）2 件。

表 3-33　反傾銷措施調查開始發動件數

	1995	1996	1997	1998	1999	2000	2001	2002	2003	2004	2005	2006	2007	合計
美國	14	22	15	36	47	47	75	35	37	26	12	7	29	402
EU	33	25	41	22	65	32	28	20	7	30	25	35	9	372
日本	0	0	0	0	0	0	2	0	0	0	0	0	4	6
台灣	0	0	0	0	0	3	3	0	2	0	0	5	0	13
韓國	4	13	15	3	6	2	4	9	18	3	4	7	15	103
馬來西亞	3	2	8	1	0	0	1	5	6	3	4	8	0	43
泰國	0	1	3	0	0	0	3	21	3	0	3	2	3	39
印尼	0	11	5	8	3	4	4	4	12	5	0	5	1	66
菲律賓	1	1	2	3	6	2	0	1	1	0	0	0	0	17
中國	0	0	0	0	0	6	14	30	22	27	24	11	4	138
其他	102	150	154	184	220	195	232	187	124	117	131	120	95	2011
合計	157	225	243	257	354	290	366	312	232	214	200	201	159	3210

注：1. 件數統計期間為 1995-2007/12/31 止。
　　2. 日本發動的 6 件中對台灣、韓國、中國、澳洲、南非及西班牙各一件。其中化學製品(VI 類)4件、纖維製品(XI 類)2件。
資料出處：WTO 統計，http://www.wto.org/english/tratop_e/adp_e/ad_init_rep_member_e.xls。

　　但是日本運用反傾銷措施對抗不公平輸入的件數比其他國家，美國402件、EU372件，甚至東亞的台灣13件、韓國103件、馬來西亞43件、泰國39件、印尼66件、菲律賓17件、中國138件均相對低很多。此一方面日本基於1960年代以來輸美製品受傾銷控訴的經驗了解傾銷控訴最終往往是政治性的解決如輸出自我設限，因此日本1990年代之前特別在1985年廣場協議後日円對美元大幅升值後大量輸入增加下所提訴的傾銷案一般不傾向做最後的認定判斷，而是在調查中與輸出國以輸出自我設限的方式解決[10]。1990年代一方面烏拉圭回合談判後WTO已不承認輸出自我設限的解決方式，再者日本輸入在日圓持續升值下持續增加使其國內業者陷入競爭困境的案件大增，日本在此內外壓力下開始轉變其因應態度與方式，對傾銷調查結果明確作出是否違反傾銷規定的判斷並對確定違反規定的相關產品課徵傾銷稅，使相關問題的處理更透明化及制度化。

　　但是日本對反傾銷措施的發動仍持相對保守的態度。反傾銷制度的原目的是針對不公平貿易行為，然而因為在發動反傾銷調查後事實上就會對輸出國的輸出產生減少的影響亦即輸出自我設限，所以即使WTO不承認輸出自我設限但輸入國或企業仍會策略性運用反傾銷制度以阻止輸入的增加。[11]而輸出國也可能調升輸出價格以為因應。但此些對應最後往往反而損害輸入國使用輸入產品的企業或消費者的經濟福祉。

　　美國是最頻繁運用反傾銷制度的國家，除因此受各國指責與批評外，美國消費者才是真正最大的受害者。1980年代的日本汽車輸美自我設限是最典型的案例。1981年日本汽車業對美輸出自我設限後，1980-83年美國市場汽車價格不但美國汽車平均漲幅達34-65%，日本汽車也由於價格競爭的減低其漲幅亦達30-34%[12]。

---

[10]　參照伊藤元重『国際経済入門』（東京：日本経済新聞出版社，2000），pp.334。
[11]　參照伊藤元重（2000），pp. 326。
[12]　參照伊藤元重（2000），pp. 328-9。

美國三大汽車製造廠商因此獲利而其中克萊斯勒公司更因此免於倒閉，但實際上日本汽車廠商才是最大獲利者。此結果雖說基本上是因為美國寡占性汽車市場的特性，但使美國市場上日本輸入汽車價格上漲並讓日本汽車業者在輸美汽車數量並未大幅減少下反而獲利豐厚主要乃導因於美國提出傾銷控訴並擬採提高關稅及輸入數量限制等阻止日本汽車輸入增加的措施[13]。

肆、經常收支失衡在總體經濟上的意涵

　　從總體經濟的角度，經常收支相當於國內生產減去國內支出的差額。國內支出為國內消費、投資及政府支出的總和。意即當國內生產大於國內需求（支出）時經常收支為順差狀態，而相反地國內生產小於國內需求時經常收支為逆差狀態。而此處的相當於的意思是經常收支包含財貨服務貿易收支及所得與經常移轉收支，所以正確地說經常收支等於國民總生產（國內生產加海外淨所得及經常移轉淨額）減去國內支出的差額。另外國民生產、支出與所得三邊相等的原則下，經常收支會等於儲蓄減去投資的淨額與財政收支餘額的總和。因此經常收支餘額即表示國內總儲蓄與總投資的差額。所以經常收支順差即表示國內儲蓄未完全運用於國內投資，而此超額儲蓄即資金剩餘的部份則以股票或債券等證券金融資產形式保留在民間部門。當保有國內證券即資金流向政府（債券）或企業（股票或債券），當保有海外證券即資金流向海外的政府或企業，各填補國內外資金的不足。相反地經常收支逆差則表示國內儲蓄無法完全因應國內投資的需求，此不足則透過上述順差國的資金流入彌補。

---

[13] 此伊藤元重教授稱之為輸出自我設限的卡特爾效果。參照伊藤元重（2000），pp.361-2。

　　因此首先可知經常收支的失衡即為國內儲蓄小於所需投資或政府收支為入不敷出亦即國內總儲蓄小於國內總投資的結果。另外當對外的直接與證券投資大於海外對內的投資時產生海外淨資產餘額為正值即對外債權的擁有，相反地則為對外債務的發生。所以經常收支的持續順差會累積對外債權，而持續逆差則會形成對外債務的累積。

　　所得收支順差主要來自於對外直接或證券投資的淨收益，通常是對外債權國家較可能產生。因此檢討經常收支失衡問題時通常先檢視其財貨貿易收支的失衡原因，特別是產業結構及競爭力的問題以及貿易市場的公平自由環境問題。但是總體經濟結構上若是持續上述國內總儲蓄小於其總投資的情形時，即使產業結構及市場環境改善其經常收支逆差也無法轉變為平衡。相反地減少經常收支的持續性順差也不是單靠輸入的增加即可解決，同樣除改善產業結構及市場競爭環境外，更必須消彌國內總儲蓄大於總投資的超額儲蓄結構問題才能見效。

　　前三節從國際收支層面檢討東亞的發展中，東亞經常收支的順差化與美國的逆差化呈現對照的發展結果。此結果除出口競爭力、產業結構、市場競爭環境的雁行發展轉變外，其儲蓄與投資的結構性問題是最主要的潛在原因。從圖 3-40 中 1990-2005 年美國與越南以外東亞的淨儲蓄率（（儲蓄－投資）/GDP）與經常收支比率（經常收支/GDP）的分佈排列可知，兩者間呈現左下往右上的遞增關係，即淨儲蓄率越高者其經常收支比率越大。亦即美國與東亞各國的經常收支跟隨其儲蓄與投資差額的變化而變化，淨儲蓄差額越大者其經常收支比率越高。

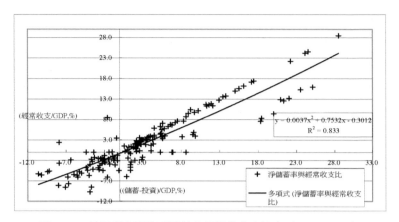

圖 3-40　美國與東亞的淨儲蓄率與經常收支比率（1990-2005）

　　另由圖 3-41 及表 3-34 中的美國及東亞的淨儲蓄率與經常收支
對 GDP 比率的分佈可知，美國的淨儲蓄率與經常收支比率皆在負
值且隨著淨儲蓄率的下降其經常收支的逆差比率越大，東亞國家則
隨著淨儲蓄率的增加或轉為正值其經常收支比率也都呈現順差擴
大或由逆差轉為順差。

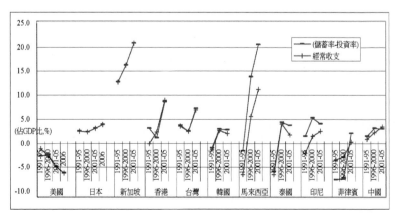

圖 3-41　東亞淨儲蓄率與經常收支

　　東亞中韓國、馬來西亞、泰國皆在 1990 年代中期開始，菲律賓則在 2000 年後各隨著淨儲蓄率轉為正值其經常收支比率亦由逆差轉為順差。只有印尼是 1990 年代中期淨儲蓄率大幅增加後其經常收支比率才由逆差轉為順差。日本、新加坡、香港、台灣、中國則 1990 年代以來正的淨儲蓄率下其經常收支比率都隨著淨儲蓄率的變化呈現順差的擴大變化。

表 3-34　東亞的儲蓄、投資率與經常收支　　　　　　(%)

		1991-95	1996-2000	2001-05	2006			1991-95	1996-2000	2001-05	2006
美國	儲蓄率	15.3	17.7	14.0	13.8	日本	儲蓄率	32.5	29.2	26.5	28.0
	投資率	17.8	20.1	19.0	20.0		投資率	30.0	26.8	23.4	24.1
	儲蓄率-投資率	-2.6	-2.4	-5.0	-6.2		儲蓄率-投資率	2.5	2.4	3.1	3.9
	經常收支	-1.1	-2.7	-4.9	-6.1		經常收支	2.6	2.4	3.1	3.8
新加坡	儲蓄率	48.3	50.4	41.6	..	台灣	儲蓄率	28.6	26.4	26.2	..
	投資率	35.6	34.1	20.8			投資率	25.0	23.8	19.0	
	儲蓄率-投資率	12.7	16.3	20.8			儲蓄率-投資率	3.7	2.6	7.2	
	經常收支	12.7	16.3	20.9	31.2		經常收支	3.7	2.6	7.0	6.9
香港	儲蓄率	32.6	30.5	31.1	..	韓國	儲蓄率	36.5	35.0	32.6	..
	投資率	29.4	29.4	22.5			投資率	37.5	32.0	29.8	
	儲蓄率-投資率	3.2	1.1	8.6			儲蓄率-投資率	-1.0	3.0	2.9	
	經常收支	.	2.4	9.0	10.9		經常收支	-1.3	2.8	2.1	0.7
馬來西亞	儲蓄率	37.8	46.0	42.9	..	印尼	儲蓄率	32.8	27.9	26.7	..
	投資率	39.4	32.2	22.4			投資率	31.4	22.6	22.7	
	儲蓄率-投資率	-1.6	13.9	20.5			儲蓄率-投資率	1.4	5.3	4.0	
	經常收支	-6.5	5.6	11.3	17.2		經常收支	-2.1	1.5	2.5	2.7
泰國	儲蓄率	35.2	32.2	30.0	..	菲律賓	儲蓄率	14.9	14.6	19.2	..
	投資率	41.0	27.9	26.3			投資率	22.4	21.8	17.2	
	儲蓄率-投資率	-5.9	4.3	3.7			儲蓄率-投資率	-7.5	-7.2	2.0	
	經常收支	-6.4	4.1	1.7	1.6		經常收支	-3.4	-2.9	0.3	4.3
中國	儲蓄率	42.0	40.7	43.4	..						
	投資率	40.6	37.5	40.4							
	儲蓄率-投資率	1.5	3.2	3.0							
	經常收支	0.8	2.2	3.4	9.4						

注：1. 對各國 GDP 比，'..'無資料。

　　2. 儲蓄投資率資料取自日本經產省「通商白書 2007 年版」，pp.26,34,35。原出處為 WB「WDI」，ADB「Key Indicators 2006」。

第四章

日本對外直接投資與東亞的日系企業經營

壹、前言

　　日本在 1980 年代中期以後對外直接投資急速增加，展開戰後其第二及三波的對外直接投資熱潮，日本企業亦在此時期進入全球化經營的階段。經營全球化的意涵指企業針對進入全球市場時，依據各國資源稟賦狀況、總體經濟的安定性、市場的規模、成長性、產品需求等的特性、關聯產業及基礎建設等條件建構最佳效率的生產、行銷、研發、財務、區域運籌等據點的經營網絡所採行經營策略的展開過程。

　　Dunning（1981）指出多國籍企業決定對外投資有（1）企業的獨特知識資本如新製品‧製程的開發技術、生產、管理技術、品牌力等；（2）國外相對較低的生產成本；（3）設立子公司比委外加工更有利的情況亦即利益內部化等的條件[1]。而日本對外直接投資對日本與被投資國的經濟都會產生影響。對被投資國而言至少有，長期安定的非債務性資金的流入、技術移轉、彰顯被投資國比較利益的輸出擴大等三項優點。但是對日本投資企業與被投資國間亦可能發生，多國籍企業的全球化策略與被投資國經濟開發策略的衝突，伴隨直接投資的技術移轉與被投資國發展自主性技術策略的衝

---

[1]　Dunning J. H., *International Production and the Multinational Enterprise* （London: Allen and Urwin, 1981）。

突，被投資國基於貿易、經常收支的考量對外來直接投資的限制，被投資國對內投資政策裁量權與國際間投資協定自由化的衝突等問題，這些問題基本上都屬全球化與當地化的衝突。另外對日本而言，其國內因為日本企業生產據點的移轉海外，全球化經營型態的轉變等結構性的調整曾產生企業全球化與國內產業空洞化的衝突疑慮，最近因為日本企業的投資回流此國內產業空洞化的疑慮才稍減。

　　本章針對戰後日本對外直接投資及其製造業在亞洲的經營檢視日本企業經營全球化及當地化的進展狀況，以及日本企業活用亞洲各國不同經濟發展程度的比較利益的直接投資與經營策略。

貳、日本對外直接投資與東亞[2]

　　對亞洲國家的直接投資基本上是日本製造業企業經營全球化的一環，而對亞洲國家投資的目的主要在降低其生產成本以及取得亞洲市場。

---

[2] 直接投資的定義 IMF 的國際收支統計定義為居住者取得非居住者企業子公司或關係企業的永續性權益目的的國際間投資（IMF（1993）Balance of Payments Manual, 5th edition, pp.359），日本直接投資的定義為參與經營或主導為目的取得國外企業 10%以上股權、貸款給國外企業、在國外設立分支機構、工廠等包含100%出資、合資設立或併購當地企業、對當地企業出資等型態（日本外匯及外國貿易法23條第2款）。1998年4月日本修訂外匯及外國貿易法後，對外直接投資原則上採事後申報制，但一部份需審查者則要事前申請。日本對外直接投資的統計資料有財務省的對外直接投資狀況以及日本銀行的國際收支統計。但兩者的基礎不同。財務省的對外直接投資狀況是以日本企業投資時事前申請或事後申報國家、區域別、業種別、型態別的總計（gross base），日本銀行的國際收支統計是居住者、非居住者間的收支淨額（net base）。兩者的差異除統計基礎不同外，事前申請至實際投資亦會產生時間落差。本章因分析目的採財務省的對外直接投資狀況的資料。

一、日本的對外直接投資

（一）日本的業種別對外直接投資

　　日本戰後在 1971 年尼克森衝擊下日圓升值後展開第一波海外直接投資，此波延續至 79 年第二次石油危機才緩慢下來。接著 1985 年廣場協議後日圓大幅日圓升值下展開第二波海外直接投資，至 89 年達到戰後最高峰 90,339 億日圓，其中製造業 21,773 億日圓、非製造業 67,565 億日圓，其後又緩慢下來。直至 1994 年回復成長展開第三波，至 97 年亞洲金融風暴後 98 年呈現下降，然 99 年又增加至 74,390 億日圓，其中製造業 47,193 億日圓、非製造業 26,968 億日圓。2000 年以後呈現下降，2006 年才回升超過 2000 年為 58,459 億日圓。日本戰後以來對外直接投資的兩個高點，1989 年的最高峰主要是非製造業的對外投資，而 1999 年的次高峰則主要是製造業的對外投資所造成。日本戰後對外直接投資至 2004 年各年度非製造業的投資額除 1999 年外皆大於製造業，其後則製造業超過非製造業。（參照圖 4-1）

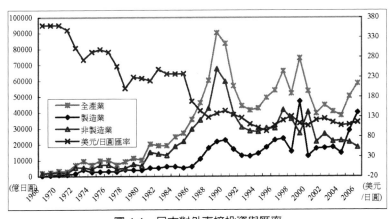

圖 4-1　日本對外直接投資與匯率

資料出處：日本財務省，http://www.mof.go.jp/fdi/sankou01.xls，
　　　　　http://www.mof.go.jp/bpoffice/bpdata/fdi/d2bop.csv。

　　1970 年代（1970-79）日本對外直接投資累計金額 77,819 億日圓，其中製造業 26,598 億日圓，非製造業 51,076 億日圓；80 年代（1980-89）累計金額 353,436 億日圓，其中製造業 88,098 億日圓，非製造業 264,436 億日圓；90 年代（1990-99）累計金額 565,474 億日圓，其中製造業 207,534 億日圓，非製造業 351,491 億日圓；2000-06 年累計金額 326,092 億日圓，其中製造業 150,441 億日圓，非製造業 173,515 億日圓。1970 年代日本對外直接投資年平均成長率 23.9%，其中製造業 32.5%，非製造業 25.1%；80 年代年平均成長率 26.3%，其中製造業 22.03%，非製造業 29.8%；90 年代年平均成長率 0.4%，其中製造業 18.9%，非製造業-6.9%；2000-06 年年平均成長率-1.2%，其中製造業 11.8%，非製造業-1.2%。

　　而日本戰後對外直接投資金額增加與日圓匯率變化的關係密切，戰後觀察期間 1968-2006 年的相關係數全產業為-0.84，製造業-0.76，非製造業-0.75；1970 年代全產業為-0.76，製造業-0.89，非製造業-0.58；80 年代全產業為-0.84，製造業-0.83，非製造業-0.84；90 年代全產業為 0.52，製造業-0.04，非製造業 0.76；2000-06 年全產業為-0.21，製造業 0.08，非製造業-0.32。1968-2006 年日本對外直接投資金額增加與日圓匯率變化的的高負相關係數值顯示日圓對美元匯率升值與日本對外直接投資金額增加的高度相關關係，70 年代、80 年代日圓對美元匯率快速升值下此種關係非常明顯。但是進入 90 年代後日圓升值速度與幅度減緩[3]，一方面亦由於日本國內經濟長期低迷，對外直接投資金額變化與日圓匯率變化轉呈現正相關關係，即日圓升值時日本對外直接投資金額亦下降，日圓貶值值時日本對外直接投資金額則增加，但是其中製造業則仍為負相關然係數值已近 0，顯示 90 年代日本對外直接投資除日圓升值影響外，泡沫經濟後國內景氣的衰退或國外景氣與市場特別是亞洲金融

---

[3]　日圓對美元匯率的升值幅度，1990-99 年年平均 1.44%，而 1971-79 年 3.89%，1980-89 年 4.24%。

風暴等的影響其它因素成為更重要的考量。（參照圖 4-1 及附表 4-1、附表 4-2）2000 年後日圓呈現貶值，2000-06 年貶值幅度年平均 0.55%，日本整體產業對外直接投資與日圓匯率變化的關係又呈現負的相關亦即日圓貶值則對外直接投資減少，其中非製造業為負相關，但是製造業則呈現正相關。2000 年後日本製造業對外直接投資並未因日圓對美元貶值而減少，反而更形增加，並在 2004 年後超過非製造業的海外投資金額。

日本經歷 1989 年泡沫經濟的破滅後，其全產業對外直接投資金額在 1990 年開始急遽下降，94 年才恢復增加，然如前述 1990 年代日本海外直接投資遠超過戰後其他時期，主要是其製造業在 90 年代中呈現另一波的高成長。

（二）1980 年代後日本的對外直接投資

如上述 1990 年代開始相對於非製造業的負成長，日本製造業對外直接投資年平均成長率為 2 位數的正成長。從表 4-1 可知其製造業投資額在 1990 年代後期大幅增加，與過去與非製造業的差距急速縮小，並在 2000 年後超過非製造業的投資額。而製造業佔日本整體對外投資比重在 1990 年代中相對增加，1980 年代末 25.6%，1990 年代前期上升至 32.1%，後期增至 40.5%，2000 至 06 年超過 50%。

製造業中 1990 年代來對外投資皆持續增加的業種別比重依序為電機機械、運輸機械、化學、鋼鐵非鐵金屬及一般機械等。食品加工、木材業也增加但比重較低，而只有紡織纖維產業 1990 年代後期開始呈現減少變化。另一方面非製造業中，金額最大且持續增加的金融保險業其比重也最大。批發、零售業為主的商業金額亦增加但比重小於金融保險業。電信通訊為主的服務業 1990 年代中期止與金融保險業並駕齊驅但其後減少。運輸業 1990 年代止金額及比重皆快速增加但其後降低。不動產業 1980 年代末金額及比重皆佔首位，日本泡沫經濟的瓦解及日圓匯率升值趨緩和後其金額及比重皆下降。礦產的金額及比重皆持續增加但相對較小。

　　1990 年代日本國內經濟的平成不景氣及前述其對外貿易摩擦的擴大反而加速日本對外投資特別是製造業的全球佈局。1990 年代後期以來日本的對外投資擴大，不只是因應日圓匯率升值與貿易摩擦，更重要的原因是其全球化經營的佈局與模式的建構。

表 4-1　日本對外直接投資業種別金額及比重　　（億日圓,%）

	1989-90	1991-95	1996-2000	2001-06	1989-90	1991-95	1996-2000	2001-06
	金額				比重			
製造業	44491	75384	122592	137871	25.59	32.07	40.51	50.45
食品加工	2990	4660	20067	6018	1.72	1.98	6.63	2.20
纖維紡織	1874	3661	2862	1567	1.08	1.56	0.95	0.57
木材紙漿	1179	1893	2298	2810	0.68	0.81	0.76	1.03
化學	6168	11623	12965	28447	3.55	4.94	4.28	10.41
鋼鐵非鐵金屬	3631	5765	8543	11326	2.09	2.45	2.82	4.14
一般機械	4496	8051	6882	8756	2.59	3.43	2.27	3.20
電機	14359	16560	41561	30491	8.26	7.04	13.73	11.16
運輸機械	5479	9445	18803	38185	3.15	4.02	6.21	13.97
其他	4317	13725	8610	7586	2.48	5.84	2.85	2.78
非製造業	127207	156939	177186	133536	73.16	66.76	58.56	48.87
農林	424	942	409	346	0.24	0.40	0.14	0.13
漁水產	149	549	445	217	0.09	0.23	0.15	0.08
礦產	3641	5610	7971	8780	2.09	2.39	2.63	3.21
建設營造	1284	2353	1600	1056	0.74	1.00	0.53	0.39
商業	15881	27600	24553	26478	9.13	11.74	8.11	9.69
金融保險	32226	32184	64818	66854	18.54	13.69	21.42	24.46
服務	31135	37543	22271	10404	17.91	15.97	7.36	3.81
運輸	7054	13057	34843	10927	4.06	5.55	11.51	4.00
不動產	35152	37073	20191	6603	20.22	15.77	6.67	2.42
其他	260	26	86	5957	0.15	0.01	0.03	2.18
日分支機構	2167	2741	2817	1859	1.25	1.17	0.93	0.68
合計	173866	235064	302595	273266	100.00	100.00	100.00	100.00

注：1.各期間加總值。
　　2.製造業及非製造業之業種別金額及比重。3.作者計算編製。
資料出處：日本財務省，http://www.mof.go.jp/fdi/sankou01.xls，
　　　　　http://www.mof.go.jp/bpoffice/bpdata/fdi/d2bop.csv。

　　從日本對外直接投資件數來看，表 4-2 可知 1980 年代末期以來在 1990 年代前期達到高峰後減少，製造業、非製造業的總件數亦皆減少，但非製造業的總投件數持續大於製造業。（可取得件數統計資料只至 2004 年）

　　製造業中，1990 年代以來只有運輸機械業投資件數持續增加，其他皆持續減少，特別是纖維紡織業的件數持續大幅減少。非製造業中，只有金融保險業的投資件數持續大幅增加，其他則皆持續減少，特別是不動產業的件數持續大幅減少。

　　因此日本對外直接投資件平均金額，1990 年代以來特別其後期大幅上升，2000 年後雖下降但比 1990 年代前期仍高。其中非製造業件平均金額至 1990 年代中比製造業高，1990 年代中期以後則製造業超過非製造業。

　　製造業主要業種的件平均金額大多持續增加，其中化學、電機機械、運輸機械業相對較高，但木材、食品加工急速擴大。非製造業中，主要業種的件平均金額亦大多持續增加，特別礦產、不動產、商業較高，期間中只有金融保險業持續減少。非製造業件平均金額則主要因金融保險業件平均金額的下降而減低至 1980 年代末水準以下。但整體來看，1990 年代以來日本對外投資件平均規模朝　擴大的方向變化。

　　歸納而言，日本製造業對外直接投資的變化從圖 4-2 可知至 1980 年代止與總投資、非製造業相同呈現 2 位數的高成長，但進入 1990 年代後一度下降至 94 年才回復成長，96 年超越 90 年，其後 98 年受亞洲金融風暴影響又下降，但 99 年則呈現更急遽增加達戰後最高峰 4.72 兆日圓並首度超過非製造業，2000 年又急遽下降，2001 年又回復成長，然 1990 年代及 2000 年後皆維持 2 位數年平均成長。而製造業投資件數 1995 年時增加至 1,589 件僅次於 89 年的 1,829 件，亦如總對外投資及非製造業在 1990 年代後期達到戰後的最高峰後下降，然其後呈現逐年下降情形。日本製造業對外直接投資的件平均金額 1990 年代後半期比前半期高，也超過非

表 4-2　日本對外直接投資業種別件數及件平均金額 （件,億日圓）

	1989-90	1991-95	1996-2000	2001-04	1989-90	1991-95	1996-2000	2001-04
	件數				件平均金額			
製造業	3357	6868	4059	2429	13.25	10.98	30.20	28.34
食品加工	282	476	253	147	10.60	9.79	79.32	20.11
纖維紡織	374	1633	406	101	5.01	2.24	7.05	8.91
木材紙漿	168	233	116	39	7.02	8.12	19.81	35.09
化學	357	524	487	285	17.28	22.18	26.62	46.98
鋼鐵非鐵金屬	335	622	490	233	10.84	9.27	17.44	18.50
機械	364	649	456	272	12.35	12.41	15.09	19.73
電機	572	1079	845	501	25.10	15.35	49.18	34.85
運輸機械	248	459	487	524	22.09	20.58	38.61	35.69
其他	657	1193	519	327	6.57	11.50	16.59	13.41
非製造業	8969	10110	5990	6645	14.18	15.52	29.58	14.09
農林	138	201	61	24	3.07	4.69	6.71	11.39
漁水產	77	147	66	17	1.94	3.73	6.74	7.81
礦產	184	335	311	42	19.79	16.75	25.63	129.48
建設營造	155	200	120	45	8.29	11.77	13.34	18.25
商業	1700	2276	1122	533	9.34	12.13	21.88	27.74
金融保險	549	827	1712	4796	58.70	38.92	37.86	10.46
服務	1937	2394	1040	525	16.07	15.68	21.41	17.11
運輸	771	1364	901	566	9.15	9.57	38.67	14.58
不動產	3445	2362	654	94	10.20	15.70	30.87	50.20
其他	13	4	3	3	19.98	6.39	14.25	22.12
日分支機構	126	156	45	20	17.20	17.57	62.60	92.93
合計	12452	17134	10094	9094	13.96	13.72	29.98	18.07

注：1.件數為各期間加總值。

　　2.製造業及非製造業之業種別件數及件平均金額

　　3.作者計算編製。

資料出處：日本財務省，http://www.mof.go.jp/fdi/sankou01.xls，

　　　　　http://www.mof.go.jp/bpoffice/bpdata/fdi/d2bop.csv。

製造業，2000 年後相對於非製造業的下降，仍維持在高平均水準。
1990 年代是日本製造業對外直接投資急遽成長、投資規模擴大的時期。

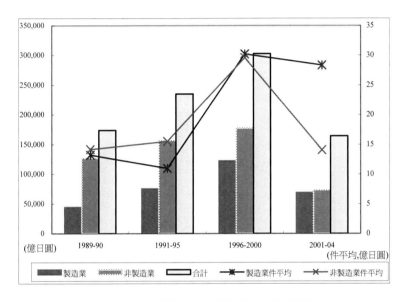

圖 4-2　日本製造業與非製造業海外直接投資

（三）日本洲域別對外直接投資

　　從表 4-3 及圖 4-3 可知，日本洲域別對外直接投資年平均金額中，至 1990 年代止以北美最多，主要是對美國，然 2000 年以後首先歐洲接著亞洲陸續皆超過北美，美國雖下降但仍為最大個別國家。日本對歐洲地區在 1990 年代後期特別 97 年以後對東歐投資的增加下 99 年投資額達到 2.9 兆日圓的戰後高峰，1990 年代後期東西歐合計年平均金額比重超過 30%，2001 至 06 年 33.4% 高於北美及亞洲。

表 4-3　日本對外直接投資洲域、國別金額及比重　　（億日圓,%）

	1989-90	1991-95	1996-2000	2001-06	1898-90	1991-95	1996-2000	2001-06
	金額				比重			
世界	86933	47013	60519	45544	100.00	100.00	100.00	100.00
北美	42722	20649	21576	10402	49.10	43.79	35.34	22.67
美國	41047	19892	20451	9919	47.17	42.19	33.59	21.71
歐洲	20351	9204	19241	15118	23.48	19.48	31.77	33.44
亞洲	10673	9220	10285	11754	12.28	19.82	17.22	24.99
新加坡	1902	938	1199	760	2.16	2.02	1.95	1.75
香港	2556	1192	1097	924	2.95	2.57	1.86	1.91
台灣	657	401	462	505	0.76	0.84	0.79	1.10
韓國	609	358	679	1072	0.69	0.77	1.11	2.26
馬來西亞	984	868	625	854	1.14	1.85	1.03	1.62
泰國	1699	916	1527	1394	1.96	1.93	2.59	2.97
印尼	1228	1616	1753	784	1.43	3.46	2.94	1.70
菲律賓	326	420	597	491	0.38	0.91	0.99	1.11
中國	549	2225	1723	4478	0.63	4.84	2.94	9.59
越南	0	87	188	180	0.00	0.19	0.31	0.36
其他	13187	7940	9417	8269	15.15	16.91	15.67	18.91

注：各期間年平均值。作者計算編製。

資料出處：日本財務省，http://www.mof.go.jp/fdi/sankou01.xls，
　　　　　http://www.mof.go.jp/bpoffice/bpdata/fdi/d2bop.csv。

　　對亞洲區域投資在 1980 年代後期的日圓升值壓力下展開戰後以來第二波的直接投資浪潮，至 1997 年達到 1.49 兆日圓的高峰，其後雖因亞洲金融風暴而下降，但 2000 年後明顯回復增加特別 2005 年 1.8 兆、2006 年 2 兆日圓更創新紀錄。

　　而對亞洲投資金額至 1993 年雖較美歐少，但 94 年後至 97 年一度超過歐洲，98 年因亞洲金融風暴下降才又低於歐洲，此後由於歐洲投資的增加幅度較大故大多低於歐洲。（參照圖 4-3）日本對亞洲投資的比重由 1989 年 12%快速上升至 94 年 24%，94 至 97 年超過歐洲，因亞洲金融風暴後歐洲比重急遽增加，北美及亞洲比重下降，亞洲 99 年下降至 11%，2001 年恢復至 20.6%首次超過對美

國的比重 20%，2004 年開始則持續超過美國的比重。2001 至 06
年對亞洲直接投資年平均金額比重 25%，超過北美 22.7%及美國
21.7%，但低於歐洲。

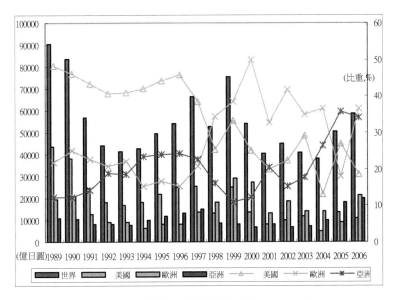

圖 4-3　日本對美歐亞直接投資（1989-2006）

　　而對亞洲投資主要集中在東亞的投資。對東亞投資的變化，
1997 年亞洲金融風暴前是首次高峰，2006 年創新紀錄。東亞中，
1980 年代末期以香港、新加坡、泰國、印尼、馬來西亞等居前，
1990 年代開始中國躍居首位，接著印尼、香港、新加坡、泰國、
馬來西亞等，2000 年後中國投資持續增加，2001 年至 06 年平均金
額比重佔 9.6%最高，泰國 3%，韓國 2.3%，香港 1.9%，新加坡
1.75%，印尼 1.7%，馬來西亞 1.6%，菲律賓、台灣各 1.1%。1990
年代開始對中國投資急遽增加但對亞洲二梯 NIEs 亦持續增加下維
持對亞洲二梯 NIEs 投資超越中國的態勢，2000 年後中國投資更增

加下已然形成中國獨大的發展。而對韓國投資則 1990 年代後期開始超越台灣。（參照圖 4-4）

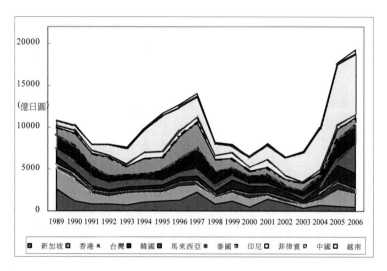

圖 4-4　日本對東亞直接投資（1989-2006）

（四）日本洲域別業種別對外直接投資

　　日本對世界直接投資如上述持續成長中由表4-4可知其製造業的金額、製造業投資佔總投資比重也由 1980 年代末持續增加，2000年後超過 50%。其中，對北美由 26.6%（2.27 兆日圓）持續增加至63.4%（3.95 兆日圓），美國由 25.8%（2.12 兆日圓）持續增加至63.4%（1.94 兆日圓），歐洲由 26.9%（1.09 兆日圓）持續增加至46.1%（4.14 兆日圓），亞洲則由 41.4%（0.88 兆日圓）持續增加至70.9%（5 兆日圓）。亞洲的製造業投資比重最高，1990 年代開始持續超過 50%。北美、美國製造業投資比重 1990 年代後期開始超過世界平均比重，2000 年後超過 50%。

　　亞洲中 1980 年代末以來對東亞製造業投資的金額雖然亞洲金融風暴影響 1990 年代後半期馬來西亞、中國比前半期減少但其他皆持續增加，馬來西亞、中國則 2000 年後回增並創新高。而東亞製造業投資佔其總投資額的比重則各國變化不一，但大多超過世界平均。1980 年代末對泰國製造業投資金額 0.2 兆日圓最高佔 61.8%，馬來西亞 0.15 兆日圓次之佔 75.4%，台灣 806 億日圓佔 61.3%，菲律賓 462 億日圓佔 70.8%，其他除越南 100% 外比重皆低於 50%。1990 年代開始對中國製造業的投資急劇增加成為東亞中最高，其製造業比重也躍升至 70% 以上。其他東亞國家除香港、新加坡外製造業所佔比重皆超過 50%，但新加坡 2000 年後也超過 50%，另除香港及新加坡 1990 年代前半期外皆高於世界的平均比重。

　　而日本對世界非製造業直接投資的金額亦持續成長，但其投資佔總投資比重則由表 4-5 可知 1980 年代末持續減低，2000 年後低於 50%。其中，對北美由 72.8%（6.22 兆日圓）持續減低至 36.6%（2.29 兆日圓），美國由 73.6%（6 兆日圓）持續減低至 44.6%（1.56 兆日圓），歐洲由 70.3%（2.86 兆日圓）持續減低至 54.4%（4.89 兆日圓），亞洲則由 57.3%（1.22 兆日圓）持續減低至 28.8%（2 兆日圓）。1980 年代末北美洲的非製造業投資比重最高，1990 年代開始則歐洲最高。亞洲的非製造業投資比重最低，1990 年代開始即低於 50% 並持續減少。北美、美國非製造業投資比重 1990 年代後期開始小於世界平均比重，2000 年後低於 50%。

　　對亞洲投資的非製造業金額 1980 年代末以來持續增加，但對東亞則各國變化不一。1980 年代末對香港非製造業投資金額 0.48 兆日圓最高佔對其總投資 93.5%，新加坡 0.24 兆日圓次之佔 63.7%，印尼 0.15 兆日圓佔 59%，中國 580 億日圓佔 52.8%，其他則比重皆低於 50%。1990 年代東亞非製造業投資金額雖亦增加但幅度小於製造業因此非製造業比重大多相對降低。2000 年後台灣、韓國非製造業投資呈現大幅增加，其比重因此與其他東亞國家不同呈現大幅上升，台灣 40.5%、韓國 45.9%。2001 至 06 年新加坡、香港、韓國非製造業比重高於世界平均，其餘則低於世界平均，另除台灣外並也低於亞洲平均。

表 4-4　日本對外直接投資製造業金額及比重　　（億日圓，%）

	1989-90	1991-95	1996-2000	2001-06	1989-90	1991-95	1996-2000	2001-06
	金額				比重			
世界	44491	75384	122592	137871	25.59	32.07	40.51	50.45
北美	22684	30557	51872	39543	26.55	29.60	48.08	63.36
亞洲	8840	25391	30296	49973	41.41	55.08	58.91	70.86
歐洲	10940	12690	30984	41448	26.88	27.58	32.21	46.08
美國	21167	29023	47227	19423	25.78	29.18	46.19	55.37
新加坡	1339	1447	2665	2653	35.19	30.83	44.45	58.15
香港	319	1061	1106	1953	6.24	17.80	20.16	35.24
台灣	806	1110	1627	1778	61.31	55.39	70.41	58.63
韓國	545	704	2263	3274	44.80	39.32	66.64	50.91
馬來西亞	1484	3269	2261	4274	75.35	75.34	72.33	83.46
泰國	2100	3239	5084	5985	61.77	70.71	66.60	71.54
印尼	1004	4098	4731	3389	40.89	50.73	53.97	72.09
菲律賓	462	1378	2080	2584	70.78	65.71	69.68	87.62
中國	513	8154	6407	21461	46.70	73.30	74.36	79.88
越南	1	332	774	279	100.00	76.51	82.41	76.23

注：1.各期間加總值。
　　2.製造業及非製造業別金額及比重。
　　3.作者計算編製。
資料出處：日本財務省，http://www.mof.go.jp/fdi/sankou01.xls，
　　　　　http://www.mof.go.jp/bpoffice/bpdata/fdi/d2bop.csv。

表 4-5　日本對外直接投資非製造業金額及比重　(億日圓，%)

	1989-90	1991-95	1996-2000	2001-06	1989-90	1991-95	1996-2000	2001-06
	金額				比重			
世界	127207	156939	177186	113202	73.16	66.76	58.56	41.43
北美	62235	72264	55966	22862	72.84	69.99	51.88	36.63
亞洲	12229	19360	19434	20295	57.29	42.00	37.79	28.77
歐洲	28602	32765	64660	48946	70.27	71.20	67.21	54.42
美國	60405	70014	54988	15649	73.58	70.39	53.77	44.61
新加坡	2424	3216	3315	2404	63.72	68.55	55.30	52.69
香港	4779	4858	3973	3580	93.48	81.53	72.42	64.60
台灣	456	726	587	1227	34.71	36.19	25.39	40.48
韓國	597	752	968	2952	49.06	42.01	28.51	45.91
馬來西亞	483	1065	845	845	24.55	24.54	27.04	16.50
泰國	1231	1146	1975	1747	36.21	25.01	25.88	20.88
印尼	1452	3884	4036	1304	59.11	48.07	46.03	27.73
菲律賓	191	700	847	652	29.21	33.37	28.38	22.11
中國	580	2576	2070	4975	52.83	23.15	24.02	18.52
越南	0	86	109	70	0.00	19.83	11.64	19.22

注：1.各期間加總值。
　　2.製造業及非製造業別金額及比重。
　　3.作者計算編製。
資料出處：日本財務省，http://www.mof.go.jp/fdi/sankou01.xls，
　　　　　　http://www.mof.go.jp/bpoffice/bpdata/fdi/d2bop.csv。

　　而日本洲域別製造業直接投資中，從表 4-6 可知，1990 年代止對北美特別美國比重延續戰後以來的首位，非製造業則 1990 年代前期止北美、美國居首位。2000 年後日本製造業投資的亞洲比重 36.3%超過歐洲 30%、北美 28.7%居首，非製造業投資則歐洲比重 43.2%超過北美 20.2%、亞洲 17.9%居首。

表 4-6　日本對美歐亞製造業、非製造業直接投資比重　　(%)

	製造業				非製造業			
	1989-90	1991-95	1996-2000	2001-06	1989-90	1991-95	1996-2000	2001-06
世界	100.00	100.00	100.00	100.00	100.00	100.00	100.00	100.00
北美	50.99	40.54	42.31	28.68	48.92	46.05	31.59	20.20
亞洲	19.87	33.68	24.71	36.25	9.61	12.34	10.97	17.93
歐洲	24.59	16.83	25.27	30.06	22.48	20.88	36.49	43.24
美國	47.58	38.50	38.52	14.09	47.49	44.61	31.03	13.82
東亞	19.27	32.90	23.66	34.54	9.60	12.11	10.57	17.44
新加坡	3.01	1.92	2.17	1.92	1.91	2.05	1.87	2.12
香港	0.72	1.41	0.90	1.42	3.76	3.10	2.24	3.16
台灣	1.81	1.47	1.33	1.29	0.36	0.46	0.33	1.08
韓國	1.22	0.93	1.85	2.37	0.47	0.48	0.55	2.61
馬來西亞	3.34	4.34	1.84	3.10	0.38	0.68	0.48	0.75
泰國	4.72	4.30	4.15	4.34	0.97	0.73	1.11	1.54
印尼	2.26	5.44	3.86	2.46	1.14	2.47	2.28	1.15
菲律賓	1.04	1.83	1.70	1.87	0.15	0.45	0.48	0.58
中國	1.15	10.82	5.23	15.57	0.46	1.64	1.17	4.39
越南	0.00	0.44	0.63	0.20	0.00	0.05	0.06	0.06

注：1.各期間加總值。

　　2.製造業及非製造業別金額及比重。

　　3.作者計算編製。

資料出處：日本財務省，http://www.mof.go.jp/fdi/sankou01.xls，

　　　　　http://www.mof.go.jp/bpoffice/bpdata/fdi/d2bop.csv。

　　由圖 4-5 可知，1990 年代止日本對北美的製造業投資累計額為日本對外製造業投資地區中首位，但 2000 年後特別是 2004 年後則陸續為亞洲及歐洲投資所超越。日本對亞洲製造業投資 1990 年代中急速成長，94、95 年金額與比重一度均超過北美，95 年金額 0.78 兆日圓、比重 16%，97 年亞洲金融風暴時金額增加至 0.9 兆日圓為戰後來首次高峰但比重下降為 14%，其後金額與比重均下降。2000

年後對亞洲製造業投資才逐漸恢復，2001 年金額 0.51 兆日圓、比重 13%低於歐洲但高於北美，之後日本擺脫國內惡性通貨緊縮的陰影，對外直接投資回復上升趨勢，亞洲製造業投資則 2004 年後快速回升，2004 年 0.66 兆日圓、2005 年 1.21 兆日圓、2006 年 1.62 兆日圓皆超過北美及歐洲。

　　而日本對外非製造業投資中，戰後來持續首位的對北美非製造業投資金額從 1998 年開始為歐洲，2005 年開始為亞洲等陸續超越。1990 年代後期日本積極分散對北美洲投資轉向歐洲及亞洲，特別由於深化與東亞分工體系的佈建，持續擴大對亞洲製造業的投資尤其是 2000 年以後，此一方面帶動對亞洲非製造業的投資同時也創新對亞洲投資的新高紀錄。

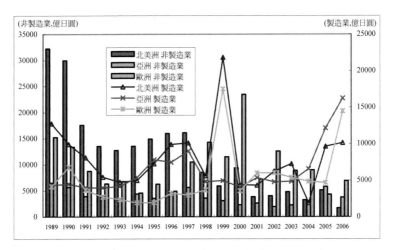

圖 4-5　日本對美歐亞製造業直接投資（1989-2006）

　　同時從上表 4-6 東亞所佔的比重可知，日本對亞洲的投資主要集中東亞。東亞製造業投資比重 1990 年代以來的快速上升主要因為對中國投資比重的增加。東亞非製造業比重則 2000 年後顯著上升，主要為中國、韓國、香港、新加坡、台灣等比重的增加。

　　再從圖 4-6 可知，日本對北美、美國製造業及非製造業投資比
重 1990 年代以來持續下降，相對地歐洲、亞洲的比重則上升。亞
洲主要與東亞投資連動變化，製造業特別又與中國投資連動變化。
2000 年後對東亞製造業投資比重超過歐洲、北美及美國，中國的
比重也一方面因美國的降低而超越美國。對東亞非製造業投資比重
則超過美國但仍低於北美、歐洲。

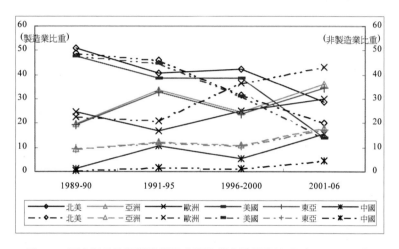

圖 4-6　日本對美歐亞製造業及非製造業直接投資比重（1989-2006）

　　日本對製造業種的直接投資從圖 4-7 可知，1989 年後集中機械
業，機械業中 1990 年代以電機機械業最多，2000 年後運輸機械超
過電機機械。化學業在 2000 年後也增加。食品加工業在 1999 年因
大額投資而特別突出外，在 1000 億日圓上下水準。而纖維紡織及
木材紙漿的投資則 1990 年在 1000 億日圓以下，2000 年後 300 億
日圓的相對低水準。

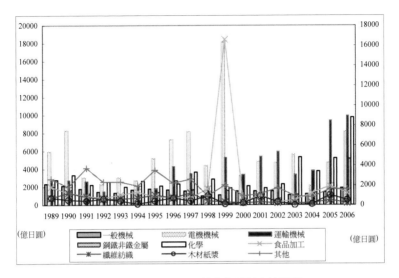

圖 4-7　日本對世界製造業種別直接投資

　　日本對外製造業投資累計金額而言，從表 4-7 首先可知，北美最多，1989 至 2004 年累計 12.48 兆日圓佔非製造業總投資的 40.1%，亞洲 8.61 兆日圓佔 27.7%，歐洲 7.69 兆日圓佔 24.7%。（洲域國別主要業種別投資統計資料關係只觀察至 2004 年）日本對亞洲製造業的主要業種別的投資演變，同表可知，1989 至 2004 年累計金額以電機機械居首，接著運輸機械、化學、鋼鐵、一般機械等。期間中鋼鐵、機械、化學進入 1990 年代後皆大幅增加，但 2000 年後只有運輸機械與食品加工的投資持續成長。而對北美及歐洲製造業的投資中也以電機機械、運輸機械、化學為主要。

　　日本製造業對外投資累計件數而言，亞洲最多，1989 至 2004 年累計 10,418 件佔製造業總件數的 62.3%，北美 3,576 件佔 21.4%，歐洲 1,919 件佔 11.5%。對亞洲投資件數中，纖維紡織佔首位，接著電機、鋼鐵、化學、運輸機械等。但是纖維紡織的件數

表 4-7　日本對洲域別製造業種直接投資金額及件數 （億日圓,件）

		1989-90	1991-95	1996-2000	2001-04	1989-2004	1989-90	1991-95	1996-2000	2001-04	1989-2004
		金額					件數				
北美	製造業	22684	30557	51872	19770	124883	1017	1249	917	393	3576
	食品加工	1251	1870	4000	724	7845	95	120	82	40	337
	纖維紡織	366	658	709	112	1845	41	61	39	14	155
	木材紙漿	918	911	1251	36	3116	35	59	17	4	115
	化學	3522	4517	4613	5895	18547	120	122	91	42	375
	鋼鐵非鐵金屬	2220	1776	2324	1779	8099	87	123	78	31	319
	一般機械	1905	2995	2804	1576	9280	129	171	156	39	495
	電機	7176	7077	27958	6693	48904	182	246	214	74	716
	運輸機械	2729	2905	5566	2301	13501	119	122	119	117	477
	其他	2596	7847	2646	655	13744	209	225	121	32	587
亞洲	製造業	8840	25391	30296	21568	86095	1653	4633	2491	1641	10418
	食品加工	925	994	1117	1491	4527	113	283	115	87	598
	纖維紡織	693	2185	1629	549	5056	248	1414	307	74	2043
	木材紙漿	190	375	668	411	1644	102	119	68	22	311
	化學	1206	4179	4644	2451	12480	155	299	291	202	947
	鋼鐵非鐵金屬	745	2500	4036	1617	8898	198	419	345	166	1128
	一般機械	855	2311	2238	1810	7214	155	334	215	176	880
	電機	2462	6744	7784	4777	21767	275	716	534	356	1881
	運輸機械	741	2022	4293	5996	13052	66	269	283	308	926
	其他	1023	4082	3886	2465	11456	341	780	333	250	1704
歐洲	製造業	10940	12690	30984	22268	76882	523	701	396	299	1919
	食品加工	496	309	13321	111	14237	32	34	23	9	98
	纖維紡織	794	713	393	156	2056	83	138	45	9	275
	木材紙漿	21	158	181	55	415	10	21	14	9	54
	化學	1137	2448	3204	4669	11458	64	79	59	32	234
	鋼鐵非鐵金屬	387	359	503	151	1400	35	35	19	20	109
	一般機械	1635	2440	1291	1914	7280	70	113	63	49	295
	電機	4442	2468	4650	5127	16687	100	90	71	62	323
	運輸機械	1395	2498	6008	9025	18926	47	47	64	72	230
	其他	633	1295	1433	1060	4421	82	144	38	37	301

主要集中 1990 年代前半期，其後劇減。期間中製造業主要業種件數在進入 1990 年代後皆增加特別是電機，但 2001-04 年只有運輸機械的件數增加持續超過 1990 年代後半期。對北美、歐洲則皆以電機居首，一般機械次之，北美接著運輸機械、化學、食品加工等，歐洲則接著纖維紡織、化學、運輸機械等。對歐洲運輸機械件數持續微幅增加外餘皆減少。

　　而日本對洲域別電機業投資中，對北美投資最多，對亞洲雖然 1990 年代金額大幅增加，但歐洲也增加下，其亞洲比重從表 4-8 可知在 1990 年代前期接近北美但其後仍低於北美，2000 年後也低於歐洲。亞洲運輸機械投資比重持續上升，2000 年後超過北美，但低於歐洲，而累計投資則接近北美。亞洲化學投資比重 1990 年代快速上升，90 年代後期一度超過北美及歐洲，2000 年後又低於北美及歐洲，但累計投資則超過歐洲。亞洲鋼鐵投資比重 1990 年代倍增，超過北美及歐洲，2000 年後稍降而低於北美，累計投資則超過北美及歐洲。亞洲一般機械 1990 年代亦大幅上升但仍低於北美，2000 年後超過北美但低於歐洲。而累計件數最多的亞洲纖維紡織投資比重則進入 1990 年代後皆佔對世界近 60%的水準，遠大於北美及歐洲。日本對亞洲製造業投資件數持續超過北美及歐洲，製造業的業種別中亞洲投資的件數比重均佔 50%以上，纖維紡織件數比重佔 70 至 80%最高外，鋼鐵、電機也在 60 至 70%，運輸機械、一般機械在 50 至 60%。

表 4-8　日本對洲域別製造業種直接投資金額及件數比重　　(%)

		1989-90	1991-95	1996-2000	2001-04	1989-2004	1989-90	1991-95	1996-2000	2001-04	1989-2004
		金額					件數				
製造業	世界	100.00	100.00	100.00	100.00	100.00	100.00	100.00	100.00	100.00	100.00
	北美	50.99	40.54	42.31	28.72	40.12	30.29	18.19	22.59	16.18	21.40
	亞洲	19.87	33.68	24.71	31.33	27.66	49.24	67.46	61.37	67.56	62.33
	歐洲	24.59	16.83	25.27	32.35	24.70	15.58	10.21	9.76	12.31	11.48
食品加工	世界	100.00	100.00	100.00	100.00	100.00	100.00	100.00	100.00	100.00	100.00
	北美	41.82	40.13	19.91	24.48	25.58	33.69	25.25	32.42	27.27	29.15
	亞洲	30.95	21.36	5.56	50.58	14.72	40.12	59.45	45.43	59.17	51.66
	歐洲	16.52	6.63	66.40	3.73	46.40	11.31	7.22	9.15	6.12	8.51
纖維紡織	世界	100.00	100.00	100.00	100.00	100.00	100.00	100.00	100.00	100.00	100.00
	北美	19.48	17.90	24.89	12.21	19.73	10.95	3.74	9.60	13.94	6.18
	亞洲	37.05	59.67	57.08	61.07	54.18	66.34	86.59	75.60	73.32	81.25
	歐洲	42.28	19.55	13.73	17.56	22.07	22.17	8.45	11.10	8.89	10.97
木材紙漿	世界	100.00	100.00	100.00	100.00	100.00	100.00	100.00	100.00	100.00	100.00
	北美	77.74	48.21	54.55	2.51	46.30	20.80	25.37	14.69	9.94	20.72
	亞洲	16.23	19.92	28.88	30.15	24.54	60.80	51.03	58.74	56.52	55.86
	歐洲	1.89	8.37	8.02	4.02	6.02	6.00	9.14	11.89	22.98	9.61
化學	世界	100.00	100.00	100.00	100.00	100.00	100.00	100.00	100.00	100.00	100.00
	北美	57.14	38.85	35.54	44.01	42.03	33.58	23.33	18.67	14.75	22.65
	亞洲	19.55	35.93	35.82	18.30	28.28	43.46	57.01	59.75	70.93	57.33
	歐洲	18.47	21.08	24.67	34.86	25.95	17.97	15.07	12.08	11.25	14.16
鋼鐵非鐵金屬	世界	100.00	100.00	100.00	100.00	100.00	100.00	100.00	100.00	100.00	100.00
	北美	61.15	30.85	27.26	41.21	36.36	25.95	19.76	15.91	13.35	19.00
	亞洲	20.47	43.40	47.20	37.54	40.00	59.12	67.33	70.42	71.22	67.16
	歐洲	10.66	6.27	5.88	3.51	6.29	10.42	5.63	3.89	8.55	6.47
一般機械	世界	100.00	100.00	100.00	100.00	100.00	100.00	100.00	100.00	100.00	100.00
	北美	42.33	37.17	40.82	29.36	37.39	35.42	26.35	34.19	14.38	28.41
	亞洲	18.99	28.75	32.62	33.72	29.11	42.62	51.43	47.20	64.73	50.58
	歐洲	36.30	30.34	18.72	35.64	29.36	19.28	17.46	13.80	18.04	16.99
電機	世界	100.00	100.00	100.00	100.00	100.00	100.00	100.00	100.00	100.00	100.00
	北美	49.98	42.74	67.29	38.31	54.38	31.81	22.79	25.31	14.78	23.87
	亞洲	17.14	40.74	18.73	27.36	24.20	48.06	66.39	63.21	71.06	62.74
	歐洲	30.93	14.88	11.18	29.37	18.55	17.49	8.34	8.41	12.36	10.76
運輸機械	世界	100.00	100.00	100.00	100.00	100.00	100.00	100.00	100.00	100.00	100.00
	北美	49.80	30.73	29.60	12.29	25.77	47.90	26.65	24.42	22.35	27.72
	亞洲	13.57	21.39	22.82	32.06	24.88	26.66	58.68	58.08	58.79	53.89
	歐洲	25.51	26.42	31.94	48.25	36.10	18.94	10.18	13.17	13.72	13.42

　　另外日本對外非製造業投資累計金額而言，從表 4-9 首先可知，北美最多，1989 至 2004 年累計 20.64 兆日圓佔非製造業總投資的 38.6%，歐洲 16.37 兆日圓佔 30.6%，亞洲 6.06 兆日圓佔 11.5%。對亞洲非製造業的主要業種別的投資演變，1989 至 2004 年累計金額以批發零售業為主的商業居首，接著金融保險、服務、不動產、礦產等。期間中不動產以外主要業種進入 1990 年代後接增加特別是金融保險、商業。而對北美及歐洲非製造業的投資中，北美以服務業居首，接著不動產、金融保險、商業、運輸，歐洲則以金融保險服務業居首，接著商業、運輸、不動產、服務。

　　以日本對外非製造業投資累計件數而言，北美最多，1989 至 2004 年累計 9,695 件佔非製造業總件數的 30.6%，歐洲 9,414 件佔 29.7%，亞洲 5,820 件佔 18.4%。對亞洲投資件數則商業累計件數佔首位，接著服務、不動產、金融保險等。期間中，亞洲非製造業主要業種投資件數在進入 1990 年代後皆增加特別是商業。對北美則以不動產居首，接著服務、商業、金融保險、運輸，歐洲則以金融保險居首，接著商業、服務、不動產、運輸等。對歐洲金融保險件數特別 2000 年後大幅增加。

　　日本對洲域別非製造業主要業種別投資中，從表 4-10 可知金融保險以對歐洲金額投資最多，北美次之，對亞洲雖然 1990 年代金額大幅增加，但美歐也增加下，亞洲比重從表 可知期間中皆低於北美、歐洲。商業、服務、不動產投資對北美金額最多，歐洲次之，亞洲投資也持續上升，亞洲比重雖亦而上升特別是商業與服務但仍皆低於北美、歐洲。對亞洲漁水產投資比重 1990 年代快速上升，高於北美及歐洲。亞洲建設營造投資比重 1990 年代低於北美但超過歐洲，2000 年後高於北美，累計投資則低於北美但超過歐洲。亞洲礦產投資 1990 年代高於北美及歐洲，但 2000 年後低於北美及歐洲，累計投資則高於北美及歐洲。而投資件數比重則期間中對亞洲建設營造佔 49-74%、漁水產 66-54%、農林 37-22%、礦產 17-27% 皆高於北美及歐洲。另外對亞洲商業、服務、不動產投資件數比重進入 1990 年代後持續增加，2000 年後各佔 41.2%、31.4%、44% 超過歐美。

表 4-9 日本對洲域別非製造業種直接投資金額及件數 （億日圓,件）

		1989-90	1991-95	1996-2000	2001-04	1989-2004	1989-90	1991-95	1996-2000	2001-04	1989-2004
		金額					件數				
北美	非製造業	62235	72264	55966	15986	206451	4192	3744	1308	451	9695
	農林	125	145	121	21	412	28	24	7	1	60
	漁水產	44	18	46	31	139	6	10	2	2	20
	礦產	612	664	1023	398	2697	54	69	40	7	170
	建設營造	650	1039	784	54	2527	58	68	35	3	164
	商業	7434	10869	9894	4148	32345	720	808	294	141	1963
	金融保險	9625	10969	12292	3827	36713	111	155	96	95	457
	服務	22757	25217	13560	3405	64939	1009	1134	485	140	2768
	運輸	373	1003	6403	1787	9566	65	76	46	23	210
	不動產	20533	22317	11843	2283	56976	2139	1397	303	39	3878
	其他	83	23	0	31	137	2	3	0	0	5
亞洲	非製造業	12229	19360	19434	9608	60631	1531	2213	1416	660	5820
	農林	76	145	32	129	382	51	68	16	5	140
	漁水產	58	343	230	33	664	51	85	43	9	188
	礦產	626	1582	2304	107	4619	45	91	54	10	200
	建設營造	522	730	698	453	2403	75	99	71	33	278
	商業	2662	4203	5396	2473	14734	384	677	462	219	1742
	金融保險	2365	4720	3568	3095	13748	111	228	188	108	635
	服務	2783	3664	2954	2124	11525	318	498	273	165	1254
	運輸	687	1546	1701	515	4449	102	158	114	69	443
	不動產	2430	2426	2469	677	8002	385	309	194	41	929
	其他	20	0	82	1	103	9	0	1	1	11
歐洲	非製造業	28602	32765	64660	37687	163714	1320	1675	1715	4704	9414
	農林	14	82	13	37	146	7	15	2	1	25
	漁水產	16	28	4	0	48	3	16	4	0	23
	礦產	625	716	1525	1563	4429	35	67	28	9	139
	建設營造	80	225	45	101	451	14	13	4	6	37
	商業	3825	9327	7153	7171	27476	420	570	218	134	1342
	金融保險	14201	10262	30883	25399	80745	212	178	1191	4419	6000
	服務	2374	4793	4341	2234	13742	314	513	178	115	1120
	運輸	180	389	17872	857	19298	33	74	45	15	167
	不動產	7287	6940	2825	327	17379	282	228	45	5	560
	其他	0	2	0	0	2	0	1	0	0	1

表 4-10　日本對洲域別非製造業種直接投資金額及件數比重　　　(%)

		1989-90	1991-95	1996-2000	2001-04	1989-2004	1989-90	1991-95	1996-2000	2001-04	1989-2004
		金額					件數				
非製造業	世界	100.00	100.00	100.00	100.00	100.00	100.00	100.00	100.00	100.00	100.00
	北美	48.92	46.05	31.59	21.80	38.61	46.74	37.03	21.84	6.79	30.57
	亞洲	9.61	12.34	10.97	13.10	11.34	17.07	21.89	23.64	9.93	18.35
	歐洲	22.48	20.88	36.49	51.40	30.62	14.72	16.57	28.63	70.79	29.68
農林	世界	100.00	100.00	100.00	100.00	100.00	100.00	100.00	100.00	100.00	100.00
	北美	30.30	15.00	30.43	8.11	21.05	20.13	12.06	11.76	5.56	14.18
	亞洲	18.18	15.00	8.70	48.65	18.42	37.01	33.67	26.47	22.22	32.84
	歐洲	3.03	8.33	4.35	13.51	7.89	5.19	7.54	2.94	5.56	5.97
漁水產	世界	100.00	100.00	100.00	100.00	100.00	100.00	100.00	100.00	100.00	100.00
	北美	25.00	2.86	12.00	22.22	12.50	8.14	6.90	2.73	11.54	6.19
	亞洲	41.67	62.86	52.00	27.78	50.00	66.28	57.93	65.45	53.85	60.82
	歐洲	8.33	5.71	0.00	0.00	4.17	3.49	11.03	6.36	0.00	7.22
礦產	世界	100.00	100.00	100.00	100.00	100.00	100.00	100.00	100.00	100.00	100.00
	北美	16.78	11.76	12.89	7.28	11.79	29.27	20.54	12.91	17.46	19.64
	亞洲	17.13	28.29	28.89	2.02	20.28	24.39	27.19	17.34	23.81	22.91
	歐洲	17.13	12.89	19.11	28.71	19.58	19.02	19.94	9.06	22.22	16.00
建設營造	世界	100.00	100.00	100.00	100.00	100.00	100.00	100.00	100.00	100.00	100.00
	北美	50.50	44.00	48.89	6.25	41.59	37.57	33.84	29.00	7.35	31.71
	亞洲	40.59	31.33	43.33	55.36	39.82	48.55	49.49	59.50	73.53	53.66
	歐洲	5.94	9.33	3.33	12.50	7.08	9.25	6.57	3.50	13.24	7.32
商業	世界	100.00	100.00	100.00	100.00	100.00	100.00	100.00	100.00	100.00	100.00
	北美	46.79	39.40	40.26	28.06	39.06	42.37	35.50	26.21	26.43	34.85
	亞洲	16.75	15.24	22.01	16.71	17.82	22.59	29.76	41.16	41.15	30.91
	歐洲	24.12	33.77	29.15	48.49	33.18	24.70	25.06	19.43	25.19	23.82
金融保險	世界	100.00	100.00	100.00	100.00	100.00	100.00	100.00	100.00	100.00	100.00
	北美	29.89	34.08	18.97	7.63	20.47	20.26	18.70	5.60	1.98	5.79
	亞洲	7.34	14.68	5.49	6.17	7.66	20.26	27.63	10.99	2.26	8.05
	歐洲	44.06	31.89	47.65	50.61	44.99	38.56	21.52	69.56	92.14	76.11
服務	世界	100.00	100.00	100.00	100.00	100.00	100.00	100.00	100.00	100.00	100.00
	北美	73.08	67.18	60.86	37.88	65.01	52.08	47.38	46.66	26.71	46.96
	亞洲	8.95	9.74	13.29	23.67	11.56	16.44	20.82	26.27	31.39	21.25
	歐洲	7.64	12.75	19.49	24.90	13.75	16.20	21.41	17.11	21.90	18.99
運輸	世界	100.00	100.00	100.00	100.00	100.00	100.00	100.00	100.00	100.00	100.00
	北美	5.23	7.69	18.36	21.67	15.14	8.37	5.56	5.12	4.11	5.81
	亞洲	9.73	11.90	4.88	6.22	7.02	13.26	11.56	12.63	12.21	12.32
	歐洲	2.52	3.00	51.32	10.39	30.54	4.30	5.41	4.99	2.70	4.67
不動產	世界	100.00	100.00	100.00	100.00	100.00	100.00	100.00	100.00	100.00	100.00
	北美	58.41	60.20	58.60	48.29	58.67	62.09	59.16	46.34	41.84	59.17
	亞洲	6.91	6.56	12.19	14.29	8.26	11.17	13.10	29.67	43.97	14.18
	歐洲	20.74	18.71	13.95	6.99	17.89	8.17	9.67	6.87	5.67	8.56

　　而亞洲製造業件平均投資金額從表 4-11 可知，1980 年代 5.4
億日圓持續上升至 2000 年後 13.14 億日圓，製造業各業種別件平
均投資金額也都增加。2000 年後以運輸機械 19.5 億日圓最高，木
材紙漿 18.7 億日圓次之，接著食品加工 17.1 億日圓，電機機械 13.4
億日圓，化學 12.1 億日圓，一般機械 10.3 億日圓，而累計件數最
多的纖維紡織 7.4 億日圓則最低。

　　然因亞洲投資件數相對較多故各期間亞洲製造業業種別件平均
投資金額大多較北美及歐洲的平均投資金額為低。以亞洲最高的運
輸機械只接近 2000 年後驟減的北美，與持續增加的歐洲則 2001-04
年的差距達 100 億日圓。而與各期間日本對世界製造業件平均投資
金額相比，同表 4-11 下半部可知亞洲投資只為其 0.4-0.5，但北美在
1.7 以上，歐洲 2000 年後更達 2.6。各期間美歐製造業種別大多高於

表 4-11　日本對洲域製造業種別直接投資件平均金額　　（億日圓）

	北美				歐洲				亞洲			
	1989-90	1991-95	1996-2000	2001-04	1989-90	1991-95	1996-2000	2001-04	1989-90	1991-95	1996-2000	2001-04
製造業	22.30	24.47	56.57	50.31	20.92	18.10	78.24	74.47	5.35	5.48	12.16	13.14
食品加工	13.17	15.58	48.78	18.10	15.50	9.09	579.17	12.33	8.19	3.51	9.71	17.14
纖維紡織	8.93	10.79	18.18	8.00	9.57	5.17	8.73	17.33	2.79	1.55	5.31	7.42
木材紙漿	26.23	15.44	73.59	9.00	2.10	7.52	12.93	6.11	1.86	3.15	9.82	18.68
化學	29.35	37.02	50.69	140.36	17.77	30.99	54.31	145.91	7.78	13.98	15.96	12.13
鋼鐵非鐵金屬	25.52	14.44	29.79	57.39	11.06	10.26	26.47	7.55	3.76	5.97	11.70	9.74
一般機械	14.77	17.51	17.97	40.41	23.36	21.59	20.49	39.06	5.52	6.92	10.41	10.28
電機	39.43	28.77	130.64	90.45	44.42	27.42	65.49	82.69	8.95	9.42	14.58	13.42
運輸機械	22.93	23.81	46.77	19.67	29.68	53.15	93.88	125.35	11.23	7.52	15.17	19.47
製造業/世界平均	1.68	2.23	1.87	1.78	1.58	1.65	2.59	2.63	0.40	0.50	0.40	0.46
食品加工	1.24	1.59	0.61	0.90	1.46	0.93	7.30	0.61	0.77	0.36	0.12	0.85
纖維紡織	1.78	4.82	2.58	0.90	1.91	2.31	1.24	1.95	0.56	0.69	0.75	0.83
木材紙漿	3.74	1.90	3.71	0.26	0.30	0.93	0.65	0.17	0.26	0.39	0.50	0.53
化學	1.70	1.67	1.90	2.99	1.03	1.40	2.04	3.11	0.45	0.63	0.60	0.26
鋼鐵非鐵金屬	2.35	1.56	1.71	3.10	1.02	1.11	1.52	0.41	0.35	0.64	0.67	0.53
一般機械	1.20	1.41	1.19	2.05	1.89	1.74	1.36	1.98	0.45	0.56	0.69	0.52
電機	1.57	1.87	2.66	2.60	1.77	1.79	1.33	2.37	0.50	0.61	0.50	0.39
運輸機械	1.04	1.16	1.21	0.55	1.34	2.58	2.43	3.51	0.51	0.37	0.39	0.55

世界平均及亞洲。日本對亞洲製造業投資業種別件平均投資金額雖然普遍提高，但對北美、歐洲件平均投資金額增加幅度更大，特別電機機械、運輸機械、一般機械、化學等。2000 年後日本對亞洲製造業件平均投資金額仍普遍低於歐美，特別是機械與化學。

　　亞洲非製造業件平均投資金額也從 1980 年代 8 億日圓持續上升至 2000 年後 14.6 億日圓，高於對亞洲製造業投資的平均。而非製造業各業種別件平均投資金額也都擴大。從表 4-12 可知，2000年後以金融保險 28.7 億日圓最高，農林 25.8 億日圓次之，接著不動產 16.5 億日圓，建設營造 13.7 億日圓，企業服務 12.9 億日圓，而漁水產 3.7 億日圓最低。

表 4-12　日本對洲域非製造業種別直接投資件平均金額　　（億日圓）

	北美				歐洲				亞洲			
	1989-90	1991-95	1996-2000	2001-04	1989-90	1991-95	1996-2000	2001-04	1989-90	1991-95	1996-2000	2001-04
非製造業	14.85	19.30	42.79	35.45	21.67	19.56	37.70	8.01	7.99	8.75	13.72	14.56
農林	4.46	6.04	17.29	21.00	2.00	5.47	6.50	37.00	1.49	2.13	2.00	25.80
漁水產	7.33	1.80	23.00	15.50	5.33	1.75	1.00	.	1.14	4.04	5.35	3.67
礦產	11.33	9.62	25.58	56.86	17.86	10.69	54.46	173.67	13.91	17.38	42.67	10.70
建設營造	11.21	15.28	22.40	18.00	5.71	17.31	11.25	16.83	6.96	7.37	9.83	13.73
商業	10.33	13.45	33.65	29.42	9.11	16.36	32.81	53.51	6.93	6.21	11.68	11.29
金融保險	86.71	70.77	128.04	40.28	66.99	57.65	25.93	5.75	21.31	20.70	18.98	28.66
服務	22.55	22.24	27.96	24.32	7.56	9.34	24.39	19.43	8.75	7.36	10.82	12.87
運輸	5.74	13.20	139.20	77.70	5.45	5.26	397.16	57.13	6.74	9.78	14.92	7.46
不動產	9.60	15.97	39.09	58.54	25.84	30.44	62.78	65.40	6.31	7.85	12.73	16.51
非製造業/世界平均	1.05	1.24	1.45	2.52	1.53	1.26	1.27	0.57	0.56	0.56	0.46	1.03
農林	1.45	1.29	2.58	1.84	0.65	1.17	0.97	3.25	0.49	0.45	0.30	2.27
漁水產	3.78	0.48	3.41	1.98	2.75	0.47	0.15	.	0.59	1.08	0.79	0.47
礦產	0.57	0.57	1.00	0.44	0.90	0.64	2.12	1.34	0.70	1.04	1.66	0.08
建設營造	1.35	1.30	1.68	0.99	0.69	1.47	0.84	0.92	0.84	0.63	0.74	0.75
商業	1.11	1.11	1.54	1.06	0.98	1.35	1.50	1.93	0.74	0.51	0.53	0.41
金融保險	1.48	1.82	3.38	3.85	1.14	1.48	0.68	0.55	0.36	0.53	0.50	2.74
服務	1.40	1.42	1.31	1.42	0.47	0.60	1.14	1.14	0.54	0.47	0.51	0.75
運輸	0.63	1.38	3.60	5.33	0.60	0.55	10.27	3.92	0.74	1.02	0.39	0.51
不動產	0.94	1.02	1.27	1.17	2.53	1.94	2.03	1.30	0.62	0.50	0.41	0.33

　　亞洲非製造業投資金額、件數相對皆較少，各期間非製造業件平均投資金額也大多低於北美及歐洲，只有 2000 年後高於歐洲。而各期間業種別的件平均投資金額也大多低於歐美。以亞洲最高的金融保險件平均投資，1980 年代末、1990 年代皆低於北美、歐洲，2000 年後與大幅下降的北美仍差距 10 億日圓，但高於同樣驟減的歐洲。而與各期間日本對世界非製造業件平均投資金額相比，同表下半部可知對亞洲投資為其 0.5-1，北美在 1-2.5，歐洲 1.5-0.6。亞洲 2000 年後金融保險、漁水產大於 2，其他業種皆小於 1，此與美歐州的普遍大於 1 形成對比。日本各期間對亞洲非製造業的業種別平均投資金額普遍低於美歐，其中投資總金額較大的金融保險、商業、服務等的平均投資金額雖明顯增加，但除 2000 年後的金融保險外仍較世界平均及歐美明顯偏低。

二、日本對東亞的直接投資

　　接著檢討日本對東亞製造業及非製造業直接投資的變化。

　　雖然日本對亞洲製造業投資件平均規模相對較小，但以件數言，1989 至 2004 年累計日本製造業投資件數 60%以上集中在亞洲，主要業種投資件數亞洲均占 50%以上，特別纖維紡織 80%、鋼鐵非鐵金屬 70%、電機 60%以上。非製造業投資件數中亞洲占 18.4%，其中漁水產 60%、建設營造 50%、商業及農林 30%、服務及礦產 20%、運輸及不動產 10%以上。

　　以投資金額言，1989 至 2004 年累計日本製造業投資金額中亞洲占 27.7%，其中纖維紡織 50%、鋼鐵非鐵金屬 40%以上，一般機械、化學近 30%，木材紙漿、運輸機械、電氣機械業 20%以上。非製造業投資金額中亞洲占 11.3%，其中漁水產 50%、建設營造 40%、礦產 20%、商業及農林 18%、服務 10%以上。對日本直接投資而言，亞洲投資特別是製造業投資不論是件數或金額均占重要地位。

　　其中日本對東亞國家製造業、非製造業投資均佔其對亞洲投資的95％以上，東亞國家對日本海外投資的重要性不言可喻。（參照表4-6）

　　從表4-13及4-14可知1989至2004年日本對東亞製造業投資累計金額中以對中國2.52兆日圓最多，泰國1.29兆日圓次之，其後依序為印尼1.14兆日圓，馬來西亞0.76兆日圓，新加坡0.68兆日圓，菲律賓0.56兆日圓，韓國0.49兆日圓，台灣0.45兆日圓，香港0.28兆日圓，越南0.14兆日圓最低。投資累計件數亦以中國4,256件最多，泰國1,676件次之，接著印尼995件，馬來西亞758件，菲律賓525件，香港478件，台灣456件，韓國426件，新加坡378件，越南208件最低。

　　日本對東亞各國製造業中累計投資金額前三位主要業種，中國為電氣機械、運輸機械、一般機械，泰國為電氣機械、運輸機械、鋼鐵非鐵金屬，印尼為化學、運輸機械、電氣機械，馬來西亞為電氣機械、化學、鋼鐵，新加坡為電氣機械、化學、一般機械，菲律賓為電氣機械、運輸機械、鋼鐵非鐵金屬，韓國為化學、電氣機械、運輸機械，台灣為電氣機械、鋼鐵非鐵金屬、化學，香港為電氣機械、鋼鐵非鐵金屬、一般機械，越南為電氣機械、運輸機械、化學。對東亞各國的製造業的業種別投資金額中，除印尼、韓國為化學外，餘皆以電氣機械業的投資最高。各期間中對東亞製造業投資金額最多業種，除印尼 1990 年代為化學而2000 年後為運輸機械外，餘皆以電氣機械為最多。此與日本對美國製造業投資金額主要集中電氣機械、運輸機械、化學等業種雷同。

　　1990 年代後半期受亞洲金融風暴影響投資金額下降的馬來西亞製造業主要在機械特別是電氣機械及其他業種，而中國製造業主要在電氣、一般機械、纖維紡織及其他業種。2000 年後對東亞製造業投資的回復增加中，主要集中在中國，特別是對其運輸、電機、一般機械、鋼鐵及化學等業種。

表 4-13　日本對東亞製造業種別直接投資金額及件數一　（億日圓,件）

		1989 -90	1991 -95	1996 -2000	2001 -04	1989 -2004	1989 -90	1991 -95	1996 -2000	2001 -04	1989 -2004
		金額					件數				
美國	製造業	21167	29023	47227	19423	116840	931	1152	853	382	3318
	食品加工	1214	1854	1305	710	5083	90	116	80	38	324
	纖維紡織	274	520	654	112	1560	34	52	23	14	123
	木材紙漿	294	216	506	33	1049	23	30	12	3	68
	化學	3419	4419	4609	5893	18340	110	116	90	42	358
	鋼鐵非鐵金屬	2157	1659	2306	1510	7632	80	118	72	29	299
	機械	1730	2920	2779	1576	9005	121	159	151	39	470
	電機	7073	6826	27660	6691	48250	172	224	200	73	669
	運輸機械	2547	2766	4799	2256	12368	105	115	109	114	443
	其他	2460	7843	2609	643	13555	196	222	116	30	564
新加坡	製造業	1339	1447	2665	1319	6770	102	122	123	31	378
	食品加工	628	34	15	22	699	6	11	1	1	19
	纖維紡織	147	36	0	0	183	0	2	0	0	2
	木材紙漿	39	2	6	0	47	12	2	3	0	17
	化學	132	401	512	360	1405	32	12	36	9	89
	鋼鐵非鐵金屬	32	62	82	36	212	9	22	8	1	40
	機械	55	137	288	120	600	21	13	21	6	61
	電機	200	506	936	473	2115	13	30	28	8	79
	運輸機械	0	3	6	38	47	0	2	0	1	3
	其他	104	266	821	269	1460	9	28	26	5	68
香港	製造業	319	1061	1106	353	2839	104	220	98	56	478
	食品加工	30	100	55	91	276	10	18	9	5	42
	纖維紡織	27	69	68	20	184	20	42	10	3	75
	木材紙漿	3	1	0	0	4	5	2	0	0	7
	化學	9	59	72	12	152	1	8	8	4	21
	鋼鐵非鐵金屬	26	44	271	8	349	11	19	25	5	60
	機械	30	174	118	13	335	14	15	10	1	40
	電機	136	323	436	126	1021	19	43	25	19	106
	運輸機械	0	52	3	12	67	0	3	2	4	9
	其他	59	238	83	69	449	24	70	9	15	118
台灣	製造業	806	1110	1627	985	4528	140	135	129	54	458
	食品加工	62	50	4	12	128	17	8	2	4	31
	纖維紡織	20	17	33	0	70	5	1	5	0	11
	木材紙漿	4	22	0	10	36	4	0	0	1	5
	化學	123	169	216	90	598	12	13	22	5	52
	鋼鐵非鐵金屬	146	235	163	79	623	21	20	12	5	58
	機械	91	70	41	40	242	27	15	7	5	54
	電機	195	390	881	489	1955	26	48	60	18	152
	運輸機械	35	49	136	169	389	5	8	2	4	19
	其他	130	109	153	96	488	23	22	19	12	76
韓國	製造業	545	704	2263	1359	4871	97	88	138	103	426
	食品加工	31	17	101	5	154	8	4	6	2	20
	纖維紡織	17	15	221	0	253	6	6	7	0	19
	木材紙漿	1	5	27	20	53	2	3	4	2	11
	化學	96	146	425	356	1023	12	13	22	22	69
	鋼鐵非鐵金屬	40	71	446	90	647	8	10	16	10	44
	機械	41	114	234	84	473	12	20	18	9	59
	電機	117	145	332	307	901	16	10	35	27	88
	運輸機械	141	118	205	250	714	5	7	20	14	46
	其他	61	73	271	246	651	28	15	10	17	70

表 4-14　日本對東亞製造業種別直接投資金額及件數二　　（億日圓,件）

		1989-90	1991-95	1996-2000	2001-04	1989-2004	1989-90	1991-95	1996-2000	2001-04	1989-2004
		金額					件數				
馬來西亞	製造業	1484	3269	2261	603	7617	230	316	186	26	758
	食品加工	4	11	220	8	243	2	2	8	1	13
	纖維紡織	7	26	87	0	120	4	12	3	0	19
	木材紙漿	43	85	138	30	296	22	26	23	0	71
	化學	207	374	316	61	958	16	31	16	3	66
	鋼鐵非鐵金屬	135	348	424	38	945	31	35	40	3	109
	機械	155	281	79	31	546	17	21	11	1	50
	電機	749	1037	639	296	2721	79	94	53	11	237
	運輸機械	19	81	62	58	220	8	12	6	3	29
	其他	165	1027	297	81	1570	51	83	26	4	164
泰國	製造業	2100	3239	5084	2505	12928	517	587	403	169	1676
	食品加工	113	246	114	70	543	47	57	28	12	144
	纖維紡織	182	181	206	76	645	92	116	28	7	243
	木材紙漿	28	22	62	4	116	28	13	4	1	46
	化學	144	298	539	388	1369	38	36	36	19	129
	鋼鐵非鐵金屬	266	481	1052	249	2048	68	55	77	19	219
	機械	327	357	279	163	1126	44	53	35	14	146
	電機	587	962	1152	383	3084	70	96	70	27	263
	運輸機械	196	303	1316	821	2636	24	54	82	48	208
	其他	256	389	364	350	1359	106	107	43	22	278
印尼	製造業	1004	4098	4731	1612	11445	138	416	321	120	995
	食品加工	18	95	53	25	191	4	25	6	2	37
	纖維紡織	119	441	340	74	974	39	98	36	11	184
	木材紙漿	64	87	318	227	696	20	22	21	5	68
	化學	380	2092	1439	95	4006	18	56	54	14	142
	鋼鐵非鐵金屬	45	315	743	91	1194	19	62	45	11	137
	機械	15	106	76	31	228	3	21	9	6	39
	電機	27	536	535	105	1203	9	48	48	16	121
	運輸機械	289	174	759	863	2085	5	28	55	34	122
	其他	47	252	469	102	870	21	56	47	21	145
菲律賓	製造業	462	1378	2080	1682	5602	77	204	185	59	525
	食品加工	6	13	5	887	911	4	5	1	2	12
	纖維紡織	2	26	2	0	30	7	31	5	0	43
	木材紙漿	1	16	16	0	33	2	5	2	0	9
	化學	31	74	173	111	389	6	13	16	3	38
	鋼鐵非鐵金屬	25	203	187	71	486	16	24	23	7	70
	機械	8	85	209	58	360	4	14	18	8	44
	電機	278	474	987	378	2117	12	47	78	26	163
	運輸機械	46	291	396	36	769	10	30	31	2	73
	其他	64	197	105	141	507	16	35	11	11	73
中國	製造業	513	8154	6407	10157	25231	198	2371	722	965	4256
	食品加工	31	414	485	357	1287	14	148	48	56	266
	纖維紡織	45	1323	610	366	2344	63	1059	187	51	1360
	木材紙漿	4	132	100	119	355	6	44	10	13	73
	化學	32	394	584	944	1954	17	101	65	117	300
	鋼鐵非鐵金屬	28	656	575	908	2167	13	150	75	98	336
	機械	132	970	803	1213	3118	12	154	66	125	357
	電機	140	2219	1565	2034	5958	25	273	108	185	591
	運輸機械	4	754	786	3247	4791	4	105	50	184	343
	其他	97	1293	899	969	3258	44	337	113	136	630
越南	製造業	1	332	774	279	1386	2	74	96	36	208
	食品加工	0	8	55	11	74	0	4	4	1	9
	纖維紡織	0	30	26	0	56	1	26	14	0	41
	木材紙漿	0	0	1	0	1	0	0	1	0	1
	化學	0	9	109	27	145	0	4	9	4	17
	鋼鐵非鐵金屬	0	67	50	20	137	0	14	12	3	29
	機械	0	9	42	0	51	0	5	10	0	15
	電機	0	57	193	154	404	0	10	17	17	44
	運輸機械	0	51	73	45	169	0	6	11	6	23
	其他	1	102	224	23	350	1	5	18	5	29

　　而日本對東亞製造業中累計投資件數前三位主要業種,中國為纖維紡織、電氣機械、一般機械,泰國為電氣機械、纖維紡織、鋼鐵非鐵金屬,印尼為纖維紡織、化學、鋼鐵非鐵金屬,馬來西亞為電氣機械、鋼鐵非鐵金屬、木材紙漿,菲律賓為電氣機械、運輸機械、鋼鐵非鐵金屬,香港為電氣機械、纖維紡織、鋼鐵非鐵金屬,台灣為電氣機械、鋼鐵非鐵金屬、一般機械,韓國為電氣機械、化學、一般機械,新加坡為化學、電氣機械、一般機械,越南為電氣機械、纖維紡織、鋼鐵非鐵金屬。以日本對東亞投資件數而言,製造業的業種別中,除中國、印尼纖維紡織為首位外,其他皆以電氣機械最多。期間中對東亞纖維紡織投資件數集中在 1990 年代特別前半期,其後則皆以電氣機械最多。此與日本對美國製造業投資件數主要集中電氣機械、運輸機械、一般機械、化學等業種雷同。1990 年代後半期受亞洲金融風暴影響中國製造業投資件數減少最多特別是纖維紡織與電氣機械,2000 年後對東亞件數的回增亦集中在中國特別是運輸與電氣機械。

　　而從表 4-15 可知,日本對東亞製造業的投資,一如前述其金額佔世界比重 1990 年代中增加,2000 年後超越美國的比重。而件數比重 1980 年代末即已超越美國為日本投資件數最大區域。東亞國別中,首先各國皆受金融風暴影響而 1990 年代後半期比重普遍下降,但 2000 年後則普遍回升。其次 1980 年代後對東亞投資中金額與件數比重皆以中國最高。

　　對東亞纖維紡織投資金額佔世界比重 1980 年代後接近 60%,件數比重則 1990 年代前半超過 80%,其後下降但仍超過 70%,1989 至 2004 年累計件數比重則達 80%。國別中,1989 至 2004 年累計金額以中國、印尼、泰國為前三位,累計件數以中國、泰國、印尼為前三位。1980 年代末金額以泰國、新加坡、印尼比重為前三位,件數以泰國、印尼、中國比重為前三位。1980 年代後金額件數比重皆以中國最大,2000 年後其金額比重更超過 40%,件數比重 1990

表 4-15　日本對東亞製造業種直接投資金額及件數比重　　　(%)

		1989-90	1991-95	1996-2000	2001-04	1989-2004	1989-90	1991-95	1996-2000	2001-04	1989-2004
		金額					件數				
製造業	世界	100.00	100.00	100.00	100.00	100.00	100.00	100.00	100.00	100.00	100.00
	美國	47.58	38.50	38.52	28.22	37.53	27.73	16.77	21.02	15.73	19.85
	東亞	19.27	32.90	23.66	30.29	26.72	47.81	66.01	59.16	66.66	60.78
	新加坡	3.01	1.92	2.17	1.92	2.17	3.04	1.78	3.03	1.28	2.26
	香港	0.72	1.41	0.90	0.51	0.91	3.10	3.20	2.41	2.31	2.86
	台灣	1.81	1.47	1.33	1.43	1.45	4.17	1.97	3.18	2.22	2.74
	韓國	1.22	0.93	1.85	1.97	1.56	2.89	1.28	3.40	4.24	2.55
	馬來西亞	3.34	4.34	1.84	0.88	2.45	6.85	4.60	4.58	1.07	4.54
	泰國	4.72	4.30	4.15	3.64	4.15	15.40	8.55	9.93	6.96	10.03
	印尼	2.26	5.44	3.86	2.34	3.68	4.11	6.06	7.91	4.94	5.95
	菲律賓	1.04	1.83	1.70	2.44	1.80	2.29	2.97	4.56	2.43	3.14
	中國	1.15	10.82	5.23	14.75	8.10	5.90	34.52	17.79	39.73	25.47
	越南	0.00	0.44	0.63	0.41	0.45	0.06	1.08	2.37	1.48	1.24
纖維紡織	世界	100.00	100.00	100.00	100.00	100.00	100.00	100.00	100.00	100.00	100.00
	美國	14.73	14.20	22.75	12.21	16.72	9.07	3.20	5.70	13.94	4.92
	東亞	30.18	59.05	56.24	59.55	52.18	63.49	85.28	72.60	71.15	79.45
	新加坡	7.84	1.03	0.00	0.00	2.01	0.00	0.13	0.00	0.00	0.07
	香港	1.43	1.85	2.58	2.29	2.01	5.39	2.57	2.50	2.88	2.99
	台灣	0.95	0.41	1.29	0.00	0.67	1.35	0.04	1.20	0.00	0.47
	韓國	0.95	0.41	7.73	0.00	2.68	1.62	0.38	1.70	0.00	0.73
	馬來西亞	0.48	0.62	3.00	0.00	1.34	1.08	0.71	0.70	0.00	0.73
	泰國	9.74	4.94	7.30	8.40	7.02	24.60	7.11	6.90	6.97	9.64
	印尼	6.41	12.14	12.02	8.40	10.37	10.41	6.01	8.90	10.82	7.31
	菲律賓	0.00	0.62	0.00	0.00	0.33	1.89	1.89	1.20	0.00	1.73
	中國	2.38	36.21	21.46	40.46	25.08	16.88	64.84	46.10	50.48	54.12
	越南	0.00	0.82	0.86	0.00	0.67	0.27	1.60	3.40	0.00	1.66
木材紙漿	世界	100.00	100.00	100.00	100.00	100.00	100.00	100.00	100.00	100.00	100.00
	美國	24.91	11.55	21.93	2.51	15.74	13.80	12.98	10.49	7.45	12.31
	東亞	15.85	19.93	28.33	29.64	24.54	60.40	50.13	58.75	56.51	55.54
	新加坡	3.40	0.00	0.00	0.00	0.93	7.20	0.88	2.45	0.00	3.00
	香港	0.38	0.00	0.00	0.00	0.00	3.00	0.88	0.00	0.00	1.20
	台灣	0.38	1.20	0.00	0.50	0.46	2.40	0.00	0.00	2.48	0.90
	韓國	0.00	0.40	1.07	1.51	0.93	1.20	1.18	3.50	4.97	2.10
	馬來西亞	3.77	4.38	5.88	2.01	4.63	13.20	11.21	19.93	0.00	12.61
	泰國	2.26	1.20	2.67	0.50	1.85	16.60	5.60	3.50	2.48	8.41
	印尼	5.28	4.78	13.90	16.58	10.19	12.00	9.44	18.18	13.04	12.31
	菲律賓	0.00	0.80	0.53	0.00	0.46	1.20	2.06	1.75	0.00	1.50
	中國	0.38	7.17	4.28	8.54	5.09	3.60	18.88	8.74	33.54	13.21
	越南	0.00	0.00	0.00	0.00	0.00	0.00	0.00	0.70	0.00	0.30
化學	世界	100.00	100.00	100.00	100.00	100.00	100.00	100.00	100.00	100.00	100.00
	美國	55.41	38.00	35.54	44.01	41.54	30.86	22.15	18.50	14.75	21.64
	東亞	18.76	34.56	33.94	18.24	27.22	42.72	54.80	58.25	70.14	55.81
	新加坡	2.16	3.44	3.97	2.67	3.17	8.94	2.23	7.42	3.15	5.36
	香港	0.14	0.52	0.57	0.10	0.35	0.28	1.57	1.67	1.36	1.31
	台灣	2.02	1.43	1.70	0.67	1.34	3.39	2.49	4.50	1.79	3.13
	韓國	1.59	1.23	3.31	2.67	2.33	3.39	2.49	4.50	7.76	4.15
	馬來西亞	3.39	3.24	2.46	0.46	2.19	4.52	5.90	3.25	1.02	3.94
	泰國	2.31	2.59	4.16	2.88	3.10	10.63	6.82	7.42	6.65	7.79
	印尼	6.13	18.03	11.06	0.72	9.10	5.08	10.75	11.08	4.94	8.59
	菲律賓	0.51	0.65	1.32	0.82	0.85	1.69	2.49	3.25	1.02	2.33
	中國	0.51	3.37	4.54	7.04	4.44	4.80	19.27	13.33	41.09	18.20
	越南	0.00	0.06	0.85	0.21	0.35	0.00	0.79	1.83	1.36	1.01

年代前半最高超過 60%，其後下降但 2000 年後仍超過 50%。接著為印尼及泰國，印尼金額比重 1990 年代 12%以上但 2000 年後降至 8%，泰國持續增加 2000 年後比重 8%，件數比重則印尼 1990 年代下降但 2000 年後回升至 10%，泰國則 1990 年代下降後維持在 7%水準。

　　對東亞木材紙漿投資金額佔世界比重 1980 年代後 16%，1990 年代後持續增加，2000 年後達 30%，1989 至 2004 年累計金額比重達 24.5%。件數比重則 1980 年代末 60%，1990 年代下降但仍超過 50%，累計件數比重則達 56%。國別中，1989 至 2004 年累計金額以印尼、中國、馬來西亞為前三位，累計件數以中國、馬來西亞、印尼為前三位。1980 年代末金額以印尼、馬來西亞、泰國比重為前三位，件數以泰國、馬來西亞、印尼比重為前三位。1980 年代後對中國金額增加 1990 年代前半期比重成為最大，其後印尼又超過中國比重亦再成為最大，2000 年後印尼比重 16.6%、中國 8.5%。而件數比重 1990 年代前半中國超過泰國成為最大，其後下降再為馬來西亞、印尼超過，但 2000 年後中國比重回增超過 33%最大，接著印尼 13%。

　　對東亞化學投資金額佔世界比重 1980 年代後 18.8%，1990 年代後持續增加達 34-5%接近美國的投資比重，但 2000 年後下降為 18.2%，1989 至 2004 年累計金額比重達 27%。件數比重則 1980 年代末 42.7%，1990 年代持續上升 2000 年後超過 70%，累計件數比重則達 56%。國別中，1989 至 2004 年累計金額以印尼、中國、新加坡為前三位，累計件數以中國、印尼、泰國為前三位。1980 年代末金額以印尼、馬來西亞、泰國比重為前三位，件數以泰國、新加坡、印尼比重為前三位。1980 年代後對印尼金額持續增加 1990 年代中比重最大，2000 後中國超過印尼而比重亦成為最大。而件數比重 1990 年代開始中國超過印尼成為最大，印尼退居第二。

　　再從表 4-16 可知，對東亞鋼鐵非鐵金屬投資金額佔世界比重
1980 年代末 20.5%，進入 1990 年代後持續增加超過 43%超過美國
的投資比重，但 2000 年後下降為 36.8%仍超過美國，1989 至 2004
年累計金額比重達 39.6%亦超過美國。件數比重則 1980 年代末
58.7%，1990 年代持續上升超過 60%，2000 年後 69.4%，累計件數
比重則達 65.6%。國別中，1989 至 2004 年累計金額及件數皆以中
國、泰國、印尼為前三位。1980 年代末金額以泰國、台灣、馬來
西亞比重為前三位，件數以泰泰國、馬來西亞、台灣比重為前三位。
1980 年代後對中國金額持續增加 1990 年代前半期比重躍升最大，
1990 年代前半期泰國再超過中國最大，2000 後中國又大幅超過泰
國而比重達 21.1%最大。而件數比重 1990 年代開始中國比重超過
泰國成為最大，2000 後中國比重更達 42%。

　　對東亞一般機械投資金額佔世界比重 1980 年代末 18.9%，進
入 1990 年代後前半期 28.5%後半期 31.4%，2000 年後再上升為
32.7%超過美國，1989 至 2004 年累計金額比重達 28.6%。件數比
重則 1980 年代末 42.4%，1990 年代前半期 51%後半期 45%，2000
年後再上升為 64.5%，1989 至 2004 年累計比重達 49.5%。國別中，
1989 至 2004 年累計金額及件數皆以中國、泰國、新加坡為前三位。
1980 年代末金額以泰國、馬來西亞、中國比重為前三位，件數以
泰國、台灣、新加坡比重為前三位。1980 年代後對中國金額持續
增加 1990 年代開始比重超過 10%躍升最大，2000 後中國比重又大
幅上升至 22.6%遠高於其他東亞國家。而件數比重 1990 年代開始
中國亦超過泰國成為最大，2000 後中國比重又大幅上升至 46%。

　　對東亞電氣機械投資金額佔世界比重 1980 年代末 16.9%，進
入 1990 年代後前半期 40.2%後半期驟降為 18.5%，2000 年後再上
升為 27.2%，1989 至 2004 年累計金額比重達 23.9%。件數比重則
1980 年代末 47.1%，1990 年代前半期 64.9%後半期 61.8%，2000
年後再上升為 70.6%，1989 至 2004 年累計比重達 61.5%。國別中，
1989 至 2004 年累計金額及件數皆以中國、泰國、馬來西亞為前三

表 4-16　日本對東亞鋼鐵機械製造業種直接投資金額及件數比重　(%)

		1989-90	1991-95	1996-2000	2001-04	1989-2004	1989-90	1991-95	1996-2000	2001-04	1989-2004
		金額					件數				
鋼鐵非鐵金屬	世界	100.00	100.00	100.00	100.00	100.00	100.00	100.00	100.00	100.00	100.00
	美國	59.44	28.76	26.97	34.98	34.27	23.85	18.98	14.66	12.41	17.81
	東亞	20.48	43.01	46.76	36.76	39.59	58.72	66.00	68.20	69.44	65.57
	新加坡	0.86	1.05	1.00	0.80	0.98	2.71	3.53	1.66	0.42	2.39
	香港	0.74	0.78	3.16	0.16	1.54	3.31	3.09	5.14	2.19	3.58
	台灣	4.04	4.05	1.87	1.76	2.80	6.31	3.20	2.49	2.19	3.48
	韓國	1.10	1.18	5.16	2.08	2.94	2.40	1.66	3.23	4.28	2.59
	馬來西亞	3.68	6.01	5.02	0.96	4.20	9.22	5.63	8.20	1.25	6.47
	泰國	7.35	8.37	12.34	5.75	9.23	20.34	8.83	15.74	8.13	13.03
	印尼	1.23	5.49	8.75	2.08	5.31	5.71	9.93	9.20	4.69	8.16
	菲律賓	0.74	3.53	2.15	1.60	2.24	4.81	3.86	4.72	3.02	4.18
	中國	0.74	11.37	6.74	21.09	9.79	3.91	24.06	15.33	42.02	20.00
	越南	0.00	1.18	0.57	0.48	0.56	0.00	2.21	2.49	1.25	1.69
一般機械	世界	100.00	100.00	100.00	100.00	100.00	100.00	100.00	100.00	100.00	100.00
	美國	38.48	36.24	40.46	29.36	36.26	33.21	24.55	33.13	14.38	26.97
	東亞	18.90	28.45	31.36	32.70	28.61	42.42	51.01	44.97	64.47	49.52
	新加坡	1.19	1.69	4.10	2.18	2.38	5.81	2.01	4.63	2.23	3.45
	香港	0.69	2.15	1.78	0.26	1.38	3.87	2.33	2.23	0.36	2.30
	台灣	1.98	0.84	0.53	0.77	1.00	7.38	2.33	1.51	1.88	3.07
	韓國	0.89	1.40	3.39	1.54	1.88	3.32	3.07	3.92	3.30	3.36
	馬來西亞	3.46	3.46	1.07	0.64	2.26	4.70	3.28	2.40	0.36	2.88
	泰國	7.22	4.40	4.10	3.08	4.52	12.08	8.15	7.66	5.18	8.35
	印尼	0.30	1.31	1.07	0.64	0.88	0.83	3.28	1.96	2.23	2.21
	菲律賓	0.20	1.03	3.03	1.03	1.51	1.11	2.12	3.92	2.95	2.50
	中國	2.97	12.08	11.76	22.56	12.55	3.32	23.70	14.51	45.98	20.54
	越南	0.00	0.09	0.53	0.00	0.25	0.00	0.74	2.23	0.00	0.86
電機	世界	100.00	100.00	100.00	100.00	100.00	100.00	100.00	100.00	100.00	100.00
	美國	49.27	41.19	66.55	38.31	53.65	30.05	20.75	23.68	14.59	22.31
	東亞	16.89	40.19	18.46	27.16	23.87	47.07	64.86	61.77	70.63	61.53
	新加坡	1.39	3.05	2.24	2.72	2.35	2.29	2.80	3.31	1.60	2.62
	香港	0.96	1.96	1.06	0.71	1.14	3.35	4.01	2.98	3.78	3.51
	台灣	1.36	2.37	2.12	2.80	2.18	4.52	4.46	7.11	3.59	5.08
	韓國	0.81	0.86	0.80	1.77	1.00	2.82	0.95	4.13	5.38	2.96
	馬來西亞	5.21	6.28	1.53	1.69	3.01	13.79	8.72	6.29	2.18	7.92
	泰國	4.09	5.83	2.77	2.21	3.43	12.27	8.91	8.26	5.38	8.76
	印尼	0.19	3.23	1.30	0.59	1.35	1.58	4.46	5.67	3.20	4.02
	菲律賓	1.92	2.87	2.39	2.17	2.35	2.11	4.33	9.22	5.19	5.47
	中國	0.96	13.38	3.78	11.63	6.61	4.34	25.27	12.78	36.94	19.74
	越南	0.00	0.36	0.47	0.87	0.45	0.00	0.95	2.02	3.39	1.45
運輸機械	世界	100.00	100.00	100.00	100.00	100.00	100.00	100.00	100.00	100.00	100.00
	美國	46.47	29.29	25.49	12.07	23.57	42.35	25.00	22.42	21.74	25.78
	東亞	13.31	19.96	19.83	29.61	22.69	24.63	55.70	53.16	57.26	50.86
	新加坡	0.00	0.00	0.00	0.22	0.12	0.00	0.45	0.00	0.19	0.19
	香港	0.00	0.56	0.00	0.07	0.12	0.00	0.60	0.42	0.74	0.49
	台灣	0.65	0.56	0.72	0.92	0.71	2.03	1.80	0.42	0.74	1.07
	韓國	2.60	1.28	1.11	1.32	1.37	2.03	1.50	4.08	2.69	2.72
	馬來西亞	0.32	0.88	0.33	0.29	0.42	3.25	2.54	1.25	0.56	1.65
	泰國	3.57	3.19	6.98	4.38	5.05	9.61	11.83	16.83	9.18	12.06
	印尼	5.28	1.84	4.04	4.60	3.98	2.03	6.14	11.33	6.49	7.10
	菲律賓	0.81	3.11	2.09	0.18	1.48	4.06	6.59	6.33	0.37	4.28
	中國	0.08	7.98	4.17	17.37	9.14	1.62	22.90	10.25	35.14	19.94
	越南	0.00	0.56	0.39	0.26	0.30	0.00	1.35	2.25	1.16	1.36

位。1980 年代末金額以馬來西亞、泰國、菲律賓比重為前三位，件數以馬來西亞、泰國、台灣比重為前三位。1980 年代後對中國金額持續增加 1990 年代開始比重躍升最大，1990 年代前半期 13.4%，後半期受金融風暴影響降至 3.8%，2000 後中國比重又回升至 11.6%。2000 後台灣 2.8%居次，接著新加坡 2.7%、泰國 2.2%。而件數比重 1990 年代開始中國亦超過馬來西亞成為最大，2000 後中國比重又大幅上升至 37%。2000 後韓國、泰國 5.4%並列第二，菲律賓 5.2%第三。

對東亞運輸機械投資金額佔世界比重 1980 年代末 13.3%，進入 1990 年代後上升至 20%，2000 年後再上升為 29.6%超過美國，1989 至 2004 年累計金額比重達 22.7%。件數比重則 1980 年代末 24.6%，1990 年代超過 50%，前半期 55.7%後半期 53.2%，2000 年後再上升為 57.3%，1989 至 2004 年累計比重達 51%。國別中，1989 至 2004 年累計金額及件數皆以中國、泰國、印尼為前三位。1980 年代末金額以印尼、泰國、韓國比重為前三位，件數以泰國、菲律賓、馬來西亞比重為前三位。1980 年代後對中國金額持續增加 1990 年代開始比重躍升最大，1990 年代前半期 8%，後半期受金融風暴影響降至 4.2%，2000 後中國比重又回升至 17.4%。2000 後印尼 4.6%居次，接著泰國 4.4%、韓國 1.3%。而件數比重 1990 年代前半期中國 23%超過泰國成為最大，後半期中國降為 10.3%，泰國 16.8%最大，2000 後中國比重又大幅上升至 35%最大。2000 後泰國 9.2%第二，接著印尼 6.5%、韓國 2.7%第三。

1980 年代後日本對東亞製造業七主要業種投資中，中國比重居首者佔五業種，纖維紡織累計投資金額佔 25.2%、件數 54.1%，鋼鐵非鐵金屬金額 9.8%、件數 20%，一般機械金額 12.6%、件數 20.5%，電氣機械金額 6.6%、件數 20%，運輸機械金額 9.1%、件數 20%，顯見東亞中日本對中國投資的集中。

而日本對東亞非製造業投資中，從表 4-17 可知，金額佔世界比重 1980 年代末 9.6%，1990 年代中增加超過 10%，1989 至 2004

表 4-17　日本對東亞非製造業種直接投資金額及件數比重　　　(%)

		1989-90	1991-95	1996-2000	2001-04	1989-2004	1989-90	1991-95	1996-2000	2001-04	1989-2004
		金額					件數				
非製造業	世界	100.00	100.00	100.00	100.00	100.00	100.00	100.00	100.00	100.00	100.00
	美國	47.49	44.61	31.03	21.34	37.61	43.96	34.71	20.95	6.58	28.83
	東亞	9.60	12.11	10.57	12.93	11.12	16.90	21.37	22.87	9.75	17.95
	新加坡	1.91	2.05	1.87	2.93	2.08	2.37	3.35	3.49	1.31	2.67
	香港	3.76	3.10	2.24	1.99	2.82	5.24	5.01	4.79	1.35	4.27
	台灣	0.36	0.46	0.33	0.73	0.43	1.36	1.15	1.32	0.69	1.14
	韓國	0.47	0.48	0.55	1.55	0.65	0.39	0.67	1.80	1.28	0.93
	馬來西亞	0.38	0.68	0.48	0.65	0.54	1.09	1.19	1.07	0.29	0.95
	泰國	0.97	0.73	1.11	0.77	0.92	2.93	1.78	2.54	0.77	2.04
	印尼	1.14	2.47	2.28	1.19	1.92	1.75	2.50	2.65	1.05	2.01
	菲律賓	0.15	0.45	0.48	0.50	0.39	0.76	1.12	1.27	0.30	0.87
	中國	0.46	1.64	1.17	2.52	1.32	1.01	4.35	3.19	2.62	2.83
	越南	0.00	0.05	0.06	0.10	0.05	0.00	0.25	0.75	0.09	0.24
農林	世界	100.00	100.00	100.00	100.00	100.00	100.00	100.00	100.00	100.00	100.00
	美國	27.27	15.00	30.43	8.11	18.42	18.83	10.55	11.76	5.56	12.69
	東亞	15.15	6.66	8.70	45.94	15.78	37.68	32.17	26.47	25.01	32.85
	新加坡	0.00	0.00	0.00	0.00	0.00	0.00	0.00	0.00	0.00	0.00
	香港	0.00	0.00	0.00	0.00	0.00	1.30	2.51	9.80	0.00	2.99
	台灣	0.00	0.00	0.00	0.00	0.00	0.00	0.00	0.00	0.00	0.00
	韓國	0.00	0.00	0.00	2.70	0.00	0.00	0.00	0.00	5.56	0.00
	馬來西亞	3.03	0.00	0.00	0.00	0.00	4.55	3.02	0.00	0.00	2.99
	泰國	9.09	3.33	4.35	0.00	5.26	22.73	15.08	1.96	0.00	14.93
	印尼	0.00	0.00	0.00	40.54	5.26	1.30	2.01	1.96	8.33	2.24
	菲律賓	3.03	0.00	0.00	2.70	2.63	3.90	1.01	0.00	5.56	2.24
	中國	0.00	3.33	0.00	0.00	2.63	3.90	8.04	0.00	0.00	5.22
	越南	0.00	0.00	4.35	0.00	0.00	0.00	0.50	12.75	5.56	2.24
漁水產	世界	100.00	100.00	100.00	100.00	100.00	100.00	100.00	100.00	100.00	100.00
	美國	25.00	2.86	12.00	22.22	12.50	8.14	6.90	2.73	7.69	6.19
	東亞	25.00	60.01	52.00	27.78	45.84	61.63	55.86	65.47	53.85	59.79
	新加坡	0.00	0.00	0.00	0.00	0.00	2.33	0.00	0.00	0.00	1.03
	香港	0.00	34.29	8.00	0.00	16.67	6.98	6.21	4.55	0.00	5.15
	台灣	0.00	0.00	0.00	0.00	0.00	0.00	0.00	0.00	0.00	0.00
	韓國	0.00	0.00	0.00	0.00	0.00	0.00	0.00	0.00	0.00	0.00
	馬來西亞	0.00	2.86	32.00	0.00	12.50	3.49	0.69	2.73	0.00	2.06
	泰國	0.00	0.00	0.00	0.00	0.00	1.16	0.69	0.00	0.00	1.03
	印尼	16.67	11.43	12.00	22.22	12.50	37.21	23.45	24.55	34.62	27.84
	菲律賓	0.00	2.86	0.00	0.00	0.00	1.16	10.34	10.91	11.54	8.25
	中國	8.33	8.57	0.00	5.56	4.17	9.30	14.48	4.55	7.69	10.31
	越南	0.00	0.00	0.00	0.00	0.00	0.00	0.00	18.18	0.00	4.12
礦產	世界	100.00	100.00	100.00	100.00	100.00	100.00	100.00	100.00	100.00	100.00
	美國	13.29	7.00	8.67	5.26	8.25	26.83	17.52	7.32	17.46	16.00
	東亞	16.79	27.45	28.44	2.01	20.04	23.42	25.97	16.57	26.97	22.18
	新加坡	0.00	0.00	0.00	1.48	0.47	1.46	0.30	0.00	7.94	0.73
	香港	0.00	0.00	0.00	0.00	0.00	0.49	0.00	0.00	0.00	0.00
	台灣	0.00	0.00	0.00	0.00	0.00	0.00	0.00	0.39	0.00	0.00
	韓國	0.00	0.00	0.00	0.00	0.00	0.00	0.30	0.00	3.17	0.36
	馬來西亞	1.05	2.52	0.22	0.00	0.94	0.98	1.21	0.96	0.00	1.09
	泰國	0.00	0.00	0.00	0.13	0.00	0.00	0.30	0.39	3.17	0.73
	印尼	13.29	23.53	28.22	0.27	17.92	14.63	19.94	13.87	9.52	16.00
	菲律賓	1.40	1.12	0.00	0.00	0.47	0.49	2.11	0.00	0.00	1.09
	中國	1.05	0.28	0.00	0.13	0.24	4.39	1.81	0.96	3.17	2.18
	越南	0.00	0.00	0.00	0.00	0.00	0.00	0.00	0.00	0.00	0.00

年累計比重則達 11.1%。而件數比重 1980 年代末 16.9%，1990 年代中增加超過 20%，2000 年後下降至 9.8%，1989 至 2004 年累計比重則達 18%。東亞國別中，1989 至 2004 年累計金額以香港、新加坡、印尼為前三位，累計件數以香港、中國、新加坡為前三位。1980 年代末金額以香港、新加坡、印尼比重為前三位，件數以香港、泰國、新加坡比重為前三位。1980 年代後金額比重最大國家 1990 年代香港，後半印尼，2000 年後新加坡。件數比重最大國家 1990 年代香港，2000 年後中國。期間中，首先各國皆受金融風暴影響而 1990 年代後半期期金額比重普遍下降，但比重不高下降幅度亦不大，而 2000 年後除香港、泰國、印尼外均回升超過 1990 年代後半期水準。其次 1980 年代後對東亞非製造業投資件數比重不若製造業的上升變化及集中中國而是各國變化不一。此與非製造業投資較受被投資國經濟條件的影響有關。

主要業種別中，對東亞農林投資金額佔世界比重 1980 年代後 15.2%，1990 年代減低至 10%以下，2000 年後跳增至 46%，1989 至 2004 年累計金額比重 16%。件數比重則 1980 年代末 37.7%，1990 年代下降 2000 年後降至 25%，累計件數比重 32.9%。國別中，1989 至 2004 年累計金額以泰國、印尼並列首位，中國、菲律賓並列第二，累計件數以泰國、中國、馬來西亞、香港為前三位。

對東亞漁水產投資金額佔世界比重 1980 年代末 25%，進入 1990 年代後前半期上升至 60%，後半期降至 52%，2000 年後再降低至 27.8%，但皆超過美國，1989 至 2004 年累計金額比重達 45.8%。件數比重則 1980 年代末 61.6%，1990 年代超過 50%，前半期 55.9%後半期 65.5%，2000 年後下降為 53.9%，1989 至 2004 年累計比重達 59.8%。國別中，1989 至 2004 年累計金額香港、馬來西亞、印尼為前三位，件數以印尼、中國、菲律賓為前三位。期間中，金額比重除 1990 年代前半期香港為首位外，均以印尼最大，件數比重亦以印尼最大。

對東亞礦產投資金額佔世界比重 1980 年代末 16.8%，進入 1990 年代後前半期上升至 27.5%、後半期 28.4%皆超過美國，2000 年後下降至 2%，1989 至 2004 年累計金額比重 20%。件數比重則 1980 年代末 23.4%，1990 年代前半期 26%後半期 16.6%，2000 年後回升為 27%，1989 至 2004 年累計比重達 22.2%。國別中，1989 至 2004 年累計金額印尼、馬來西亞、新加坡、菲律賓為前三位，件數以印尼、中國、新加坡、菲律賓為前三位。期間中，金額與件數比重均以印尼最大。

再從表 4-18 可知，對東亞建設營造投資金額佔世界比重 1980 年代末 40.6%，進入 1990 年代後前半期下降至 31.3%但後半期回增至 42.2%，2000 年後更上升至 54.5%，1989 至 2004 年累計金額比重 38.9%。件數比重則 1980 年代末 46.8%，1990 年代上升前半期 48.5%後半期 59%，2000 年後更上升至 73.5%，1989 至 2004 年累計比重達 53.7%。國別中，1989 至 2004 年累計金額中國、新加坡、泰國為前三位，件數以泰國、中國、馬來西亞為前三位。期間中，對中國投資金額比重 1990 年代持續增加，2000 年後增至 21.4%最大。件數比重則 1990 年代中國上升前半期超過泰國最大，後半期泰國 20%最大，2000 年後中國跳升至 26.5%最大。

對東亞商業投資金額佔世界比重 1980 年代末 16.7%，進入 1990 年代後前半期下降至 15.1%但後半期回增至 21.8%，2000 年後下降至 16.6%，1989 至 2004 年累計金額比重 17.6%。件數比重則 1980 年代末 22.5%，1990 年代上升前半期 29.5%後半期 40.3%，2000 年後上升至 40.5%，1989 至 2004 年累計比重達 30.7%。國別中，1989 至 2004 年累計金額及件數均以香港、新加坡、中國為前三位。期間中，金額與件數比重均以對香港投資 1990 年代持續最大，2000 年後中國增至 4.9%超過香港最大。

對東亞金融保險投資金額佔世界比重 1980 年代末 7.3%，進入 1990 年代後前半期上升至 14.5%但後半期急降至 5.4%，2000 年後微回至 6.1%，1989 至 2004 年累計金額比重 7.6%。件數比重則 1980

表 4-18　日本對東亞建設服務業種直接投資金額及件數比重　　(%)

		1989-90	1991-95	1996-2000	2001-04	1989-2004	1989-90	1991-95	1996-2000	2001-04	1989-2004
		金額					件數				
建設營造	世界	100.00	100.00	100.00	100.00	100.00	100.00	100.00	100.00	100.00	100.00
	美國	49.50	38.67	48.89	6.25	39.82	36.99	28.28	29.00	7.35	29.27
	東亞	40.59	31.33	42.20	54.46	38.91	46.82	48.50	59.00	73.52	53.68
	新加坡	9.90	11.33	3.33	13.39	8.85	1.73	7.07	5.00	4.41	4.88
	香港	10.89	1.33	1.11	0.00	3.54	6.94	1.01	1.50	0.00	3.05
	台灣	0.99	0.67	1.11	4.46	1.77	5.78	3.03	1.00	13.24	4.27
	韓國	0.00	0.00	1.11	0.89	0.88	0.58	0.51	3.50	4.41	1.83
	馬來西亞	7.92	2.00	2.22	1.79	2.65	15.03	5.56	6.00	11.76	9.15
	泰國	7.92	6.00	12.22	8.04	7.96	8.09	11.11	20.00	4.41	11.59
	印尼	0.99	1.33	4.44	3.57	2.65	2.31	1.01	4.00	4.41	2.44
	菲律賓	0.99	0.67	2.22	0.00	0.88	5.20	4.55	4.00	4.41	4.88
	中國	0.99	8.00	14.44	21.43	9.73	1.16	13.64	11.50	26.47	10.37
	越南	0.00	0.00	0.00	0.89	0.00	0.00	1.01	2.50	0.00	1.22
商業	世界	100.00	100.00	100.00	100.00	100.00	100.00	100.00	100.00	100.00	100.00
	美國	45.27	37.81	39.68	27.91	38.02	39.26	33.32	25.47	26.31	32.88
	東亞	16.74	15.11	21.77	16.56	17.63	22.54	29.45	40.26	40.53	30.68
	新加坡	3.04	3.75	5.84	1.14	3.74	4.38	6.04	8.12	3.62	5.74
	香港	10.18	6.42	7.50	3.47	6.91	7.86	10.40	11.21	9.60	9.74
	台灣	1.76	1.76	1.44	1.78	1.68	4.54	2.98	4.38	3.24	3.77
	韓國	0.08	0.28	1.08	1.74	0.71	0.69	1.47	4.27	4.86	2.14
	馬來西亞	0.32	0.28	0.43	1.98	0.65	0.95	0.84	1.44	1.00	1.01
	泰國	1.04	0.68	3.10	0.94	1.55	2.64	2.04	4.11	2.62	2.70
	印尼	0.16	0.06	0.29	0.50	0.19	0.37	0.53	0.96	2.62	0.79
	菲律賓	0.08	0.06	0.29	0.10	0.13	0.42	0.40	0.69	0.75	0.51
	中國	0.08	1.82	1.80	4.86	2.07	0.69	4.62	4.97	11.85	4.17
	越南	0.00	0.00	0.00	0.05	0.00	0.00	0.13	0.11	0.37	0.11
金融保險	世界	100.00	100.00	100.00	100.00	100.00	100.00	100.00	100.00	100.00	100.00
	美國	29.10	33.06	18.75	7.36	19.99	19.28	17.60	5.32	1.90	5.51
	東亞	7.31	14.59	5.35	6.13	7.64	20.09	27.25	10.53	2.23	7.96
	新加坡	1.78	1.80	0.68	2.19	1.52	4.08	5.01	1.15	0.33	1.25
	香港	3.55	6.00	2.05	0.76	2.65	9.15	10.76	4.27	0.37	2.94
	台灣	0.00	0.10	0.05	0.04	0.06	0.16	1.22	0.45	0.11	0.32
	韓國	0.16	0.05	0.41	1.34	0.57	0.00	0.12	1.33	0.50	0.60
	馬來西亞	0.28	0.83	0.33	0.07	0.33	0.98	1.22	0.10	0.08	0.28
	泰國	0.28	0.44	0.68	0.31	0.33	1.47	1.10	1.29	0.17	0.60
	印尼	1.22	4.68	0.74	0.32	1.43	3.43	4.77	0.80	0.28	1.09
	菲律賓	0.00	0.59	0.30	0.03	0.24	0.49	2.44	0.80	0.03	0.48
	中國	0.04	0.10	0.11	1.07	0.36	0.33	0.24	0.17	0.36	0.32
	越南	0.00	0.00	0.00	0.00	0.00	0.37	0.17	0.17	0.00	0.08
服務	世界	100.00	100.00	100.00	100.00	100.00	100.00	100.00	100.00	100.00	100.00
	美國	71.32	65.51	59.98	37.47	63.56	47.50	42.91	45.39	25.32	43.30
	東亞	8.82	9.44	12.65	23.09	11.13	16.21	20.02	24.72	30.63	20.53
	新加坡	1.06	0.50	1.67	5.06	1.34	1.25	1.48	3.00	5.57	2.04
	香港	1.47	0.88	1.43	4.98	1.55	3.01	2.20	4.15	1.77	2.74
	台灣	0.29	0.46	0.56	2.04	0.59	1.53	1.18	1.32	2.28	1.40
	韓國	1.67	1.71	1.83	1.71	1.71	1.16	1.35	2.71	4.81	1.83
	馬來西亞	0.20	0.71	1.03	1.14	0.70	0.83	1.82	2.19	0.63	1.45
	泰國	1.27	0.25	0.56	1.88	0.75	2.73	1.22	1.73	3.80	2.04
	印尼	1.35	1.46	1.35	1.14	1.39	2.69	2.15	1.73	0.76	2.15
	菲律賓	0.12	0.59	0.40	1.14	0.43	0.79	1.14	1.61	0.38	1.02
	中國	1.39	2.84	3.74	3.43	2.62	2.22	7.35	5.99	10.25	5.70
	越南	0.00	0.04	0.08	0.57	0.05	0.00	0.13	0.29	0.38	0.16
運輸	世界	100.00	100.00	100.00	100.00	100.00	100.00	100.00	100.00	100.00	100.00
	美國	5.23	7.45	18.36	21.31	15.06	8.37	5.34	4.99	3.85	5.72
	東亞	9.91	11.90	3.92	6.22	6.42	12.80	11.41	12.10	12.20	11.86
	新加坡	5.23	3.85	1.07	0.98	2.12	4.77	3.04	3.46	2.46	3.43
	香港	2.88	1.44	0.56	1.33	1.10	2.44	1.78	1.33	1.64	1.76
	台灣	0.18	0.00	0.10	0.27	0.08	0.35	0.07	0.66	1.06	0.44
	韓國	0.00	0.00	0.05	0.44	0.08	0.00	0.00	0.53	1.06	0.26
	馬來西亞	0.18	0.24	0.05	0.18	0.08	0.47	0.22	0.33	0.23	0.26
	泰國	1.08	3.25	0.56	0.18	1.10	3.84	1.70	1.53	0.59	1.94
	印尼	0.00	0.84	0.31	0.18	0.34	0.23	0.67	0.86	1.06	0.70
	菲律賓	0.00	1.08	0.92	2.04	1.02	0.23	0.22	0.80	0.35	0.35
	中國	0.36	1.08	0.25	0.62	0.42	0.47	3.34	2.13	3.52	2.46
	越南	0.00	0.12	0.05	0.00	0.08	0.00	0.37	0.47	0.23	0.26

　　年代末 20.1%，1990 年代前半期上升至 27.3%後半期下降至 10.5%，2000 年後更降至 2.2%，1989 至 2004 年累計比重 8%。國別中，1989 至 2004 年累計金額及件數均以香港、新加坡、印尼為前三位。期間中，金額與件數比重均以對香港投資最大。

　　對東亞服務投資金額佔世界比重 1980 年代末 8.8%，進入 1990 年代後上升前半期 9.4%後半期 12.7%，2000 年後上升至 23.1%，1989 至 2004 年累計金額比重 11.1%。件數比重則 1980 年代末 16.2%，1990 年代上升前半期 20%後半期 24.7%，2000 年後更上升至 30.6%，1989 至 2004 年累計比重 20.5%。國別中，1989 至 2004 年累計金額以中國、韓國、香港為前三位，件數以中國、韓國、印尼為前三位。期間中，1990 年代中國金額比重最大，2000 年後新加坡最大。件數比重則均以中國最大。

　　對東亞運輸投資金額佔世界比重 1980 年代末 9.9%，進入 1990 年代後前半期上升至 11.9%後半期急降至 3.9%，2000 年後微升至 6.2%，1989 至 2004 年累計金額比重 6.4%。件數比重則 1980 年代末 12.8%，1990 年代前半期下降至 11.4%後半期回升至 12.1%，2000 年後 12.2%，1989 至 2004 年累計比重 11.9%。國別中，1989 至 2004 年累計金額以新加坡、香港、泰國、菲律賓為前三位，件數以新加坡、泰國、中國、香港為前三位。期間中，金額比重 1990 年代新加坡最大，2000 年後菲律賓最大。件數比重則 1990 年代前半期及 2000 年後中國最大，1990 年代前半期新加坡最大。

　　建設營造是日本對東亞直接投資中佔世界比重最大的非製造業。其中對中國累計金額投資比重最大，對泰國累計件數投資比重最大。服務投資中對中國金額及件數比重亦最大。但其他兩項投資金額較大的金融保險與商業則皆以香港比重最大。

　　接著檢視日本對東亞件平均投資金額的變化。

　　首先由表 4-19 可知，對東亞製造業國別件平均投資金額，1980 年代末以來大多持續增加，期間中亦未受亞洲金融風暴影響而下降。1980 年代末新加坡 13.1 億日圓最高，接著印尼 7.3 億日圓、

表 4-19　日本對東亞製造業、非製造業別直接投資件平均金額　　（億日圓）

	1989-90	1991-95	1996-2000	2001-04	1989-90	1991-95	1996-2000	2001-04
	製造業				非製造業			
美國	22.74	25.19	55.37	50.85	15.32	19.95	43.82	35.81
新加坡	13.13	11.86	21.67	42.55	11.38	9.49	15.86	24.69
香港	3.07	4.82	11.29	6.30	10.17	9.58	13.84	16.24
台灣	5.76	8.22	12.61	18.24	3.74	6.26	7.43	11.61
韓國	5.62	8.00	16.40	13.19	17.06	11.06	8.96	13.34
馬來西亞	6.45	10.34	12.16	23.19	4.93	8.88	13.20	24.89
泰國	4.06	5.52	12.62	14.82	4.68	6.37	12.99	11.08
印尼	7.28	9.85	14.74	13.43	9.25	15.35	25.38	12.51
菲律賓	6.00	6.75	11.24	28.51	2.81	6.19	11.14	18.50
中國	2.59	3.44	8.87	10.53	6.37	5.85	10.84	10.60
越南	0.50	4.49	8.06	7.75	.	3.44	2.42	11.67
	與世界平均比							
美國	1.72	2.29	1.83	1.79	1.08	1.29	1.48	2.54
新加坡	0.99	1.08	0.72	1.50	0.80	0.61	0.54	1.75
香港	0.23	0.44	0.37	0.22	0.72	0.62	0.47	1.15
台灣	0.43	0.75	0.42	0.64	0.26	0.40	0.25	0.82
韓國	0.42	0.73	0.54	0.47	1.20	0.71	0.30	0.95
馬來西亞	0.49	0.94	0.40	0.82	0.35	0.57	0.45	1.77
泰國	0.31	0.50	0.42	0.52	0.33	0.41	0.44	0.79
印尼	0.55	0.90	0.49	0.47	0.65	0.99	0.86	0.89
菲律賓	0.45	0.61	0.37	1.01	0.20	0.40	0.38	1.31
中國	0.20	0.31	0.29	0.37	0.45	0.38	0.37	0.75
越南	0.04	0.41	0.27	0.27	.	0.22	0.08	0.83

馬來西亞 6.5 億日圓、菲律賓 6 億日圓、台灣 5.8 億日圓、韓國 5.6 億日圓、泰國 4.1 億日圓、香港 3.1 億日圓、中國 2.6 億日圓、越南 0.5 億日圓等。2000 年後新加坡 42.6 億日圓最高，接著菲律賓 28.5 億日圓、馬來西亞 23.2 億日圓、台灣 18.2 億日圓、泰國 14.8 億日圓、印尼 13.4 億日圓、韓國 13.2 億日圓、中國 10.5 億日圓、越南 7.8 億日圓、香港 6.3 億日圓等。其中以越南的成長幅度最大，中國次之，但平均投資金額皆為東亞中相對的小規模。日本對東亞製造業的件平均投資期間中雖持續增加但皆低於美國的規模。而與各期間日本對世界製造業件平均投資金額相比，同表 4-19 下半部可知對東亞投資除新加坡 1990 年代前半及 2000 年後以及菲律賓 2000 年後均小於 1，相較美國的 1.7-2.3，可知大多仍為相對小規模的投資。2000 年後香港 0.22 最低，越南 0.27，中國 0.37，韓國、印尼 0.47，泰國 0.52，台灣 0.64，馬來西亞 0.82 皆低於世界平均水準。

　　對東亞非製造業國別件平均投資金額，同表 4-19 可知，1980 年代末以來大多持續增加，期間中亦未受亞洲金融風暴影響而下降。1980 年代末韓國 17.1 億日圓最高，接著新加坡 11.4 億日圓、香港 10.2 億日圓、印尼 9.3 億日圓、中國 6.4 億日圓、馬來西亞 4.9 億日圓、泰國 4.7 億日圓、台灣 3.7 億日圓、菲律賓 2.8 億日圓等。2000 年後馬來西亞 24.9 億日圓最高，接著新加坡 24.7 億日圓、菲律賓 18.5 億日圓、香港 16.2 億日圓、韓國 13.3 億日圓、印尼 12.5 億日圓、越南 11.7 億日圓、台灣 11.6 億日圓、泰國 11.1 億日圓、中國 10.6 億日圓等。其中以菲律賓的成長幅度最大，馬來西亞次之。日本對東亞非製造業的件平均投資期間中雖大多增加但皆低於美國的規模。而與各期間日本對世界非製造業件平均投資金額相比，同表 9-19 下半部可知對東亞投資除 2000 年後新加坡、香港、馬來西亞、菲律賓及韓國 1990 年代前半外均小於 1，相較美國的 1.1-2.5，可知東亞非製造業大多仍為相對小規模的投資，但 2000 年後比製造業對世界平均的差距則明顯改善提高。2000 年後中國 0.75 最低，泰國 0.79，台灣 0.82，越南 0.83，印尼 0.89 等低於世界平均水準。

　　日本對東亞製造業各業種投資平均規模中，總件數最多占世界業種比重最高的纖維紡織，其投資平均規模是製造業中最小，表4-20 可知，東亞中 1980 年代末台灣 4 億日圓最多，接著印尼 3.1 億日圓、韓國 2.8 億日圓，2000 年後則泰國 10.9 億日圓最高，接著中國 7.2 億日圓、印尼 6.7 億日圓。另表 4-21 可知 2000 年後與世界平均比，泰國 1.2，其他都低於 1。木材紙漿投資 1980 年代末新加坡 3.3 億日圓最多，接著印尼 3.2 億日圓、馬來西亞 2 億日圓，2000 年後則印尼 45.4 億日圓最高，接著台灣、韓國 10 億日圓。2000 年後與世界平均比，印尼 1.3，其他都低於 1。食品加工投資 1980 年代末新加坡 104.7 億日圓最多，接著印尼 4.5 億日圓、韓國 3.9 億日圓，2000 年後則菲律賓 443.5 億日圓最高，接著新加坡 22 億日圓、香港 18.2 億日圓。2000 年後與世界平均比，菲律賓 22.1，新加坡 1.1，其他都低於 1。化學投資 1980 年代末印尼 21.1 億日圓最多，接著馬來西亞 12.9 億日圓、台灣 10.3 億日圓，2000 年後則新加坡 40 億日圓最高，接著菲律賓 37 億日圓、泰國 20.4 億日圓。2000 年後與世界平均比，都低於 1。

　　再從表 4-22 可知，東亞鋼鐵機械投資中，鋼鐵非鐵金屬的投資 1980 年代末台灣 7 億日圓最多，接著韓國 5 億日圓、馬來西亞 4.4 億日圓，2000 年後則新加坡 36 億日圓最高，接著台灣 15.8 億日圓、泰國 13.1 億日圓。另表 4-23 可知 2000 年後與世界平均比，新加坡 2，其他都低於 1。一般機械投資 1980 年代末馬來西亞 9.1 億日圓最多，接著泰國 7.4 億日圓、印尼 5 億日圓，2000 年後則馬來西亞 31 億日圓最高，接著新加坡 20 億日圓、香港 13 億日圓。2000 年後與世界平均比，馬來西亞 1.6，新加坡 1，其他都低於 1。總投資額最大的電機機械投資 1980 年代末菲律賓 23.2 億日圓最多，接著新加坡 15.4 億日圓、馬來西亞 9.5 億日圓，2000 年後則新加坡 59.1 億日圓最高，接著台灣 27.2 億日圓、馬來西亞 26.9 億日圓。2000 年後與世界平均比，新加坡 1.7，其他都低於 1。總投資額次大的運輸機械投資 1980 年代末印尼 57.8 億日圓最多，接著

表 4-20　日本對東亞製造業別直接投資件平均金額　　（億日圓）

	1989-90	1991-95	1996-2000	2001-04	1989-90	1991-95	1996-2000	2001-04
	纖維紡織業				木材紙漿業			
美國	8.06	10.00	28.43	8.00	12.78	7.20	42.17	11.00
新加坡	.	18.00	.	.	3.25	1.00	2.00	.
香港	1.35	1.64	6.80	6.67	0.60	0.50	.	.
台灣	4.00	17.00	6.60	.	1.00	.	.	10.00
韓國	2.83	2.50	31.57	.	0.50	1.67	6.75	10.00
馬來西亞	1.75	2.17	29.00	.	1.95	3.27	6.00	.
泰國	1.98	1.56	7.36	10.86	1.00	1.69	15.50	4.00
印尼	3.05	4.50	9.44	6.73	3.20	3.95	15.14	45.40
菲律賓	0.29	0.84	0.40	.	0.50	3.20	8.00	.
中國	0.71	1.25	3.26	7.18	0.67	3.00	10.00	9.15
越南	0.00	1.15	1.86	.	.	.	1.00	.
	食品加工業				化學業			
美國	13.49	15.98	16.31	18.68	31.08	38.09	51.21	140.31
新加坡	104.67	3.09	15.00	22.00	4.13	33.42	14.22	40.00
香港	3.00	5.56	6.11	18.20	9.00	7.38	9.00	3.00
台灣	3.65	6.25	2.00	3.00	10.25	13.00	9.82	18.00
韓國	3.88	4.25	16.83	2.50	8.00	11.23	19.32	16.18
馬來西亞	2.00	5.50	27.50	8.00	12.94	12.06	19.75	20.33
泰國	2.40	4.32	4.07	5.83	3.79	8.28	14.97	20.42
印尼	4.50	3.80	8.83	12.50	21.11	37.36	26.65	6.79
菲律賓	1.50	2.60	5.00	443.50	5.17	5.69	10.81	37.00
中國	2.21	2.80	10.10	6.38	1.88	3.90	8.98	8.07
越南	.	2.00	13.75	11.00	.	2.25	12.11	6.75

表 4-21　日本對東亞製造業別直接投資件平均金額／世界平均

	1989-90	1991-95	1996-2000	2001-04	1989-90	1991-95	1996-2000	2001-04
	纖維紡織業				木材紙漿業			
美國	1.61	4.46	4.03	0.90	1.82	0.89	2.13	0.31
新加坡	.	8.04	.	.	0.46	0.12	0.10	.
香港	0.27	0.73	0.96	0.75	0.09	0.06	.	.
台灣	0.80	7.59	0.94	.	0.14	.	.	0.28
韓國	0.56	1.12	4.48	.	0.07	0.21	0.34	0.28
馬來西亞	0.35	0.97	4.11	.	0.28	0.40	0.30	.
泰國	0.40	0.70	1.04	1.22	0.14	0.21	0.78	0.11
印尼	0.61	2.01	1.34	0.76	0.46	0.49	0.76	1.29
菲律賓	0.06	0.38	0.06	.	0.07	0.39	0.40	.
中國	0.14	0.56	0.46	0.81	0.10	0.37	0.50	0.26
越南	0.00	0.51	0.26	.	.	.	0.05	.
	食品加工業				化學業			
美國	1.27	1.63	0.21	0.93	1.80	1.72	1.92	2.99
新加坡	9.87	0.32	0.19	1.09	0.24	1.51	0.53	0.85
香港	0.28	0.57	0.08	0.91	0.52	0.33	0.34	0.06
台灣	0.34	0.64	0.03	0.15	0.59	0.59	0.37	0.38
韓國	0.37	0.43	0.21	0.12	0.46	0.51	0.73	0.34
馬來西亞	0.19	0.56	0.35	0.40	0.75	0.54	0.74	0.43
泰國	0.23	0.44	0.05	0.29	0.22	0.37	0.56	0.43
印尼	0.42	0.39	0.11	0.62	1.22	1.68	1.00	0.14
菲律賓	0.14	0.27	0.06	22.05	0.30	0.26	0.41	0.79
中國	0.21	0.29	0.13	0.32	0.11	0.18	0.34	0.17
越南	.	0.20	0.17	0.55	.	0.10	0.45	0.14

表 4-22 　日本對東亞鋼鐵機械業別直接投資件平均金額 　　　（億日圓）

	1989-90	1991-95	1996-2000	2001-04	1989-90	1991-95	1996-2000	2001-04
	鋼鐵非鐵金屬業				一般機械業			
美國	26.96	14.06	32.03	52.07	14.30	18.36	18.40	40.41
新加坡	3.56	2.82	10.25	36.00	2.62	10.54	13.71	20.00
香港	2.36	2.32	10.84	1.60	2.14	11.60	11.80	13.00
台灣	6.95	11.75	13.58	15.80	3.37	4.67	5.86	8.00
韓國	5.00	7.10	27.88	9.00	3.42	5.70	13.00	9.33
馬來西亞	4.35	9.94	10.60	12.67	9.12	13.38	7.18	31.00
泰國	3.91	8.75	13.66	13.11	7.43	6.74	7.97	11.64
印尼	2.37	5.08	16.51	8.27	5.00	5.05	8.44	5.17
菲律賓	1.56	8.46	8.13	10.14	2.00	6.07	11.61	7.25
中國	2.15	4.37	7.67	9.27	11.00	6.30	12.17	9.70
越南	.	4.79	4.17	6.67	.	1.80	4.20	.
	電機業				運輸機械業			
美國	41.12	30.47	138.30	91.66	24.26	24.05	44.03	19.79
新加坡	15.38	16.87	33.43	59.13	.	1.50	.	38.00
香港	7.16	7.51	17.44	6.63	.	17.33	1.50	3.00
台灣	7.50	8.13	14.68	27.17	7.00	6.13	68.00	42.25
韓國	7.31	14.50	9.49	11.37	28.20	16.86	10.25	17.86
馬來西亞	9.48	11.03	12.06	26.91	2.38	6.75	10.33	19.33
泰國	8.39	10.02	16.46	14.19	8.17	5.61	16.05	17.10
印尼	3.00	11.17	11.15	6.56	57.80	6.21	13.80	25.38
菲律賓	23.17	10.09	12.65	14.54	4.60	9.70	12.77	18.00
中國	5.60	8.13	14.49	10.99	1.00	7.18	15.72	17.65
越南	.	5.70	11.35	9.06	.	8.50	6.64	7.50

表 4-23　日本對東亞鋼鐵機械業別直接投資件平均金額／世界平均

	1989-90	1991-95	1996-2000	2001-04	1989-90	1991-95	1996-2000	2001-04
	鋼鐵非鐵金屬業				一般機械業			
美國	2.49	1.52	1.84	2.81	1.16	1.48	1.22	2.05
新加坡	0.33	0.30	0.59	1.95	0.21	0.85	0.91	1.01
香港	0.22	0.25	0.62	0.09	0.17	0.93	0.78	0.66
台灣	0.64	1.27	0.78	0.85	0.27	0.38	0.39	0.41
韓國	0.46	0.77	1.60	0.49	0.28	0.46	0.86	0.47
馬來西亞	0.40	1.07	0.61	0.68	0.74	1.08	0.48	1.57
泰國	0.36	0.94	0.78	0.71	0.60	0.54	0.53	0.59
印尼	0.22	0.55	0.95	0.45	0.40	0.41	0.56	0.26
菲律賓	0.14	0.91	0.47	0.55	0.16	0.49	0.77	0.37
中國	0.20	0.47	0.44	0.50	0.89	0.51	0.81	0.49
越南	.	0.52	0.24	0.36	.	0.15	0.28	.
	電機業				運輸機械業			
美國	1.64	1.99	2.81	2.63	1.10	1.17	1.14	0.55
新加坡	0.61	1.10	0.68	1.70	.	0.07	.	1.06
香港	0.29	0.49	0.35	0.19	.	0.84	0.04	0.08
台灣	0.30	0.53	0.30	0.78	0.32	0.30	1.76	1.18
韓國	0.29	0.94	0.19	0.33	1.28	0.82	0.27	0.50
馬來西亞	0.38	0.72	0.25	0.77	0.11	0.33	0.27	0.54
泰國	0.33	0.65	0.33	0.41	0.37	0.27	0.42	0.48
印尼	0.12	0.73	0.23	0.19	2.62	0.30	0.36	0.71
菲律賓	0.92	0.66	0.26	0.42	0.21	0.47	0.33	0.50
中國	0.22	0.53	0.29	0.32	0.05	0.35	0.41	0.49

韓國 28.2 億日圓、泰國 8.2 億日圓，2000 年後則台灣 42.3 億日圓最高，接著新加坡 38 億日圓、印尼 25.4 億日圓。2000 年後與世界平均比，台灣 1.2，新加坡 1.1，都低於 1。

　　日本對東亞製造業各業種平均投資規模的變化分布，纖維紡織、鋼鐵機械等的變化中可以看出與東亞雁行發展的關係。纖維紡織的較大投資規模分佈從台韓等一梯 NIEs 轉向二梯 NIEs 及中國。鋼鐵機械業種的平均投資規模持續增加，投資規模分佈則新台韓等一梯 NIEs 持續較大投資規模而二梯 NIEs 及中國相對較小。但是化學、木材紙漿及食品業投資規模分佈與當地資源關係密切，台韓等一梯 NIEs 投資規模雖也增加，但新加坡及二梯 NIEs 明顯呈現較大投資規模。

　　而對東亞非製造業投資中，表 4-24 可知對礦產投資 1980 年代末菲律賓 50 億日圓最多，接著馬來西亞 21.5 億日圓、印尼 18 億日圓，2000 年後則新加坡 26 億日圓最高，接著泰國 8 億日圓、中國 7 億日圓。另表 4-25 可知 2000 年後與世界平均比，都低於 1。建設營造投資 1980 年代末新加坡 40.7 億日圓最多，接著香港 12.4 億日圓、中國 8 億日圓，2000 年後則新加坡 56 億日圓最高，接著泰國 33 億日圓、印尼 16 億日圓。2000 年後與世界平均比，新加坡 3.1，泰國 1.8，其他都低於 1。總投資額次大的商業投資 1980 年代末香港 12 億日圓最多，接著新加坡 6.6 億日圓、印尼 4.5 億日圓，2000 年後則馬來西亞 58 億日圓最高，接著台灣 15.7 億日圓、中國 11.4 億日圓。2000 年後與世界平均比，馬來西亞 2.1，其他都低於 1。總投資額最大的金融保險投資 1980 年代末新加坡 26.3 億日圓最多，接著香港 22.8 億日圓、印尼 20.1 億日圓，2000 年後則新加坡 68.8 最高，接著中國 31.5 億日圓、韓國 28 億日圓。2000 年後與世界平均比，新加坡 6.6，中國 3，韓國 2.7，香港 2，泰國 1.8，菲律賓、印尼 1.2，只有馬來西亞、台灣低於 1。服務投資 1980 年代末韓國 23.5 億日圓最多，接著新加坡 13.9 億日圓、中國 10 億日圓，2000 年後則菲律賓 49.5 億日圓最高，接著

表 4-24　日本對東亞非製造業別直接投資件平均金額　　　（億日圓）

	1989-90	1991-95	1996-2000	2001-04	1989-90	1991-95	1996-2000	2001-04
	礦產業				建設營造業			
美國	9.98	6.56	30.17	40.71	11.21	16.11	22.40	18.00
新加坡	2.00	3.00	.	26.00	40.67	19.14	9.00	56.00
香港	1.00	.	.	.	12.36	15.50	12.00	.
台灣	.	.	1.00	.	1.89	2.83	22.00	5.50
韓國	.	1.00	.	2.00	1.00	1.00	6.25	4.00
馬來西亞	21.50	34.75	4.33	.	4.52	3.64	4.00	2.60
泰國	2.00	4.00	2.00	8.00	7.38	6.77	8.04	33.00
印尼	18.00	19.76	52.19	3.00	4.00	13.00	14.00	16.00
菲律賓	50.00	7.86	.	.	1.88	0.89	8.20	1.50
中國	4.38	1.83	2.33	7.00	8.00	6.74	16.64	14.58
越南	.	.	.	.	.	2.50	2.67	.
	商業				金融保險業			
美國	10.77	13.77	34.06	29.47	88.45	72.88	133.60	40.62
新加坡	6.55	7.45	15.71	8.95	26.27	14.29	22.30	68.75
香港	12.01	7.46	14.58	10.10	22.78	21.61	18.14	21.00
台灣	3.69	7.19	7.33	15.71	3.00	3.60	4.75	5.00
韓國	1.00	2.42	5.44	9.96	.	15.00	11.35	28.00
馬來西亞	3.06	4.05	6.38	58.00	17.00	26.60	109.00	9.75
泰國	3.64	4.11	16.72	10.00	11.13	16.11	20.18	19.25
印尼	4.50	1.42	6.27	5.14	20.95	38.49	34.43	12.23
菲律賓	1.57	2.33	8.00	3.50	1.00	9.65	14.29	13.00
中國	1.33	4.85	8.00	11.43	8.50	14.00	22.00	31.47
越南	.	1.67	2.00	2.00	.	2.33	1.67	.
	服務業				運輸業			
美國	24.14	23.94	28.29	25.29	5.66	13.36	142.11	80.00
新加坡	13.92	5.40	12.16	15.59	9.81	12.44	12.16	5.50
香港	7.93	6.21	7.28	49.33	10.95	7.58	15.75	12.11
台灣	3.13	5.93	8.79	15.33	3.00	3.00	7.17	4.00
韓國	23.45	19.91	14.32	6.12	.	.	4.00	5.83
馬來西亞	3.88	6.26	10.26	34.33	2.25	9.33	8.33	17.00
泰國	7.34	3.00	6.72	8.50	2.33	18.35	13.93	4.67
印尼	8.15	10.56	16.61	26.50	1.50	12.00	13.38	2.00
菲律賓	2.73	7.85	5.29	49.50	0.50	45.33	46.14	85.00
中國	10.09	6.08	13.40	5.70	5.00	2.93	4.74	2.45
越南	.	3.00	4.00	24.00	.	2.40	4.00	3.00

表 4-25　日本對東亞非製造業別直接投資件平均金額／世界平均

	1989-90	1991-95	1996-2000	2001-04	1989-90	1991-95	1996-2000	2001-04
	礦產業				建設營造業			
美國	0.50	0.39	1.18	0.31	1.35	1.37	1.68	0.99
新加坡	0.10	0.18	.	0.20	4.91	1.63	0.67	3.07
香港	0.05	.	.	.	1.49	1.32	0.90	.
台灣	.	.	0.04	.	0.23	0.24	1.65	0.30
韓國	.	0.06	.	0.02	0.12	0.08	0.47	0.22
馬來西亞	1.09	2.07	0.17	.	0.55	0.31	0.30	0.14
泰國	0.10	0.24	0.08	0.06	0.89	0.58	0.60	1.81
印尼	0.91	1.18	2.04	0.02	0.48	1.10	1.05	0.88
菲律賓	2.53	0.47	.	.	0.23	0.08	0.61	0.08
中國	0.22	0.11	0.09	0.05	0.97	0.57	1.25	0.80
越南	.	.	.	.	0.21	0.20		
	商業				金融保險業			
美國	1.15	1.14	1.56	1.06	1.51	1.87	3.53	3.88
新加坡	0.70	0.61	0.72	0.32	0.45	0.37	0.59	6.57
香港	1.29	0.62	0.67	0.36	0.39	0.56	0.48	2.01
台灣	0.40	0.59	0.34	0.57	0.05	0.09	0.13	0.48
韓國	0.11	0.20	0.25	0.36	.	0.39	0.30	2.68
馬來西亞	0.33	0.33	0.29	2.09	0.29	0.68	2.88	0.93
泰國	0.39	0.34	0.76	0.36	0.19	0.41	0.53	1.84
印尼	0.48	0.12	0.29	0.19	0.36	0.99	0.91	1.17
菲律賓	0.17	0.19	0.37	0.13	0.02	0.25	0.38	1.24
中國	0.14	0.40	0.37	0.41	0.14	0.36	0.58	3.01
越南	.	0.14	0.09	0.07	.	0.06	0.04	.
	服務業				運輸業			
美國	1.50	1.53	1.32	1.48	0.62	1.40	3.67	5.49
新加坡	0.87	0.34	0.57	0.91	1.07	1.30	0.31	0.38
香港	0.49	0.40	0.34	2.88	1.20	0.79	0.41	0.83
台灣	0.19	0.38	0.41	0.90	0.33	0.31	0.19	0.27
韓國	1.46	1.27	0.67	0.36	.	.	0.10	0.40
馬來西亞	0.24	0.40	0.48	2.01	0.25	0.97	0.22	1.17
泰國	0.46	0.19	0.31	0.50	0.25	1.92	0.36	0.32
印尼	0.51	0.67	0.78	1.55	0.16	1.25	0.35	0.14
菲律賓	0.17	0.50	0.25	2.89	0.05	4.74	1.19	5.83
中國	0.63	0.39	0.63	0.33	0.55	0.31	0.12	0.17
越南	.	0.19	0.19	1.40	.	0.25	0.10	0.21

香港 49.3 億日圓、馬來西亞 34.3 億日圓、印尼 26.5 億日圓。2000
年後與世界平均比，菲律賓 2.89，香港 2.88，馬來西亞 2，印尼 1.6，
越南 1.4，其他都低於 1。運輸業投資 1980 年代末香港 11 億日圓
最多，接著新加坡 9.8 億日圓、中國 5 億日圓，2000 年後則菲律賓
85 億日圓最高，接著馬來西亞 17 億日圓、香港 12 億日圓。2000
年後與世界平均比，菲律賓 5.8，馬來西亞 1.2，其他都低於 1。

　　隨著東亞的經濟發展，日本對東亞建設營造、商業、金融保險、
企業服務等非製造業投資平均金額擴大變化趨勢發展，其中金融保
險 2000 年後更普遍大於世界平均水準。

參、東亞日系企業的經營

一、日本企業對亞洲直接投資的目的

　　以下從日本 2000 年以後所作調查報告進一步探討日本製造業
對亞洲投資的動機、策略及實際營運狀況。

（一）海外直接投資的目的與經營策略

　　首先依據日本經濟產業省針對 2006 年度日系製造業的投資動
機調查[4]，1.當地政府的產業育成與保護政策、2. 優質、價廉勞動
力、3. 確保技術人員的容易度、4. 當地採購零組件的容易度、5. 價
廉的土地等當地資本、6. 品質價格均具回銷日本的可能性、7. 當
地製品需求高或未來具潛力、8. 鄰近第三國製品需求高或未來具
潛力、9. 當地社會資本投資符合必要水準、10. 日系企業曾參與投

---

[4] 2000 年後各年度日本經濟產業省『海外事業活動基本調查』。日本經濟產業
　　省經濟產業政策局針對金融、保險、不動產業以外擁有國外企業法人（當
　　地投資企業含日本出資 10%以上的子公司及 50%以上的孫公司）的日本國
　　內企業所作調查。

資的當地採購對象企業或產業等的結果如表 4-26 所示，當地製品需求或具潛力為最重要動機，質優價廉的勞動力次之，接著供應鏈中日系企業的參與、鄰近第三國製品需求或未來潛力、回銷日本的價格品質供應能力、當地零組件採購的容易度、當地政府的產業育成與保護政策、價廉的土地等當地資本、技術人員的確保等。

2006 年與 2004 年相比，當地製品需求及鄰近第三國製品需求的市場因素及確保技術人員的當地生產要素因素的比率提昇，而當地生產要素因素的質優價廉的勞動力、價廉的土地等當地資本及生產外部因素的供應鏈中日系企業的參與、當地零組件採購的容易度以及當地政府政策、回銷日本的比率均下降。市場導向的趨勢大企業外中小企業也相同。但是中小企業相較於大企業仍重視質優價廉的勞動力、價廉的土地、技術人員確保的當地生產要素因素以及回銷日本的可能性。

此與日本經濟產業省 2000 年調查所顯示日本企業的海外投資尤其是對亞洲投資動機中降低成本為最主要，接著擴大當地市場銷售、對日本逆輸入以及特別對東亞的建構零組件生產供應體系等目的的結果已有改變。

表 4-26　日本製造業決定海外投資的要因　　　　(%)

		1.當地政府政策	2.優廉勞動力	3.技術人員的確保	4.當地採購零組件	5.價廉的當地資本	6.回銷日本的可能性	7.當地製品需求	8.鄰近第三國需求	9.當地社會資本	10.日系供應鏈
全產業	2004	13.6	46.7	3.8	12.0	7.6	15.3	61.2	18.2	10.2	41.0
	2006	8.6	34.5	4.4	9.5	7.1	13.1	66.3	21.7	9.2	31.9
大企業	2004	14.9	47.4	4.1	12.2	5.9	11.6	66.5	20.8	11.8	37.4
	2006	9.6	32.9	4.2	9.5	5.4	9.9	70.4	23.0	9.9	29.6
中小企業	2004	14.8	53.8	2.4	10.7	13.0	26.0	47.9	10.7	5.9	48.5
	2006	6.8	44.0	5.8	11.0	12.0	22.5	56.0	21.5	9.4	34.6
製造業	2004	14.9	52.0	3.0	13.3	8.9	15.6	64.6	19.2	9.2	39.8
	2006	8.5	38.7	3.6	10.1	8.5	13.4	69.5	23.1	7.7	29.8
大企業	2004	15.8	52.3	3.1	13.9	6.6	12.2	69.7	22.4	10.2	35.1
	2006	9.2	37.0	2.9	10.5	6.4	10.5	73.9	24.4	7.6	27.3
中小企業	2004	15.1	55.6	2.4	9.5	14.3	27.0	48.4	10.3	4.8	52.4
	2006	6.0	46.3	6.0	11.4	12.8	22.1	58.4	23.5	10.1	34.9

資料出處：經產省(2006)『35 回 2004 年度日本海外事業活動調查』11-6 表及經產省(2008)『37 回 2006 年度日本海外事業活動調查』11-4 表。

　　而海外日系企業經營上主要面臨的問題，由表 4-27 可知，外匯及國外資金調度匯款限制的比率最高，移轉價格稅制次之，接著零組件原材料的採購、外國人僱用限制及當地國民強制僱用的規定、通膨、簽證限制、出資比率限制等。大企業的問題順序以移轉價格稅制最高，外匯及國外資金調度、匯款限制次之，接著零組件原材料的採購、增稅政策、出資比率限制、通膨、外國人僱用限制及當地國民強制僱用的規定、簽證限制，中小企業則外匯及國外資金調度最高，增稅政策次之，接著零組件原材料的採購、移轉價格稅制、外國人僱用限制及當地國民強制僱用的規定、通膨等。

　　日系製造業海外經營上的主要問題，與全產業的順序大致相似，但技術移轉規定的比率高於出資比率限制，而大企業及中小企業的主要問題與全產業大企業及中小企業的順序亦大致相似，但技術移轉規定的比率皆較高。

表 4-27　日系企業的當地經營問題（2004）　　　　　　　　(%)

	1.零件原材料採購	2.輸出規定要求	3.國內銷售規定	4.技術移轉規定	5.出資比率限制	6.外匯及匯款限制	7.外籍及當地僱用	8.簽證限制	9.增稅政策	10.移轉價格稅制	11.通貨膨脹
全產業	21.6	5.2	6.9	8.5	12.4	29.0	14.1	13.4	21.2	28.7	13.6
大企業	18.9	4.8	6.1	9.1	15.6	30.7	12.8	12.5	18.9	33.9	13.2
中小企業	24.9	7.0	8.3	8.9	8.6	27.6	16.3	13.8	25.8	19.6	15.9
製造業	25.7	6.0	7.9	11.4	10.0	29.2	12.7	11.9	21.6	32.9	14.8
大企業	23.4	5.6	6.8	11.8	13.1	30.0	11.5	11.2	18.3	40.0	14.3
中小企業	28.4	7.9	9.1	11.4	7.2	29.1	15.4	13.2	26.3	21.6	16.0

資料出處：經產省(2006)『35 回 2004 年度日本海外事業活動調查』11-8 表。

　　再從海外日系企業擬增加或充實的機能而言，表 4-28 可知 1990 年代中期以後，研究發展與企劃設計的研發機能持續佔最大比重，此主要為因應當地需求的製品改良、強化市場行銷，另外知識經濟化下全球研發據點的佈局對日本企業研發的全球化、全球化經營的展開具有重要的意義。接著為銷售、製造與原材料零組件採購等的機能。

2003 年的調查顯示亞洲日系企業的研發機能最需充實，接著是銷售、製造、原材料零組件採購等機能。亞洲日系製造業亦雷同，其研發、銷售、製造、原材料零組件採購等機能比重皆超過歐美，但金融、區域運籌比重高於北美低於歐洲，控股公司比重則低於歐美。

表 4-28　日系企業擬擴充或新增機能　　(%)

	研發設計	研究發展	企劃設計	製造	原材料零組件採購	銷售	金融	控股公司	區域運籌
1996	65.3	29.1	36.2	52.8	42.9	55.2	18.2	17.1	24.4
1997	65.3	30.5	34.8	48.1	38.6	51.2	17.2	14.9	25.1
1998	56.5	23.5	33.0	44.2	39.5	48.8	15.0	11.1	21.4
1999	63.8	29.1	34.7	50.9	41.8	52.1	14.2	11.3	23.1
2000	64.4	30.6	33.8	46.8	40.0	50.0	12.7	11.8	21.7
2001	53.7	23.3	30.4	42.2	38.4	48.3	10.7	9.0	18.5
2002	61.9	30.2	31.7	47.7	39.6	55.8	11.7	11.5	22.2
2003	59.7	28.8	30.9	50.8	39.1	56.5	12.6	14.2	23.3
北美	55.4	29.1	26.3	46.7	30.2	56.2	10.0	12.4	20.6
亞洲	65.6	32.0	33.6	54.0	43.6	58.7	12.4	13.5	24.5
歐洲	53.2	23.1	30.1	38.3	29.1	53.1	18.9	20.7	26.1
製造業	60.3	30.4	29.9	52.1	38.9	55.7	9.0	8.3	18.1
北美	56.2	30.1	26.1	47.4	30.0	57.8	7.3	8.0	17.0
亞洲	66.1	33.2	32.9	55.4	43.5	56.6	9.5	7.4	18.2
歐洲	49.6	24.1	25.5	38.7	26.5	51.7	10.1	10.6	19.4
非製造業	56.8	24.0	32.8	38.5	39.3	57.5	18.0	22.1	29.3
北美	53.8	27.1	26.7	41.3	30.7	54.7	13.4	17.6	24.4
亞洲	62.5	26.9	35.6	37.6	44.1	61.9	19.6	24.9	33.8
歐洲	57.0	20.6	36.4	35.4	34.5	54.1	24.8	28.9	31.4

資料出處：經產省(2005)『34 回 2003 年度日本海外事業活動調查』11-7,9 表。

另外日本企業海外事業的未來經營策略上，表 4-29 可知亞洲特別是東亞日系企業仍為重點所在。美歐亞洲域日系企業均以維持現狀比率最高，縮小事業比率最低。但增設當地日系企業等擴大海外事業投資的選擇對象則以東亞為主，東亞中又以中國為主要，其次為亞洲二梯 NIEs（ASEAN4），而印度等其他亞洲國家的比率則超過亞洲一梯 NIEs（ANIEs3）。委託生產比率亦以中國最高，亞洲二梯 NIEs 次之，而印度等其他亞洲國家則超過亞洲一梯 NIEs 及美歐。

　　日系製造業的洲域別未來經營策略與全產業雷同。但是 2006 年調查結果與 2004 年相比，以增設當地日系製造業等擴大海外事業投資而言，中國的比率雖仍最高但大幅下降，印度等其他亞洲國家的比率顯著上升，亞洲二梯 NIEs 也上升。另外減少當地日系製造業等縮小海外事業投資而言，中國及亞洲二梯 NIEs 的比率雖小但皆上升，與一梯 NIEs 及歐美的下降形成對比。

表 4-29　未來亞洲日系企業經營策略　　　　　　　(%)

		增設當地企業等擴大海外事業	維持現狀	縮小海外事業	進行或檢討委託生產	增設當地企業等擴大海外事業	維持現狀	縮小海外事業	進行或檢討委託生產
		全產業				製造業			
中國	2004	36.3	37.3	0.3	7.5	36.1	39.7	0.4	7.6
	2006	27.5	44.2	1.3	5.2	26.4	47.0	1.1	5.6
ASEAN4	2004	13.1	36.4	0.9	4.2	12.5	39.7	0.9	5.0
	2006	14.1	33.5	1.4	3.7	13.4	37.6	1.3	4.0
ANIEs3	2004	6.8	30.8	1.5	2.0	6.0	31.5	1.7	2.4
	2006	6.1	28.7	1.3	2.1	5.9	29.7	0.8	2.1
其他亞洲	2004	12.7	12.6	0.3	3.6	11.3	13.3	0.3	4.0
	2006	17.3	13.0	0.2	3.8	16.9	14.1	0.0	3.9
北美	2004	12.9	36.9	2.0	1.7	13.6	39.3	1.6	2.0
	2006	11.1	37.8	1.1	1.6	11.0	40.7	0.7	2.1
歐洲	2004	10.8	25.4	1.0	2.7	11.2	26.8	1.0	3.3
	2006	12.4	24.9	1.3	2.8	11.8	28.2	0.9	3.1

注：根據擁有海外企業據點日本母公司的回答統計。

（二）東亞直接投資的理由與問題

　　日本製造業認為中期（未來三年）有投資潛力的前十位國家，依據日本國際協力銀行開發金融研究所的調查[5]，2007 年為中國、印度、越南、泰國、俄羅斯、美國、巴西、印尼、韓國、台灣，而2001 年為中國、美國（皆延續前四年的順位）、泰國、印度、越南、台灣、韓國、馬來西亞、新加坡。與 2001 年相比，印度、越南排序上升，新增俄羅斯、巴西、印尼，美國、泰國下降，馬來西亞降至 11 位，其前十位中東亞佔六國。

　　而製造業主要業種認為未來三年有投資潛力的國家中，2001年電機電子業中國排名第一，前十位除美國第三、印度第十外皆是東亞國家。汽車業中國第一，泰國第三，越南、印尼分別為第六及七。2007 年的調查，製造業全體則中國沿海地區仍為重點，但中國比率下降而越南與印度則比率快速上升。電機、ICT 機械業雖中國華東、華南地區仍為重心但比率減少而泰國及越南增加，而汽車業中國華南、華東地區仍為重心但比率的增幅已低於泰國及印度。

　　同日本國際協力銀行開發金融研究所調查，2001 年日本製造業海外事業中期擴大最主的理由為因應市場的擴大，接著為開發新客戶、確保廉價勞力、建構零組件供應體系、確保廉價原材料等。亞洲海外事業的展開主要理由亦為此順序，其中確保廉價勞力、確保廉價原材料的重要性遠大於歐美地區。另外未來三年希望擴大的企業機能領域，相對於歐美，亞洲國家中 ASEAN 及中國特別是生產機能，亞洲一梯 NIEs 特別是銷售機能較高，而研發機能及區域性運籌管理機能則較低。同調查亦顯示比 2000 年有更多日本企業希望未來三年擴大對海外投資事業的想法（2000 年 54.4%、2001 年 71%，以下同）。其中汽車（66.2%、89.2%）、電機電子（65.3%、72%）、

---

[5] 2001、2007 年度海外直接投資アンケート調查報告（第 13、19 回）。日本國際協力銀行（原日本輸出入銀行）的調查以日本國內製造業企業擁有 1 家以上海外生產據點，3 家以上海外企業法人為對象，於 2001 及 2007 年所作調查。

一般機械（42.9%、73.1%）、化學（53.6%、70.3%）等產業特別顯著，不同的是後二項產業同時亦增加國內投資的比率（一般機械（37.1%、46.2%）、化學（60.8%、62.2%）），但前二項產業則減少國內投資的比率（汽車（52.9%、41.6%）、電機電子（56%、40.9%））[6]。

　　2007 年認為東亞國家未來具投資潛力的理由,中國為當地市場成長性、廉價勞工、市場規模、組裝供給據點、廉價零組件,越南為廉價勞工、當地市場成長性、風險分散的據點、優秀人才、第三國輸出據點,泰國為當地市場成長性、廉價勞工、組裝供給據點、產業聚落的外部性、第三國輸出據點,印尼為當地市場成長性、廉價勞工、市場規模、第三國輸出據點、組裝供給據點,韓國為當地市場成長性、市場規模、優秀人才、組裝供給據點、社會基礎建設完善,台灣為當地市場成長性、市場規模、優秀人才、當地市場收益性、投資優惠稅制。對東亞投資的首要理由均為當地市場的成長性,中國、越南、泰國、印尼的次要理由均為廉價勞工,台灣、韓國為當地市場的規模,此排序皆與 2001 年調查結果相同。但 2007 年第三項主要理由中國由廉價零組件、印尼由第三國輸出據點皆轉變為當地市場的規模,越南由優秀的人才轉變為風險分散的據點,泰國由第三國輸出據點轉變為組裝供給據點,台灣、韓國則不變仍是優秀的人才。

　　但是相對地東亞日系製造業經營所遭遇主要問題,2007 年調查結果,中國為法令制度的不透明、智財權保護不足、工資上漲、競爭激烈、貨款回收不易,越南為基礎建設不足、法令制度的不完備與不透明、優秀管理人才不足、技術人才不足,泰國為競爭激烈、優秀管理人才不足、工資上漲、技術人才不足、當地政治社會情勢,印尼為競爭激烈、基礎建設不足、社會治安、稅制不透明、優秀管理人才不足,韓國為競爭激烈、工資上漲、智財權保護不足、當地政治社會情勢,台灣為競爭激烈、工資上漲、增稅、輸入限制通關手續、優秀管理人才不足。2001 年調查則中國是法令制度的不透

---

[6] 2001 年度海外直接投資アンケート調查報告（第 13 回）、第 VI 章 PP.67-8。

明、煩瑣、突發性改變與不完備，ASEAN4 的匯率安定性、當地政治社會情勢、馬來西亞的外資管制，越南的基礎建設不足、法令制度的不完備、當地原材料調度問題，台灣、韓國、新加坡的與當地企業的激烈競爭、工資上漲、台灣的當地政治社會情勢、韓國的匯率安定性、新加坡的優秀管理人才不足等。與 2001 年相比，除了中國、泰國、印尼均增加競爭激烈的項目外，其他問題大致相同。

此外根據日本貿易振興會 2001 年 10 月所作 21 世紀日本企業海外投資策略現況與展望調查[7]，626 家海外日系企業中擁有生產據點佔 69.3%，銷售據點佔 71.6%，區域運籌據點佔 19.3%，研發據點佔 13.6%（複數回答）。其中亞洲生產據點 400 家佔 92.2%最多，北美 175 家佔 40.3%，歐洲 117 家佔 27%。生產據點的設置國別依序為中國（236 家、54.4%）、美國（169 家、38.9%）、泰國（146 家、33.6%）、印尼（123 家、28.3%）、馬來西亞（103 家、23.7%）、台灣（95 家、21.9%）、菲律賓（63 家、14.5%）、英國及韓國（59 家、13.6%）、新加坡（49 家、11.3%）。其中製造業生產據點（352 家）的前五位國別依序為中國（205 家、58.2%，複數選擇）、美國（146 家、41.5%）、泰國（117 家、33.2%）、印尼（101 家、28.7%）、台灣（88 家、25%）[8]。

同日本貿易振興會（JETRO）所作日本企業海外事業開展的調查報告[9]，日本企業海外生產據點 2002、2007 年亦皆以中國最多，美國次之，接著 ASEAN、亞洲一梯 NIEs，東亞國家都佔一半以上。但海外研發據點數則 2007 年中國首次超過美國。

而 2002 年製造業種別設置據點數的前五順位，中國依序為汽車（佔汽車業 20 處海外據點的 65%，複數回答，以下同）、成衣、服飾（49

7　日本貿易振興會『21 世紀を迎えた日本企業の海外直接投資戰略の現狀と見通し』（東京：日本貿易振興會，2001）。日本貿易振興會於 2001 年針對其具海外直接投資實績及計劃的企業會員所作調查。

8　日本貿易振興會（2001）『21 世紀を迎えた日本企業の海外直接投資戰略の現狀と見通し』、PP.20。

9　日本貿易振興會（2002,2008）『日本企業の海外事業展開に關するアンケート調查報告書』。日本貿易振興會於 2002 年及 2007 年針對其製造業、商社、批發業、零售業企業會員所作調查。

處、61.2%）、電子零件（136 處、58.1%）、汽車零件（121 處、57.9%）、非鐵金屬（52 處、57.7%），ASEAN 依序為汽車（20 處、70%）、非鐵金屬（52 處、61.5%）、汽車零件（121 處、61.2%）、電子零件（136 處、58.1%）、其他運輸機械（51 處、56.9%），ANIEs 依序為汽車零件（121 處、55.1%）、汽車（20 處、50%）、非鐵金屬（52 處、50%）、其他運輸機械（51 處、49%）、電子電氣機械（171 處、48.5%）[10]。

　　同 2007 年的調查，表 4-30 可知日本擬擴充海外日系企業的經營機能中，以所在洲域、國別所佔比率而言，皆以銷售機能最高。生產機能則東亞日系企業中除一梯 NIEs 新加坡、香港、台灣、韓國外均高於歐美。而中國、越南、二梯 NIEs 以及印度擬擴充的生產機能皆為標準化汎用製品的比率高於高附加價值製品。東亞一梯 NIEs 香港、台灣、韓國則趨近美歐高附加價值製品比率高於標準化汎用製品的模式。

表 4-30　東亞日系企業擬擴充機能（2007）　　　　（家，%）

	回答家數	銷售	生產		研發				區域運籌	物流
			汎用品	高價值品	基礎研究	新製品與市場改良	新製品開發	適應市場改良		
中國	351	80.9	42.2	24.2	4.6	21.4	10.3	16.5	8.8	11.7
香港	57	77.2	8.8	12.3	3.5	10.5	5.3	8.8	10.5	19.3
台灣	79	83.5	11.4	10.1	1.3	11.4	5.1	10.1	2.5	3.8
韓國	85	89.4	10.6	10.6	3.5	16.5	8.2	11.8	3.5	3.5
新加坡	59	67.8	8.5	5.1	3.4	11.9	5.1	10.2	25.4	18.6
泰國	143	61.5	38.5	25.2	2.1	17.5	7.0	15.4	7.7	7.7
馬來西亞	38	68.4	34.2	15.8	7.9	5.3	5.3	2.6	5.3	10.5
印尼	38	65.8	44.7	13.2	2.6	15.8	7.9	15.8	2.6	7.9
菲律賓	13	46.2	45.2	7.7	0.0	0.0	0.0	0.0	0.0	7.7
越南	101	63.4	40.6	12.9	3.0	7.9	2.0	6.9	3.0	5.9
印度	115	80.0	20.0	7.8	3.5	10.4	3.5	7.8	4.3	9.6
美國	167	73.7	13.2	16.2	5.4	19.2	10.2	15.6	12.0	11.4
西歐	123	69.9	10.6	15.4	6.5	25.2	16.3	16.3	23.6	17.9

資料出處：JETRO(2008)『平成 19 年度日本企業の海外事業展開に関するアンケート調査』圖表 II-39。

---

[10] 日本貿易振興會（2002）『日本企業の海外事業展開に関するアンケート調査報告書』、圖表 2-4、pp.12。

　　研發機能的擴充上，東亞中馬來西亞的基礎研究最高亦是唯一高於歐美的東亞國家，中國次之。因應當地市場的改良研發則東亞中，中國最高，接著印尼、泰國，此三國接近歐美的比率，其後的韓國、台灣則低於歐美。新製品開發的擴充上，亦以中國最高，中國的比率與美國相同但低於西歐，接著韓國、印尼、泰國等皆低於歐美。東亞中除馬來西亞外皆為適應當地市場的改良研發比率高於新製品開發，印度亦相同。

　　區域運籌機能的擴充上，東亞以新加坡最高也高於歐美，接著香港、中國及泰國。物流機能擴充上，東亞以香港最高亦高於歐美，接著新加坡、中國、馬來西亞。

　　前出日本貿易振興會 2001 年調查亦顯示日本企業未來三年擬增加海外直接投資的主要洲域還是亞洲地區，國別則依序為中國（300 家中 287 家、95.7%）、美國（119 家、39.7%）、泰國（93 家、31%）、印尼（45 家、15%）、香港（43 家、14.3%）、韓國（41 家、13.7%）、台灣（39、13%）、馬來西亞（37 家、12.3%）、德國（36 家、12%）、英國（35 家、11.7%）。而日本製造業的擬投資主要對象亦是亞洲地區，依序為中國（200 家中 132 家、66%，複數選擇）、美國（58 家、29%）、泰國（40 家、20%）、印尼（23 家、11.5%）、韓國（17 家、8.5%）、英國（17 家、8.5%）、馬來西亞（14 家、7%）、德國（14 家、7%）、台灣（11 家、5.5%）、香港（9 家、4.5%）。

　　2001 年日本擬增加海外直接投資的主要理由依序為擴大投資對象國市場的生產與銷售、降低成本、擴大對第三國的銷售、因應國內客戶海外投資的需求，對亞洲國家除韓國第四項為加強當地研發外其它基本上理由相同，對美國第一項相同餘為因應國內客戶海外投資的需求、加強當地研發、擴大對第三國的銷售，對德國第一項相同餘為擴大對第三國的銷售、加強當地研發與因應國內客戶海外投資的需求。

　　當前對日本企業特別製造業海外直接投資而言，東亞是最重要的地區，尤其東協、中國，另外是 2000 年後崛起的印度。日本貿易振興會 2007 年針對東協、中國及印度的投資區位優劣勢調查結果，表 4-31 可知區位優勢中，市場性以中國、印度居前，經營成本以越南、中國居前，語言障礙低以新加坡、菲律賓居前，教育水準以新加坡、印度居前，政策誘因、資訊等服務及市場開放性皆以新加坡、泰國居前。越南的投資區位優勢除資訊服務外均列名前五位中，中國再市場性資訊服務及經營成本等上列名前五位，印度主要在市場性及人力資源的質上列名前五位。

　　區位劣勢中，匯率風險上中國、泰國居前，基礎建設不足上印度、越南居前，法令制度不完備及智財權保護不足上中國、越南居前，產業鏈不完整上越南、印度居前，工資成本上漲上中國、新加坡居前，稅務風險及勞資問題上中國、印度居前。中國、越南、印度雖具投資區位優勢但其劣勢亦相對是最高或次高順位。

表 4-31　東協及印度的投資區位優劣勢

優勢	消費市場規模	市場成長性	語言障害低	教育水準高	政策誘因高	經營成本低	資訊服務優	市場開放性
一位	中國	中國	新加坡	新加坡	新加坡	越南	新加坡	新加坡
二位	印度	印度	菲律賓	印度	泰國	中國	泰國	泰國
三位	印尼	越南	印度	越南	越南	印尼	馬來西亞	馬來西亞
四位	泰國	泰國	馬來西亞	泰國	馬來西亞	泰國	中國	印尼
五位	越南	印尼	越南	馬來西亞	菲律賓	菲律賓	菲律賓	越南
劣勢	匯率風險高	基礎建設差	法律制度不完備	產業鏈不完整	智財權保護不足	工資成本上漲	稅務風險高	勞資問題
一位	中國	印度	中國	越南	中國	中國	中國	中國
二位	泰國	越南	越南	印度	越南	新加坡	印度	印度
三位	印尼	菲律賓	印尼	菲律賓	印度	泰國	越南	印尼
四位	印度	印尼	印度	印尼	菲律賓	馬來西亞	印尼	越南
五位	菲律賓	中國	菲律賓	馬來西亞	印尼	越南	泰國	菲律賓

資料出處：JETRO(2008)『平成 19 年度日本企業の海外事業展開に関するアンケート調査』pp.14。

　　日本企業對東亞投資中，東協與中國間處於競爭狀態，對日本企業而言東協仍然相對重要。其主要理由除上述東協在語言障礙、教育水準等人力素質、政策誘因及市場開放性均受到日本企業的肯定外，還有東協自由貿易協定（AFTA）下未來可能實現共同市場的遠景、日系企業在東協已投下鉅額投資成本、分散對中國集中投資的風險、東協為中心所建構的的國際分工網絡等。

　　綜上日本的各項調查顯示，不管是目前或未來，日本對外直接投資特別製造業的選擇對象主要集中東亞，特別是生產與銷售據點。而對東亞國家投資過去以降低生產成本為主，現在與未來則增加當地市場銷售的目的，歸納言之，當前主要目的在確保廉價勞力、確保廉價原材料零組件並因應市場的擴大，同時建構零組件供應體系以回應國內客戶的移轉海外以及當地客戶生產的需求。因此必須提昇適合當地市場需求的製品改良研發以及物流、區域運籌等的機能。

　　但同時亞洲日系企業的經營亦面臨各國國情轉變及企業組織再造等問題。特別是 2000 年後東亞區域內自由貿易協定（FTA）的進展，日本與東協各國，東協內部（AFTA）及東協與中國、韓國、澳洲、紐西蘭、印度等間自由貿易協定的締結後，日本企業相當期待此進展所帶來輸入關稅減讓、市場規模擴大的規模經濟效益以及區域內分工的成本效益等經貿擴大的效果。但是東亞區域自由貿易協定的經貿效益實現上，除域內各國利害衝突尚需妥善解決外，複數原產地規定對中間財貿易的負面影響，物流共通化及相關產品規格標準統一化、域內外資政策的一致性等都是未來必然要面對的制度面問題，遑論市場自由化後企業競爭可能更趨劇烈化的因應問題。

　　日本經產省 2004 年針對自由貿易協定（FTA）對日系企業經營的影響調查，從表 4-32 可知對全產業、製造業、非製造業而言，皆以擴大貿易的比率最高，活化銷售次之，其中製造業的比率又高於非製造業。製造業接著是擴大外匯及資本移轉、擴大新或再投資、生產據點集中化及促進研發。而製造業中，只有活化銷售及擴大新或再投資的比率是大企業高於中小企業。非製造業接著是擴大新或再投資、擴大外匯及資本移轉、生產據點集中化及促進研發。非製造業中，只有擴大新或再投資及擴大外匯及資本移轉的比率是大企業高於中小企業。全產業中只有擴大新或再投資的比率是大企業高於中小企業。顯示對自由貿易協定的貿易、銷售及研發擴大效益，製造業的期待高於非製造業，而中小企業又高於大企業。投資及資本移轉的擴大效益則非製造業的期待高於製造業。

表 4-32　FTA 對日系企業經營活動的影響（2004）

	擴大貿易	擴大新或再投資	擴大外匯資本移轉	活化銷售活動	促進研發	生產據點集中化
全產業	48.6	15.2	14.0	34.3	7.6	9.2
大企業	46.8	17.4	13.3	33.5	6.4	7.6
中小企業	51.7	13.0	14.7	34.5	9.9	11.9
製造業	54.5	12.7	13.7	35.8	8.9	10.9
大企業	53.9	14.2	12.7	36.0	7.6	8.5
中小企業	56.3	12.5	15.8	33.3	10.5	14.0
非製造業	36.5	20.4	14.5	31.3	4.8	5.8
大企業	31.1	24.4	14.6	28.1	3.9	5.6
中小企業	39.0	14.6	11.7	37.6	8.3	5.9

資料出處：經產省(2006)『35 回 2004 年度日本海外事業活動調查』11-10 表。

前出日本國際協力銀行開發金融研究所所作 2007 年度調查亦顯示，受訪 558 家日本企業中 44.6%已利用東協簽訂的 FTA/EPA，其中在銷售與採購上利用比率 35.7%，生產據點不變但調整產品結構的利用比率 7.3%，生產據點集中化的利用比率 7%。生產據點集中化主要是電氣機械、電子機械組裝及零組件業種及化學業，調整產品結構主要是汽車零組件及食品加工業種。而 2007 年日本企業利用東協與他國或區域已簽訂的 FTA/EPA 比率遠高於 2005 年只利用東協自由貿易協定（AFTA）的 13.5%。顯示日本企業積極運用東協所簽訂的 FTA/EPA 的態度與其對 FTA 經濟效益的期待。

另前出日本貿易振興會 2007 年度的調查顯示，日本企業利用日本、東協、中國、韓國等東亞及大洋洲澳洲、紐西蘭已簽訂 FTA/EPA 中的優惠稅率有 87 家，汽車/汽車零組件/其他運輸機械 29.1%最多，石油煤碳製品/塑膠橡膠製品 20.8%次之，電氣機械 19.6%，化學 17.4%，食品加工 14.5%。其中利用日本泰國及日本馬來西亞 EPA 各 31 件最高，日本墨西哥 EPA 及東協 FTA 各 25 件次之，接著日本智利 EPA11 件、泰國印度 FTA8 件、泰國澳洲 FTA7 件、日本新加坡 EPA 及中國東協 FTA 各 5 件。比其 2006 年調查，東協 FTA 2 4 件、日本馬來西亞 EPA 15 件、泰國印度 FTA6 件為高，低於泰國澳洲 FTA8 件。另外 2006 年檢討利用日本馬來西亞 EPA 24 件、中國東協 FTA 21 件、東協 FTA 20 件、泰國印度 FTA14 件。泰國印度 FTA 雖只實施 82 品項的早期收割但日本企業已利用 6 件，另 14 件檢討利用，足見日本企業擬透過泰國進入印度市場的積極態度。

另針對不同 FTA/EPA 形成複數原產地規定的問題，2006 年度日本貿易振興會的調查顯示 97 家已利用或檢討利用 FTA 的受訪日本企業中，27.8%認為會因原產地證明手續的繁複而增加輸出成本，2.1%認為會因欲符合原產地規定變更製程而增加成本，33%認為目前尚非問題但未來可能成為問題。所以 63.9%的受訪企業認為應統一原產地規定的認定基準，其中主張附加價值比率基準方式佔 20.6%，稅則號列變更基準方式佔 18.6%，兩者任選一種方式統一認定基準佔 24.7%。顯示日本企業已體認複數原產地規定即義大利麵碗效應對其輸出可能產生的負面影響。

另外中國加入 WTO 後其市場更加開放的同時，中國亦存在因此市場競爭更加劇烈化、汽車輸入許可制等非關稅障礙、要求採購國產電機、電子零組件的外資規定、仿冒等智慧財產權保護不足等的問題。

　　因此日本企業除分散風險的考量外，基於同時獲得市場與生產據點雙重利益的考量，如日本電機、電子業在 ASEAN 進行高精密度、少量多樣化生產、在中國進行大量生產的國際分工型態就是一種兼顧各國比較利益平衡風險的策略。

　　但是縱然如此，亞洲日系企業亦隨各國經濟的發展而面臨組織必須再造的問題。中國日系纖維企業面臨既有產品的成本競爭力不如當地企業的壓力而必須轉變生產新產品的差異化經營調整，進行生產與銷售結構的再造以調整虧損的部門。亞洲日系製造業面臨必須由過去只追求成本領導策略調整成差異化或與差異化兩者並重的經營策略調整壓力。

二、亞洲日系企業的經營

　　進一步依據日本經濟產業省歷年所作日本企業海外事業調查結果檢視海外日系企業的經營狀況及策略，特別就亞洲日系製造業的營業及損益的調查資料檢視其實際經營績效及與日本的經貿關係。

（一）海外日系企業經營的演變

　　表 4-33 為海外日系企業洲域別家數的變化。從表可知亞洲所佔家數最多，主要集中東亞，中國 2000 年後特別是加盟 WTO 後家數急增，2002 年中國 1,870 家加上香港則 2,609 家首度超過美國 2,462 家，2004 年中國 2704 家亦超過亞洲二梯 NIEs2,612 家，2006 年中國含香港 4,418 家約佔亞洲的半數，接著亞洲二梯 NIEs 以及新加坡、台灣、韓國等亞洲一梯 NIEs 的家數。洲域別中北美家數次於亞洲，主要集中美國。歐洲家數在北美之後，主要集中 EU。此海外日系企業調查的家數分佈結構與財務省公佈的企業申報直接投資件數分佈結構一致。

表 4-33　日系企業洲域別家數

（家）

	1994	1995	1996	1997	1998	1999	2000	2001	2002	2003	2004	2005	2006
世界	11,443	10,416	12,657	13,166	13,017	13,939	14,991	12,476	13,322	13,875	14,996	15,850	16,370
北美	2,986	2,586	3,039	3,122	3,002	3,082	3,316	2,596	2,663	2,630	2,743	2,825	2,830
美國	2,727	2,343	2,769	2,858	2,753	2,809	3,045	2,397	2,462	2,427	2,544	2,623	2,623
中南美	722	622	754	756	809	888	955	738	750	766	781	823	834
亞洲	4,862	4,600	5,820	6,231	6,213	6,762	7,244	6,345	7,009	7,496	8,464	9,174	9,671
中國	780	908	1,249	1,395	2,141	2,353	2,530	2,220	2,609	2,975	3,565	4,051	4,418
中國大陸					1,407	1,573	1,712	1,557	1,870	2,214	2,704	3,139	3,520
香港					734	780	818	663	739	761	861	912	898
ASEAN4	1,711	1,609	2,035	2,133	2,152	2,327	2,478	2,225	2,373	2,439	2,612	2,715	2,753
ANIEs3	2,243	1,965	2,339	2,454	1,651	1,790	1,911	1,605	1,718	1,769	1,943	2,044	2,059
中東	63	55	66	66	74	72	77	63	67	71	72	76	76
歐洲	2,208	1,958	2,303	2,373	2,259	2,452	2,682	2,147	2,246	2,332	2,368	2,384	2,405
EU	2,021	1,793	2,109	2,165	2,049	2,232	2,430	1,778	2,034	2,082	2,244	2,258	2,268
大洋洲	458	444	512	513	534	533	581	456	456	460	449	446	430
非洲	118	151	163	105	126	150	136	131	131	120	119	122	124

注：1.1997 年以前 ANIEs3 包含新加坡、香港、台灣、韓國，其後香港統計歸入中國，ANIEs3 則只包含其他國家。
　　2.ASEAN4 為馬來西亞、泰國、印尼、菲律賓。

資料出處：經產省(2004)『34 回 2003 年度日本海外事業活動調查』及經產省(2008)『37 回 2006 年度日本海外事業活動調查』④-01 表。

　　海外日系企業的業種別家數，表 4-34 可知特別 2000 年以後製造業多於非製造業。製造業中，電氣機械最多，2000 年產業分類變更後，運輸機械最多，而原電氣機械分立出來的 ICT 機械家數居次。而所有機械相關業種家數占製造業一半。非製造業家數中，商業最多，2000 年產業分類變更後，批發業最多，接著運輸、服務及零售業。

　　而海外日系企業的營業額，從表 4-35 可知，洲域別以北美主要是美國最多，但 2006 年亞洲首次超過北美及美國。亞洲 2000 年後營業額快速增加，其中東亞皆增加但主要是中國的增加。東亞中營業額的高低順序為一梯 NIEs 合計大於二梯合計，二梯 NIEs 合計大於中國，但若含香港在內的中國則 2000 年開始大於二梯 NIEs 合計。歐洲的營業額主要集中 EU，2000 年後也增加並 2004 年後更新 1990 年代的營業額水準，但仍低於亞洲。

　　業種別營業額而言，從表 4-36 可知，首先非製造業大於製造業。製造業中，電氣機械最多，2000 年產業分類變更後，運輸機械最多，而原電氣機械分離出的 ICT 機械居次。機械相關業種的營業額最多，2006 年占製造業 75%。非製造業家數中，商業最多，2000 年產業分類變更後，批發業最多，接著零售業、運輸及服務，2006 年批發業占非製造業 81%。

表 4-34　日系企業種別家數

（家）

	1994	1995	1996	1997	1998	1999	2000	2001	2002	2003	2004	2005	2006
全產業	11,443	10,416	12,657	13,166	13,017	13,939	14,991	12,476	13,322	13,875	14,996	15,850	16,370
製造業	5,737	5,243	6,410	6,555	6,405	6,965	7,464	6,522	6,918	7,127	7,786	8,048	8,287
食品	345	308	342	338	311	382	394	365	351	373	390	393	392
纖維	434	401	537	568	521	517	525	383	403	388	421	399	416
木材紙漿	56	88	115	123	124	124	119	107	124	120	132	144	142
化學	776	683	873	865	862	937	1,055	966	1,010	952	1,041	1,089	1,114
石油煤炭	36	30	32	25	33	35	34	33	27	31	31	35	42
鋼鐵	204	210	236	243	251	255	266	245	207	192	190	203	243
非鐵金屬	225	128	162	151	160	199	195	163	182	169	200	221	218
一般機械	633	511	684	677	643	776	764	656	665	785	820	848	883
電氣機械	1,291	1,278	1,476	1,549	1,505	1,619	1,827	499	556	576	656	665	679
ICT 機械								973	1,056	1,077	1,153	1,183	1,112
運輸機械	685	718	859	921	914	948	1,036	1,071	1,127	1,194	1,332	1,375	1,506
精密機械	184	186	194	203	200	240	269	216	239	248	253	273	277
其他	868	702	900	892	881	933	980	845	971	1,022	1,167	1,220	1,263
非製造業	5,706	5,173	6,247	6,611	6,612	6,974	7,527	5,954	6,404	6,748	7,210	7,802	8,083
農林水漁	128	115	147	139	143	137	125	101	116	127	116	114	89
礦業	129	120	132	144	153	148	160	119	125	113	117	142	149
建設營造	343	313	366	366	375	327	362	259	252	267	261	269	250
資訊通信								850	994	308	334	385	419
運輸										822	865	1,006	993
商業	2,646	2,481	2,998	3,250	3,184	3,378	3,645	3,306	3,484				
批發										3,274	3,516	3,763	3,974
零售										398	456	503	517
服務	1,033	872	1,096	1,187	1,167	1,269	1,443	600	733	772	865	939	954
其他	1,427	1,272	1,508	1,525	1,590	1,715	1,792	719	700	667	680	681	738

注：1. 日本標準產業分類 2001 年開始變更。之前製造業的電氣機械中分離出 ICT 機械，非製造業中分離出此商業，零售，零售、零售在 2003 年各別分離統計。
　　2. 其他非製造業中分離出資訊通信與運輸，2003 年各別分類統計，其中的客貨統則歸併入其他。

資料出處：經產省(2004)「34 回 2003 年度日本海外事業活動調查」及經產省(2008)「37 回 2006 年度日本海外事業活動調查」①-01 表

表 4-35　日系企業洲域別營業額

（10 億日圓）

	1994	1995	1996	1997	1998	1999	2000	2001	2002	2003	2004	2005	2006
世界	93438	94855	123790	127576	126609	119229	129015	134917	137973	145175	162794	184950	214196
北美	38184	37828	49912	49967	53940	51224	56415	59462	58683	58043	59748	66196	74193
美國	36069	35400	47337	46930	50626	47473	52160	55570	54850	54533	55836	60773	68324
中南美	3216	3310	4242	5085	4645	3437	3789	7053	5383	4976	5774	6354	8111
亞洲	23460	24579	33021	34369	29135	31939	36376	35867	40067	43683	52737	65374	75838
中國	725	973	1747	2521	8746	8931	10630	11678	13112	14625	18540	23242	27088
中國大陸	0	0	0	0	2863	3104	3616	4138	5142	6884	8972	12381	16448
香港	0	0	0	0	5884	5827	7014	7540	7970	7741	9568	10861	10640
ASEAN4	7053	8032	11296	10680	7615	9367	10241	10821	11727	13700	16000	18729	21295
ANIEs3	15370	15202	19325	20397	11995	12695	14449	12322	14054	13798	16361	21087	24354
中東	775	767	964	956	905	793	1255	1336	1440	1729	2077	2518	2557
歐洲	23942	24783	30645	31950	33011	27658	27018	26759	27719	32169	37224	38258	46317
EU	23110	24203	29823	30816	31872	26394	25436	25712	26599	30839	36174	37349	44634
大洋洲	3711	3343	4631	4794	4482	3765	3758	3901	4011	3997	4338	4978	5427
非洲	151	245	375	454	492	414	404	540	669	578	896	1272	1752

注：1. 1997 年以前 ANIEs3 包含新加坡、香港、台灣、韓國，其後香港統計歸入中國，ANIEs3 則只包含其他國家。

　　2. ASEAN4 為馬來西亞、泰國、印尼、菲律賓。

資料出處：經產省 (2004)『34 回 2003 年度日本海外事業活動調查』及經產省 (2008)『37 回 2006 年度日本海外事業活動調查』④-02 表。

245

表 4-36　日系企業業種別營業額

（10億日圓）

	1994	1995	1996	1997	1998	1999	2000	2001	2002	2003	2004	2005	2006
全產業	93438	94855	123790	127576	126609	119229	129015	134917	137973	145175	162794	184950	214196
製造業	34493	36700	47422	52073	50664	50823	56219	63986	64563	71038	79308	87419	99679
食品	1402	1260	1658	1286	1237	1406	1429	2018	2146	2156	2061	1926	2074
纖維	947	708	1273	1426	1240	1214	1176	918	922	901	882	940	1170
木材紙漿	325	384	419	576	503	549	554	529	590	511	574	664	655
化學	2721	2747	3619	4396	4152	3978	5009	5152	5583	5913	6498	7207	8777
石油煤碳	663	439	369	226	233	134	189	208	286	231	300	535	899
鋼鐵	815	1444	1860	2034	1412	1296	2035	2370	1224	1341	1852	1957	2358
非鐵金屬	744	628	1032	1047	834	975	894	877	875	785	1005	1343	1721
一般機械	2306	2214	3291	3582	3805	3269	3406	2967	3045	3638	4285	5353	6173
電氣機械	10509	12464	15210	17508	16443	17561	19605	3122	3441	3958	4911	5562	6363
ICT機械								17271	14738	17447	17171	17888	18436
運輸機械	10898	11186	14022	15360	16139	15846	16618	23528	26216	28637	32889	36157	42389
精密機械	518	601	806	884	929	1040	1234	1294	1415	1458	1676	1798	1322
其他	2646	2624	3865	3748	3739	3555	4071	3734	4082	4061	5204	6090	7342
非製造業	58945	58155	76368	75502	75945	68406	72796	70931	73410	74137	83486	97532	114517
農林漁	86	122	276	270	238	127	125	129	156	157	145	131	114
礦業	637	672	945	825	885	663	1402	795	1072	1096	1420	3110	4280
建設營造	513	575	985	921	815	621	700	658	683	735	737	895	932
資訊通信								1915	2296	502	465	1266	1521
運輸										2167	2051	2751	2765
商業	52756	51408	65218	61803	62397	55022	59879	64890	66095	61880	70319	79741	92601
批發										4730	5143	5768	7224
零售													
服務	2444	3533	6110	5716	6450	8288	7462	1039	1281	1314	1316	1538	1674
其他	2508	1844	2834	5967	5159	3686	3228	1505	1828	1557	1890	2331	3405

注：1. 日本標準產業分類自 2001 年期始更改，之前製造業的電氣機械中分離出 ICT 機械，非製造業的商業中分離出批發、零售，其中的零售則歸併入其他。
　　2. 其他非製造業中資訊通信與運輸，2003 年各別分離統計。

資料出處：經產省(2004)『34 回 2003 年度日本海外事業活動調查』及經產省(2008)『37 回 2006 年度日本海外事業活動調查』④-02 表。

　　另外海外日系企業的雇用人數，從表 4-37 可知，洲域別中，亞洲最多，中國 2000 年後快速增加，2005 年開始持續超過二梯 NIEs，成為雇用人數最多單一國家。2006 年中國日系企業僱用人數 129 萬人佔亞洲 40.6%，超過二梯 NIEs 的 123.7 萬人，一梯 NIEs 的 23.7 萬人，美國的 61.2 萬人及 EU 的 46 萬人。

表 4-37　日系企業洲域別雇用人數　　　　（千人）

	1994	1995	1996	1997	1998	1999	2000	2001	2002	2003	2004	2005	2006
世界	2194	2328	2745	2835	2749	3161	3453	3175	3408	3766	4139	4361	4557
北美	559	557	626	663	646	741	783	683	672	673	655	630	647
美國	529	524	593	629	613	703	744	649	635	638	621	594	612
中南美	137	124	146	148	129	144	138	123	113	131	164	158	169
亞洲	1160	1280	1569	1613	1542	1800	2038	1923	2143	2466	2773	3055	3175
中國	171	232	334	402	474	577	658	659	816	1040	1188	1406	1475
中國大陸					397	479	549	531	697	914	1010	1207	1290
香港					76	98	108	128	119	126	179	199	185
ASEAN4	629	685	831	811	761	883	1004	932	1008	1077	1193	1235	1237
ANIEs3	326	317	336	319	217	238	259	231	211	222	228	229	237
中東	8	12	9	8	9	11	11	10	8	10	7	8
歐洲	266	287	321	324	353	383	402	358	391	410	444	439	487
EU	256	274	302	306	336	356	368	330	361	374	427	417	460
大洋洲	55	53	59	55	56	58	56	50	51	50	56	45	43
非洲	9	16	15	24	16	26	24	26	27	28	36	27	29

注：1. 1997 年以前 ANIEs3 包含新加坡、香港、台灣、韓國，其後香港統計歸入中國，ANIEs3 則只包含其他國家。 2. ASEAN4 為馬來西亞、泰國、印尼、菲律賓。
資料出處：經產省(2004)『34 回 2003 年度日本海外事業活動調查』及經產省(2008)『37 回 2006 年度日本海外事業活動調查』④-06 表。

　　日系企業海外業種別雇用人數從表 4-38 可知，其製造業多於非製造業。製造業中以電氣機械最多，2000 年產業分類變更後，以原電氣機械分離出的 ICT 機械 72.4 萬人最多，運輸機械 67.8 萬人居次，機械相關業種的雇用人數最多超過製造業雇用數的 60%。2006 年運輸機械 108.6 萬人最多，ICT 機械 94.2 萬人居次，機械相關業種的雇用人數占製造業 72.4%。非製造業雇用數中，商業最多，2000 年產業分類變更後，2003 年批發業 26.9 萬人最多，接著零售業 10.5 萬人、服務 8.2 萬人及運輸 7.4 萬人，2006 年批發業 30.1 萬人最多占非製造業 39.3%，接著零售業 13.6 萬人、服務 9.2 萬人及運輸 8.7 萬人。

表 4-38　日系企業業種別雇用人數　　(千人)

	1994	1995	1996	1997	1998	1999	2000	2001	2002	2003	2004	2005	2006
全產業	2194	2328	2745	2835	2749	3161	3453	3175	3408	3766	4139	4361	4557
製造業	1765	1855	2221	2316	2223	2580	2806	2633	2805	3114	3404	3622	3791
食品	63	81	92	71	65	88	100	97	149	156	133	138	137
纖維	154	144	184	188	176	180	181	159	155	167	162	152	155
木材紙漿	13	21	27	28	29	34	29	31	35	30	31	33	32
化學	112	125	144	135	130	148	166	150	160	150	170	172	183
石油煤碳	2	1	2	1	2	1	3	4	3	2	2	2	2
鋼鐵	27	74	79	59	47	60	55	49	36	36	41	40	46
非鐵金屬	58	28	45	68	80	97	61	49	60	56	71	92	92
一般機械	111	104	131	127	125	139	143	129	129	150	173	208	206
電氣機械	604	614	718	794	763	943	1048	216	249	281	353	367	378
ICT 機械								724	725	815	939	959	942
運輸機械	354	402	485	515	495	536	625	678	712	855	882	962	1086
精密機械	39	44	51	58	52	66	87	71	84	101	97	128	133
其他	226	216	263	272	258	287	307	276	309	313	351	371	397
非製造業	428	474	524	519	527	581	647	542	603	652	734	739	766
農林漁	26	26	25	23	21	25	22	15	17	18	9	13	14
礦業	15	15	16	16	14	14	14	17	16	11	15	14	16
建設營造	20	20	24	25	22	18	23	20	21	25	28	27	25
資訊通信								67	83	25	23	33	45
運輸										74	100	94	87
商業	257	295	327	326	316	333	351	0	0	0	0	0	0
批發								340	348	269	302	306	301
零售										105	110	122	136
服務	72	62	69	78	87	110	148	41	77	82	93	92	92
其他	39	56	63	52	66	81	88	43	40	43	55	38	50

注：1. 日本標準產業分類 2001 年開始更改，之前製造業的電氣機械中分離出 ICT 機械，非製造業的商業中分離出批發、零售，其中的餐飲則歸併入其他。

　　2. 其他非製造業中分離出資訊通信與運輸，2003 年各別分離統計。批發、零售也在 2003 年各別分離統計。

資料出處：經產省(2004)『34 回 2003 年度日本海外事業活動調查』及經產省(2008)『37 回 2006 年度日本海外事業活動調查』④-06 表。

（二）海外日系企業的經營績效

　　首先以稅前淨利（經常利益）觀察。日本的經常利益指營業淨利加上營業外收入減去營業外費用，國內無此科目。我國的稅前淨利為營業淨利加上營業外收入減去營業外費用再加減其他收益、損失。日本的稅前淨利則為經常利益再加減特別收益及損失。因國內無相對應會計科目，此處以意義上較接近的稅前淨利但後加（經常利益）表示以為區別。

　　洲域別日系企業而言，從表 4-39 可知 1997 年之前亞洲最高，北美主要是美國次之，歐洲主要是 EU 第三。1998 至 2000 年止以

表 4-39　日系企業洲域別稅前淨利（經常利益）　　（10 億日圓）

	1994	1995	1996	1997	1998	1999	2000	2001	2002	2003	2004	2005	2006
世界	1109	1456	2087	2010	1772	2336	3141	2270	3700	4669	6115	7609	9601
北美	233	340	671	827	917	1191	1396	857	1541	1727	2075	2405	2763
美國	239	288	657	784	877	1104	1277	787	1435	1630	1914	2168	2534
中南美	146	190	297	259	52	69	160	111	-29	325	542	979	1619
亞洲	533	594	813	439	411	751	1234	1004	1451	1731	2204	2498	3120
中國	13	15	34	30	46	181	307	280	396	534	578	633	924
中國大陸				7	50	158	183	257	383	414	445	701
香港				39	131	149	97	138	151	163	188	224
ASEAN4	224	263	339	-62	78	203	420	388	567	674	916	974	1059
ANIEs3	282	289	404	422	243	346	433	298	405	413	561	686	894
中東	58	84	28	49	30	18	111	53	114	160	217	176	213
歐洲	88	177	165	382	269	238	142	95	427	523	776	943	1190
EU	86	161	141	352	258	247	120	84	405	493	748	877	1108
大洋洲	45	56	95	55	81	68	96	145	176	184	252	539	634
非洲	6	15	18	0	13	1	2	5	19	19	49	69	62

注：1. 1997 年以前 ANIEs3 包含新加坡、香港、台灣、韓國，其後香港統計歸入中國，ANIEs3 則只包含其他國家。

　　2. ASEAN4 為馬來西亞、泰國、印尼、菲律賓。

　　3. 此處稅前淨利為日本的經常利益，日本經常利益為營業淨利加上營業外收入減去營業外費用，而其稅後淨利則須再加減特別利益及損失。

資料出處：經產省（2004）『34 回 2003 年度日本海外事業活動調查』及經產省（2008）『37 回 2006 年度日本海外事業活動調查』④-03 表。

北美最高，2001 年美國網路景氣泡沫化，2002 年亞洲日系企業在亞洲逐漸脫離金融風暴影響下稅前淨利（經常利益）回增並再超過美國，2003 年開始亞洲持續超過北美及美國。亞洲獲利主要來自東亞，2000 年之前主要來自亞洲一梯 NIEs，2000 年後中國獲利快速上升，而亞洲二梯 NIEs 也增加，形成三足鼎立局面，但以亞洲二梯 NIEs 最高。2006 年二梯 NIEs1.1 兆日圓，高於一梯 NIEs 合計的 0.89 兆日圓及中國 0.7 兆日圓。

　　再觀察日系海外企業稅前淨利（經常利益）率（稅前淨利（經常利益）／營業額），以美歐亞比較，圖 4-8 可知亞洲在金融風暴前後皆高於美歐，也高於日本國內企業的平均稅前淨利（經常利益）率。

　　東亞中二梯 NIEs 除金融風暴外均高於一梯 NIEs、中國及海外日系企業的平均（世界），中國在 2001 至 2003 年間曾高於一梯NIEs，但大多低於一梯 NIEs。東亞中只有一梯 NIEs 持續高於日本國內企業的平均稅前淨利（經常利益）率。美國則持續低於一梯NIEs，另除亞洲金融風暴外亦均低於二梯 NIEs。EU 則持續低於一梯 NIEs，並除亞洲金融風暴外亦均低於二梯 NIEs 及中國。以稅前淨利（經常利益）率而言，東亞日系企業的經營績效特別是 2000年以後持續高於美歐。

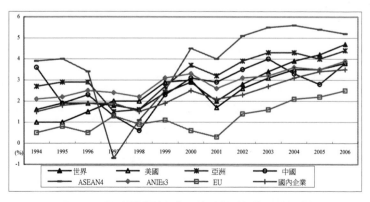

圖 4-8　日系洲域別企業稅前淨利（經常利益）率

　　再以家平均稅前淨利（經常利益）觀察，從表 4-40 可知美國日系企業 1990 年代中期高於歐洲但低於亞洲的平均，亞洲中主要是低於一梯及二梯 NIEs。但 1990 年代後半期開始則皆高於歐亞。歐洲特別 EU 日系企業則在 2000 年以後超過亞洲平均且差距拉大。2006 年以美國最高，歐洲次之，亞洲最低。東亞中，中國雖然獲利快速增加但仍低於亞洲二梯及一梯 NIEs。亞洲二梯 NIEs 在 1994 至 2005 年間除 1990 年代後半期低於一梯 NIEs 外獲利大於一梯 NIEs，但 2006 年一梯 NIEs 家平均稅前淨利 4.34 億日圓為東亞中最高。而家平均營業額亦以美國日系企業高於歐亞，歐洲特別 EU 日系企業高於亞洲。東亞家平均營業額中，中國雖然也快速增加但仍低於亞洲二梯及一梯 NIEs，亞洲一梯 NIEs 則高於二梯 NIEs。

　　家平均稅前淨利（經常利益）率則亞洲平均皆高於美國及歐洲，除 2006 年外也高於海外日系企業的平均，並高於日本國內企業的平均。東亞中，中國家平均稅前淨利率快速增加，2000 年後高於亞洲一梯 NIEs，但低於亞洲二梯 NIEs。亞洲二梯 NIEs 在 1994 至 2005 年間除 1990 年代前半期低於一梯 NIEs 外獲利率均大於一梯 NIEs。2006 年二梯 NIEs 家平均稅前淨利率 4.97%為東亞中最高，中國 4.26%次之，一梯 NIEs3.67%最低但仍高於美國、EU、海外日系企業的平均及日本國內企業的平均。此亦凸顯日本國內外企業中東亞日系企業的經營績效。

表 4-40　美歐亞日系企業稅前淨利（經常利益）率

(%、億日圓)

	稅前淨利(經常利益)率				家平均營業額				家平均稅前淨利(經常利益)			
	1994-95	1996-2000	2001-05	2006	1994-95	1996-2000	2001-05	2006	1994-95	1996-2000	2001-05	2006
世界	1.38	1.79	3.11	4.49	86.40	92.72	108.32	130.80	1.19	1.66	3.37	5.87
北美	0.77	1.90	2.83	3.72	137.10	168.04	224.46	262.20	1.05	3.20	6.35	9.76
美國	0.75	1.91	2.80	3.71	141.70	171.88	226.10	260.50	1.06	3.28	6.32	9.66
亞洲	2.36	2.19	3.70	4.12	50.85	51.24	61.12	78.40	1.20	1.12	2.26	3.23
中國	1.70	1.76	2.96	3.41	10.00	30.60	52.30	61.30	0.17	0.54	1.55	2.09
中國大陸	.	2.11	4.59	4.26	.	20.37	31.56	46.70	.	0.43	1.45	1.99
香港	.	1.67	1.67	2.10	.	80.20	110.68	118.50	.	1.34	1.85	2.49
ASEAN4	3.25	1.93	4.92	4.97	45.55	44.52	56.90	77.40	1.48	0.86	2.80	3.85
ANIEs3	1.88	2.36	3.02	3.67	72.95	76.98	84.80	118.30	1.37	1.82	2.56	4.34
歐洲	0.55	0.80	1.68	2.57	117.50	125.46	140.72	192.60	0.65	1.00	2.36	4.95
EU	0.54	0.78	1.61	2.48	124.65	132.44	150.02	196.80	0.67	1.03	2.41	4.89
國內企業	1.65	1.94	2.72	3.50								

注：1. 1997 年以前 ANIEs3 包含新加坡、香港、台灣、韓國，其後香港統計歸入中國，ANIEs3 則只包含其他國家。
　　2. ASEAN4 為馬來西亞、泰國、印尼、菲律賓。

資料出處：經產省(2004)『34 回 2003 年度日本海外事業活動調查』及經產省(2008)『37 回 2006 年度日本海外事業活動調查』④-01、03、06 表。

　　日系企業業種別稅前淨利（經常利益）則 2005 年之前製造業大於非製造業，2006 年非製造業超過製造業。表 4-41 可知，製造業中，1990 年代中期（94、95 年平均）開始運輸機械獲利持續增加 2000 年後最高，同樣獲利也持續增加的化學則居次。電氣機械 1990 年代後半期獲利變化劇烈，亞洲金融風暴前後其稅前淨利（經常利益）曾居製造業之冠，但風暴期間虧損也鉅大。2000 年後其所分立出來的 ICT 機械的稅前淨利（經常利益）在 2003 年以後次於運輸機械、化學排序第三。2006 年運輸機械稅前淨利（經常利益）2.09 兆日圓，佔製造業 44.3%最高，而化學 0.9 兆日圓次之，ICT 機械 0.24 兆日圓。非製造業的稅前淨利（經常利益）中，商業最多，2000 年產業分類變更後，批發業最多，接著礦業、服務及零售業，2006 年批發業 1.98 兆日圓，占非製造業40.4%最高。

　　業種別稅前淨利（經常利益）率中，圖 4-9 可知製造業高於非製造業。製造業除亞洲金融風暴外與日本國內平均相當。海外製造業中年平均稅前淨利（經常利益）率最高的是化學，食品業次之，其後依序為鋼鐵、精密機械、一般機械、運輸機械、纖維與電氣機械等，其中食品、鋼鐵、精密機械、一般機械的獲利亦高於國內企業的平均。非製造業年平均稅前淨利（經常利益）率最高的是礦業，服務次之，其後依序為運輸、零售、資訊通信及農林漁，此些業種亦均高於國內企業的平均。

　　日系企業製造業的稅前淨利（經常利益）率大於海外日系企業的平均，而與日本國內製造業平均相當，非製造業的稅前淨利（經常利益）率小於海外日系企業的平均，但 2003 年後高於日本國內非製造業平均。

表 4-41　日系企業業種別稅前淨利（經常利益）　（10億日圓）

	1994	1995	1996	1997	1998	1999	2000	2001	2002	2003	2004	2005	2006
全產業	1109	1456	2087	2010	1772	2336	3141	2270	3700	4669	6115	7609	9601
製造業	766	928	1187	1125	799	1330	1704	1155	2372	2799	3558	3951	4711
食品	30	40	47	44	25	79	92	125	178	143	137	103	108
纖維	31	27	23	21	40	40	46	43	9	24	39	49	36
木材紙漿	-1	43	-28	-18	-5	20	71	9	10	24	27	17	27
化學	142	191	214	258	213	247	285	299	556	601	700	662	905
石油煤碳	2	1	2	2	5	2	5	9	8	-1	11	19	29
鋼鐵	33	67	85	54	52	-33	37	-85	17	103	210	132	241
非鐵金屬	36	31	-5	21	1	8	39	16	2	23	61	57	145
一般機械	42	64	89	113	77	121	125	42	88	149	210	274	355
電氣機械	246	221	209	94	-110	358	440	67	100	168	191	216	293
ICT 機械	.	.	.	.	.	.	.	-64	190	303	303	193	243
運輸機械	127	145	381	350	298	330	363	546	1007	1103	1377	1843	2089
精密機械	-7	28	20	35	34	37	52	55	55	45	41	62	58
其他	86	70	149	152	169	122	148	93	153	113	255	324	182
非製造業	343	528	900	885	973	1006	1436	1116	1328	1870	2557	3658	4890
農林漁	1	4	2	-1	2	7	4	1	5	3	6	5	8
礦業	118	171	187	128	61	97	374	137	208	347	534	1301	1874
建設營造	-23	-21	-24	-66	-21	-2	14	19	10	13	0	8	30
資訊通信	.	.	.	.	.	.	.	22	24	9	12	8	127
運輸	.	.	.	.	.	.	.			43	69	120	142
商業	168	258	450	569	668	675	703						
批發								750	787	1021	1381	1571	1977
零售	.	.	.	.	.	.	.			113	118	139	220
服務	12	73	177	123	107	103	162	139	189	130	179	218	137
其他	67	42	107	130	155	127	179	49	104	190	258	289	375

注：1. 日本標準產業分類 2001 年開始更改，之前製造業的電氣機械中分離出 ICT 機械，非製造業
　　　的商業中分離出批發、零售，其中的餐飲則歸併入其他。
　　2. 其他非製造業中分離出資訊通信與運輸，2003 年各別分離統計。批發、零售也在 2003 年各
　　　別分離統計。
資料出處：經產省(2004)『34 回 2003 年度日本海外事業活動調查』及經產省(2008)『37 回 2006 年
　　　度日本海外事業活動調查』④-03 表。

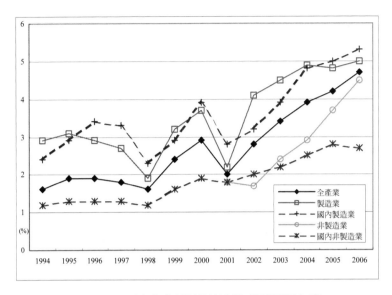

圖 4-9　日系企業業種別稅前淨利（經常利益）率

　　近一步觀察日系企業業種別家平均稅前淨利（經常利益），從表 4-42 可知日系製造業企業 1994 至 2005 年中均高於非製造業。製造業中 1990 年代中期（94、95 年平均）鋼鐵最高，木材紙漿次之，接著化學、運輸機械、電氣機械等。1990 年代後半期開始運輸機械躍升最高，化學次之，接著鋼鐵、食品、電氣機械等。2006年運輸機械 13.87 億日圓最高，鋼鐵 9.92 億日圓次之，接著化學 8.12億日圓、石油煤碳 6.9 億日圓、非鐵金屬 6.65 億日圓。而家平均營業額 1990 年中期石油煤碳最高，運輸機械次之，接著電氣機械、鋼鐵、木材紙漿等。1990 年代後半期開始運輸機械躍升最高，電氣機械次之，2000 年產業分類變更而從電氣機械分離出來的 ICT 機械次之，接著石油煤碳、鋼鐵、化學等。2006 年運輸機械 281.47 億日圓最高，石油煤碳 214 億日圓次之，接著 ICT 機械 165.79 億日圓、鋼鐵 97 億日圓、非鐵金屬 79.94 億日圓、化學 78.79 億日圓等。

表 4-42　日系企業種別稅前淨利（經常利益）率

（%、億日圓）

	稅前淨利（經常利益）率				家平均營業額				家平均稅前淨利（經常利益）			
	1994-95	1996-2000	2001-05	2006	1994-95	1996-2000	2001-05	2006	1994-95	1996-2000	2001-05	2006
全產業	1.38	1.79	3.11	4.49	86.40	92.72	108.32	130.80	1.19	1.66	3.37	5.87
製造業	2.40	2.36	3.71	4.72	65.06	76.16	100.32	120.28	1.56	1.80	3.72	5.68
食品	2.67	3.96	6.68	5.22	40.78	39.88	55.22	52.91	1.09	1.58	3.69	2.76
纖維	3.50	2.70	3.58	3.09	19.74	23.70	22.92	28.13	0.69	0.64	0.82	0.87
木材紙漿	4.64	1.54	3.01	4.12	50.84	42.93	45.84	46.13	2.36	0.66	1.38	1.90
化學	6.16	5.75	9.25	10.31	37.64	46.07	59.86	78.79	2.32	2.65	5.54	8.12
石油煤碳	0.27	1.35	2.91	3.22	165.25	74.04	98.62	214.05	0.45	1.00	2.87	6.90
調鐵	4.43	2.31	4.83	10.22	54.36	69.22	83.91	97.04	2.41	1.60	4.05	9.92
非鐵金屬	4.89	1.27	3.12	8.42	41.07	56.00	51.87	78.94	2.01	0.71	1.62	6.65
一般機械	2.41	2.98	3.82	5.75	39.88	49.38	50.55	69.91	0.96	1.47	1.93	4.02
電氣機械	2.03	1.09	3.47	4.61	89.47	108.22	70.34	93.71	1.82	1.18	2.44	4.32
ICT 機械		1.05	1.32			155.84	165.79			1.64	2.19	
運輸機械	1.23	2.22	3.91	4.93	157.44	166.83	240.40	281.47	1.94	3.70	9.40	13.87
精密機械	1.89	3.58	3.40	4.38	30.23	44.15	62.00	47.73	0.57	1.58	2.11	2.09
其他	2.95	3.91	3.92	2.48	33.93	41.41	44.10	58.13	1.00	1.62	1.73	1.44
非製造業	0.75	1.39	2.56	4.27	107.86	109.22	116.89	141.68	0.81	1.52	2.99	6.05
農林水漁	2.54	1.42	2.80	7.03	8.67	14.82	12.51	12.81	0.22	0.21	0.35	0.90
礦業	22.21	17.86	33.24	43.78	52.69	63.83	117.99	287.25	11.70	11.40	39.22	125.77
建設營造	-4.02	-2.41	1.34	3.22	16.67	22.43	28.31	37.28	-0.67	-0.54	0.38	1.20
資訊通信			1.24	8.35			21.75	36.30			0.27	3.03
運輸			3.25	5.14			25.81	27.84			0.84	1.43
商業	0.41	1.00			203.30	186.17			0.84	1.86		
批發			1.60	2.13			197.38	233.02			3.15	4.97
零售			2.37	3.05			115.43	139.73			2.73	4.26
服務	1.50	1.99	13.13	8.21	32.09	55.24	16.68	17.55	0.48	1.10	2.19	1.44
其他	2.49	3.27	9.86	11.01	16.04	25.97	26.48	46.14	0.40	0.85	2.61	5.08

注：1. 日本標準產業分類於2001年開始變改，之前製造業中分離出ICT機械、非製造業的商業中分離出批發、零售，其中的餐飲則解併入其他。
　　2. 其他非製造業中分離出資訊通信、2003年各別分離統計。批發、零售也在2003年各別分離統計。

資料出處：經產省(2004)「34回2003年度日本海外事業活動調查」及經產省(2008)「37回2006年度日本海外事業活動調查」，①-01、02、06表。

家平均稅前淨利率則 1990 年代中期化學最高，非鐵金屬次之，接著木材紙漿、鋼鐵、纖維紡織、食品、一般機械等。1990年代後半期開始化學最高，食品次之，接著精密機械、鋼鐵、纖維紡織等。2006 年化學最高，鋼鐵次之，接著非鐵金屬、食品、運輸機械、精密機械等。

日系非製造業業種別家平均稅前淨利礦業最高，商業次之，2000 年產業分類變更後從商業分離出來的批發業次之，接著零售、服務等。2006 年礦業 125.8 億日圓最高，批發業 5 億日圓次之，接著零售 4.26 億日圓、資訊通信 3 億日圓、服務 1.44 億日圓。而家平均營業額 2000 年產業分類變更前商業最高，礦業次之，接著服務等，2001-05 年從商業分離出來的批發業最高，礦業次之，接著零售、建設營造、運輸等。2006 年礦業 287.3 億日圓最高，批發 233 億日圓次之，接著零售 139.7 億日圓、建設營造 37.3 億日圓、運輸 36.3 億日圓等。

家平均稅前淨利率則礦業最高，服務次之，2000 年產業分類變更後接著運輸、零售等。2006 年礦業最高，資訊通信次之，接著服務、農林漁、運輸、建設營造等。

接著檢視海外日系企業的營業成本結構，表 4-43 可知，相對於營收，其銷貨成本比率比國內企業的平均較高，所以營業毛利率皆低於國內企業，但其管銷費用比率不論是薪資或折舊費用也均較低，特別是薪資費用比率約為國內企業的 50%，顯示日本海外投資的目的主要在降低經營成本特別是管銷費用。日系製造業與非製造業的營業毛利率均比國內低，而其管銷費用比率則皆更低，特別薪資費用比率，海外製造業為國內 60%而非製造業則只有 30%。以營業成本結構而言，此低營業毛利率與低管消費用比的組合顯示日系海外企業主要為成本領導策略，而相對地國內企業的高營業毛利率與高管消費用比的組合則為差異化經營策略的結果。

表 4-43　日系企業業種別經營成本比率　　　　　　(%)

		總營業 成本比率	銷貨成本 比率	營業毛利率	管銷費用 比率	薪資費用	折舊費用
海外 全產業	1999	99.8	88.0	12.0	11.8	5.0	2.1
	2000	99.1	88.3	11.7	10.8	4.8	2.1
	2001	95.3	84.5	15.5	10.8	4.3	1.8
	2002	95.7	84.5	15.5	11.2	4.9	2.2
	2003	95.8	84.7	15.3	11.1	5.1	1.9
	2005	96.1	85.7	14.3	10.4	4.5	1.7
	2006	94.5	84.9	15.1	9.6	4.4	1.7
海外 製造業	1999	95.9	84.0	16.0	11.9	7.4	3.6
	2000	95.1	83.4	16.6	11.7	7.2	3.4
	2001	94.4	82.3	17.7	12.1	6.1	2.7
	2002	94.5	82.3	17.7	12.2	7.0	3.4
	2003	95.1	82.5	17.5	12.6	6.9	3.0
	2005	95.9	84.8	15.2	11.1	6.2	2.5
	2006	93.9	83.9	16.1	10.0	6.0	2.7
海外非 製造業	1999	106.7	94.2	5.8	12.5	3.1	0.9
	2000	102.2	92.2	7.8	10.0	2.6	1.0
	2001	96.2	86.5	13.5	9.7	2.8	0.9
	2002	96.7	86.4	13.6	10.3	3.0	1.0
	2003	96.5	86.8	13.2	9.7	3.3	0.8
	2005	96.4	86.6	13.4	9.8	2.9	0.7
	2006	95.0	85.8	14.2	9.2	2.7	0.7
國內全 產業	2002	97.6	77.1	22.9	20.5	10.3	2.9
	2003	97.2	77.2	22.8	20.1	10.0	3.2
	2005	96.8	77.3	22.7	19.5	9.7	2.8
	2006	96.9	77.9	22.1	19.0	9.5	2.8
國內製 造業	2002	96.8	78.4	21.6	18.4	12.1	3.2
	2003	96.1	78.6	21.4	17.5	11.5	3.2
	2005	95.5	79.4	20.6	16.1	10.0	2.9
	2006	95.3	79.0	21.0	16.3	10.1	2.9
國內非 製造業	2002	97.9	76.5	23.5	21.4	9.5	2.8
	2003	97.7	76.6	23.4	21.2	9.4	3.2
	2005	97.3	76.4	23.6	20.9	9.6	2.8
	2006	97.5	77.4	22.6	20.1	9.3	2.7

注：各年度所有費用對營業額比率。

資料出處：經產省(2002)『31 回 2000 年度日本海外事業活動調查』及經產省(2008)『37 回 2006 年度日本海外事業活動調查』7-1 表。

再從圖 4-10 可知，海外日系企業營業毛利率相對低於國內企業平均，但其管銷費用比率也低於國內平均，而薪資費用比率更低於國內特別是海外非製造業。

海外非製造業營業毛利率 2000 年後上升，但仍比製造業低，但其管銷費用比率亦比製造業低，雖然製造業 2003 年後管銷費用比率下降，非製造業仍然較低。主要是非製造業的管銷費用相對較低，其折舊費用比率為製造業的 30%，薪資費用比率則更在 50% 以下。海外日系製造業、非製造業的經營成本結構均反映日本企業國內外互補性的經營策略，海外非製造業特別明顯呈現海外經營成本領導策略的結果。

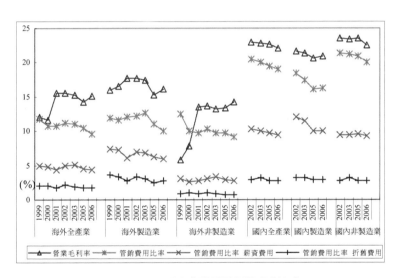

圖 4-10　日系企業業種別經營成本比率

（三）亞洲日系製造業的經營績效

首先觀察亞洲日系製造業的經營成本結構。表 4-44 可知，其銷貨成本比率比北美及歐洲日系企業皆高，其營業毛利率也相對較低。但因銷管費用比率比北美及歐洲亦相對較低故其營業淨利率相對較高且持續上升，2000 年後除 2001 年外也比北美及歐洲高。亞洲銷管費用比率比北美及歐洲較低，其中因為日本對亞洲投資較歐美平均規模小且較晚其設備投資等的折舊比率相對歐美為高，可知主要是其薪資費用比率比歐美低之故。

再從圖 4-11 可知亞洲日系製造業營業毛利率比北美、歐洲、海外製造業及全產業的營業毛利率低，其管銷費用主要因為薪資費用比低故也較低。相對於歐美日系企業特別是歐洲差異化策略下的高毛利率、高管銷費用比率，亞洲日系製造業在成本領導策略下呈現低毛利率、低管銷費用比率，但其營業淨利率卻反而較高。此顯示海外日系製造業分工經營策略下的佈局結果。同時日本國內薪資費用比率較高而其管銷費用比也相對較高，所以國內製造業與海外差異化策略下拉高其營業毛利率才可能持續企業的盈利。

表 4-44　日系製造業企業經營成本比率　　　　　　(%)

		總營業成本比率	銷貨成本比率	營業毛利率	管銷費用比率	薪資費用	折舊費用	營業淨利率
北美	1999	95.7	82.4	17.6	13.3	9.3	3.3	4.3
	2000	95.4	81.7	18.3	13.7	8.3	3.2	4.6
	2001	92.5	78.8	21.2	13.7	6.8	2.2	7.5
	2005	99.9	85.0	15.0	14.9	6.9	2.4	0.1
	2006	96.6	84.5	15.5	12.1	6.9	2.5	3.4
亞洲	1999	95.5	87.2	12.8	8.3	5.0	4.3	4.5
	2000	94.5	86.7	13.3	7.8	5.0	3.7	5.5
	2001	94.9	86.3	13.7	8.6	4.2	3.3	5.1
	2005	93.7	86.7	13.3	7.0	4.2	2.8	6.3
	2006	92.8	86.0	14.0	6.8	4.4	2.9	7.2
歐洲	1999	97.0	82.9	17.1	14.1	8.3	3.1	3.0
	2000	97.1	81.8	18.2	15.3	9.6	3.4	2.9
	2001	99.1	84.1	15.9	15.0	8.6	2.8	0.9
	2005	96.6	81.5	18.5	15.1	9.6	2.3	3.4
	2006	94.3	79.3	20.7	15.0	8.9	2.7	5.7

注：各年度所有費用對營業額比率。

資料出處：經產省(2002)『31 回 2000 年度日本海外事業活動調查』及經產省(2008)『37 回 2006 年度日本海外事業活動調查』8-2 表。

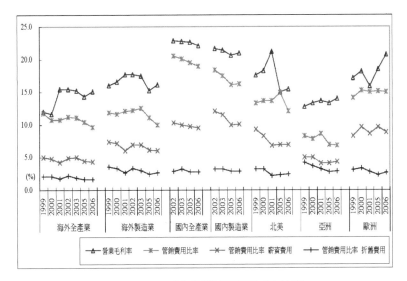

圖 4-11　日系企業洲域別經營成本比率

　　日本製造業的全球大分工策略可解構為國內差異化策略的高毛利率與管銷費用比以及海外的成本領導策略的低毛利率與管銷費用比的組合，而海外則又分為歐美日系製造業的差異化策略的高毛利率與管銷費用比以及亞洲日系製造業的成本領導策略的低毛利率與管銷費用比的組合。

　　另從圖 4-12 及表 4-45 可知 2006 年海外日系企業中除亞洲二梯 NIEs（ASEAN4）外其製造業營業毛利率及管銷費用比皆較非製造業高，而製造業營業淨利率除美國、二梯 NIEs 外皆較非製造業高。上述海外日系製造業的分工策略下，東亞日系製造業皆以相對歐美較低的薪資費用比達到相對較高的營業淨利率。

　　再參照表 4-46 可知 2005 及 2006 年東亞日系製造業中，一梯 NIEs（ANIEs3）日系製造業採取與二梯 NIEs 及中國大陸的差異化策略以較高營業毛利率克服其相對較高的薪資費用比，因此其營業

淨利率也在東亞中最高。而採取成本領導策略的中國大陸與二梯
NIEs 日系製造業的營業毛利率及薪資費用比皆較一梯 NIEs 低，但
二梯 NIEs 營業淨利率又高於中國大陸，顯示兩者的成本領導策略中
仍有差異性。

表 4-45　東亞日系企業業種別經營成本比率（2006）　　　(%)

		營業 毛利率	管銷費 用比率	薪資費用	折舊費用	營業 淨利率
全世界	全產業	15.1	9.6	4.4	1.7	5.5
	製造業	16.1	10.0	6.0	2.7	6.1
	非製造業	14.2	9.2	2.7	0.7	5.0
中國大陸	全產業	12.8	8.1	4.3	2.6	4.7
	製造業	13.5	8.2	4.7	3.2	5.3
	非製造業	10.4	7.8	2.9	0.5	2.6
ASEAN4	全產業	14.4	5.6	3.8	2.7	8.8
	製造業	13.7	5.6	4.2	3.2	8.1
	非製造業	16.3	5.6	2.5	0.8	10.7
ANIEs3	全產業	12.6	6.4	3.4	1.6	6.2
	製造業	16.9	7.8	5.6	2.8	9.1
	非製造業	9.7	5.4	2.0	0.6	4.3
美國	全產業	15.1	11.9	5.0	1.5	3.2
	製造業	15.7	12.7	7.2	2.5	3.0
	非製造業	14.6	11.4	3.0	0.5	3.2
EU	全產業	17.2	13.2	5.7	1.4	4.0
	製造業	20.7	15.0	8.9	2.7	5.7
	非製造業	14.6	12.0	3.5	0.5	2.6

注：1.各成本、費用對營業額比率，調查資料中有回答的企業統計。
　　2.ANIEs3：台灣、韓國、新加坡。
資料出處：經產省(2008)『37 回 2006 年度日本海外事業活動調查』②-34-1 至 13 表。

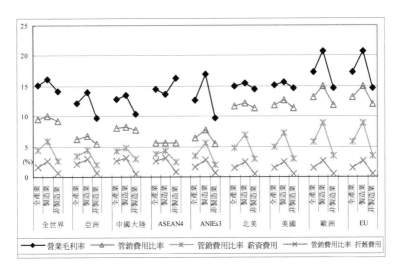

圖 4-12　東亞日系企業業種別經營成本比率（2006）

表 4-46　東亞日系製造業經營成本比率　　　　　　　　　（%）

		總營業成本比率	銷貨成本比率	營業毛利率	管銷費用比率	薪資費用	折舊費用	營業淨利率
中國	2005	95.6	87.9	12.1	7.7	4.0	2.6	4.4
	2006	95.0	87.7	12.3	7.3	4.2	2.7	5.0
ASEAN4	2005	93.1	87.4	12.6	5.7	4.0	3.1	6.9
	2006	91.9	86.3	13.7	5.6	4.2	3.2	8.1
ANIEs3	2005	91.9	84.3	15.7	7.6	5.4	2.4	8.1
	2006	90.9	83.1	16.9	7.8	5.6	2.8	9.1

資料出處：經產省(2008)『37 回 2006 年度日本海外事業活動調查』8-2 表。

　　另圖 4-13 可知，2006 年亞洲日系製造業業種別的營業毛利率、管銷費用比及薪資費用比除亞洲一梯 NIEs 的石油煤碳、食品及其他外均低於北美及歐洲日系業種。

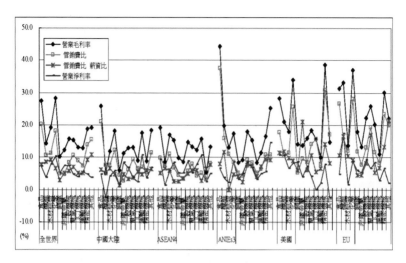

圖 4-13　東亞日系製造業業種別經營成本與獲利率（2006）

　　亞洲日系製造業中，表 4-47 可知，2006 年營業毛利率石油煤碳最高，食品次之，接著化學、運輸機械、木材紙漿、電氣機械、一般機械等。管銷費用比食品最高，纖維紡織次之，接著木材紙漿、化學、電氣機械、運輸機械、一般機械等。薪資費用比則管銷費用比高的業種也較高，但其中石油煤碳、鋼鐵及運輸機械較低。營業淨利率因此石油煤碳最高，運輸機械次之，接著化學、一般機械、食品、木材紙漿、非鐵金屬等。

　　東亞日系製造業中，亞洲一梯 NIEs 製造業種營業毛利率石油煤碳最高，食品次之，接著纖維紡織、一般機械、化學、精密機械等。管銷費用比食品最高，纖維紡織次之，接著木材紙漿、精密機械、一般機械、化學、電氣機械、運輸機械等。薪資費用比則管銷費用比高的業種也較高。營業淨利率因此石油煤碳最高，化學、一般機械次之，接著電氣機械、食品、精密機械、運輸機械等。

二梯 NIEs 製造業種營業毛利率食品最高，木材紙漿次之，接著運輸機械、化學、石油煤碳、一般機械、電氣機械等。管銷費用比木材紙漿最高，石油煤碳次之，接著食品、電氣機械、纖維紡織、化學、一般機械、運輸機械等。薪資費用比則纖維紡織最高，精密機械次之，接著木材紙漿、電氣機械、ICT 機械、食品、石油煤碳等。營業淨利率因此運輸機械最高，食品次之，接著一般機械、化學、ICT 機械、木材紙漿、鋼鐵、電氣機械、非鐵金屬等。

中國大陸製造業種營業毛利率食品最高，化學次之，接著石油煤碳、運輸機械、木材紙漿、電氣機械、一般機械等。管銷費用比食品最高，石油煤碳次之，接著化學、電氣機械、纖維紡織、運輸機械、ICT 機械等。薪資費用比則木材紙漿最高，食品次之，接著精密機械、ICT 機械、纖維紡織、石油煤碳等。營業淨利率因此運輸機械最高，非鐵金屬次之，接著一般機械、化學、食品、木材紙漿、電氣機械、精密機械、石油煤碳等，但纖維紡織呈現負的淨利率。

2006 年東亞製造業營業淨利率中，食品業亞洲二梯 NIEs 的 9.2%最高、亞洲一梯 NIEs6.7%次之，纖維一梯 NIEs3.8%最高、二梯 NIEs1.4%次之，化學一梯 NIEs8.7%最高、二梯 NIEs 8.5%次之，非鐵金屬中國 8.5%最高、二梯 NIEs 5.2%次之，一般機械二梯 NIEs 8.9%最高、一梯 NIEs8.7%次之，精密機械一梯 NIEs5.7%最高、中國 3.5%次之，運輸機械中國、二梯 NIEs10.6%並列最高，電氣機械一梯 NIEs6.9%最高、二梯 NIEs 5.2%次之，ICT 機械二梯 NIEs 7.9%最高、一梯 NIEs3.1%次之。但中國淨利率相對較高的運輸機械與非鐵金屬業種，其薪資費用比並非東亞中最低。

東亞製造業中一梯 NIEs 營業淨利率較二梯及中國高的業種中，纖維紡織、化學、電氣機械、精密機械皆為高薪資費用比、高管銷費用比及高營業毛利率的組合型態，而 ICT 機械、運輸機械則薪資費用比、管銷費用比俱高但營業毛利率較低故營業淨利率相對較低。但一梯 NIEs 化學業的營業毛利率比中國大陸低，主要是其管銷費用比中國低致其淨利率也較中國高。

表 4-47　東亞製造業業種別經營成本比率（2006）　　　(%)

	營業毛利率	管銷費用比率	薪資費用	營業淨利率	營業毛利率	管銷費用比率	薪資費用	營業淨利率
	亞洲				ANIEs3			
食品	28.5	22.1	6.6	6.4	44.3	37.6	8.1	6.7
纖維	10.6	9.8	6.6	0.8	19.8	16.0	11.6	3.8
木材紙漿	15.4	9.4	6.5	6.0	13.2	11.1	.	2.1
化學	16.8	8.9	3.8	7.9	17.4	8.7	4.8	8.7
石油煤碳	67.6	1.5	0.6	66.1	71.8	1.0	0.3	70.8
鋼鐵	8.0	4.8	2.2	3.2	8.4	5.3	4.2	3.1
非鐵金屬	9.6	3.6	3.8	6.0	9.3	4.4	2.4	4.9
一般機械	12.4	5.7	3.8	6.7	17.9	9.2	7.7	8.7
電氣機械	13.1	8.4	4.7	4.7	15.3	8.4	7.5	6.9
ICT 機械	9.2	5.0	5.0	4.2	8.4	5.3	4.1	3.1
運輸機械	16.2	6.1	3.3	10.1	11.5	6.4	7.2	5.1
精密機械	8.9	5.0	5.8	3.9	16.6	10.9	9.4	5.7
其他	18.9	10.1	7.7	8.8	25.3	10.8	9.3	14.5
	中國大陸				ASEAN4			
食品	25.8	21.1	6.3	4.7	19.1	9.9	5.3	9.2
纖維	5.3	7.7	5.3	-2.4	8.7	7.3	6.7	1.4
木材紙漿	11.8	7.7	6.7	4.1	17.0	11.1	6.1	5.9
化學	18.1	12.3	4.7	5.8	15.3	6.8	2.6	8.5
石油煤碳	17.7	14.3	5.0	3.4	14.9	10.7	5.0	4.2
鋼鐵	6.0	4.5	1.4	1.5	9.8	4.5	2.5	5.3
非鐵金屬	11.3	2.8	4.7	8.5	8.6	3.4	3.5	5.2
一般機械	13.0	6.2	3.3	6.8	14.7	5.8	4.9	8.9
電氣機械	13.2	9.4	3.7	3.8	13.3	8.1	6.1	5.2
ICT 機械	9.0	6.7	5.6	2.3	12.2	4.3	6.1	7.9
運輸機械	17.6	7.0	4.7	10.6	15.8	5.2	2.7	10.6
精密機械	8.9	5.4	6.0	3.5	5.4	3.1	6.5	2.3
其他	18.3	11.4	6.4	6.9	13.4	8.3	7.9	5.1

注：1. 各成本、費用對營業額比率，調查資料中有回答的企業統計。

資料出處：經產省(2008)『37 回 2006 年度日本海外事業活動調查』②-34-1 至 13 表。

　　而 2006 年亞洲日系非製造業與製造業不同，圖 4-14 可知，業種別中資訊通信及批發的營業毛利率、管銷費用比及薪資費用比低於北美及歐洲，而建設營造、運輸、零售的營業毛利率低於歐洲。管銷費用比運輸低於歐洲、零售低於美國，其餘高於美國與歐洲。薪資費用比資訊通信及批發、零售低於北美及歐洲，建設營造低於北美，運輸低於北美。

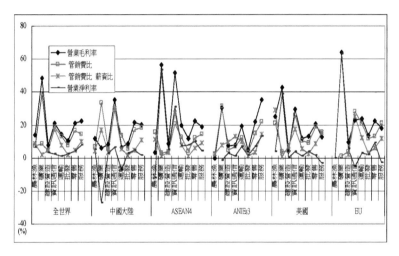

圖 4-14　東亞日系非製造業業種別經營成本與獲利率（2006）

　　亞洲日系非製造業中，表 4-48 可知，2006 年營業毛利率礦業最高，服務次之，接著零售、資訊通信、運輸、建設營造、批發等。管銷費用比服務最高，零售次之，接著運輸、資訊通信、礦業、農林漁等。薪資費用比則資訊通信最高，服務次之，接著運輸、農林漁、建設營造、零售等。營業淨利率因此礦業最高，服務次之，接著零售、資訊通信、建設營造等。

表4-48 東亞非製造業業種別經營成本比率（2006） (%)

	營業毛利率	管銷費用比率	薪資費用	營業淨利率	營業毛利率	管銷費用比率	薪資費用	營業淨利率
	亞洲				ANIEs3			
農林漁	7.9	6.3	4.7	1.6	.	2.4	2.3	.
礦業	52.0	6.9	0.7	45.1	30.2	31.5	8.0	-1.3
建設營造	8.7	4.4	4.2	4.3	7.6	4.8	9.4	2.8
資訊通信	17.5	11.8	16.2	5.7	7.8	6.8	13.2	1.0
運輸	16.3	12.2	7.8	4.1	19.3	12.4	10.1	6.9
批發	5.9	3.5	1.2	2.4	4.7	3.2	1.2	1.5
零售	21.6	14.6	3.7	7.0	21.8	14.8	3.3	7.0
服務	26.6	18.6	10.0	8.0	35.4	22.1	14.6	13.3
其他	69.5	11.8	4.1	57.7	94.6	7.9	2.8	86.7
	中國大陸				ASEAN4			
農林漁	11.8	6.8	4.5	5.0	3.6	15.6	11.4	-12.0
礦業	6.1	33.3	17.2	-27.2	56.5	2.9	1.3	53.6
建設營造	8.4	5.6	3.3	2.8	8.9	3.9	3.6	5.0
資訊通信	35.4	29.1	30.1	6.3	51.6	20.6	27.1	31.0
運輸	6.4	13.5	5.8	-7.1	19.9	12.7	8.0	7.2
批發	8.5	5.7	1.8	2.8	11.8	4.1	1.3	7.7
零售	21.7	17.0	4.8	4.7	22.3	12.4	6.1	9.9
服務	20.1	18.5	10.8	1.6	18.8	14.3	9.0	4.5
其他	49.3	27.0	5.6	22.3	48.7	14.7	5.5	34.0

注：1. 各成本、費用對營業額比率，調查資料中有回答的企業統計。
資料出處：經產省(2008)『37回2006年度日本海外事業活動調查』②-34-1至13表。

東亞中，亞洲一梯NIEs非製造業種營業毛利率服務最高，礦業次之，接著零售、運輸、資訊通信等。管銷費用比礦業最高，服務次之，接著零售、運輸、資訊通信等。薪資費用比則服務最高，資訊通信次之，接著運輸、建設營造、礦業等。營業淨利率因此服務最高，零售次之，接著運輸、建設營造等。

　　二梯 NIEs 非製造業種營業毛利率礦業最高，資訊通信次之，接著零售、運輸、服務、批發等。管銷費用比資訊通信最高，農林漁次之，接著服務、運輸、零售等。薪資費用比則資訊通信最高，農林漁次之，接著服務、運輸、零售等。營業淨利率因此礦業最高，資訊通信次之，接著零售、批發、運輸等。

　　中國大陸製造業種營業毛利率資訊通信最高，零售次之，接著批發、建設營造、運輸等。管銷費用比礦業最高，資訊通信次之，接著服務、零售、運輸、農林漁、批發等。薪資費用比則資訊通信最高，礦業次之，接著服務、運輸、零售、農林漁等。營業淨利率因此資訊通信最高，農林漁次之，接著零售、批發、建設營造等，但礦業及運輸呈現負的淨利率。

　　東亞非製造業中，營業淨利率服務以一梯 NIEs13.3%最高、二梯 4.5%次之，批發則二梯 NIEs7.7%最高、中國 2.8%次之，資訊通信以二梯 NIEs31%最高、中國 6.3%次之，零售二梯 NIEs9.9%最高、一梯 7%次之，運輸亦二梯 NIEs7.2%最高、一梯 6.9%次之。顯示非製造業中薪資費用比低的業種，營業淨利率並不見得較高。

　　亞洲日系製造業的營業淨利率比歐美相對較高主要就是其低成本所致，其中主要是銷管費用特別是其薪資、研發費用對營業額比率都相對較低。研發費用低，主要是研發活動大多在日本進行，銷售費用低主要是產品大多出口之故。而亞洲日系製造業的薪資費用比率 2006 年佔 4.4%，約為北美 6.9%的 60%、歐洲 8.9%的一半。東亞中，日系製造業的薪資費用比率一梯 NIEs5.6%，二梯 NIEs 4.2%，中國 4.7%，均遠低於歐美的薪資費用比率。如前所述，日本對亞洲製造業投資的主要目的在降低生產成本，建構分工網絡以及當地市場銷售，從其營業淨利率的相對優秀經營績效充分顯示亞洲日系製造業在追求成本效益上的成果及日本視亞洲地區為未來主要投資對象的事實根據。

　　另外依據前出日本國際協力銀行開發金融研究所 2002、07 年度的調查[11]顯示日本製造業對外投資的獲利與營收目標達成的滿意度中，2007 年獲利目標達成滿意度以對 EU 最高，東亞次之，北美最低。東亞中，亞洲一梯 NIEs 最高，越南次之，二梯 NIEs 第三，中國最後。但二梯 NIEs 中泰國最高，也高於東亞、EU 的平均。另外越南亦高於東亞、EU 的平均。營收目標達成滿意度亦以 EU 最高，東亞則與北美並列。東亞中，亞洲一梯 NIEs 最高，越南次之，中國第三，二梯 NIEs 最後。但二梯 NIEs 中泰國最高，也高於東亞、EU 的平均。另外越南亦高於東亞的平均。

　　同 2002 年的調查則獲利及營收目標達成滿意度皆以對東亞最高，北美次之。東亞獲利目標達成滿意度以亞洲一梯 NIEs 最高，中國次之，二梯 NIEs 第三，營收目標達成滿意度亦以亞洲一梯 NIEs 最高，中國次之，二梯 NIEs 第三。2007 年與 2002 年相比，日本對東亞國家投資的平均表現雖滿意度仍相對高於北美但低於 EU。而東亞國家中，泰國表現的滿意度最高，越南滿意度也超過中國及其他二梯 NIEs。

　　2002 年東亞獲利目標達成滿意度高的前五大理由依序是既有產品及新產品銷售暢旺、原材料及人事成本的下降、折舊費用攤提告一段落以及規模經濟利益的實現。[12] 2007 年東亞的獲利目標滿意度雖高於北美但低於 EU。東亞中泰國的滿意度最高但仍存在激烈競爭下銷售客戶難以確保、人事原材料費等成本難以削減、顧客的降價要求及匯兌損失等問題。而 EU 的滿意度則主要來自銷售的順利展開及歐元升值所帶來的匯兌利益。[13]

---

[11] 日本國際協力銀行『2002、2007 年度海外直接投資アンケート調查報告（第14、19 回）』。日本國際協力銀行（原日本輸出入銀行）於 2002 年針對擁有一家以上生產據點，3 家以上國外企業法人的國內製造業所作調查。

[12] 日本國際協力銀行『2002 年度海外直接投資アンケート調查報告（第14 回）』日本開發金融研究所報 第 9 號、2002、第 III 章、PP.52-7。

[13] 日本國際協力銀行『2007 年度海外直接投資アンケート調查報告（第19 回）』、pp.12。

　　以下進一步檢視東亞日系企業的勞動生產力與營業獲利的關係。首先，表 4-49 可知，2006 年亞洲產業整體、製造業、非製造業的平均勞動生產力均低於世界及美歐平均。東亞中，一梯 NIEs 製造業及非製造業皆最高，其製造業也高於美國，非製造業則高於歐美。而二梯 NIEs 製造業高於中國，非製造業則低於中國。

表 4-49　東亞日系企業勞動生產力（2006）　　（百萬日圓／人，%）

		世界	亞洲	中國大陸	ASEAN4	ANIEs3	美國	EU
勞動 生產力	全產業	5.1	2.7	1.1	2.0	18.0	11.4	11.8
	製造業	3.1	1.7	0.9	1.7	8.0	7.5	8.6
	非製造業	15.7	11.2	2.9	4.6	40.4	19.5	21.7

注：1. 勞動生產力＝((附加價值率*營業額)/經常僱用人數)*100，
　　2. 附加價值比率：(附加價值額/營業額)*100，附加價值額：營業額-銷貨成本-管銷費用+薪資費用+租賃費用。
資料出處：經產省(2008)『37 回 2006 年度日本海外事業活動調查』②-33-1 至 13 表。

　　而亞洲所有製造業種別的勞動生產力從表 4-50 可知均低於海外及美歐日系企業的平均。東亞中，一梯 NIEs 均高於二梯 NIEs 及中國。一梯 NIEs 除木材紙漿、運輸機械外業種皆高於海外日系企業的平均，而化學高於 EU，石油煤碳、鋼鐵高於美國。二梯 NIEs 則除非鐵金屬及精密機械外業種皆高於中國。

　　亞洲非製造業種別勞動生產力除資訊通信、批發外業種均低於海外日系企業的平均，資訊通信也高於美國，批發則也高於 EU。東亞中，一梯 NIEs 除礦業外均高於二梯 NIEs 及中國。而一梯 NIEs 除礦業外業種皆高於海外日系企業的平均，而批發、運輸高於美國及 EU，資訊通信、零售高於美國。二梯 NIEs 則除農林漁、建設營造及批發外業種皆高於中國。

　　東亞製造業的營業淨利率高於歐美，但勞動生產力低於歐美，顯示其淨利率高主要因為薪資等管銷費用比低之故。進一步檢視東

表 4-50　東亞日系企業業種別勞動生產力（2006）　　（百萬日圓／人）

	世界	亞洲	中國大陸	ASEAN4	ANIEs3	美國	EU
製造業	3.1	1.7	0.9	1.7	8.0	7.5	8.6
食品	2.5	1.1	0.3	1.7	5.3	12.5	8.7
纖維	0.8	0.4	0.1	0.5	5.0	7.0	10.9
木材紙漿	4.1	1.2	0.9	0.9	3.0	12.2	8.4
化學	8.2	3.6	1.4	3.0	11.8	15.7	11.4
石油煤碳	297.1	252.8	1.8	2.1	1484.2	1160.2	
鋼鐵	2.7	1.1	-1.4	1.8	10.9	7.7	13.2
非鐵金屬	2.1	1.5	2.8	1.6	3.1	7.9	3.9
一般機械	4.3	2.2	1.6	2.1	6.5	10.2	10.3
電氣機械	1.9	1.3	0.9	1.1	5.5	8.9	12.1
ICT 機械	1.6	1.0	0.5	1.0	4.7	4.7	10.4
運輸機械	3.9	2.7	1.9	3.1	3.4	6.6	5.0
精密機械	1.7	0.8	0.7	0.5	3.4	9.0	8.7
其他	3.3	1.1	0.8	0.9	5.0	6.5	10.2
非製造業	15.7	11.2	2.9	4.6	40.4	19.5	21.7
農林漁	1.3	0.2	0.9	-0.2	4.5	11.9	7.3
礦業	59.9	21.0	-0.1	22.5	1.0	44.2	
建設營造	2.8	2.1	2.8	1.9	3.4	8.5	4.5
資訊通信	7.0	8.0	1.7	6.8	17.2	6.6	19.3
運輸	4.1	2.3	-0.3	1.6	9.6	6.8	8.4
批發	22.7	24.5	7.0	6.8	89.2	26.3	17.1
零售	12.9	5.8	1.6	2.8	14.4	6.2	58.8
服務	6.1	4.4	2.5	4.3	5.6	13.3	17.8
其他	37.4	11.9	1.9	5.1	31.4	111.8	244.5

注：1. 勞動生產力：((附加價值率*營業額)/經常僱用人數)*100。

資料出處：經產省(2008)『37 回 2006 年度日本海外事業活動調查』②-33-1 至 13 表。

亞製造業營業淨利率與薪資費用比相關。表 4-51 可知，亞洲製造業、非製造業皆為負相關，意即薪資費用低者營業淨利率反而高，此結果符合成本領導策略的目的。但東亞製造業中，負相關係數絕對值，一梯 NIEs 大於二梯，二梯又大於中國，顯示薪資費用比與淨利率間的負關係以一梯 NIEs 製造業最強，二梯 NIEs 次之，中國則最弱。此也證實前述中國淨利率高產業其薪資費用比不必然較低的觀察。另外亞洲非製造業亦為負相關，但東亞中只有中國為負相關，一梯及二梯 NIEs 則皆為正相關，意即低薪資費用比業種其營業淨利率也低。

表 4-51　東亞營業淨利率與薪資費用比相關（2006）

	亞洲	一梯 NIEs	中國	二梯 NIEs
製造業	-0.6715	-0.5752	-0.0136	-0.4960
非製造業	-0.3543	0.3536	-0.1783	0.0457

　　而製造業的業種分佈從圖 4-15 中可看出亞洲平均呈現薪資費用比低業種營業淨利率高的分佈，但東亞製造業則此趨勢不明顯。不但亞洲一梯、二梯 NIEs 不明顯，中國亦不明顯。

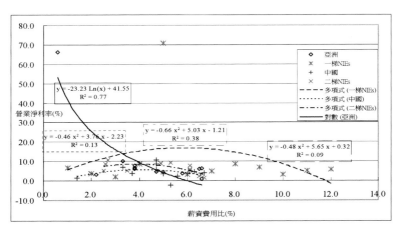

圖 4-15　東亞製造業營業淨利率與薪資費用比（2006）

再檢視東亞勞動生產力與營業淨利率的相關，表 4-52 可知，亞洲及東亞製造業均為正相關。東亞中一梯 NIEs 相關係數值大於二梯 NIEs，而二梯 NIEs 又稍大於中國。顯示東亞製造業中勞動生產力高業種其營業淨利率也高，而此相關係數值也大於其營業淨利率與薪資費用比的相關係數絕對值。東亞製造業的獲利與生產力關係較薪資費用比密切。但東亞非製造業的勞動生產力與營業淨利率除中國外呈現負的相關，意即一梯、二梯 NIEs 勞動生產力高業種其淨利率反而低，顯示非製造業的獲利不完全取決於勞動生產力。

表 4-52　東亞勞動生產力與營業淨利率相關

2006	亞洲	一梯 NIEs	二梯 NIEs	中國
製造業	0.9922	0.9939	0.7203	0.7179
非製造業	-0.3783	-0.1162	-0.4813	0.2613

再觀察製造業的業種分佈，圖 4-16 中亞洲平均呈現勞動生產力高業種營業淨利率高的分佈，東亞製造業中，一梯 NIEs 的此關係分佈明顯，而二梯 NIEs、中國亦相同。東亞製造業勞動生產力與營業淨利率的關係比營業淨利率與薪資費用比的關係明確。

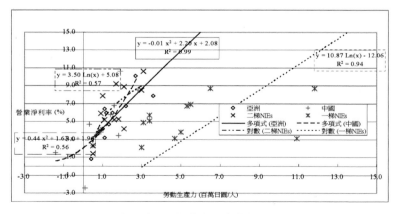

圖 4-16　東亞製造業種別營業淨利率與勞動生產力（2006）

（四）海外日系製造業經營與對日本的貿易

1980 年代以來日本對亞洲製造業投資的增加對日本貿易的影響甚大。以 1981 年第三季至 1999 年第四季期間日本進出口函數的計測顯示[14]，日本海外投資企業營業額對日本輸入金額彈性值0.2127，對日本輸出金額彈性值-0.1441，即日本海外投資企業營業額增加 1%，日本輸入金額會增加 0.21%，輸出金額會減少 0.14%。而東亞國家工業製品輸出比重對日本輸入金額彈性值 0.2753，對日本輸出金額彈性值 0.4311，即東亞國家工業製品輸出比重增加1%，日本輸入金額會增加 0.28%，輸出金額會增加 0.43%。日本海外企業的成長及東亞國家工業製品輸出比重的增加都有促進日本輸入的效果，但是日本海外企業的成長對日本輸出則產生替代的效果，而東亞國家工業製品輸出比重增加對日本輸出仍有促進的效果。從總體經濟的角度而言，日本對亞洲製造業投資一方面協助亞洲國家工業化及其工業製品的輸出，同時亦強化與日本貿易的密切關係。

隨著海外日系製造業的經營展開，其與日本的經貿關係以下從海外生產比率及對日採購、銷售的演變進一步觀察。

首先日本製造業整體的海外生產比率，圖 4-17 可知自 1980 年代中期以來以國內企業總營業額及母企業為基礎分別計算的國內企業基礎及海外企業基礎的比率均逐年上升。國內企業基礎 1983年 2.2%、85 年 2.9%、90 年 6%、95 年 8.3%、2000 年 11.8%、2005年 16.7%、2006 年 18.1%，2007 年預估 18.3%。海外企業基礎 1983年 6.8%、85 年 8%、90 年 14.5%、95 年 19.7%、2000 年 24.2%、2005 年 30.6%、2006 年 31.2%，2007 年預估 31.4%。此均反映 1980年代以來日本國內製造業生產基地逐年移轉海外，特別 90 年代後半期及 2000 年後兩次躍增的情形。

---

[14] 參照付表 9-3。

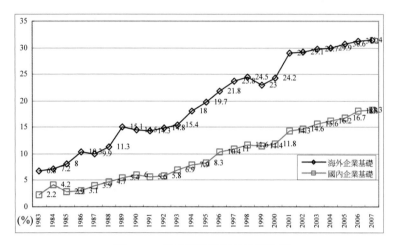

圖 4-17　日本製造業海外生產比率

注：1.國內企業基礎海外生產比率=(當地日資企業營業額/(當地日資企業營業額+國內企業營業額))，
　　2.海外企業基礎海外生產比率=(當地日資企業營業額/(當地日資企業營業額+母企業營業額))，
　　3.2007 年度為預估值。
資料出處：經產省(2002)『32 回 2001 年度日本海外事業活動調查』、經產省(2004)『34 回 2003 年度
　　日本海外事業活動調查』及經產省(2008)『37 回 2006 年度日本海外事業活動調查』。

　　洲域別中亞洲的國內企業基礎計算的海外生產比率，表 4-53
可知 1990 年代後半期以來快速上升，雖然超過歐洲日系製造業的
水準，但是 2003 年止仍低於美洲日系製造業的水準，2004 年才超
過美洲。2004 年開始亞洲日系企業的海外生產比率高於美歐。東
亞國際分工體系的建構促使亞洲日系製造業的海外生產大幅增加
並超過美歐，而亞洲金融風暴只對此進展帶來些微影響。

表 4-53　日本製造業洲域別海外生產比率

	1995	1996	1997	1998	1999	2000	2001	2002	2003	2004	2005	2006	2007
歐洲	1.7	2.0	2.0	2.5	2.2	2.1	2.5	2.6	3.0	3.1	3.0	3.4	3.4
亞洲	2.8	3.7	3.8	3.4	3.7	4.1	4.5	5.0	5.7	6.4	6.9	7.7	8.1
美洲	3.3	4.1	4.5	5.0	5.0	4.9	6.4	6.1	6.1	5.8	5.7	5.9	5.6

注：1. 國內企業基礎海外生產比率=(當地日資企業營業額/(當地日資企業營業額+國內企業營業額))，2. 2007 年度為預估值。
資料出處：經產省(2002)『32 回 2001 年度日本海外事業活動調查』、經產省(2004)『34 回 2003 年度日本海外事業活動調查』及經產省(2008)『37 回 2006 年度日本海外事業活動調查』

　　而製造業業種別海外生產比率中從表 4-54 可知 1990 年代中期以來除纖維紡織、石油煤炭外均增加，90 年代後半期受金融風暴影響食品、木材紙漿、鋼鐵、非鐵金屬減少外均持續增加，2000 年後減少的業種也大多回復增加。其中特別機械類業種的海外生產比率快速增加，2000 年開始運輸機械超過 30%，電氣機械超過 20%，2004 年電氣機械獨立出來的 ICT 機械超過 30%，顯示日本機械業種的高國際分工水準。2006 年日本製造業海外生產比率以運輸機械 37.8%最高，ICT機械 34%次之，其後依序為化學 17.9%、一般機械 14.3%、電氣機械11.8%、鋼鐵 10.6%、非鐵金屬 10.3%、纖維 9%、精密機械 8.9%等。

　　接著從海外日系企業的銷售及採購結構檢視日系製造業的營運與日本的關係。首先從圖 4-18 及表 4-55 可知，日系製造業對日銷售額 1990 年以來持續增加，而向日採購額除 1990 前半期一度減少外 1990 年代後半期開始呈現超過銷售的快速增加。日系製造業對日本銷售額佔其營業額的比重 1993 年開始維持在 10%水準，而日系製造業對日本採購額佔其總採購額的比重則呈現減低趨勢變化，1990 年 44.5%，2000 年 38.5%，2006 年 31.2%。但是日系製造業對日銷售金額佔日本總輸入的比重則持續上升，1990 年4.2%，2006 年 18%。而日系製造業向日採購金額佔日本總輸出的比重亦持續上升，1990 年 14.5%，2006 年 32.4%。即日系製造業對日採購或銷售佔日系製造業採購比重下降或銷售比重不變，但對日本輸出入的重要性則日益增加。

表 4-54　日本製造業種別海外生產比率　　　　　　　　　(%)

	1995	1996	1997	1998	1999	2000	2001	2002	2003	2004	2005	2006
製造業	8.3	10.4	11.0	11.6	11.4	11.8	14.3	14.6	15.6	16.2	16.7	18.1
食品	2.6	3.9	2.7	2.8	2.8	2.7	4.5	4.6	4.9	4.4	4.2	4.2
纖維	3.4	7.0	7.4	8.2	8.2	8.0	6.7	6.6	8.4	7.3	6.3	9.0
木材紙漿	2.2	2.8	3.7	3.4	3.4	3.8	3.8	4.3	3.8	4.2	3.0	4.7
化學	7.7	9.1	11.0	10.6	10.3	11.8	12.6	13.4	13.6	15.3	14.8	17.9
石油煤碳	3.6	2.7	1.7	2.3	1.2	1.4	1.5	2.0	1.6	1.8	2.6	4.4
鋼鐵	8.4	10.8	11.6	9.8	8.9	14.0	16.2	8.9	9.4	10.6	9.6	10.6
非鐵金屬	6.3	10.0	9.8	8.5	9.8	9.4	10.2	10.1	7.9	9.4	10.2	10.3
一般機械	7.5	10.4	10.3	12.5	11.0	10.8	10.2	10.1	10.7	11.7	13.1	14.3
電氣機械	14.4	16.5	17.8	17.2	17.6	18.0	21.6	21.0	23.4	9.5	11.0	11.8
ICT 機械										33.1	34.9	34.0
運輸機械	17.1	19.9	22.0	23.5	23.4	23.7	30.6	32.2	32.6	36.0	37.0	37.8
精密機械	6.2	7.9	8.4	9.3	11.0	11.2	12.0	12.9	12.8	12.4	13.8	8.9
其他	2.9	4.1	4.0	4.4	4.2	4.4	4.4	5.1	5.0	6.2	7.2	8.4

注：1. 國內企業基礎海外生產比率=(當地日資企業營業額/(當地日資企業營業額+國內企業營業額))，2. 2004 年後電氣機械再分出 ICT 機械。

資料出處：經產省(2002)『31 回 2001 年度日本海外事業活動調查』及經產省(2008)『37 回 2006 年度日本海外事業活動調查』

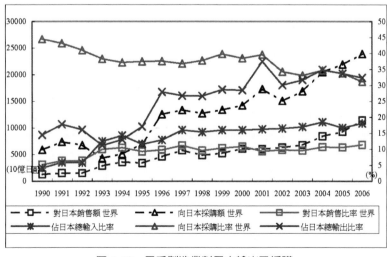

圖 4-18　日系製造業對日本輸出及採購

再從表 4-55 及圖 4-19 可知洲域別中，日系製造業營業額中對日本銷售金額，1990 年以來以亞洲日系製造業最大。而對日本銷售額佔洲域別日系製造業營業額的比重中，亦以亞洲日系製造業最高，1990 年代後半期超過 20%，遠高於北美及歐洲 4%以下的水準。

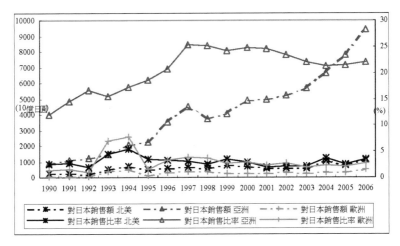

圖 4-19　日系洲域別製造業對日本輸出額及比率

日系製造業向日本的採購金額，同表 4-55 及圖 4-20 可知，亞洲日系製造業 1990 年以來呈現增加趨勢，期間中持續超過歐洲，但 2003 年止低於美洲日系製造業水準，2004 年才超過美洲，此與亞洲日系製造業海外生產比率的演變雷同。而對日本採購額佔洲域別日系製造業總採購額的比重，期間中亞洲日系製造業 30-40%，北美 30-50%，歐洲 35-45%，亞洲水準低於歐洲及北美，但 2000 年後所有洲域別製造業對日本採構比重均呈現下降變化，其中歐洲的減幅較小。

表 4-55　日系製造業對日本的輸出與採購及比率　（10 億日圓、%）

		1990	1991	1992	1993	1994	1995	1996	1997	1998	1999	2000	2001	2002	2003	2004	2005	2006
對日本銷售額	世界	1,308	1,557	1,516	2,907	3,621	3,425	4,642	5,810	4,886	5,272	6,113	6,045	6,352	6,799	8,460	9,287	11,407
	北美	281	284	192	526	739	517	595	645	549	770	681	553	568	598	1,042	766	1,093
	亞洲	896	1,123	1,200	1,489	2,095	2,271	3,521	4,543	3,719	4,038	4,924	4,980	5,196	5,693	6,630	7,790	9,413
	歐洲	66	71	48	394	518	118	305	360	394	260	287	255	317	270	351	354	526
對日本銷售比率	世界	5.2	6.4	6.4	10.0	10.5	9.3	9.8	11.2	9.6	10.4	10.9	9.4	9.8	9.6	10.7	10.6	11.4
	北美	2.6	2.7	2	4.4	5.5	3.5	3.2	3.1	2.5	3.5	2.9	1.9	2.1	2.2	3.7	2.6	3.4
	亞洲	12	14.5	16.7	15.5	17.3	18.5	20.7	25.3	25.1	24.2	24.7	24.6	23.5	22	21.3	21.5	22.1
	歐洲	1.3	1.6	0.9	7.0	7.7	1.6	3.3	3.8	3.6	2.7	2.9	2.3	2.8	2	2.3	2.2	2.8
佔日本總輸入比率		4.2	5.9	5.8	12.5	14.3	11.6	12.9	16	15.4	16	16	16.3	16.5	17	18.5	16.7	18.1
向日本採購額	世界	5,913	7,393	6,778	4,331	5,119	7,016	12,553	13,353	12,741	13,397	14,216	17,329	15,091	16,912	20,525	21,942	23,903
	北美	3,015	3,589	2,756	2,047	1,774	2,623	4,601	5,256	5,608	5,919	5,445	7,629	6,093	6,617	6,654	6,961	7,937
	亞洲	1,426	1,992	1,935	1,565	1,940	2,800	4,901	5,003	3,617	4,224	5,223	5,199	5,065	5,753	7,835	8,757	9,725
	歐洲	1,105	1,353	1,660	621	966	1,303	2,490	2,289	2,612	2,660	2,765	3,541	3,204	3,740	5,026	4,895	4,693
向日本採購比率	世界	44.5	43.2	41	38.3	37.2	37.5	37.6	36.8	37	39.8	38.5	39.6	34.3	33.1	34.7	33.8	31.2
	北美	50.2	46.7	39.7	43.4	34.1	33.7	36.1	37	40.1	44	39.9	42.3	33.6	33.7	31.7	32.4	31.2
	亞洲	38.5	38.4	40.3	38.6	36.7	40.5	40.0	38.8	36.1	35.7	36.6	36.1	33	30.6	33.3	31.5	29.6
	歐洲	39.6	42.7	44.3	34.5	41.1	44.6	38.0	34.2	34.2	38.2	39	41.5	40.6	37.6	44.5	42.4	34.5
佔日本總輸出比率		14.5	17.8	16.1	11.2	13.0	17.1	28.0	26.8	26.7	28.7	28.5	37.5	30.1	31.7	34.9	33.7	32.4

注：1. 對日本銷售比率=(對日本銷售額／海外日系製造業銷售總額)*100。2. 向日本採購比率=(向日本採購額／海外日系製造業採購總額)*100。

資料出處：經產省(2002)『32 回 2001 年度日本海外事業活動調查』、經產省(2004)『34 回 2003 年度日本海外事業活動調查』及經產省(2008)『37 回 2006 年度日本海外事業活動調查』，第 14-1 及 14-2 表。

　　亞洲日系企業對日本輸出額的增加中除最終財回銷日本市場外，亞洲日系企業對日本輸出額與輸入額的同時增加主要顯示前出第二章東亞區域產業內貿易的分析中表 2-3 所示 1990 年代後特別是中間財的區域內貿易比重快速增加的結果。而 2000 年後亞洲日系企業對日本輸出比重的持平與輸入比重的下降則與日系企業經營的當地化及區域化有關。

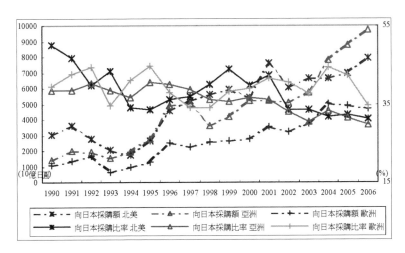

圖 4-20　日系洲域別製造業對日本採購金額及比率

三、東亞日系製造業的當地化經營

　　前述日本對亞洲的投資及當地生產主要是降低生產成本及擴大當地市場銷售以利其全球化經營的建構，因此採取適合當地環境的經營方式、善用當地資源是必要條件。

（一）採購與銷售的當地化

　　接著從日系製造業當地銷售金額佔總營業銷售金額比率及當地採購金額佔總採購金額比率等兩項指標觀察商品當地化的進展。

　　首先亞洲日系製造業的銷售結構，表 4-56 可知 2006 年當地銷售佔 51.9%，遠比北美為低但高於歐洲，而其對日逆輸入（對日輸出佔總營業額比率）則佔 22%，遠超過北美、歐洲。亞洲日系製造業對第三國的出口佔 26%，其中日本以外亞洲國家佔 17.6%，故對當地及日本以外亞洲的銷售佔 69.6%，若加上日本逆輸入則佔 91.7%，對北美及歐洲各佔 3.9%、2.7%。亞洲日系製造業以對當地及洲域內銷售為主的情形與北美、歐洲相同，但是比率略低於北美。

　　亞洲日系製造業 1990 年以來，當地銷售比率均低於北美，對第三國銷售比率則高於北美但低於歐洲，對當地及洲域（含日本）銷售比率 2000 年後超過 90%與美歐相當，其中對亞洲域內第三國銷售比率上升。與 1990 年相比，2000 年後亞洲日系製造業主要由於對日本逆輸入以及亞洲第三國比率增加，所以對亞洲銷售比率上升。此不同於北美以被投資當地銷售以及歐洲以被投資當地與歐洲內第三國銷售為主的情況。

　　對日本輸出即日本逆輸入的高比重是亞洲日系製造業銷售結構主要不同於北美與歐洲之處，如前述 1990 年代中日本總輸入中海外日系製造業逆輸入所佔比率由 90 年的 4.2%持續上升至 2006 年的 18%，日本逆輸入主要來自於亞洲，2006 年佔日本總逆輸入 82.5%。亞洲日系製造業的生產分工網絡主要銷售亞洲市場，比重依序為當地市場、日本以及區域內第三國，而對北美及歐洲市場所佔比重相對較低且 2000 年後減低，但仍比北美、歐洲銷售亞洲的比重高。

表 4-56　美歐亞日系製造業銷售結構　　　　　　　　(%)

		當地銷售	日本	第三國	洲域內	亞洲	北美	歐洲	當地加洲域內
1990	亞洲	61.6	11.2	27.2	11.9		9.8	5.7	73.6
	北美	89.7	3.4	6.9	4.1	0.8		1.0	93.8
	歐洲	56.4	1.3	42.3	39.8	0.2	1.3		96.2
2000	亞洲	48.8	24.7	26.5	17.4		5.6	3.4	66.2
	北美	89.0	2.9	8.1	3.8	1.3		3.0	92.8
	歐洲	66.1	2.9	31.0	27.5	1.5	2.0		93.6
2003	亞洲	50.8	22.0	27.2	19.3		3.3	2.8	70.1
	北美	87.3	2.2	10.5	8.0	0.8		0.7	95.3
	歐洲	53.8	2.0	44.2	40.5	0.9	1.4		94.4
2006	亞洲	51.9	22.1	26.0	17.6		3.9	2.7	69.6
	北美	85.7	3.4	10.9	7.8	0.8		0.9	93.5
	歐洲	48.7	2.8	48.5	43.2	2.8	2.1		91.6

注：1. 亞洲洲域內不含日本。
資料出處：經產省(2001)『31 回 2000 年度日本海外事業活動調查』3-(1)-1-1 圖，經產省(2004)『34 回 2003 年度日本海外事業活動調查』及經產省(2008)『37 回 2006 年度日本海外事業活動調查』，12-1 圖。

　　另外從表 4-57 可知美歐亞日系製造業當地銷售年平均額以北美最高，亞洲次之。當地銷售比率亦以北美 85%以上最高，亞洲1990 年代後半期下降但超過 50%以上，而 1990 年代後半期及2001-05 年低於歐洲，2006 年則高於歐洲。洲域內銷售平均額以歐州最高，亞洲次之。洲域內銷售比率亦以歐洲最高，亞洲次之。對直接投資對象國的當地銷售比率以北美最高，洲域內其他非直接投資國的銷售比率則歐洲最高，亞洲洲域內銷售比率雖然提升至2006 年 18%水準，但仍遠低於歐洲 43%。

表 4-57　日系製造業洲域別當地及洲域內銷售額及比重　（10 億日圓、%）

年度		1993-95	1996-2000	2001-05	2006
銷售總額	世界	33408	51440	73263	99679
	北美	13390	21346	28326	32237
	亞洲	11336	17276	27110	42517
	歐洲	7175	9955	13529	18626
	其他	2263	3075	4298	6299
當地銷售額	北美	11394	18677	24519	27615
	亞洲	6475	8895	13632	22085
	歐洲	3733	6063	7025	9073
洲域內銷售額	北美	882	930	2233	2530
	亞洲	1526	2856	5020	7499
	歐洲	1814	3102	5662	8038
當地銷售比率	北美	84.80	87.51	86.58	85.66
	亞洲	56.91	51.97	50.03	51.94
	歐洲	53.26	61.04	51.96	48.71
洲域內銷售比率	北美	6.88	4.37	7.88	7.85
	亞洲	13.68	16.59	18.48	17.64
	歐洲	25.07	31.40	41.81	43.15

注：1. 洲域內金額及比率為直接投資對象國以外該洲域的金額及對該洲域總金額比。而亞洲洲域內
　　　不含日本。
　　2. 期間內年平均值。
資料出處：經產省(2004)『34 回 2003 年度日本海外事業活動調查』及經產省(2008)『37 回 2006 年度日本
　　　海外事業活動調查』，第 12-1 及 12-2 表。

另一方面，從表 4-58 可知亞洲日系製造業的原材料、零組件的當地採購比率 2006 年佔 55.5%，但加上日本以外亞洲國家的採購則達 68.9%，超過北美 63.7%、歐洲 60.4%，若再加上自日本的採購則佔 98.5%，超過北美 94% 及歐洲 95%。對當地區域內他國採購比率以亞洲（含日本）43% 最高，歐洲 18.5%，北美 2.6%。而海外日系製造業自日本的採購比重都相當高，2006 年歐洲 34.5% 最高、北美 31.2%、亞洲 29.6%。

表 4-58　美歐亞日系製造業採購結構　　　　　　(%)

		當地採購	日本	第三國	洲域內	亞洲	北美	歐洲	當地加洲域內
1990	亞洲	47.9	40.3	11.8	7.3		1.7	0.8	55.3
	北美	44.3	51.4	4.3	1.0	2.8		0.3	45.3
	歐洲	35.6	43.9	20.5	16.9	2.9	0.6		52.5
2000	亞洲	41.6	36.6	21.8	16.1		1.1	1.5	57.7
	北美	52.6	39.9	7.5	1.8	4.0		0.9	54.4
	歐洲	39.7	39.0	21.3	13.2	4.9	2.5		52.9
2003	亞洲	53.7	30.6	15.7	13.9		0.6	0.6	67.6
	北美	58.1	33.7	8.2	4.2	2.9		0.5	62.4
	歐洲	28.7	37.6	33.7	28.1	3.7	1.8		56.8
2006	亞洲	55.5	29.6	14.9	13.4		0.8	0.5	68.9
	北美	61.1	31.2	7.7	2.6	3.7		1.0	63.7
	歐洲	41.9	34.5	23.6	18.5	4.0	0.8		60.4

注：1. 亞洲洲域內不含日本。

資料出處：經產省(2001)『31 回 2000 年度日本海外事業活動調查』3-(1)-2-1 圖，經產省(2004)『34 回 2003 年度日本海外事業活動調查』及經產省(2008)『37 回 2006 年度日本海外事業活動調查』，12-5 圖。

亞洲日系製造業的當地採購比率 1990 年以後一度下降 2003 年回增超過 50%，但對亞洲區域內第三國採購比率則 2000 年當地採購比率下降時大幅倍增達 16.1%，2003 年當地採購比率上升後則又下降但維持在 13% 水準，此水準高於北美但低於歐洲。1990 年代以來海外日系製造業自日本的採購佔日本總輸出比率持續上升，90 年 14.5%，2006

年達 32.4%，主要是亞洲佔 40.7%，北美佔 33.2%。而美歐亞日系製造業總採購中所佔對日採購比率，與 1990 年比 2000 年後皆下降，2006年北美 31.2%、歐洲 34.5%、亞洲 29.6%，均維持在 30%上下，顯示海外日系製造業對日本採購的依賴度仍相當高。另外亞洲日系製造業對北美、歐洲的採購比率均低於北美、歐洲對亞洲的採購比率，顯示亞洲日系製造業的分工網絡也是美歐日系製造業供應鏈的重要一環。

接著從表 4-59 可知美歐亞日系製造業當地採購年平均額以北美最高，亞洲次之但 2006 年超過北美。當地採購比率亦以北美 50%以上最高，亞洲 2000 年後超過 50%，2006 年 55.5%但仍低於北美61%。洲域內採購平均額亞州最高，歐洲次之。洲域內銷售比率則以歐洲最高，亞洲次之。對直接投資對象國的當地採購比率以北美最高，洲域內其他非直接投資國的採購比率則歐洲最高，亞洲當地採購比率雖然 2000 年後提升至 50%以上水準，但仍低於北美。

表 4-59　日系製造業洲域別當地及洲域內採購額及比重（10 億日圓、%）

年度		1993-95	1996-2000	2001-05	2006
採購總額	世界	14593	34786	52544	76658
	北美	5905	13606	19643	25467
	亞洲	5417	12250	19975	32814
	歐洲	2359	6985	9840	13622
	其他	913	1944	3086	4755
當地採購額	北美	3373	7295	11370	15561
	亞洲	2308	5143	10123	18212
	歐洲	688	2787	3084	5705
洲域內採購額	北美	80	421	549	670
	亞洲	710	2008	2962	4383
	歐洲	370	1078	2118	2516
當地採購比率	北美	56.62	53.63	57.70	61.10
	亞洲	42.91	42.46	50.22	55.50
	歐洲	28.81	39.96	31.74	41.88
洲域內採購比率	北美	1.39	3.08	2.82	2.63
	亞洲	12.84	16.57	14.94	13.36
	歐洲	15.57	15.55	21.13	18.47

注：1. 洲域內金額及比率為直接投資對象國以外該洲域的金額及對該洲域總金額比。而亞洲洲域內不含日本。2. 期間內年平均值。
資料出處：經產省(2004)『34 回 2003 年度日本海外事業活動調查』及經產省(2008)『37 回 2006 年度日本海外事業活動調查』，第 12-3 及 12-4 表。

　　另外就業種別而言，從表 4-60 可知，2006 年亞洲製造業平均的當地採購比率 44%高於世界的平均 38%。亞洲製造業種別的當地採購比率中，木材紙漿、石油煤碳、鋼鐵、非鐵金屬、一般機械、電氣機械、運輸機械、精密機械高於世界平均。但是運輸機械低於美國。

　　而東亞日系製造業的當地採購比率，亞洲二梯 NIEs 55%及中國 53%超過世界、亞洲、北美及 EU 平均，而一梯 NIEs 35%只超過 EU 平均。東亞製造業種別的當地採購比率中，一梯 NIEs 的食品 75%、纖維 88%、運輸機械 71%高於二梯 NIEs 及中國，中國的木材紙漿 76%、鋼鐵 77%、一般機械 69.5%、ICT 機械 39%高於一梯及二梯 NIEs，二梯 NIEs 的化學 55%、非鐵金屬 65%、電氣機械 59%、精密機械 44%高於一梯 NIEs 及中國。

表 4-60　東亞日系製造業產業別當地採購比率（2006）　　　(%)

	全世界	亞洲	中國大陸	ASEAN4	ANIEs3	美國	EU
食品	77.3	70.4	56.6	63.1	75.0	77.6	.
纖維	63.5	62.0	46.9	63.9	87.6	.	65.6
木材紙漿	56.4	61.1	76.0	55.8	.	.	.
化學	54.1	51.6	46.2	55.1	50.9	72.4	25.5
石油煤碳	55.8	56.7	.		76.7	.	.
鋼鐵	49.3	50.9	76.8	27.7	.	.	.
非鐵金屬	46.0	46.2	37.9	65.4	40.0	.	.
一般機械	45.9	58.8	69.5	57.0	36.3	41.0	40.3
電氣機械	44.7	51.0	55.9	59.3	24.2	26.2	27.5
ICT 機械	25.3	31.1	38.9	30.4	34.4	19.2	19.9
運輸機械	64.5	66.7	57.0	65.7	70.7	69.8	49.9
精密機械	28.1	30.2	23.2	44.4	30.2	5.2	11.9
其他	49.5	48.5	52.9	51.6	50.1	51.1	53.2

注：1. 當地採購比率為調查中採購總額、當地採購額、日本輸入額及第三國輸入額皆回答的企業統計。
資料出處：經產省(2008)『37 回 2006 年度日本海外事業活動調查』②-34-1 至 13 表。

　　以上可知亞洲日系製造業的銷售、採購皆逐漸轉以當地為主，但 2006 年其採購結構中日本仍佔 3 成比重，銷售結構中日本亦佔 2 成比重，亞洲日系製造業透過銷售、採購與母國間維持緊密的貿易關係說明日本海外直接投資經營上的特色。

　　再從圖 4-21 可知美歐亞中以北美日系製造業的當地銷售與採購比率最高，即其商品當地化水準最高。而亞洲與歐洲的當地銷售比率接近，但亞洲的當地採購比率高於歐洲。而以 2006 年與 1993-95 年相比，亞洲日系製造業的商品當地化比歐洲進展。

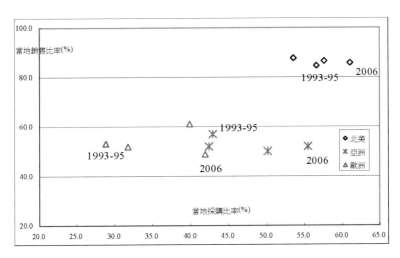

圖 4-21　美歐亞日系製造業當地銷售與採購比率

　　進一步檢視東亞日系製造業商品當地化的進展。首先東亞日系製造業的銷售結構中，表 4-61 可知 2006 年亞洲二梯 NIEs、中國的對日逆輸入比率各佔 24%、26%，高於一梯 NIEs 的 17.7%，而當地銷售比率二梯 NIEs 最低佔 45.9%，中國最高佔 56.4%，ANIEs 佔 53.1%。中國對當地及日本銷售比率達 82.4%，一梯 NIEs70.8%，二梯 NIEs70.1%。

　　與 1996 年相比，東亞對日逆輸入比率 2000 年後大多增加，而當地銷售比率除中國上升外，亞洲一梯、二梯 NIEs 皆下降。只有中國的當地市場銷售比率持續超過 50%，但是亞洲一梯、二梯 NIEs 則皆在對第三國銷售比率增加下轉變為當地銷售、第三國及日本逆輸入三分的銷售結構。以當地銷售比率而言，亞洲日系製造業特別是亞洲一梯、二梯 NIEs 的市場當地化，主要是對亞洲市場的當地化。

　　而採購結構中，同表 4-61 可知 2006 年亞洲二梯 NIEs、中國的對日採購比率各佔 24.8%、31.9%，低於一梯 NIEs 的 34.3%，而當地銷售比率二梯 NIEs 最高佔 61%，中國佔 59%，一梯 NIEs 佔 44%最低。中國對當地及日本採購比率達 91.2%，二梯 NIEs85.6%，一梯 NIEs78%。

表 4-61　東亞日系製造業銷售及採購結構　　(%)

		當地銷售	日本	第三國	當地採購	日本	第三國
1996	ANIEs	55.3	19.9	24.8	34.8	40.1	25.1
	ASEAN4	58.9	22.2	18.9	44.7	39.8	15.5
	中國	53.7	22.6	23.7	39.9	41.5	18.6
2000	ANIEs	53.4	23.2	23.4	39.9	35.7	24.4
	ASEAN4	38.8	28.1	33.1	42.0	36.4	21.6
	中國	54.8	26.0	19.2	47.6	39.7	12.7
2003	ANIEs	46.0	25.1	28.9	52.1	33.5	14.4
	ASEAN4	48.0	20.4	31.6	55.9	26.1	18.0
	中國	59.4	23.3	17.3	51.4	33.7	14.9
2006	ANIEs	53.1	17.7	29.2	43.8	34.3	21.9
	ASEAN4	45.9	24.2	29.9	60.8	24.8	14.4
	中國	56.4	26.0	17.6	59.3	31.9	8.8

注：1. 1997 年前 ANIEs 包含新加坡、香港、台灣、韓國，1997 後香港併入中國統計。

資料出處：經產省(2002)『31 回 2000 年度日本海外事業活動調查』3-(1)-3-1 圖，經產省(2005)『34 回 2003 年度日本海外事業活動調查』及經產省(2008)『37 回 2006 年度日本海外事業活動調查』，13-1 圖。

　　與 1996 年相比，東亞對日採購比率 2000 年後大多減低，而當地採購比率則大多增加。2000 年後，二梯 NIEs、中國的當地市場銷售比率持續超過 50%。而二梯 NIEs、中國對第三國採購比率減低，但是亞洲一梯的比率持續升高。2000 年後東亞日系企業的採購結構皆朝以當地採購為主再輔以日本採購然後第三國的轉變，但是一梯 NIEs 的第三國採購比率則相對仍較二梯 NIEs、中國高。單以當地採購比率進展而言，東亞日系製造業特別亞洲二梯 NIEs、中國顯示當地市場化程度加深，而相對地一梯 NIEs 則是對亞洲市場的當地化。

　　而東亞日系製造業中，從表 4-62 及圖 4-22 可知亞洲二梯 NIEs 及中國當地採購比率 2002 年開始皆超過 50%，但二梯 NIEs 高於中國，而一梯 NIEs 雖超過 40%，但東亞中最低。另外當地銷售比率中國最高，一梯 NIEs 次之，二梯 NIEs 雖 2000 年後超過 40%但仍為東亞最低。

　　進一步結合當地銷售與採購比率觀察東亞日系製造業商品的當地化，圖 4-23 中可知中國當地化水準最高。一梯 NIEs 當地銷售比率高於二梯 NIEs，但採購比率 2002 年後低於二梯 NIEs。二梯 NIEs 則 2002 年後當地銷售與採購比率俱上升，商品當地化的進展在東亞日系企業中最明顯。

表 4-62　東亞日系製造業的當地採購及銷售比率　　　　(%)

		1998	1999	2000	2001	2002	2003	2004	2005	2006
當地採購比率	中國	41.4	43.8	47.6	45.8	52.4	51.4	47.7	52.5	59.3
	ASEAN 4	41.9	42.3	42.0	45.3	51.7	55.9	52.8	56.2	60.8
	ANIEs3	44.2	42.0	39.9	40.5	47.7	52.1	49.4	46.0	43.8
當地銷售比率	中國	52.4	57.7	54.8	53.1	56.6	59.4	53.5	54.9	56.4
	ASEAN 4	37.8	37.1	38.8	40.6	43.3	48.0	46.5	50.5	45.9
	ANIEs3	55.6	54.9	53.4	51.7	50.0	46.0	47.9	50.2	53.1

資料出處：經產省(2004)『34 回 2003 年度日本海外事業活動調查』及經產省(2008)『37 回 2006 年度日本海外事業活動調查』第 13-4 表。

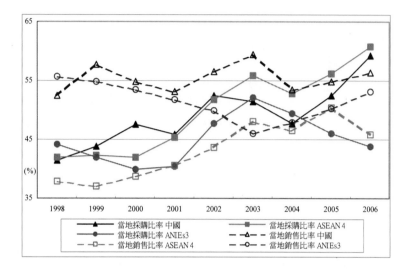

圖 4-22　東亞日系製造業當地銷售與採購比率

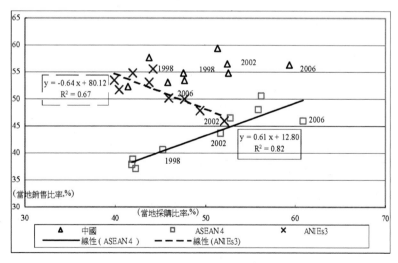

圖 4-23　東亞日系製造業當地銷售與採購比率分布

（二）當地員工雇用

　　員工雇用的當地化是經營當地化的重要指標。經營者與技術人員隨著經營的進展逐漸當地化不但可增加與當地市場的接觸，強化對當地人員管理能力及與當地政府交涉能力，更可減少日本派遣人員的高薪資成本提高當地投資企業的獲利性。

　　表 4-63 可知，1990 年代日本海外企業總雇用人數自 1990 年中期年平均 226 萬人持續增加至 2006 年達 455 萬人。1990 年代後半期北美及美國的雇用數持續減少，而歐洲及 EU 持續增加，亞洲亦持續增加。2006 年以亞洲地區 317 萬人佔日本企業海外總雇用數

表 4-63　海外日系企業員工雇用數及比重　　　　（千人，%）

	1994-95	1996-2000	2001-05	2006
世界	2261	2989	3770	4557
北美	558	692	663	647
美國	527	656	627	612
歐洲	277	357	408	487
EU	265	334	382	460
亞洲	1220	1712	2472	3175
中國	202	489	1022	1475
ASEAN4	657	858	1089	1237
ANIEs3	322	274	224	237
世界	100.00	100.00	100.00	100.00
北美	24.68	23.15	17.59	14.20
美國	23.31	21.95	16.63	13.43
歐洲	12.25	11.94	10.82	10.69
EU	11.72	11.17	10.13	10.09
亞洲	53.96	57.28	65.57	69.67
中國	8.93	16.36	27.11	32.37
ASEAN4	29.06	28.71	28.89	27.15
ANIEs3	14.24	9.17	5.94	5.20
東亞 10 國	52.23	54.23	61.94	64.71

注：1. 各期間年平均值。注：1. 1997 年以前 ANIEs3 含新加坡、香港、台灣、韓國，其後香港統計
　　　歸入中國，ANIEs3 只包含其他國家。
　　2. ASEAN4 為馬來西亞、泰國、印尼、菲律賓。
資料出處：經產省(2004)『34 回 2003 年度日本海外事業活動調查』及經產省(2008)『37 回 2006 年
　　　度日本海外事業活動調查』④-06 表。

的 69.7%最多，北美 64.7 萬人、14.2%，其中美國 61.2 萬人、13.4%，歐洲 48.7 萬人、10.7%，其中 EU46 萬人、10.1%。

東亞中，中國的增加最快，1990 年代中期 20.2 萬人佔日本企業海外總雇用數的 9%，2006 年增加至 323.7 萬人、32.4%。二梯 NIEs 從 65.7 萬人亦持續增加至 2006 年 123.7 萬人，但比重由 29.1%下降至 27.2%，而一梯 NIEs 則從 32.2 萬人持續減少至 2006 年 23.7 萬人，比重由 14.2%下降至 5.2%。東亞 10 國整體比重由 52.2%增加至 2006 年 64.7%主要是中國比重增加的原因。

根據日本 JETRO 的調查[15]，2007 年的每人雇用基本薪資、津貼及分紅等平均月薪，一般勞工，越南河內 79 至 126 美元、菲律賓馬尼拉 248 至 339 美元、泰國曼谷 232 至 361 美元、印尼雅加達 178 美元、馬來西亞吉隆坡 305 至 568 美元、中國廣州 148 至 236 美元、新加坡 887 至 1,750 美元、韓國漢城 1,683 至 2,459 美元、台灣臺北 880 至 1,182 美元、日本琉球 3,061 美元、美國紐約 2,970 美元、愛爾蘭都柏林 3,864 美元、西班牙馬德里 3,338 美元、波蘭華沙 636 至 1,299 美元；而技術人員，越南河內 101 至 209 美元、菲律賓馬尼拉 385 至 635 美元、泰國曼谷 314 至 552 美元、印尼雅加達 311 美元、馬來西亞吉隆坡 485 至 875 美元、中國廣州 201 至 393 美元、新加坡 1,540 至 2,571 美元、韓國漢城 1,971 至 3,057 美元、台灣臺北 1,232 至 1,734 美元、日本琉球 3,678 至 4,533 美元、美國紐約 6,023 美元、愛爾蘭都柏林 7,080 至 7,886 美元、西班牙馬德里 3,776 至 5,783 美元、波蘭華沙 1,422 至 2,508 美元。亞洲的一般勞工及技術人員的平均薪資相對低廉，亞洲日系企業特別中國雇用人數的大幅增加充分顯示日本對亞洲的投資及當地生產主要是利用當地豐富而廉價勞力，降低生產成本的目的。

另以海外日系企業的設備投資金額與雇用人數的比率權充資本勞動要素比即人均資本觀察日系企業配置資本與勞力等資源的

---

[15] http://www3.jetro.go.jp/jetro-file/cityCmpDetail.do。

變化[16]。表 4-64 可知，海外日系企業的人均設備投資 1990 年代後半期上升後回降，2006 年又微幅回升至 1.1 百萬日圓。其中美國的人均資本比率的水準除 2001 至 05 年外高於 EU 及亞洲平均，但 1990 年代中期後與總人均資本呈現相同變化，2006 年 2.3 百萬日圓。EU 則持續增加至 2001 至 05 的 2 百萬日圓後回降，2006 年 1.47 百萬日圓。亞洲則 1990 年代中期後持續下降，2006 年回增至 0.67 百萬日圓，但遠低於北美及 EU。東亞中，中國 1990 年代中期後持續下降，2006 年回增至 0.55 百萬日圓；亞洲二梯 NIEs 亦 1990 年代中期後持續下降，2006 年回增至 0.59 百萬日圓；亞洲一梯 NIEs 則 1990 年代中期後持續增加，2006 年 1.65 百萬日圓。東亞中祇有亞洲一梯 NIEs 持續增加，2006 年雖高於 EU 但仍低於美國。顯示日本對亞洲二梯 NIEs 及中國的投資相對於北美、歐洲及一梯 NIEs 是勞力集約型的經營模式，主要在獲得其勞動力的比較利益，即較歐美豐富且低廉勞力資源的運用。而對一梯 NIEs 的經營模式則由相對勞力集約型轉向資本集約型。

表 4-64　日本海外企業設備投資與雇用比　　　（百萬日圓／人）

	1994-95	1996-2000	2001-05	2006
世界	1.042	1.293	0.969	1.093
北美	1.654	2.887	1.755	2.329
美國	1.698	2.885	1.721	2.320
歐洲	0.929	1.296	1.961	1.495
EU	0.883	1.274	2.001	1.476
亞洲	0.746	0.658	0.535	0.668
中國	0.749	0.505	0.407	0.550
ASEAN4	0.699	0.636	0.466	0.590
ANIEs3	0.790	0.975	1.503	1.646

注及資料出處同表 4-63。

---

[16] 資本勞動生產要素比正確應以存量（stock）計算，資料的關係暫以流量（flow）的設備投資金額與雇用人數計算作為參考。

　　而從日本派遣亞洲當地企業的人員比重亦可觀察當地企業的經營主導權包含技術移轉等經營的當地化程度。1998 年日本派遣亞洲當地企業的人員平均每家人數為 6 人，佔當地員工數比率 1.2%，比北美 9 人、1.7%均少。東亞中，日本派遣人員佔當地員工數比率以中國 1.39%最高，一梯 NIEs1.21%次之，二梯 NIEs 為 1.15%。日本亞洲當地企業的日本派遣董事平均每家人數為 2 人，佔當地董事會比率 40.6%，人數雖與北美、歐洲相當，但當地董事會所佔比率則較北美 37%、.歐洲 39%稍高。但是經營幹部中，不論是經營責任者或各部門主管，日本海外派遣人員所佔比率則亞洲普遍高於北美、歐洲，其中最高經營責任者除一梯 NIEs 佔 61.7%外，二梯 NIEs、中國都高達 70%以上。一梯 NIEs 的日本派遣幹部比率較二梯 NIEs、中國低，顯示晉用一梯 NIEs 當地人才的進展；而日本派遣海外的各部門別主管中，以銷售主管 39.9%最高，東亞中特別是二梯 NIEs 佔 49.6%最高。另外，從日本母公司角度，外派人員佔其員工數的 1%，技術人員又佔外派人員 40%。

　　而日本企業海外投資生產對其國內企業的影響上，從日本經濟產業省所作 2006 年度調查結果的表 4-65 可知，對日本國內生產不影響的回答仍占半數以上但比率有下降的趨勢，國內生產雖不需特別調整但相對地認為需要提高高附加價值產品比重的比率佔近 20%。而對國內僱用的影響上認為雖減少國內生產但不會減少雇用的企業佔 5%，而會減少國內雇用的企業則高於不減少雇用比率。會減少國內雇用的企業的比率 1997 年以來均超過不減少雇用企業比率且比率有增高的變化趨勢，此種企業人事僱用態度的變化應非完全是海外日系企業生產替代的影響而是部分反映日本泡沫經濟瓦解後 1990 年代日本企業打破戰後以來鮮少解僱員工的人事僱用慣例採取美式裁員等模式調整企業經營結構的轉變。因為美歐亞三州製造業日系企業中，以本來主要為因應日本國內勞工不足的亞洲日系企業的生產對國內生產的影響最低，因此製品國際分工下需要提高國內高附加價值產品比重的比率最高，但是不會減少及會減少國內國內雇用的比率則又皆最高。

而國外生產對國內製造業中小企業的影響大於大企業，中小企業面臨必須確保國內持續生產的人力但卻同時也面臨必須削減多餘人員的兩難局面。

表 4-65　海外日系企業生產活動對國內的影響　　　　(%)

	海外生產為因應當地需求不影響國內生產	增加高附加價值製品比重不調整國內生產	國內生產減少但不減少國內雇用	維持國內工廠但減少國內生產及雇用	關閉或預定關閉國內工廠
1997	70.1	16.7	4.0	6.6	2.5
1998	66.9	20.7	4.5	4.5	3.3
1999	65.5	19.8	4.8	7.1	2.9
2000	62.6	17.6	6.9	8.9	4.0
2001	62.2	15.9	5.1	11.5	5.4
2002	63.4	16.8	5.2	8.6	6.1
2003	65.0	18.8	4.9	5.8	5.4
2003 年	製造業				
世界	63.0	19.3	5.4	6.4	5.8
北美	86.5	7.3	2.1	2.7	1.5
亞洲	53.6	24.3	6.6	8.1	7.4
歐洲	85.6	7.9	2.7	1.7	2.0
國內雇用對策	擴大高附加價值製品的生產部門	不削減多餘人員	必要削減多餘人員	對多餘人員無明確方針	無多餘人員
國內製造業	22.8	5.0	7.0	2.4	58.2
大企業	24.1	4.1	5.6	1.7	59.5
中小企業	26.2	9.5	11.1	4.0	46.0

資料出處：經產省(2005)『34 回 2003 年度日本海外事業活動調查』11-2, 17, 19 表。

（三）設備投資的當地化

　　日本亞洲製造業設備投資的成長攸關當地企業競爭力的消長，而其投資資金來源的當地化是經營當地化的一項重要指標。

　　首先從圖 4-24 及表 4-66 可知 1990 年代中期以後海外日系企業年平均設備投資金額呈現增加的趨勢，日本企業海外設備投資比率（海外日系企業設備投資佔日本國內外企業設備投資合計比）亦呈現上升的變化。海外日系製造業大於非製造業，製造業主要是 2003 年後的大幅增加。日本企業的海外設備投資比率 1990 年代中期開始上升，但 2002 年後國內設備投資亦回復增加故下降然仍高於 1990 年代水準。

　　其次，期間中 2001-05 年年平均設備投資金額比 1990 年代後半期下降，洲域別而言，主要是北美特別是美國減少所致。而歐洲、亞洲皆增加，特別亞洲呈現持續增加的變化。1997 年亞洲金融風暴後，亞洲日本製造業設備投資曾下降，1999 年最低但 2000 年後回復。

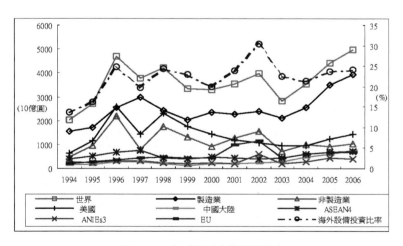

圖 4-24　海外日系企業設備投資

　　東亞中，雖亦受金融風暴影響而 1999 年設備投資額降至 1990 年代後半期最低，但以期間平均金額而言，1990 年代中期以後呈現增加的趨勢，特別是中國。東亞中，二梯 NIEs 年平均設備投資額 2005 年止高於一梯 NIEs 及中國。2006 年設備投資金額以中國 756 億日圓最多，二梯 NIEs730 億日圓次之，一梯 NIEs390 億日圓，而亞洲單一國家亦以中國最多。

表 4-66　日系企業設備投資額　　（10 億日圓，%）

	1994-95	1996-2000	2001-05	2006
世界	2357	3864	3652	4981
北美	923	1997	1163	1507
美國	894	1894	1080	1420
亞洲	910	1127	1323	2121
中國	151	247	416	811
中國大陸	151	212	363	756
香港	0	35	53	55
ASEAN4	459	546	508	730
ANIEs3	254	267	337	390
歐洲	257	462	801	728
EU	234	425	764	679
製造業	1634	2466	2556	3948
非製造業	723	1398	1096	1033
海外設備投資比率	14.93	22.34	24.36	24.03

注：1. 1997 年以前 ANIEs3 包含新加坡、香港、台灣、韓國，其後香港歸入中國統計，ANIEs3 則只包含其他國家。
　　2. ASEAN4 為馬來西亞、泰國、印尼、菲律賓。
　　3. 海外設備投資比率=(日系企業設備投資額/(日系企業設備投資額+國內設備投資額))*100。
　　4. 期間平均值。
資料出處：經產省(2004)『34 回 2003 年度日本海外事業活動調查』及經產省(2008)『37 回 2006 年度日本海外事業活動調查』④-05 表。

　　其次海外日系製造業設備投資資金來源中當地日系企業的自有資金部份，調查統計資料關係以 1996 至 2001 年觀察，表 4-67 可知海外日系製造業 1998 及 99 年明顯減少，但 2000 年回增。其中亞洲因為金融風暴影響 1998 及 99 年減少最多，2000 年亦回增但幅度小於北美。美歐亞中 2001 年以北美 8,553 億日圓最多，亞洲 7,039 億日圓次之。而當地日系企業設備投資總額中當地日系企業自有資金比率 2001 年則以歐洲 89.7%最高，亞洲 85.3%次之，北美為 83.9%。1996 年以來亞洲自有資金比率相對低於歐美水準，但從 80%以下逐漸提升至 80%以上，亦顯示亞洲日系製造業設備投資資金來源的自給性與當地化的進展。

表 4-67　日系製造業設備投資的自有資金及比率　(億日圓，%)

	1996	1997	1998	1999	2000	2001
世界	21415	23903	21314	16845	20338	19644
北美	8135	9945	9366	6758	8699	8553
亞洲	9428	9418	7155	6171	7675	7039
歐洲	2824	3418	3531	3141	3072	2703
日系製造業設備投資的自有資金比率						
世界	84.3	80.4	87.8	83.3	86.3	87.2
北美	86.2	82.3	88.3	80.7	90.4	83.9
亞洲	80.2	74.7	82.8	82.1	80.5	85.3
歐洲	91.8	94.4	96.8	93.3	88.6	89.7

注：日系製造業設備投資自有資金推估方式如下，自有資金額=日系製造業設備投資額*(1-(日本出資額/日系企業設備投資額)，設備投資自有資金比率=(日系企業設備投資自有資金/日系製造業設備投資額)*100。

資料來源：經產省(2002)『32 回 2001 年度日本海外事業活動調查』2-(5)-1-1 及經產省(2003)『32 回 2001 年度日本海外事業活動調查』10-2 表。

　　而亞洲日系製造業設備投資資金來源中以自有資金所佔比率最高，其他來源中當地金融機構的借款比率次之，出資者借款比率最低，此資金來源結構比重順序基本上與北美、歐洲相同。

　　另外，亞洲日系製造業的長期借款來源則以當地金融機構借款佔 45.9%特別是當地日系銀行的借款比率 29.3%最高，而當地金融機構借款中日本出資者保證的借款佔 35-40%，另外向出資者借款比率為 28.6%。

　　依據日本國際協力銀行（JBIC）調查，2000 年日本海外企業的營運資金調度中，日本總公司資金佔五至六成，當地調度資金佔二至三成，當地再投資佔二成左右，可知資金基本上仰賴日本總公司，日本海外企業的總資金調度尚未當地化。

（四）亞洲日系製造業與當地企業的資本關係

　　接著從日本製造業亞洲子公司設立時當地企業的資本參與關係等探討與當地企業的合作關係。

　　日本亞洲子公司資本結構中與當地合資方式者佔六成，其中股權五成以上佔 26%，以下佔 33.8%。對當地企業投資佔 9.1%，其中股權五成以上佔 3.3%，以下佔 5.8%。而全額出資佔三成，低於北美 53.9%、歐洲 56.2%，另外併購方式只佔 1.2%，低於北美 17%、歐洲 15.5%。日本亞洲子公司的設立與當地資本結合程度較高。

　　而亞洲的合資夥伴主要為當地製造業 44.7%，其他依序為當地個人 15.2%、銷售公司 13%、政府 12.9%、第三國企業 5.4%。日本亞洲企業與當地政府合資關係的比率相較於北美 0.8%、歐洲 4.9%為高，主要是受中國 29.1%高比率的影響，顯示日本企業對亞洲投資上相對重視與當地政府的關係。其他合資關係的順序則與美、歐大致相同。

四、東亞日系製造業與母公司的技術分工

　　日本海外日系製造業的生產分工型態上，以表 4-68 可知 2000 年的調查結果顯示當地一貫生產比率 45.4%最高，與日本的分工 31.6%次之。洲域別則亞洲日系製造業的當地一貫生產比率 45.5%

最高，比北美的比率略低、比歐洲高，但亞洲與日本的分工佔 31.6%
則比美、歐都略高，而與第三國的分工佔 22.9%略高於北美、低於
歐洲。2003 年的調查結果則當地一貫生產比率提昇至 75.2%最高，
其次為與日本的分工 18.7%。亞洲日系製造業的生產分工型態中當
地一貫生產比率亦提高至 75.1%最高，與日本的分工 19.2%次之。
當地一貫生產比率北美 75.8%高於歐亞，與日本分工比率亞洲高於
美歐，而與日本以外國家分工比率則歐洲高於美亞。

就與日本的技術水準差距程度而言，亞洲日系製造業與日本的
技術水準相比 2000 年同水準佔 55.8%，低水準 42.5%次之。與北
美、歐洲相比，同程度與高技術水準的比重均較低，而低技術水準
則較高。另外日本企業希望其亞洲日系製造業未來的生產技術水
準，未來五年與日本比較，相對高生產技術水準的比重希望由 2000
年 1.8%提升至接近北美程度的 7.5%，與日本同程度技術水準由

表 4-68　日系亞洲製造業的生產分工型態與技術水準　　　(%)

	生產分工型態			與日本技術差距					
	與日本	與日本以外國家	當地一貫生產	相對高水準		同水準		相對低水準	
				調查年度	五年後	調查年度	五年後	調查年度	五年後
	2000 年								
世界	31.6	23.0	45.4	2.7	7.6	60.7	82.4	36.7	9.9
亞洲	31.6	22.9	45.5	1.8	7.5	55.8	80.5	42.5	11.9
北美	31.3	22.7	46.0	5.1	7.8	73.2	87.8	21.7	4.4
歐洲	31.4	24.9	43.7	4.9	6.6	72.6	87.6	22.5	5.9
	2003 年								
世界	18.7	6.1	75.2	1.9	6.6	59.6	80.1	38.5	13.3
亞洲	19.2	5.7	75.1	1.3	7.2	56.0	78.2	42.7	14.6
北美	18.3	5.9	75.8	3.6	5.5	70.7	87.0	25.7	7.5
歐洲	17.1	7.4	75.5	3.8	4.3	71.9	88.3	24.2	7.4

資料出處：經產省(2002)『32 回 2001 年度日本海外事業活動調查』，2-(7)-1-1 表及經產省(2005)『34
回 2003 年度日本海外事業活動調查』，11-12,11-16 表。

55.8%提升至 80.5%，低水準則希望降低至 11.9%。2003 年亞洲日系製造業與日本的技術水準差距比率分佈與 2000 年相似，同水準佔 56%，低水準 42.7%次之。而希望未來五年亞洲日系製造業與日本的技術同水準為 78%，高於日本水準為 7.2%，低於日本水準 14.6%，同及高水準的希望比率均稍降。

　　而亞洲日系製造業與日本間的技術分工上，從表 4-69 可知，2000 年亦以同水準 17.4%最高，低水準 13.8%次之，亞洲同水準與高水準比重均低於北美、歐洲，低水準則高於北美、歐洲。日本企業希望未來五年提高亞洲日系製造業與日本間同及高水準分工的比重，降低低水準技術的比重。亞洲當地一貫生產佔整體比重（45.4%）與美歐相同皆為最高，而當地一貫生產的技術水準亦以與日本同水準 25.7%最高，低水準 19%次之，亞洲的同水準與高水準比重亦均低於北美、歐洲，低水準比重則高於北美、歐洲。

　　日系製造業與日本以外第三國的分工技術水準結構亦雷同，所佔比重依序為同、低、高技術水準。即亞洲日系製造業與日本間的

表 4-69　亞洲日系製造業與日本的生產技術分工水準　　　　(%)

分工型態	與日本技術差距	世界		亞洲		北美		歐洲	
		2000年	五年後	2000年	五年後	2000年	五年後	2000年	五年後
與日本	高水準	0.7	2.2	0.5	2.2	1.4	2.1	1.4	1.8
	同水準	19.1	26.0	17.4	25.4	23.5	27.8	23.2	27.3
	低水準	11.7	3.0	13.8	3.6	6.4	1.1	6.8	1.8
	小計	31.6	31.2	31.6	31.3	31.3	31.0	31.4	30.9
與日本以外國家	高水準	0.7	1.8	9.5	1.8	1.1	1.7	1.3	1.7
	同水準	14.2	18.8	12.7	18.0	17.6	20.0	18.9	22.4
	低水準	8.2	2.5	9.7	3.1	4.0	1.0	4.7	1.1
	小計	23.0	23.2	22.9	23.0	22.7	22.7	24.9	25.1
當地一貫生產	高水準	1.3	3.6	0.8	3.5	2.6	4.0	2.2	3.1
	同水準	27.4	37.6	25.7	37.1	32.1	40.0	30.5	37.9
	低水準	16.8	19.0	19.0	5.2	11.3	2.3	11.0	3.0
	小計	45.4	45.4	45.4	45.8	46.0	46.3	43.7	44.0

資料出處：經產省(2002)『32 回 2001 年度日本海外事業活動調查』，2-(7)-1-1 表。

生產分工以同、低技術水準為主，未來雖然希望提升高技術水準的
分工比重，但技術結構上仍是與日本同程度的技術水準為主。

上述亞洲日系製造業與日本間分工的技術水準中與日本同水
準比重遠低於歐美，而低於日本技術水準的比重高於歐美，所以提
升技術水準為亞洲日系製造業經營的要務。日本對亞洲特別東亞的
技術輸出，1990 年代後其比重雖然比 1980 年代後半期下降，但金
額大幅增加，其輸出金額及比重雖然低於美國但高於歐洲[17]。另外
日本企業對海外技術授權契約件數中亞洲佔一半，其中對日本亞洲
企業佔六成，比北美、歐洲高。而亞洲日系企業在日本大幅技術移
轉下仍感受提升技術水準的必要性則應與當地日系企業的研發投
資動向有關，日本的技術移轉必須加上當地日系企業的研發投資才
能產生技術移轉的相乘效果。以下檢視海外日系製造業的研發投資
演變。

從表 4-70 可知海外日系製造業家平均研發費用 1990 年代中期
以後持續成長，從 1996 年 0.75 億日圓，2000 年 1.2 億日圓，2006
年 3.06 億日圓，2000 年後的成長高於 1990 年代後半期。海外日系
製造業研發費用佔日本企業國內外研發總費用的比重則仍低，但亦
從 1996 年 2.2%上升至 2000 年 3.8%及 2006 年 3.2%。主要製造業
種別中以化學每家平均研發費用最多，1996 年來持續成長，2006
年達 6.21 億日圓，2000 年後由電氣機械獨立出來的 ICT 機械 5.32
億日圓次之，運輸機械 2.9 億日圓。而洲域別家平均研發費用自
1996 年來均持續成長，2006 年北美達 6.42 億日圓最高，歐洲 6.32
億日圓次之，亞洲 1.09 億日圓最低，但亞州 1996 年 0.12 億日圓，
2000 年 0.2 億日圓， 2000 年後成長率比歐美高。而亞洲日系製造
業研究開發費用對營業額的比率，1996 年以後亦持續上升，2000
年後亞洲的上升幅度明顯大於美歐，但 2006 年亞洲 0.9%仍低於歐

---

[17] 參照任燿廷，戰後日本與東亞的經濟發展（台北：秀威出版社，2009），表
4-40，頁 252。

洲 2.1%、北美 1.7%。亞洲日系製造業研發費用中低於歐美，但 2000
年以後亞洲研發費的相對快速增加，此乃上述亞洲日系製造業對提
升當地技術水準急迫感的實際行動表現。

表 4-70　日系製造業研發費　　　　　（百萬日圓，%）

	1996	2000	2006
世界家平均研發費	75	120	306
北美	173	391	642
亞洲	12	20	109
歐洲	174	193	632
化學	167	319	621
電氣機械	95	164	244
ICT 機械			532
運輸機械	142	145	290
海外研發費比率	2.2	3.8	3.2
研究開發費比	1999	2000	2006
北美	2.1	2.3	1.7
亞洲	0.5	0.4	0.9
歐洲	1.8	1.8	2.1

注：1. 海外研發費比率＝海外日系企業研發費／（國內企業研發費＋海外日系研發）。
　　2. 研究開發費比為研發費用對營業額比率。
資料出處：經產省(2002)『32 回 2001 年度日本海外事業活動調查』2-(7)-2-1 至 3 表及經產省(2008)
　　　　　『37 回 2006 年度日本海外事業活動調查』②-31 表及 8-2 表。

　　而東亞製造業的研究開發費中，從表 4-71 首先可知 2006 年亞
洲日系製造業件平均研究開發費低於歐美，東亞中則一梯 NIEs 平
均 2 億日圓最高，二梯 NIEs 平均 0.82 億日圓，中國大陸平均 0.8
億日圓。而製造業種別中，世界平均最高的化學，亞洲則相對偏低，
東亞最高的一梯 NIEs 平均 1.4 億日圓遠低於歐美。東亞中相對較
高的機械業種中，精密機械以中國大陸 4.38 億日圓最高亦高於歐

美。ICT 機械、電氣機械及運輸機械皆以一梯 NIEs 最高，二梯 NIEs 次之，但仍低於歐美。

亞洲製造業研究開發費用對營業額的比率相對低於海外平均及歐美，東亞中只有最高的一梯 NIEs 接近海外平均水準。東亞化學業以中國大陸比率最高，一梯 NIEs 次之，但均低於海外平均及歐美。電氣機械、運輸機械及精密機械皆以一梯 NIEs 的比率最高，而 ICT 機械則以中國大陸比率最高。一梯 NIEs 的運輸機械比率亦高於歐美及海外日系平均，其電氣機械比率則高於歐洲及海外日系平均但低於北美，東亞中比率相對較高的機密機械則仍低於歐美及海外日系平均。東亞 ICT 機械的研發比率則皆高於北美但低於歐洲。

表 4-71　東亞日系製造業家平均研發費（2006）　　（百萬日圓，%）

	世界	亞洲	中國大陸	ASEAN4	ANIEs3	北美	美國	歐洲	EU
製造業家平均研發費	306	109	80	82	200	642	656	632	642
化學	621	72	39	18	141	1113	.	1334	1334
電氣機械	244	161	.	208	265	.	668	268	268
ICT 機械	532	210	181	197	341	1459	.	895	895
運輸機械	289	156	75	88	396	498	510	423	449
精密機械	293	438	438	.	.	110	.	.	108
製造業研究發展費比	1.5	0.9	0.9	0.6	1.4	1.7	1.7	2.1	2.1
化學	2.9	0.8	1.2	0.3	1.0	3.4	3.4	3.8	3.8
電氣機械	1.5	1.0	0.6	1.0	1.7	5.4	5.2	1.5	1.5
ICT 機械	1.3	1.1	1.6	1.3	1.2	1.1	1.1	2.7	2.7
運輸機械	0.9	0.7	0.7	0.3	1.9	1.0	1.0	0.8	0.8
精密機械	4.4	2.0	1.7	.	2.9	5.8	5.8	3.9	3.9

注：1. 研究發展費用比率為研究發展費用對營業額比率，調查資料中有回答的企業統計。
資料出處：經產省（2008）『37 回 2006 年度日本海外事業活動調查』②-34-1 至 13 表。

　　海外日系製造業的研發機能及未來動向上不論美歐亞皆以維持應用研究的現況為主，但是發展研究中以因應當地市場特別是針對當地市場需求的企劃、設計的研發意願相對較高。而在擴充或新設研發機能的未來動向上，不論任何機能皆以北美的意願最高，而亞洲在應用研究及針對因應全世界與當地市場的企劃、設計研發的意願上則相對高於歐洲。

　　戶堂康之（2008）指出日本母公司研發比率的提升會增加海外子公司創新性研發的機率但對提升適應性研發則無效果。海外日系企業研發活動的決定要因中，投資對手國技術水準的提升只會促進創新性研發，而母公司技術水準的提升則只會促進適應性研發活動。此意涵創新性研發活動主要利用被投資國的知識、技術，而適應當地市場的研發則會利用母公司的知識、技術。日系企業的營業額及營運年數對創新性及適應性研發皆有促進作用，被投資國GDP 的大小對海外日系企業創新性及適應性研發的提升效果皆有統計上的意義，但是對創新性研發的促進效果大於適應性研發。而被投資國研發支出比率（被投資國研發支出金額對 GDP 比）是決定海外日系企業創新性研發的要因但非適應性研發的決定要因。

　　東亞日系企業研發活動對當地企業產生技術波及效果，貢獻東亞的技術進步及經濟成長。台韓日系企業的研發活動由於與日本距離近故較進展，而中國日系企業研發活動的增加則主要由於市場規模擴大。被投資國市場規模對海外日系企業的創新性及適應性研發都是決定因素，市場規模的擴大並不單指當地國市場而已，應視為東亞區域市場規模的擴大。而此市場規模的擴大可以經由 FTA 等東亞域內經濟合作的深化達成[18]。

---

[18] 戶堂康之（2008），頁 207。

肆、展望

（一）日本全球經營策略的再檢討

戰後以來日本企業在作業改善方面的積極努力締造日本企業80 年代的強勁競爭優勢，特別是其製造業更在海外直接投資過程中透過國際分工網絡的建構積極追求所謂日本式管理的經營效率性。但是不可諱言的是 90 年代其全球化經營上相對大幅落後美國企業[19]，特別是全球化策略上仍有待加強之處。

1990 年代中美國企業妥善因應 ICT 革命、管制解除與全球化的浪潮，重新建構其全球競爭力，除了學習日本經營提升流程效率的最佳典範外，經營策略上在全球佈局中建構出強化其核心競爭力的策略更是其成功的關鍵所在。透過 ICT 技術的運用，建立細分化組織與大組織、中央集權與地方分權、全球化與當地化看似互相矛盾卻能併存並互補的經營模式，原材料採購、生產、研發、儲運、行銷、售後服務、財務等流程中形成資訊流、物流、資金流與人才流的總體性資源整合，更提升其人力資源學習與成長的效益。在強化核心競爭力為主軸的策略調整中，美國企業建構出更能彈性運用全球最有利資源、更能適地適所、更開放、更有效率的全球性網絡型成長組織與經營模式。

日本企業雖亦感受到自身競爭力的相對衰落，其製造業特別是在 1990 年代更進一步展開海外直接投資以延續其追求效率的低成本競爭策略，但是事前沒有妥善的全球性策略規劃如對美國製造業的投資主要為迴避貿易摩擦的問題，對亞洲則主要著眼於降低成本，故在全球性資源整合與彈性運用上仍舊落後美國企業，仍然無法擺脫以日本為中心的經營思維。1990 年代以來日本對亞洲製造

---

[19] 日本企業全球化進展程度落後美國企業約 10-15 年，參照前田昇「新ビジネスモデルよる日本企業の強さの変革」，科學技術政策研究所，1999 年五月，PP.12。

業的直接投資雖然急速成長，但是其經營的當地化程度卻相對落後，顯示日本企業在當地經營資源的整合與運用上尚無法堪稱全球化。其中雖有部份日本企業已著手進行組織的國際化、事業本部的移轉海外，甚至海外子公司經營階層的當地化等，但仍屬稀少案例[20]。日本企業必須捨棄同質性競爭策略的思考模式，並加強運用資訊通信技術（ICT）能力[21]，強化企業全球經營統合力與核心競爭力，建構企業獨特的全球化經營模式，以掌握經濟全球化、自由化（deregulation）的商機，以確保企業的獲利能力。

　　日本亞洲製造業的進一步當地化中，市場銷售、原材料及零組件採購等進一步當地化的策略是全球化下達成國際分工佈局的重要課題。亞洲中東亞國家的主要群組，亞洲一梯 NIEs、二梯 NIEs、中國及後開發的越南等各個發展程度及條件不同，企業必須認清自己的獨特競爭優勢，以強化核心競爭力為主軸，針對各個不同經營環境提出因應對策，必要跳脫出以日本為中心或只以國別或亞洲的國家比較利益為考量的思維，必須以全球性觀點提出國際分工佈局的策略，擺脫過去在亞洲當地只追求成本領導的經營策略進一步調整成與差異化並立的策略，建立整合全球資源的強勁核心競爭力，以達到國際分工的整體最大效益。

（二）加強提升日本亞洲製造業的研發機能與學習效果。

　　日本亞洲製造業經營當地化中，有必要加強市場進入策略、供應商開發策略以及當地研發、商品的開發企劃。日系亞洲製造業的

---

[20] 日本新力公司輸出歐美電視機的事業本部由日本移轉美國與英國、小松公司大型採礦機械事業本部由日本移轉美國、エーザイ（Eisai）製藥公司新藥品研發本部由日本移轉美國、スミダ（Sumida）電機採組織機能的公司化改造策略，製造本部由日本移轉中國、服務本部由日本移轉香港，並亦積極引進適當的外籍人才授權經營。

[21] 日本企業在運用 ICT 技術上，不論 ERP（Enterprise Resource Planning）、SCM（Supply Chain Management）、CRM（Customer Relationship Management）、KM（Knowledge Management）的運用都落後歐美甚至亞洲中進國（ANIEs）企業。參照日本經濟產業省、通商白書 2001、2001 年五月，pp.55-62。

每家平均研發費用相對日系歐美製造業為低，只有美國、.歐洲的20%以下，亞洲是日本企業公認的未來成長市場，但其研發機能普遍較歐美低，是必須加強的重點。

另外從技術移轉國日本的角度而言，日本海外投資企業的學習效果對國內企業或產業總生產力彈性值若相對國內學習效果彈性值較低時對日本母公司或產業海外投資後的技術進步會產生深刻影響，特別若是替代國內生產型態的直接投資，除容易導致國內喪失研發活動及學習效果的機會外，當其海外研發活動及學習效果的成效不足或吸收成效的能力不足時更會導致技術進步的停滯，即海外直接投資易導致國內技術空洞化的可能性，特別是若因此切斷日本企業系列制度下的技術波及效果（spill-over），容易造成整體產業技術進步的停滯。因此從提升海外投資企業學習效果的立場，加強與對亞洲投資企業的技術移轉合作，由各種學習效果的提升中回饋日本母企業的持續技術進步亦是非常重要[22]。

---

[22] 技術空洞化的發生主要是日本在國內與供應商、下包商間的技術創新鏈由於海外生產的轉移而中斷，喪失原本在國內透過 learning by doing、using、interacting 及 learning 等學習效果的外部經濟性。參照柳沢寿、山岸祐一《日本企業の海外活動と要素生産性》，経済分析，政策研究の視点シリーズ6，経済企画庁経済研究所，1996。

附表 4-1 日本對外直接投資 (億日圓)

	全產業	製造業	非製造業	全產業成長率	製造業成長率	非製造業成長率	美元/日圓匯率
1968	2005	241	1764				360.0
1969	2394	479	1915	19.40	98.76	8.56	360.0
1970	3254	850	2405	35.92	77.45	25.59	360.0
1971	2984	1009	1976	-8.30	18.71	-17.84	347.8
1972	7086	1591	5495	137.47	57.68	178.09	303.1
1973	9548	4088	5406	34.74	156.95	-1.62	273.3
1974	7101	2558	4452	-25.63	-37.43	-17.65	292.7
1975	9808	2763	7045	38.12	8.01	58.24	299.0
1976	10122	2997	7125	3.20	8.47	1.14	292.4
1977	7199	2755	4443	-28.88	-8.07	-37.64	256.6
1978	9259	4104	5155	28.62	48.97	16.03	201.4
1979	11458	3883	7574	23.75	-5.38	46.93	229.4
1980	10204	3709	6495	-10.94	-4.48	-14.25	226.4
1981	20327	5246	15082	99.21	41.44	132.21	220.6
1982	19233	5183	14049	-5.38	-1.20	-6.85	249.2
1983	19256	6118	13137	0.12	18.04	-6.49	237.5
1984	24771	6110	18661	28.64	-0.13	42.05	237.6
1985	27083	5214	21869	9.33	-14.66	17.19	238.3
1986	35683	6085	29598	31.75	16.71	35.34	168.5
1987	46192	10943	35349	29.45	79.84	19.43	144.6
1988	60348	17717	42631	30.65	61.90	20.60	128.2
1989	90339	21773	67565	49.70	22.89	58.49	138.1
1990	83527	22718	59642	-7.54	4.34	-11.73	144.8
1991	56862	16919	39307	-31.92	-25.53	-34.10	134.5
1992	44313	13038	30810	-22.07	-22.94	-21.62	126.7
1993	41514	12766	28449	-6.32	-2.09	-7.66	111.1
1994	42808	14426	27978	3.12	13.00	-1.66	102.2
1995	49568	18236	30395	15.79	26.41	8.64	94.0
1996	54094	22821	30124	9.13	25.14	-0.89	108.8
1997	66229	23731	41793	22.43	3.99	38.74	121.0
1998	52169	15686	36025	-21.23	-33.90	-13.80	130.8
1999	74390	47193	26968	42.59	200.86	-25.14	113.7
2000	53690	12911	40502	-27.83	-72.64	50.19	107.8
2001	39548	17449	21744	-26.34	35.15	-46.31	121.5
2002	44930	17906	26647	13.61	2.62	22.55	125.2
2003	40795	18363	22153	-9.20	2.55	-16.87	115.9
2004	38210	14780	22583	-6.34	-19.51	1.94	108.1
2005	50459	28866	21593	32.06	95.31	-4.39	110.2
2006	58459	40166	18293	15.85	39.15	-15.28	116.3
1970-79	77819	26598	51076	23.90	32.53	25.13	-3.89
1980-89	353436	88098	264436	26.25	22.03	29.77	-4.24
1990-99	565474	207534	351491	0.40	18.93	-6.92	-1.44
2000-06	326092	150441	173515	-1.17	11.80	-1.17	0.55

資料出處：日本財務省，http://www.mof.go.jp/fdi/sankou01.xls，

http://www.mof.go.jp/bpoffice/bpdata/fdi/d2bop.csv。

附表 4-2　日本對外直接投資與匯率變動相關

	全產業	製造業	非製造業
1970-79	-0.7581	-0.8859	-0.5825
1980-89	-0.8440	-0.8280	-0.8416
1990-99	0.5191	-0.0353	0.7644
2000-06	-0.2076	0.0798	-0.3199
1968-2006	-0.8391	-0.7594	-0.7464

資料出處：日本財務省，http://www.mof.go.jp/fdi/sankou01.xls，
http://www.mof.go.jp/bpoffice/bpdata/fdi/d2bop.csv。

附表 4-3　日本輸出入彈性值與東亞

一、輸入彈性值

logMGS=5.301+0.554logGDP+0.213logRFSL+0.275logASIA-0.159logθ(PIM/PGDP)

計測期間：1982 年第三季至 1999 年第四季。

MGS：日本輸入金額，GDP：日本 GDP，RFSL：日本海外企業營業額／日本名目 GDP，

ASIA：東亞一梯 NIEs、一梯 NIEs 及中國的工業製品輸出額／世界工業製品輸出額，

θ：日円對美元匯率，PIM：日本輸入價格指數，PGDP：日本 GDP 平減指數。

二、輸出彈性值

logXGS=6.54+0.674logMW-0.144logRFSL+0.431logASIA-0.709logθ(PEX/PWE)

計測期間：1981 年第三季至 1999 年第四季。

XGS：日本輸出金額，MW：日本以外世界實質輸入，RFSL：日本海外企業營業額／日本名目 GDP，

ASIA：東亞一梯 NIEs、一梯 NIEs 及中國的工業製品輸出額／世界工業製品輸出額，

θ：日円對美元匯率，PEX：日本輸出單價，PWE：競爭國（美、加、英、法、德、義、韓、香、台、中、新、泰等）輸出單價。

第五章

中國的經濟發展與東亞-兼論中日台的競合關係-

壹、改革開放後中國對外貿易的成長與貿易收支

一、改革開放後對外貿易成長

　　中國的對外貿易在 1978 年以後呈現出相對快速成長的情形。從表 5-1 可知，中國的輸出年平均成長率，1950 年代（1950-1960 年）18.79%，1960 年代（1960-1970 年）因文革的影響下降至 1.33%，1970 年代（1970-1980 年）20.04%，改革開放後的 1980 年代（1980-1990 年）12.78%，社會主義市場經濟制宣示後的 1990 年代（1990-2000 年）14.46%，加盟 WTO 期間 2000-05 年 26.73%，2006 年 27.22%。改革開放後 1980 年代中國的輸出成長率雖較改革開放前為低，但 1980、1990 年代及 2000 年後均高於全世界及美歐日先進國，在其他東亞國家間 2000 年以前也居於中、高水準，2000 年後更居於領先地位。若觀察亞洲金融風暴影響發生前即 1990 至 1995 年輸出成長率則達 18.73%，較 80 年代加速成長，在其他東亞國家間則居於高水準。亞洲金融風暴發生後影響大部份東亞國家的經濟成長，1997 年輸出成長率普遍呈現負成長之際中國勉強維持 0.5% 的正成長，98 年恢復至 6.11%，1999 年 IT 景氣下全世界普遍呈現兩位數輸出成長中中國更高達 27.84%，1995 至 2000 年輸出成長率 10.04% 超過美歐日先進國，雖低於越南 19.68% 及菲律賓 18.85% 但高於其他東亞國家。

表 5-1 東亞輸出年平均成長率

(%)

	1950 - 1960	1960 - 1970	1970 - 1980	1980 - 1990	1990 - 1995	1995 - 2000	1990 - 2000	2000 - 2005	2005	2006
世界	6.49	9.24	20.42	5.98	7.74	3.68	6.77	11.31	14.10	15.27
開發中國家	3.60	6.78	25.67	3.11	10.83	5.84	9.10	14.17	21.93	19.08
已開發國家	7.35	9.99	18.78	7.32	6.79	2.82	5.88	9.42	9.22	12.39
日本	15.88	17.47	20.77	8.91	8.71	1.07	4.11	6.54	5.17	9.25
新加坡	-0.11	3.33	28.20	9.94	17.62	1.08	9.93	12.63	15.61	18.35
香港	-0.32	14.54	22.36	16.79	15.87	1.60	8.26	8.47	11.60	11.52
台灣	6.83	23.05	28.76	14.86	9.50	4.26	7.22	7.73	13.73	13.26
韓國	0.82	39.82	37.21	15.05	12.78	5.52	10.11	12.92	12.04	14.43
馬來西亞	0.56	4.27	24.16	8.64	19.93	4.62	12.24	8.75	12.03	13.99
泰國	1.45	5.96	24.70	14.01	18.69	3.18	10.52	11.12	14.47	18.71
印尼	-1.12	1.63	35.88	-1.09	11.81	4.61	8.50	6.28	20.05	14.35
菲律賓	5.01	5.39	18.39	3.93	16.06	18.78	18.85	1.70	0.50	18.85
中國	18.79	1.33	20.04	12.78	18.73	10.04	14.46	26.73	28.42	27.22
越南	-4.70	-22.70	--	18.85	19.48	19.68	22.70	18.46	22.49	22.08
亞洲 NIEs	0.56	8.06	27.81	11.55	14.76	3.81	9.52	9.69	13.06	14.73
一梯亞洲 NIEs	0.21	12.31	28.16	14.38	14.01	3.02	8.79	10.40	13.04	14.26
二梯亞洲 NIEs	0.80	4.15	27.30	5.15	16.96	5.84	11.51	7.90	13.09	15.96
美國	5.50	8.17	18.43	5.70	7.72	5.17	7.23	3.29	10.83	14.45
NAFTA	5.38	8.97	17.75	5.95	8.41	6.59	8.31	4.08	12.83	13.36
EU 25	8.35	9.78	18.98	7.50	6.16	2.16	5.73	11.91	8.21	12.42
ASEAN	0.54	3.31	27.98	6.23	17.09	4.55	11.13	9.96	14.72	17.29

注：1. 1950-60, 1960-70 越南統計為前南越 (former Republic of Viet Nam) 資料。
2. 亞洲 NIEs (Newly Industrialized Economies) 為新加坡、香港、台灣、韓國 (大韓民國) 及馬來西亞、泰國、印尼、菲律賓；前四國為第一梯 NIEs，後四國為第二梯 NIEs。

資料出處：UNCTAD, *Handbook of Statistics 2007*, http://stats.unctad.org/Handbook/TableViewer/download.aspx.

　　1978 年以後中國的輸出所呈現的相對快速成長，如前所述基本上是體現其改採近代經濟成長工業化發展模式後享受自由市場體制中「後發展性」的經濟利益。東亞中不僅是 1980 年代以後的中國，1950 至 1970 年代的日本，1960 至 1980 年代的台、韓，1970 至 1990 年代的泰、馬等東協國家均皆經歷過相同的過程，亦即改革開放後的中國參與成為東亞經濟「雁行形態發展過程」的一環。改革開放後中國高度經濟成長的同時伴隨著更高的輸出成長率，此一方面呈現雁行形態發展的輸出導向特色外，並隨各國或地區先後轉型自由市場開放經濟的時期形成漸層的發展分佈順序，其中越後轉型發展的國家其成長速度越高。

　　「雁行形態發展」過程的必要條件之一為貿易的自由化，即與世界經濟接軌，亦即其國內市場亦必須要開放，輸入要自由化。如同其他東亞雁行形態發展的成員，此亦是中國近代經濟成長工業化發展過程中接受國外的技術[1]、資本財、原材料以及市場所必要的條件。當然大部份東亞國家實質上是依其國內經濟條件而漸進式地自由化，亦即在出口擴張前大多先經歷過有效保護的國內進口替代的生產過程，亦即「出口擴張前提下的有效保護」亦或「有效保護下的出口擴張」的發展過程。

　　而中國輸入年平均成長率變化亦如輸出，表 5-2 可知，1950 年代 14.13%，1960 年代 1.86%戰後最低，1970 年代 23.68%，改革開放後的 1980 年代 13.45%，1990 年代 13.05%，2000-05 年 26.47%，2006 年 19.95%。改革開放後 1980 年代中國的輸入成長率雖較改革開放前為低，1980、1990 年代及 2000 年後均高於全世界及美歐日先進國，在其他東亞國家間居於高水準。若觀察亞洲金融風暴影響發生前即 1990 至 1997 年輸入成長率則達 15.85%，較 1980 年代加速成長，在其他東亞國家間亦居於高水準，2000 年後更居於領先

---

[1] 就貿易財而言，特別是體化在進口機器機械等資本財以及零組件中間財的技術。

表 5-2　東亞輸入年平均成長率

(%)

	1950 - 1960	1960 - 1970	1970 - 1980	1980 - 1990	1990 - 1995	1995 - 2000	1990 - 2000	2000 - 2005	2005	2006
世界	6.41	9.05	20.26	6.05	7.22	4.06	6.70	11.23	13.79	14.30
開發中國家	4.60	5.91	23.63	3.99	12.75	3.26	8.54	13.34	17.88	16.88
已開發國家	6.71	10.04	19.37	6.91	5.61	4.64	6.17	9.93	11.56	12.45
日本	12.27	14.36	21.97	5.07	6.68	0.22	4.60	7.23	13.28	12.56
新加坡	0.80	5.40	24.66	8.03	15.60	-1.00	7.83	9.30	22.09	19.32
香港	3.41	10.69	22.06	15.02	18.01	0.20	8.82	8.07	10.50	11.73
台灣	6.63	19.06	28.12	12.37	12.64	4.95	8.54	8.33	8.62	11.04
韓國	17.21	21.28	29.12	11.87	12.13	-0.74	7.12	12.08	16.38	18.43
馬來西亞	3.27	3.45	22.17	7.70	20.33	-1.65	9.50	8.20	8.65	14.57
泰國	6.60	12.14	22.43	12.67	15.51	-5.92	5.01	14.22	25.15	8.87
印尼	-2.06	2.96	26.45	2.58	11.40	-6.09	3.56	11.93	37.29	9.09
菲律賓	4.71	6.41	21.77	2.86	17.95	2.88	12.48	5.36	10.91	14.13
中國	14.13	1.86	23.68	13.45	20.66	9.51	13.05	26.47	17.59	19.95
越南	-3.25	8.24	--	8.74	27.87	10.21	22.68	20.83	15.67	20.10
亞洲 NIEs	2.83	9.11	24.87	10.45	15.36	-0.34	7.95	9.63	15.38	14.10
一梯亞洲 NIEs	3.12	11.54	25.67	11.88	14.93	0.65	8.15	9.40	14.01	15.06
二梯亞洲 NIEs	2.54	5.98	23.19	6.75	16.52	-3.03	7.38	10.28	19.25	11.49
美國	5.02	11.03	20.27	8.16	8.94	9.78	9.48	7.25	13.55	10.80
NAFTA	5.37	10.77	19.35	7.99	8.83	10.21	9.55	6.90	14.09	10.87
EU 25	7.25	9.50	19.33	6.70	4.24	3.26	5.15	11.74	9.97	13.80
ASEAN	1.95	5.55	22.88	7.21	16.48	-1.82	7.99	10.40	19.79	14.75

注：1. 1950-60、1960-70 越南統計為前南越（former Republic of Viet Nam）資料。
　　2. 亞洲 NIEs（Newly Industrialized Economies）為新加坡、香港、台灣、韓國（大韓民國）及馬來西亞、泰國、印尼、菲律賓，前四國為第一梯 NIEs，後四國為第二梯 NIEs。

資料出處：UNCTAD, *Handbook of Statistics 2007*, http://stats.unctad.org/Handbook/TableViewer/download.aspx.

地位。亞洲金融風暴發生後與其他東亞國家一樣，中國 1997 年呈現負成長，1998 年恢復至 18.16%兩位數成長僅次於韓國，1999 年 IT 景氣下全世界普遍呈現兩位數輸入成長中中國更高達 35.85%，1995 至 2000 年輸出成長率 9.51%超過美歐日先進國，在其他東亞國家間僅低於越南 10.21%居於次高水準。

1980 年代中國輸入成長率高於其輸出成長率，1990 年代則低於輸出成長率，主要是改革開放後中國近代經濟成長工業化發展初期的 1980 年代對國外的資本財、零組件、原材料及技術需求的旺盛，此亦是其後輸出競爭力的基礎。

二、貿易收支的改善與經濟發展

中國雖然 1950 年代曾達兩位數的出輸入成長率，但是其對外貿易金額則是在 1970 年代開始才真正有較長足的進展。輸出金額 1973 年總算突破 50 億美元，改革開放後 1979 年突破 100 億美元，1981 年超越 200 億美元，1986 年超越 300 億美元，1988 年超越 400 億美元，1989 年超越 500 億美元，1994 年突破 1,000 億美元，1996 年突破 1,500 億美元，2000 年突破 2,000 億美元，2006 年突破 9,000 億美元達 9,694 億美元。

而輸入金額亦在 1973 年總算突破 50 億美元，宣佈改革開放的 1978 年突破 100 億美元，1981 年超越 200 億美元，1985 年超越 400 億美元，1988 年超越 500 億美元，1991 年超越 600 億美元，1992 年超越 800 億美元，1993 年突破 1,000 億美元，1999 年突破 1,500 億美元，2000 年突破 2,000 億美元，2006 年突破 7,000 億美元達 7,916 億美元。

從圖 5-1 及表 5-3 可知，中國改革開放後 1980 年代的進輸出金額呈現幾乎同幅度的增加，但輸入稍大於輸出，而在 1992 年社會主義市場經濟宣示後呈現更大幅度增加現象，並自 1994 年以後輸出金額增加幅度超過輸入。亦即 1980 年代至 1993 年止，中國的輸入金額增加幅度超過輸出，其後則反轉成輸出金額增加幅度超過輸入。

　　因此，中國的對外貿易總額，2004 年次於美、日躍居世界第三。而貿易收支在 1990 年代開始邁入順差的時代，其中除 1993 年貿易逆差 121 億美元外，餘皆為順差，1998 年順差曾達 434 億 7,500 萬美元，2005 年超過 1,000 億美元，2006 年更達 1,777 億美元。而貿易收支對其貿易總額比率在 1990 年代除 1993 年外均為正數，1990 年 7.6%，98 年 13.4%，2000 年下降至 5.1%，但其後回升，2006 年 10.1%。另外貿易收支對其輸入比率在 1990 年代亦除 1993 年外皆為正數，1990 年 16.4%，98 年 31%，2000 年下降至 10.7%，但其後回升，2005 年 15.5%，2006 年 22.5%，顯示中國在進入 1990 年代以後其輸出已有充足能力支應所需的輸入，特別是 2000 年以後強勁的輸入成長。

　　中國輸入能力的提升另外從存量的角度觀察其外匯存底的倍增變動中亦可得到証實，同表 5-3 及圖 5-2 可知，1985 年 26.4 億美元較 1983 年 89 億美元下降，但 1990 年急增至 110.9 億美元，1995 年再跳增至 736 億美元，1998 年倍增至 1,449.6 億美元，2000 年 1,655.7 億美元，2001 年突破 2,000 億美元，2005 年達 8,188.7 億美元，2006 年更達 1 兆 663.4 億美元，成為世界最大外匯存底國。中國外匯存底在 1980 年代中期以後呈現倍再倍增的驚人速度成長，2000 年後更是直線上升。1980 年代後期、1990 年代中期以後的其外匯的增加速度超過其輸入的成長率，1990 年外匯存底對月平均輸入額比率為 7.3 個月，1997 年以後更達 9 個月以上，2000 年以後由於輸入強勁的成長，2000 年為 7.3 個月、2001 年為 8.6 個月、2002 年恢復為 9.9 個月、2003 年更達 10.4 個月[2]。外匯存底的增加對出口能力尚不夠強勁的後發展國家而言，作為國內支付輸入亦或是外債本息等的準備以及提升國家債信、穩定匯率上均有助益。上述外匯存底的快速增加對中國經濟發展而言，是達成其享受後發展性經濟利益上所

---

[2] 中國各年外匯存底對月平均進口額比率

	1980	1985	1990	1995	1997	1998	2000	2001	2002	2003
外匯存底／月平均進口額	8.56	3.70	7.30	5.94	9.46	9.63	7.27	8.63	9.94	10.36

出處：作者彙編自 ICSEAD，"特別報告東アジア経済の展望" 2005，表 3-2

需國外資本財、原材料、零組件、技術等的輸入，強化國際競爭力以促進輸出的必要條件之一。

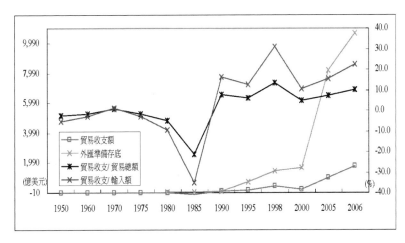

圖 5-1　中國貿易金額及比重

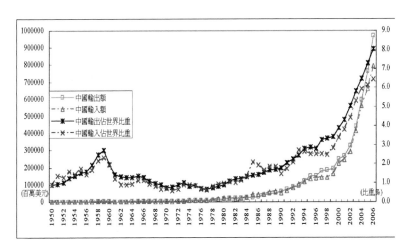

圖 5-2　中國貿易收支與外匯存底

表 5-3　中國對外貿易額及外匯存底

（百萬美元，％，億美元）

	1950	1960	1970	1975	1980	1985	1990	1995	1998	2000	2005	2006
輸出額	550	2,571	2,307	7,689	18,099	27,350	62,091	148,780	183,712	249,203	761,953	969,380
輸出占世界比重	0.89	1.98	0.73	0.87	0.89	1.39	1.78	2.88	3.34	3.86	7.28	8.03
輸入額	580	2,648	2,279	7,926	19,941	42,252	53,345	132,084	140,237	225,094	659,953	791,605
輸入占世界比重	0.90	1.93	0.69	0.87	0.96	2.08	1.49	2.53	2.49	3.38	6.13	6.43
貿易收支額	-30	-77	28	-237	-1,842	-14,902	8,746	16,696	43,475	24,109	102,000	177,775
貿易收支／貿易總額	-2.65	-1.48	0.62	-1.52	-4.84	-21.41	7.58	5.94	13.42	5.08	7.17	10.10
貿易收支／輸入額	-5.17	-2.91	1.23	-2.99	-9.24	-35.27	16.40	12.64	31.00	10.71	15.46	22.46
外匯準備存底	..	..	..	..	27.1	26.4	110.9	736.0	1,449.6	1,655.7	8,188.7	10,663.4

注：貿易額及貿易收支額為百萬美元，各年 12 月底外匯準備存底為億美元，2008 年 6 月底為 18,088.28 億美元。
資料出處：UNCTAD (2007)Handbook of Statistics，外匯存底係根據中國人民銀行統計，http://www.pbc.gov.cn/diaochatongji/tongjishuju/index2.asp?year=2008。

三、中國貿易佔世界比重的變化

　　而中國輸出占世界比重如前述中國對外貿易金額在改革開放後才呈現大幅度增加,因此,從表 5-1 及圖 5-1 可知雖然 1950 年代中國輸出曾有過高於全世界成長率而在 1959 年曾佔世界 2.69%比重,但其後的低度成長亦使其在 1960 年代佔世界比重低於 1.5%,而 1970 年代雖然有 20%的高輸出成長但值世界輸出 20.5%的高成長期其比重甚至低於 1%。改革開放後 1981 年才回復至 1%以上,1980 年代超過 1%,1990 年代超過 2%,因為 1990 年代後期的輸出加速成長,1997 年佔世界比重增至 3%,1990 年代後半其超過 3%,2000 年後更高仰角的快速增加,2001 年超過 4%,2002 年超過 5%,2004 年超過 6%,2005 年超過 7%,2006 年超過 8%達 8.03%。

　　另一方面,中國輸入占世界比重的演變基本上與輸出的情形雷同,1950 年代中國輸入曾有過高於全世界成長率而在 1959 年曾佔世界 2.34%比重,但其後的低度成長亦使其在 1960 年代佔世界比重大多低於 1.0%,而 1970 年代雖然有 23.68%的高輸入成長但值世界輸入 20.25%的高成長期其比重持續低於 1%。改革開放後 1981 年才回復至 1%,1980 年代超過 1%,1990 年代由於後期輸入的加速成長其比重超過 2%,2000 年後比重持續加速增加,2001 年超過 3%,2002 年超過 4%,2003 年超過 5%,2005 年超過 6%,2006 年達 6.43%。

　　而 1990 年代後期以來中國輸出入佔世界比重的急速上升使其超越東亞各國及美日等先進國的比重。1990 年代中,日本輸出佔世界比重下降之際,東亞整體的比重卻主要由於中國的快速上升而增加,日本與中國輸出比重的消長凸顯亞洲地區經濟勢力的更迭。這也導致美國在 1990 年代積極參與亞洲經濟合作事務,甚至轉變其亞太區域政策的態度及取向[3]。

---

[3] 典型例,1990 年代 APEC 在美國積極主導下朝向整合區域內貿易、投資自

　　1980 年代東亞經濟在世界貿易中嶄露頭角後，對於亞洲經濟能否持續成長問題上曾有東亞經濟奇蹟與亞洲經濟奇蹟的迷思等的正反意見[4]，但是從佔世界貿易比重而言，雖經歷亞洲金融風暴然東亞國家整體所呈現的成長並未停頓，只是東亞國家間的更替交迭。而亞洲金融風暴使東亞經濟頓挫，但亦凸顯東亞國家近代經濟成長過程中進一步的自由化所必須的條件與因應對策的優劣。

　　歷經財貨貿易自由化的過程，外向型經濟的進一步成長所必須的資本、金融市場自由化與匯率穩定及國內總體經濟安定間的衝突困境是東亞國家在漸進式自由化經濟發展過程所面臨國際總體經濟問題的本質所在，亦是亞洲金融風暴的成因所在。此是東亞國家持續經濟成長所必須克服的基本問題，1990 年代快速崛起的中國經濟雖倖免於亞洲金融風暴的肆虐但也同樣無法回迴避此問題。

　　而國際間或區域性的政策協調或經濟整合是共同解決的方策之一，近年來亞洲國家間 FTA、RTA 等雙邊或區域性經濟合作、整合的風潮即是此種思維的表現。1990 年代後期中國透過 FTA 等對亞洲經濟合作所表現的積極態度除了擴展其在亞洲經濟的影響力外，亦含合作因應此國際總體經濟問題的實際需求[5]。而中國的積極態度一

由化的組織架構發展，即定位 APEC 為東亞區域性自由貿易、投資的組織。美國亦曾意圖將安全議題納入 APEC 議程然因東協國家反對而作罷。柯林頓總統在日本演講時提出「新太平洋共同體（New Pacific Community）」的政策方向，為美國介入亞太事務之重要宣示。1997 年美國防情報局（US Defense Intelligence Agency）休斯（P. Hughes）在參院軍委會作證時表示中國未來 10-20 年內將成為少數具政治、經濟及軍事潛力足以「威脅」美國區域利益的國家。參照彭慧鸞，〈柯林頓政府積極介入亞太事務的理論與實踐〉，林岩哲、柯玉枝主編，《東亞地區間之互補與競賽》（台北：政治大學國際關係研究中心，1998 年），頁 26-51。

[4]　正面意見的如世銀的東亞經濟發展的奇蹟，反面意見的如 P.Krugman 的亞洲經濟發展奇蹟的迷思等。

[5]　朱鎔基 2000 年 11 月提出 ASEAN+1（中國）的中國、ASEAN FTA 區域性經貿合作構想。2001 年 11 月的高峰會議達成 ASEAN、中國間經貿合作架構，10 年內設立中國、ASEAN FTA 的目標，並就可提前自由品項進行協商。2002 年 1 月事務階層人員開始進行相關協商，同 11 月高峰會議簽署 10 年內設置 FTA 的「綜合性經濟合作架構協定」，並於 2003 年 7 月起生效。

定程度上也觸動日本在亞洲地區經濟外交政策思維的轉變，即從過去只重多邊協商的單一思維轉向成與雙邊、區域性協商並行的彈性思維，當然其背後美國態度的轉變亦是重要的考量所在。

貳、中國的輸出導向型經濟發展與貿易結構

一、改革開放後中國產品別貿易結構與出口競爭力

（一）產品別貿易結構的演變

　　改革開放後中國產品輸出結構中，表 5-4 可知，1980、1990 年代農產品、原料、礦物性燃料的比重持續下降，工業製品則持續上升。工業製品輸出比重中，化學製品維持在 5-6%間，其他製品從 1980 年代上升延續至 1990 年代前半達高峰的 60%後反轉下降，只有機械製品持續上升，2003 年後機械製品佔工業製品輸出比重超過其他製品成為最大宗輸出製品。2006 年機械製品輸出比重 47.1%、其他製品 42.7%、化學製品 4.6%、農產品 2.8%、礦物性燃料 1.8%、原料 0.8%，工業製品輸出比重合計 94.57%，比 1983 年 47.87%增加 46.7%。

　　1980 至 1990 年代初期輸出的成長主要是其他製品，1990 年代中期以後的成長則由其他製品以及機械製品所帶動，只是其他製品比重呈現快速下降而機械製品比重呈現急遽上升。改革開放後中國輸出成長過程中呈現出近代經濟成長工業化模式中雁行形態發展的產品結構交替現象，由農產品、原料、礦物性燃料轉為工業製品，工業製品中又由其他製品轉為機械製品。而其他製品中又有成衣、纖維製品、鋼鐵、非金屬製品等與金屬製品、專門科學機器、精密機器、其他雜項製品的交替更迭，機械製品中則一般、事務、通訊、其他電氣機器機械持續增加，特別事務、通訊、其他電氣機器機械在 1990 年代中期以後輸出比重呈現較大幅度的增加。

表 5-4　中國貿易結構（產品別）

（百萬美元、％）

	1983	1985	1987	1889	1991	1993	1995	1997	1999	2001	2003	2005	2006
輸出總額	22,226	27,350	39,437	52,538	71,843	91,744	148,780	182,792	194,931	266,098	438,228	761,953	971,021
農產品	13.78	14.78	12.77	12.46	11.00	10.36	7.92	6.99	5.83	5.17	4.26	3.14	2.79
原料	8.51	9.70	9.26	8.02	4.85	3.33	2.94	2.29	2.01	1.57	1.13	0.96	0.81
礦物性燃料	20.99	26.08	11.52	8.22	6.62	4.48	3.58	3.82	2.39	3.16	2.54	2.32	1.83
化學製品	5.63	4.97	5.67	6.09	5.31	5.04	6.11	5.59	5.32	5.02	4.42	4.62	4.60
機械製品	5.49	2.82	4.41	7.37	9.95	16.66	21.11	23.91	30.18	35.67	42.84	46.25	47.07
一般機械	-	1.04	0.62	1.81	2.34	3.19	3.20	3.35	3.89	4.68	4.93	5.48	6.12
事務機器	-	0.04	0.16	0.23	0.38	1.80	3.24	5.07	6.87	8.87	14.26	14.53	13.81
通訊機器	-	0.34	1.16	1.77	2.15	4.95	5.67	5.65	6.71	8.94	10.28	12.45	12.79
其他電氣機器	-	0.44	0.40	0.75	1.20	4.85	6.45	7.14	9.50	9.78	9.94	10.17	10.52
汽車	-	0.21	1.83	2.64	3.64	1.36	1.82	1.57	2.03	2.49	2.60	2.85	2.85
其他運輸機器	-	0.76	0.23	0.17	0.25	0.50	0.73	1.14	1.19	0.90	0.83	0.78	0.98
其他製品	36.75	29.17	37.64	41.21	43.26	60.14	58.33	57.39	54.26	49.21	44.59	42.50	42.66
纖維	-	11.86	12.76	11.64	9.36	9.65	9.47	7.68	6.76	6.38	6.20	5.45	5.06
衣類	-	7.52	11.43	13.17	14.30	20.24	16.26	17.46	15.45	13.77	11.90	9.75	9.88
皮革製品	-	0.16	0.20	0.17	0.22	0.50	0.62	0.49	0.45	0.65	0.50	0.41	0.30
鞋類	-	0.94	1.13	2.07	3.36	5.53	4.23	4.46	4.28	3.63	2.85	2.42	2.26
木製品	-	0.09	0.19	0.32	0.43	0.60	0.62	0.63	0.69	0.70	0.67	0.71	0.77
家具	-	0.33	0.38	0.44	0.54	1.19	1.19	1.36	1.78	1.90	2.07	2.19	2.16
紙製品	-	0.55	0.54	0.47	0.38	0.55	0.62	0.54	0.46	0.54	0.51	0.55	0.54
橡膠製品	-	0.19	0.22	0.24	0.28	0.35	0.47	0.47	0.57	0.56	0.53	0.67	0.72
非金屬礦物製品	-	0.83	0.94	1.28	1.95	1.71	2.31	2.20	2.04	1.83	1.75	1.79	1.79
鋼鐵	-	0.43	0.90	1.14	1.95	1.32	3.68	2.74	1.64	1.40	1.23	2.62	3.26
非鐵金屬	-	0.75	1.26	0.73	0.65	0.89	1.30	1.40	1.41	1.25	1.24	1.44	1.85
金屬製品	-	1.55	1.71	1.95	1.99	2.82	3.02	3.11	3.34	3.40	3.29	3.47	3.67
專門科學機器	-	0.12	0.13	0.24	0.26	0.53	0.62	0.79	1.02	1.02	1.41	2.22	2.16
相機光學鐘錶	-	0.23	1.13	1.37	1.53	2.17	1.97	1.91	1.88	1.49	1.20	0.90	0.74
其他雜項製品	-	3.61	4.73	5.98	6.07	12.11	11.94	12.15	12.49	10.68	9.22	7.94	7.50

表 5-4（續）　中國貿易結構（產品別）

（百萬美元、%）

	1983	1985	1987	1889	1991	1993	1995	1997	1999	2001	2003	2005	2006
輸入總額	21,390	42,252	43,216	59,140	63,791	103,959	132,084	142,370	165,699	243,553	412,760	659,953	795,890
農產品	15.14	4.45	7.07	8.91	5.83	2.84	6.91	4.43	3.13	2.53	2.29	2.05	1.87
原料	11.50	7.66	7.68	8.18	7.84	5.23	7.69	8.43	7.69	9.09	8.23	10.62	10.46
礦物性燃料	0.52	0.41	1.25	2.79	3.31	5.60	3.88	7.24	5.38	7.18	7.14	9.76	11.52
化學製品	14.88	10.58	11.59	12.78	14.54	9.33	13.10	13.55	14.50	13.18	11.69	11.58	10.94
機械製品	18.64	38.43	33.80	30.79	30.73	43.31	39.85	37.07	41.92	43.95	46.76	44.07	45.03
一般機械	-	16.05	16.78	15.67	14.06	22.40	20.44	15.96	13.58	12.76	12.53	10.25	9.68
事務機器	-	2.37	1.58	1.01	1.16	1.55	2.17	3.15	4.67	5.21	5.87	5.42	5.10
通訊機器	-	5.93	3.98	3.34	3.33	5.31	5.79	4.20	5.65	5.47	4.73	4.45	4.50
其他電氣機器	-	3.10	3.23	3.35	3.15	5.79	7.40	9.88	14.41	16.41	19.41	20.95	21.96
汽車	-	7.60	5.66	5.28	7.07	5.15	2.04	1.32	1.40	1.86	2.84	1.86	2.14
其他運輸機器	-	3.39	2.57	2.13	1.96	3.11	2.00	2.57	2.19	2.25	1.38	1.14	1.66
其他製品	33.06	32.66	26.86	24.36	20.27	33.69	28.04	28.64	26.57	23.41	23.59	21.62	19.91
纖維	-	3.80	6.93	6.81	8.03	7.47	8.46	8.69	6.72	5.19	3.48	2.36	2.07
衣類	-	0.03	0.03	0.05	0.07	0.53	0.73	0.78	0.66	0.52	0.35	0.25	0.22
皮革製品	-	0.34	0.34	0.39	0.74	1.85	1.75	1.79	1.40	1.14	0.80	0.61	0.55
鞋類	-	0.02	0.00	0.00	0.01	0.02	0.02	0.01	0.01	0.02	0.02	0.03	0.08
木製品	-	0.62	1.02	0.65	0.72	0.90	0.75	0.65	0.48	0.20	0.16	0.09	0.09
家具	-	0.08	0.08	0.09	0.06	0.10	0.08	0.07	0.08	0.11	0.14	0.10	0.10
紙製品	-	1.03	1.36	0.88	1.12	1.49	1.68	2.31	2.38	1.51	1.09	0.66	0.50
橡膠製品	-	0.04	0.08	0.07	0.09	0.19	0.18	0.23	0.35	0.28	0.34	0.29	0.38
非金屬礦物製品	-	0.78	0.64	0.73	0.51	0.85	0.92	0.94	1.04	1.06	0.88	0.75	0.78
鋼鐵	16.81	16.81	8.95	8.08	3.10	12.25	4.98	4.68	4.53	4.40	5.30	3.95	2.72
非鐵金屬	-	3.87	1.37	1.55	0.94	1.79	2.03	2.21	2.81	2.51	2.46	2.59	2.82
金屬製品	-	0.83	0.97	0.87	0.62	1.21	1.31	1.33	1.10	0.98	1.02	0.98	1.02
專門科學機器	-	2.11	1.61	1.14	1.05	1.50	1.69	1.57	1.92	2.85	4.90	6.26	6.13
相機光學鐘錶	-	0.94	1.44	1.19	1.22	1.39	1.31	1.21	1.15	0.91	1.10	1.13	1.13
其他雜貨製品	1.36	1.36	2.03	1.85	2.00	2.14	2.16	2.16	1.94	1.73	1.56	1.56	1.33

資料出處：作者彙編自 ICSEAD（2003、2007），"特別報告東アジア經濟の趨勢と展望"、表 3-3。

　　以 SITC 3 位數 239 項目產品所計算中國的產品輸出集中係數[6]，1985 年 0.3016、1990 年 0.0803、1995 年 0.0634、1998 年 0.0707、2000 年 0.0752、2001 年 0.0772，顯示 1985 至 1995 年間中國輸出產品的分散更迭幅度相當劇烈，達五倍之鉅，2000 年結構重組後才又趨於穩定，但較 1985 年其產品輸出的分散程度亦已增加達四倍。

　　而中國產品輸入結構中，農產品比重 1980 年代中期以後持續下降，2006 年 1.87%。原料 80 年代中期以後、2000 年以前維持在 7-8%間，2000 年後上升，2006 年 10.46%。礦物性燃料 1980 年代上升、1990 年代前半在 3-5%、後半 5-7%間，2000 年後加速上升，2006 年 11.52%。工業製品 1980 年代在 67-82%間、1993 年以後至 2005 年上升至 80-86%間，2005 年後下降而低於 80%，2006 年 76.15%。工業製品中，化學製品 1980 年代在 11-15%間，1993 年以後上升至 13-15%間，2000 年後下降，2006 年 10.94%。同期間其他製品在 33-24%、34-23%間，2000 年後快速下降，2006 年 19.21%。機械製品從 1983 年 19%、1980 年代後半上升至 31-38%間、1993 年以後更上升至 37-47%間，2006 年 45.03%。

　　1993 年以後中國工業製品的輸出入皆佔 75%以上，即中國對外貿易皆轉變成以工業製品為主的結構，不同的是，1993 年以後工業製品的輸出由 82%持續上升至 2006 年 94.57%，輸入則由 86%持續下降至 76.15%。工業製品的輸入比重中，其他製品的鋼鐵、纖維持續降低，非鐵金屬小幅上升，機械製品中一般機械持續降低，通訊機器 4-6%，而其他電氣機器、事務機器持續上升。

---

[6] 產品貿易集中係數計算式：$H_i = (\sqrt{\sum_{i=1}^{239}(\frac{Eij}{Ej})^2} - \sqrt{\frac{1}{239}})/(1 - \sqrt{\frac{1}{239}})$，$E_{ij}$=i 國 j 產品出口，$E_i = \Sigma 239j = 1E_{ij}$，239：SITC 3 位數產品數目，係數值界於 0 至 1，係數計算式為 Herfindahl-Hirschmann index 的修改版。產品進口集中係數亦同此計算式。請見 UNCTAD, *Handbook of Statistics*, 2003a。

以 SITC 3 位數 239 項目產品所計算中國的產品輸入集中係數，1985 年 0.1536、1990 年 0.0956、1995 年 0.0734、1998 年 0.0814、2000 年 0.1045、2001 年 0.1011，顯示 1985 至 1998 年間中國輸入產品的分散更迭幅度相當劇烈，接近一倍，2000 年結構重組後才又趨於穩定，但較 1985 年其產品輸入的分散程度亦已增加達 30%。

基本上 1990 年代中工業製品輸入比重的相對下降以及分散化主要是反映中國工業化成長過程中原、燃料輸入需求的上升以及工業製品進口替代的生產結構轉變，但因輸入比重上升幅度最大的其他電氣機器輸入中大部份是零組件中間財，是否亦反映其電氣機器機械的進口替代過程則有待進一步探討。

（二）中國的輸出擴張與輸入

中國工業製品輸出結構激烈變動的同時[7]，其輸出佔世界的比重也急遽上升。表 5-5 可知，1980 年代前半其整體工業製品輸出佔世界的比重低於亞洲中進國的台灣、韓國，1985 年甚至略低於馬來西亞，但於 1990 年超越亞洲二梯 NIEs 的馬來西亞、泰國、菲律賓、印尼，1995 年更超過亞洲一梯 NIEs 的新加坡、台灣、韓國，其後持續上升，2000 年東亞中僅低於日本，2005 年 9.48%超過日本 2006 年達 10.73%%更超過美國。

進入 1980 年代以後，中國工業製品中輸出佔世界比重增幅最快、最大的莫過於其他製品，表 5-6 可知，1980 年 0.75%低於台灣、韓國，但高於亞洲二梯 NIEs，1990 年雖跳增至 3.45%仍低於台灣、韓國，但已遠高於亞洲二梯 NIEs，1995 年續增至 6.25%不但超越台灣、韓國更超越日本，2000 年 8.16%已超越日本幅度達 2.6%，2005 年 13.04%超越美國並幅度達 5.4%，2006 年更達 14.76%。

---

[7] 此處工業製品依 UNCTAD Handbook of Statistics 2003 的分類統計資料，包含 SITC 5 至 8 分類的三分位品目共 141 項，但 6 分類中不含 68 類的非鐵金屬製品。另 UNCTAD 產品別統計資料最新時期（2005 年）只提供到 2002 年，然此限制當不影響本文主要對貿易結構趨勢轉變的探討。

表 5-5　東亞工業製品輸出佔世界比重　　　　(%)

	1980	1990	1995	1998	2000	2005	2006
世界工業製品	100.00	100.00	100.00	100.00	100.00	100.00	100.00
美國	13.44	11.77	12.04	13.44	13.74	9.96	9.97
日本	11.86	11.79	11.17	8.75	9.48	7.40	7.03
新加坡	..	..	2.62	2.22	2.48	2.51	2.57
香港	..	..	4.26	3.90	4.06	3.79	3.65
台灣	1.69	2.66	2.74	2.52	2.97	2.33	2.42
韓國	1.51	2.60	3.03	2.74	3.27	3.50	3.48
馬來西亞	0.24	0.68	1.46	1.38	1.66	1.42	1.41
泰國	0.16	0.62	1.09	0.94	1.09	1.14	1.18
印尼	0.05	0.39	0.61	0.52	0.74	0.54	0.53
菲律賓	0.12	0.13	0.19	0.63	0.73	0.50	0.49
中國	0.53	1.90	3.31	3.85	4.63	9.48	10.73
越南	0.01	0.02	0.06	0.09	0.13	0.22	0.24

注：1. 工業製品（Manufactured goods）：UNCTAD 分類 SITC 5 至 8 分類商品但不含 SITC 68 的非鐵
　　　金屬。
　　2. 作者計算編製。
資料出處：UNCTAD, *Handbook of Statistics 2003*, 2007,
　　　　　http://stats.unctad.org/Handbook/TableViewer/download.aspx。

　　1978 年之後中國其他製品在世界市場呈現的此種追趕、超越的過程，表現出典型的近代經濟成長雁行形態序列性的同時，更充分展現同質性競爭下替代的可能性，當然亦顯示出中國其他製品的強勁出口競爭力。

　　而中國工業製品輸出比重增幅第二大的機械製品，從表 5-6 亦可知，其輸出佔世界的比重在 1980 年代遠低於台灣、韓國，與亞洲一梯 NIEs 相當或略低（1985 年低於馬來西亞、泰國、菲律賓），1990 年 0.92%，但 1990 年代後半加速上升，1995 年 1.67%只低於亞洲二梯 NIEs 的馬來西亞，1998 年 2.34%超越二梯 NIEs[8]，2000

---

[8] 1998 年中國機械製品出口比重超越東協，雖說一部份是因東協特別是東協四虎中的馬、泰、印受亞洲金融風暴影響出口受挫而使其出口佔世界比重下降，但卻也仍低於同受金融風暴影響的韓國。

表 5-6　東亞其他製品與機械製品輸出佔世界比重　　　　　(%)

	1980	1990	1995	1998	2000	2005	2006
世界其他製品	100.00	100.00	100.00	100.00	100.00	100.00	100.00
美國	8.21	7.42	8.24	9.43	10.23	7.60	7.58
日本	9.67	6.63	5.92	4.92	5.55	4.70	4.37
新加坡	..	..	1.06	0.90	0.99	1.01	0.99
香港	..	..	6.93	6.68	6.80	4.72	4.33
台灣	2.92	3.86	3.12	2.76	2.95	2.40	2.46
韓國	2.75	3.78	2.95	2.74	2.67	2.38	2.47
馬來西亞	0.21	0.57	0.90	0.83	0.90	0.86	0.92
泰國	0.29	1.05	1.46	1.06	1.15	1.09	1.10
印尼	0.07	0.94	1.30	1.04	1.39	0.92	0.94
菲律賓	0.24	0.21	0.22	0.34	0.36	0.23	0.27
中國	0.75	3.45	6.25	7.05	8.16	13.04	14.76
越南	0.02	0.05	0.14	0.21	0.31	0.52	0.59
世界機械製品	100.00	100.00	100.00	100.00	100.00	100.00	100.00
美國	17.46	14.57	14.47	16.00	15.68	11.12	11.12
日本	15.67	17.12	16.02	12.00	12.54	9.78	9.26
新加坡	..	..	3.99	3.26	3.53	3.46	3.53
香港	..	..	2.89	2.62	2.96	3.92	3.90
台灣	1.01	2.21	2.76	2.67	3.29	2.42	2.57
韓國	0.73	2.16	3.38	2.91	3.81	4.45	4.33
馬來西亞	0.31	0.89	2.09	1.94	2.34	1.96	1.90
泰國	0.08	0.43	0.98	0.98	1.14	1.26	1.31
印尼	0.02	0.03	0.20	0.21	0.41	0.35	0.32
菲律賓	0.03	0.08	0.20	0.95	1.10	0.79	0.74
中國	0.17	0.92	1.62	2.24	3.14	9.03	10.26
越南	0.02	0.00	0.02	0.03	0.05	0.08	0.09

注：1. 其他製品（Other manufactured goods）：UNCTAD 分類 SITC 6 及 8 分類商品但不含 SITC 68 非鐵金屬。

　　2. 機械製品（Machinery and transport equipment）：UNCTAD 分類 SITC 7 分類所有商品。

　　3. 作者計算編製。

資料出處：UNCTAD, *Handbook of Statistics 2003*, 2007，

　　　　　http://stats.unctad.org/Handbook/TableViewer/download.aspx。

年 3.14%，2001 年 4.02%超越台、韓，2005 年 9.78%東亞中僅次於
日本，2006 年 10.26%超越日本的 9.26%。中國機械製品輸出佔世
界的比重 2000 年之前雖然未如其他製品的強勁超越能力，但 2000
年後則陸續超越台灣、韓國及日本，亦充分呈現出其出口競爭力的
成長可能性。中國製品輸出的快速超越其他先發展東亞國家的成長
即是典型的雁行形態發展的蛙跳現象。

　　中國工業製品輸出比重的增加與其競爭力的提升密切相關，而
其輸出競爭力的變化與其經濟發展策略又密不可分。近代經濟成長
工業化發展模式以製造業為主要發展部門，中國要創造出口競爭力
就必須要使製造業的生產體現其比較利益，亦即製造業的生產技術
模式是能符合運用其相對豐富生產要素的勞力集約型生產方式。從
1978 年改革開放的開始，中國便已準備朝向出口導向的經濟發
展。所以如前所述也策劃出運用其相對豐富的勞力的一套包括誘引
外資、經濟特區的促進輸出實驗政策以顯現比較利益並創造最大出
口競爭力的可能性。

　　依據表 5-7 及圖 5-3 中東亞顯示性比較利益指標（RSCA）的觀
察，1980 年以後中國製造業的製品輸出中比較利益亦即出口競爭力最
大的是其他製品，其 RSCA 值除 1985 年外皆遠大於 0，其他製造業
中包括纖維、成衣、皮革製品、木紙製品、橡膠製品等非耐久性消費
財民生用品等，這些也是相對適合勞力集約型生產方式的產品，可解
讀為中國其他製造業的輸出基本上體現其相對豐富勞動力的比較利
益。但是中國的其他製品 RSCA 在 1990 年達到高點後持續下降，雖
然其輸出佔世界比重持續上升但比較利益則顯示在消滅中。另外，化
學製品的 RSCA 值 1985 年後持續負值並也明確呈現下降趨勢。

　　中國的輸出製品中只有機械製品 RSCA 從 1980 年代初期的高
負值水準持續上升，1990 年代後期超過化學製品，2000 年提升至
-0.11，2005 年轉正為 0.095，2006 年 0.115 已接近美國。此與美國
機械製品比較利益的鈍化，日本的下降，1990 年代中國和台灣、
韓國、馬來西亞機械製品比較利益的上升形成強烈的對比。

表 5-7　東亞國家製品 RSCA（1980-2006）

		1980	1985	1990	1995	2000	2005	2006
美國	工業製品	0.0896	0.0431	0.0200	0.0174	0.0517	0.0610	0.0654
	化學製品	0.1413	0.1137	0.0788	0.0784	0.0954	0.1111	0.1150
	其他製品	-0.1550	-0.2681	-0.2075	-0.1665	-0.0865	-0.0753	-0.0695
	機械製品	0.2173	0.1735	0.1263	0.0995	0.1080	0.1150	0.1189
日本	工業製品	0.2749	0.2027	0.1531	0.1265	0.1167	0.1189	0.1266
	化學製品	-0.1600	-0.3042	-0.2363	-0.1682	-0.1191	-0.0929	-0.0695
	其他製品	0.1781	0.0145	-0.1330	-0.1732	-0.1362	-0.1050	-0.1111
	機械製品	0.3983	0.3563	0.3281	0.2924	0.2480	0.2537	0.2593
台灣	工業製品	0.2424	0.1714	0.1361	0.1141	0.1236	0.1150	0.1228
	化學製品	-0.4719	-0.5319	-0.3739	-0.1795	-0.2057	-0.0050	-0.0152
	其他製品	0.4785	0.4380	0.3121	0.1894	0.1264	0.1304	0.1304
	機械製品	-0.0085	-0.0719	0.0445	0.1115	0.1713	0.1342	0.1525
韓國	工業製品	0.2510	0.1780	0.1394	0.1071	0.0959	0.1150	0.1189
	化學製品	-0.2392	-0.4521	-0.3918	-0.1357	-0.0658	-0.0417	-0.0309
	其他製品	0.5044	0.3690	0.3170	0.1006	0.0001	-0.0753	-0.0526
	機械製品	-0.1068	0.0775	0.0475	0.1548	0.1693	0.2308	0.2248
香港	工業製品	0.2822	0.1980	0.1462	0.1183	0.1182	0.1416	0.1453
	化學製品	-0.7973	-0.7857	-0.4938	-0.4104	-0.4548	-0.3793	-0.3605
	其他製品	0.5643	0.5114	0.4393	0.3957	0.4700	0.2453	0.2278
	機械製品	-0.1616	-0.1880	-0.1795	-0.1325	-0.2563	0.1561	0.1770
新加坡	工業製品	-0.1087	-0.1107	0.0056	0.0632	0.0702	0.0566	0.0566
	化學製品	-0.3459	-0.2040	-0.1677	-0.2275	-0.1366	0.0338	0.0476
	其他製品	-0.2478	-0.3003	-0.2723	-0.3594	-0.3630	-0.3793	-0.3986
	機械製品	0.0309	0.0131	0.1679	0.2614	0.2399	0.2126	0.2126
馬來西亞	工業製品	-0.4801	-0.4011	-0.1332	0.0064	0.0399	0.0148	0.0196
	化學製品	-0.8409	-0.7569	-0.6882	-0.5116	-0.4092	-0.3245	-0.3072
	其他製品	-0.5221	-0.5201	-0.2217	-0.2224	-0.2585	-0.2270	-0.1905
	機械製品	-0.3726	-0.2642	-0.0005	0.1788	0.2042	0.1736	0.1667
泰國	工業製品	-0.3604	-0.2513	-0.0546	-0.0045	0.0073	0.0291	0.0338
	化學製品	-0.8101	-0.7219	-0.6335	-0.4234	-0.2096	-0.1364	-0.1299
	其他製品	-0.0694	0.0905	0.2037	0.1557	0.0377	0.0099	0.0000
	機械製品	-0.6226	-0.5699	-0.2403	-0.0663	0.0274	0.0783	0.0868
印尼	工業製品	-0.9184	-0.7055	-0.3332	-0.1868	-0.1333	-0.2121	-0.2270
	化學製品	-0.8989	-0.7576	-0.5659	-0.4722	-0.2838	-0.3423	-0.3423
	其他製品	-0.8767	-0.4282	0.0938	0.1958	0.1806	0.0476	0.0521
	機械製品	-0.9611	-0.9677	-0.9231	-0.6404	-0.4099	-0.4085	-0.4599
菲律賓	工業製品	-0.4349	-0.4105	-0.3006	-0.2847	0.1036	0.1031	0.0991
	化學製品	-0.6410	-0.4290	-0.4582	-0.6572	-0.8241	-0.7699	-0.7241
	其他製品	-0.1013	-0.1665	-0.0741	-0.2102	-0.2502	-0.2739	-0.1976
	機械製品	-0.8448	-0.6564	-0.4900	-0.2690	0.2966	0.3220	0.2982
中國	工業製品	0.1303	-0.4299	0.0067	0.0644	0.0865	0.1189	0.1342
	化學製品	0.4844	-0.4176	-0.1798	-0.2134	-0.3054	-0.3889	-0.3889
	其他製品	0.2901	-0.0489	0.2961	0.3710	0.3566	0.2727	0.2883
	機械製品	-0.4105	-0.9470	-0.3437	-0.2922	-0.1106	0.0950	0.1150
越南	工業製品				-0.2739	-0.2739	-0.1834	-0.1628
	化學製品				-0.8018	-0.8182	-0.7391	-0.7241
	其他製品				0.1525	0.1525	0.2453	0.2754
	機械製品				-0.7094	-0.6529	-0.6000	-0.5873

注：1. RSCA=(RCA$_{ij}$-1)/(RCA$_{ij}$+1)，RCA=(X$_{ij}$/ $\sum_{j=1}^{n}$X$_{ij}$)/($\sum_{j=1}^{n}$X$_{ij}$/ $\sum_{j=1}^{n}$ $\sum_{j=1}^{n}$X$_{ij}$)。

　　2. 工業製品（Manufactured goods）：UNCTAD 分類 SITC5 至 8 分類商品但不含 SITC68 的非鐵金屬，化學製品：
　　　SITC5 分類商品，其他製品：SITC6 及 8 分類但不含 68 非鐵金屬製品，機械製品：SITC 7 分類。

　　3. 作者計算編製。

資料出處： UNCTAD, *Handbook of Statistics 2003*, 2007，http://stats.unctad.org/Handbook/TableViewer/download.aspx。

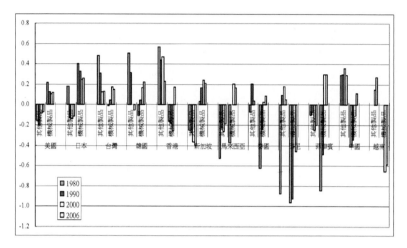

圖 5-3　東亞其他製品與機械製品 RSCA

　　資本財機械製品競爭力的提升是所有近代經濟成長工業化發展國家的追求目標，因為機械製品競爭力的提升就是經濟體工業化的結果表現。從 RSCA 顯示的各國工業製品的比較利益觀察，1990 年代以來，工業先進國中美國、日本特別是日本的機械製品比較利益水準都高於整體工業製品，1990 年代中期以後台灣、韓國亦是如此，只是其領先整體工業製品的程度上較日本低，而亞洲二梯 NIEs 的馬來西亞則在 1980 年代即呈現出機械製品的比較利益水準高幅度領先的狀態，泰國則在 1990 年代中期以後呈現微幅的領先。

　　然 2000 年後中國機械製品的 RSCA 水準與美、日亦或其他東亞主要國家相比，仍呈現相對的低水準且落後整體工業製品程度的狀態。（參照圖 5-4）中國的此種狀態與其輸出結構、及輸出所佔世界比重成長變化的蛙跳現象是不一致的。

　　當然此種狀態可以解釋為中國機械製品尚有極大成長空間，因為機械製品 RSCA 逐年在提升。但也可以說中國機械製品特別是

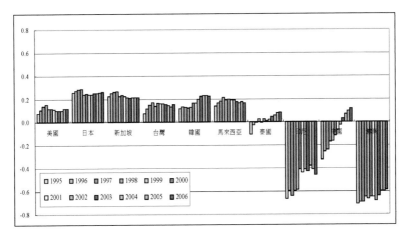

圖 5-4　東亞機械製品 RSCA（1995-2006）

注：1.RSCA(對稱型 RCA)=(RCA$_{ij}$-1)/(RCA$_{ij}$+1)，RCA=(X$_{ij}$/$\sum_{i=1}^{n}$X$_{ij}$)/($\sum_{j=1}^{n}$X$_{ij}$/$\sum_{i=1}^{n}\sum_{j=1}^{n}X_{ij}$)。
　　2.機械製品(Machinery and transport equipment)依據 UNCTAD 分類包含 SITC 7 分類所有商品。
　　3.作者計算編製。

資料出處：UNCTAD、Handbook of Statistics 2007，
　　　　　　http://stats.unctad.org/Handbook/TableViewer/download.aspx。

1990 年代後期的輸出快速成長並不完全是其競爭力真正的提升，
而只是大量外國直接投資及其次先進技術所形成國際分工網絡
下，利用中國相對豐富勞力的比較利益所體現的生產特化效益[9]。
而追求生產特化效益的生產模式不必然與中國整體要素稟賦條件的
相對豐富勞力的比較利益相整合，外資企業追求國際分工的網絡經

---

[9]　最近對雁行形態論的實証研究結果亦顯示後發展國家出口擴張前的進口替
　　代階段實際上大多呈現不完全進口替代工業化（incompleteness of IS
　　industrialization）的現象。主要理由除後發展國家亟欲尋求經濟發展捷徑如
　　設立加工出口區（EPZs）外，實際執行國際間投資、製造、技術移轉的多
　　國籍企業（MNCs）基於其內部利益極大化考量，採行可實現規模經濟性的
　　國際分工策略的影響是另一項重要原因。參照 Kasahara, S., "The Flying
　　Geese Paradigm: A Critical Study of Its Application to East Asian Regional
　　Development," *UNCTAD Discussion Paper 169*, UNCTAD/OSG/DP/2004/3,
　　No.169, 2004, April, pp.16-18.

濟性特別是技術波及效果以及製品或製程分斷化下生產特化的規模經濟性亦有可能採行資本集約或技術集約的生產型態。

此種追求特化效益的生產型態主要是多國籍企業基於國際市場競爭所需而採行的國際間分工佈局的策略，也可能是幅員遼闊中國的經濟成長中所形成地區性差距如東部沿海地區的高成長帶動區域所得及資本蓄積能力的上升而改變當地要素相對價格，形成當地比較利益的動態性改變，即地區性比較利益來源不再是相對豐富的勞力，而是資本投入增加所造成。另外，中國在 1990 年代後期積極推動的產學合作的科學園區，特別是針對高科技的通信、資訊機械設備製品亦或是生化製品，意圖透過產業聚落效果的呈現創造以技術為主的新比較利益也可能是詮釋其快速輸出成長的原因之一。

（三）貿易型態與進口替代

1978 年以後中國快速的製品貿易成長促使其貿易型態亦產生急遽變化。工業化經濟發展過程中由於 GDP、國內市場、所得分配、地理距離、人為貿易障礙、區域性經濟統合等各國發展程度的差異亦或是規模經濟性、產品差異化、技術差距、FDI、週期性貿易等產業發展程度的差異，世界各國特別是先進國家間製品貿易的型態逐漸由產業間貿易轉變為產業內貿易的型態。中國在改革開放後對外製品貿易的型態也由產業間貿易轉變為產業內貿易的型態。

以第二章表 2-5 東亞工業製品產業內貿易係數（GLWIIT，以下簡稱 IIT 係數）觀察[10]，1980 年代中國製品的產業內貿易急遽上升，整體製品係數由 1985 年 0.05 急增至 1990 年 0.46 水準，其中其他製品亦由 0.05 急升至 0.41，化學製品由 0.1 升至 0.42，機械製品

---

[10] IIT 為 Intra-Industry Trade，即產業內貿易，指與國外同一產業內的產品進行出進口貿易，此種型態的貿易與傳統比較利理論兩種產品基於不同比較利益才可能進行貿易即產業間貿易的型態不同。IIT 係數即是估算產業內貿易的係數，最早由 Grubel-Lloyd 所提出。本文 GLWIIT 係數的計算為 G-L 原型式再以各製品的貿易比重為權數加總計算的修改式，各製品 IIT 係數值依 UNCTAD SITC 各分類三分位製品出進口資料再以其貿易比重為權數集計計算。

更由 0.02 套跳升至 0.56，2000 年後所有製品的係數值更進一步上升。中國整體製品而言，相對於其他東亞主要國家甚至歐美，1980年代中其貿易型態的轉變是非常劇烈的，1985 年從低於日本、ANIEs、ASEAN4 等東亞各主要國家水準，1990 年已高於印尼、菲律賓、泰國、韓國、台灣，甚至日本[11]。中國製品中特別是機械製品產業內貿易的跳躍式進展，進入 1990 年代不但成為其製品中水準最高的，東亞中亦高於印尼、菲律賓、泰國、韓國、日本，但低於台灣、馬來西亞、新加坡。反而 1980 年代輸出比重最大的其他製品產業內貿易的進展水準是製品中最低的，但東亞中也已高於印尼、菲律賓、泰國、韓國、台灣、馬來西亞，低於日本、香港、新加坡。

　　進入 1990 年代後，中國整體製品 IIT 係數維持在與日本相當的水準，不同的是日本呈現持續上增加趨勢，中國則是在 0.42 至 0.48 間波動，1990 年代前半 0.42 至 0.46 間，後半至 2002 年則稍提高至 0.42至 0.48 間波動。其他製品則是在 0.33 至 0.40 間波動，1990 年代前半在 0.40 至 0.38 間，後半至 2002 年則降至 0.33 至 0.35 間波動，其產業內貿易水準是工業製品中最低並呈現下降現象。化學製品在 0.37 至 0.42間波動，1990 年代前半在 0.42 至 0.37 間，後半至 2002 年則在 0.39 至0.41 間波動，其產業內貿易水準在工業製品中呈現相對穩定的變化。機械製品在 0.49 至 0.62 間波動，1990 年代前半在 0.49 至 0.56 間，後半至 2002 年則提升至 0.56 至 0.62 間波動，是製品中產業內貿易水準最高的，中國製品產業內貿易的跳躍式進展主要是由機械製品所帶動。

　　1990 年代中國機械製品產業內貿易的水準尚低於歐美，東亞中則已超過日本、印尼、香港，與韓國相當，但低於台灣、新加坡、泰國、馬來西亞等，由 1980 年代初期遠低於其他東亞國家的水準晉升至中間水準，此亦顯示中國在對外開放程度上的長足進展。

---

[11] 日本雖然在 1980 年代中關稅及非關稅等貿易障礙的自由化有大幅度進展，但因為市場的保守性，製品進口至 1990 年代才大幅度增加，一方面也因為 90 年代日本的長期不景氣，「價格破壞」的氣氛下，國外價廉的，不但消費財，零組件等中間財的進口亦都快速成長。

　　但此種跳躍現象同時另亦顯示中國機械製品輸出的高成長並非歷經上中下游產業鏈全程國內進口替代、孕育出口競爭力後的輸出成長過程，此即前節所述不完全進口替代工業化過程或蛙跳現象。其主要理由，一是時間的短促，戰後東亞大多數國家的工業化歷程並非傳統歐美的輸入、國內生產、輸出的型態，極端的說是國內生產、輸出的過程縮短型態，中國只是程度上更劇烈。另一個是機械類製品輸入結構中零組件所佔的相對高比重，可說是一種輸入零組件加工成製品輸出的貿易型態，此亦是中國最終製品加工出口政策導向的結果，典型例即出口加工型外資企業的內銷比例曾受嚴格限制。中國的此種產業內貿易屬垂直型，相同現象在馬來西亞、泰國等其他東亞國家經濟發展過程亦可見到[12]，只是其進展幅度相對較大。其主要原因之一是多國籍企業特別是日本及日系企業在亞洲所建構的分工體制所形成的企業內貿易[13]。

　　機械製品在 1990 年代中逐漸成為中國貿易的主力產品，但以機械製品的進出口中零組件所佔比重觀察，機械製品輸出中零組件比重除 1990 年因為汽車零件的輸出突增呈現遽升以外，維持在 14%至 16%間，餘為製成品的輸出，而機械製品輸入中零組件比重則在 1990 年代躍升至 20%以上水準後，除 1995 年一度下滑至 20.32%，1990 年代後期直線上升超過 38%，2002 年更達 40.81%。顯示 1990 年代中國機械製品的快速輸出成長的背後是由零組件的輸入高成長所支持的。

　　以 1990 年代輸出高度成長的資訊及通信機械設備的關鍵零組件電晶體、真空管（SITC776）的輸入來看，相對於資訊事務機械設

---

[12] 有關東亞國家垂直型產業內貿易（Vertical IIT）的計測及進展，參照 Fukao, Kyoji Hikari Ishido and Keiko Ito, "Vertical Intra-Industry Trade and Foreign Direct Investment in East Asia," *RIETI Discussion Paper Series* 03-E-001, 2002, Figure2-5。

[13] 參照伊藤惠子，「東アジアにおける貿易パターンと直接投資：日本製造業への影響」*ICSEAD Working Paper Series* Vol.2003-03, May, 2003, 圖 6；及任燿廷，〈日本與東亞國家間機械機器貿易變化的探討〉，《臺灣經濟金融月刊》，第 37 卷第 8 期，2001，69-81 頁。

備(SITC759)佔機械製品總輸出比重從 1990 年 1.08%、1995 年 5.27% 至 2002 年擴大為 11%，通信機械設備(SITC764)亦由 4.82%、12.92% 增至 15.85%，而關鍵零組件電晶體、真空管的輸入佔機械製品總輸入比重亦由 3.47%、7.4%急增至 25.69%，1995 年以後與資訊及通信機械設備的輸出呈現平行式快速跳躍的增加現象。另外，電晶體、真空管的輸出佔機械製品總輸出比重雖亦由 1.18%、4.14%增至 5.74%，但 1995 年以後增幅則遠低於其輸入。(參照表 5-8)

此種現象顯示出中國 ICT 機械設備輸出在最終製品加工出口型貿易導向發展策略下成長的特性[14]，並非歷經產業鏈全程進口替代培育出出口競爭力後的輸出成長過程。其出口競爭力雖有中國的比較利益即勞力因素在內，但主要如前述為多國籍企業在亞洲分工網絡布局中網絡的外部經濟性如技術的波及效果以及生產特化的規模經濟性等所形成。中國機械製品的輸出成長主要是最終製品加工出口導向政策的結果。

表 5-8　中國機械製品零組件進出口結構　　(%)

	1985	1990	1995	1998	2000	2001	2002
機械零組件進口額／機械總進口額	6.73	26.09	20.32	28.66	38.05	37.97	40.81
電晶體真空管(776)進口額／機械總進口額	0.00	3.47	7.40	14.67	23.03	22.09	25.69
機械零組件出口額／機械總出口額	11.05	38.20	14.60	13.76	15.75	14.34	14.34
電晶體真空管(776)出口額／機械總出口額	0.00	1.18	4.14	4.76	6.49	5.20	5.74

注：1. SITC7 的零組件包括 784 Motor vehicl parts, acces nes, 776 Transistors, valves, etc,772　Switchgear etc, parts nes, 749 Non-electr machy parts, acces,743　Pumps nes, centrifuges, etc,726 Print and bookbind machy, parts, 714　Engines and motors nes, 713 Intern combust piston engines.

　　2. 1990 年零組件出口比率劇增主要其中 784（Motor vehicl parts, acces nes）的比重遽增之故.

資料出處：UNCTAD（2003）*Handbook of Statistics*。

---

[14] ICT 即 Information Communication Technology，而應用資訊通信技術的相關機械設備即資訊、事務機械設備與通信機械設備等。

二、外資企業與中國對外貿易

（一）國別貿易結構與貿易收支的演變

1.中國的國別貿易結構

改革開放後中國在 1980 年代輸出呈現二位數的高度成長中，表 5-9 可知其主要的輸出市場在亞洲，特別是東亞地區，對東亞十國輸出比重在 1980 年代中佔 50%以上而且持續上升，1991 年達 68.54%。EU 佔 10%，美國佔 8%左右。但是東亞十國中比重最大的香港，1980 年代前半 26%、後半從 35%增至 1991 年 44.67%，香港主要是轉口機能，並非最終輸出目的市場。因此日本是其輸出最大市場，1980 年代前半佔 20%以上，但是後半則持續下降，1991 年佔 14.25%。然東亞中韓國、台灣以及泰國、印尼等的輸出比重在 1980 年代後半均見增長，對東亞十國輸出比重因此維持成長態勢。

1990 年代中國輸出市場更進一步擴散。1990 年代前半至 1997 年亞洲金融風暴止東亞十國仍佔 50%以上，在 56.38%至 51.39%間，1997 年以後下降至 50%以下，2003 年 44.35%，2006 年 39.56%。東亞中比重最大的香港在 1990 年代中持續下降至 2006 年 15.94%，日本則在 1995 年一度回升至 19.11%後又持續下降至 2006 年 9.74%。其餘亞洲一梯及二梯 NIEs 國家亦多在 1995 至 1997 年間達到 1990 年代高點後下滑，直至 1999 年 IT 景氣才回升。而 EU 1997 年以前在 13%至 14%間，1997 年以後增至 16%，2000 年後續增，2006 年 17.83%。美國在 1993 年大幅上升至 18.51%後，1997 年以前維持在 17 至 18%，1997 年以後增至 20%以上，1999 年更因 IT 景氣增至 21.55%，其後維持在 20%以上，2006 年 21.11%成為中國最大輸出國。

1990 年代中國輸出市場擴散的主要轉捩點在 1995 至 1997 年之間，使其從對東亞為主的輸出結構逐漸分散至對美、歐的輸出，亦即脫亞入美歐的轉變時期，同時最大輸出國亦由日本轉變為美國。而此轉變主要藉由機械製品特別是資訊、通信及其他電氣機械設備的輸出成長。

表 5-9　中國貿易結構（國別）

（百萬美元、%）

	1983	1985	1987	1889	1991	1993	1995	1997	1999	2001	2003	2005	2006
輸出總額	22,226	27,350	39,437	52,538	71,843	91,744	148,780	182,792	194,931	266,098	438,228	761,953	971,021
日本	20.44	22.29	16.21	15.86	14.25	17.21	19.11	17.40	16.62	16.89	13.56	11.02	9.74
一梯 NIEs	28.80	33.70	38.28	45.68	51.33	31.23	33.09	33.16	27.27	26.25	26.07	25.30	25.08
香港	26.24	26.16	34.90	41.42	44.67	24.07	24.17	23.94	18.93	17.49	17.41	16.34	15.94
韓國	0.00	0.00	0.01	0.89	3.03	3.12	4.49	4.99	4.01	4.70	4.59	4.61	4.61
台灣	0.00	0.00	0.02	0.18	0.83	1.59	2.08	1.86	2.03	1.88	2.05	2.17	2.16
新加坡	2.57	7.55	3.35	3.20	2.80	2.45	2.35	2.36	2.31	2.18	2.02	2.18	2.37
二梯 NIEs	2.59	2.71	2.51	2.48	2.93	2.65	3.69	3.61	3.22	3.76	4.00	4.13	3.97
印尼	0.22	0.45	0.48	0.42	0.67	0.76	0.97	1.01	0.91	1.07	1.40	1.10	0.96
馬來西亞	0.84	0.68	0.65	0.67	0.73	0.77	0.86	1.05	0.86	1.21	1.40	1.39	1.40
菲律賓	0.65	1.15	0.62	0.45	0.35	0.31	0.69	0.73	0.71	0.61	0.71	0.62	0.59
泰國	0.88	0.42	0.76	0.94	1.18	0.82	1.18	0.82	0.74	0.88	0.87	1.03	1.02
越南	0.00	0.00	0.00	0.00	0.03	0.30	0.48	0.59	0.49	0.68	0.73	0.74	0.77
東亞十國	51.84	58.70	56.99	64.04	68.54	51.39	56.38	54.75	47.60	47.58	44.35	41.19	39.56
EU	12.23	9.35	11.20	10.09	10.27	13.81	13.36	13.70	16.04	15.78	16.87	18.15	17.83
美國	7.75	8.55	7.68	8.34	8.62	18.51	16.61	17.90	21.55	20.40	21.14	21.42	21.11
	1983	1985	1987	1889	1991	1993	1995	1997	1999	2001	2003	2005	2006
輸入總額	21,390	42,252	43,216	59,140	63,791	103,959	132,084	142,370	165,699	243,553	412,760	659,953	795,890
日本	25.78	35.73	23.34	17.81	15.71	22.49	21.95	20.39	20.38	17.57	17.96	15.21	14.52
一梯 NIEs	8.56	11.78	22.24	27.60	36.51	30.34	28.05	30.04	28.79	26.80	27.64	27.31	25.99
香港	8.02	11.21	19.52	21.21	27.47	10.13	6.51	4.92	4.16	3.87	2.69	1.85	1.37
韓國	0.00	0.00	0.02	0.72	1.67	5.17	7.78	10.47	10.40	9.60	10.45	11.64	11.36
台灣	0.00	0.00	1.27	3.14	5.70	12.48	11.19	11.56	11.78	11.22	11.96	11.32	11.03
新加坡	0.53	0.57	1.43	2.54	1.66	2.55	2.57	3.08	2.45	2.11	2.54	2.50	2.24
二梯 NIEs	2.56	2.09	3.33	3.57	4.32	3.23	4.54	5.27	6.24	6.88	8.45	8.39	8.65
印尼	0.70	0.78	1.37	0.98	2.20	1.40	1.55	1.88	1.84	1.60	1.39	1.28	1.22
馬來西亞	1.01	0.47	0.70	1.17	1.26	1.05	1.56	1.75	2.18	2.55	3.39	3.04	2.96
菲律賓	0.21	0.23	0.32	0.14	0.20	0.21	0.21	0.23	0.55	0.80	1.53	1.95	2.21
泰國	0.63	0.62	0.94	1.28	0.66	0.58	1.22	1.41	1.68	1.93	2.14	2.12	2.26
越南	0.00	0.00	0.00	0.01	0.02	0.12	0.25	0.25	0.21	0.42	0.35	0.39	0.32
東亞十國	36.90	49.60	48.91	49.00	56.55	56.18	54.79	55.95	55.62	51.66	54.41	51.31	49.48
EU	18.44	16.69	19.98	17.78	15.63	16.29	17.01	14.40	16.27	15.62	13.71	11.64	11.75
美國	12.92	12.24	11.19	13.30	12.54	10.26	12.20	11.46	11.76	10.76	8.22	7.39	7.51

注：ANIES：香港、台灣、韓國、新加坡。ASEAN：印尼、馬來西亞、菲律賓、泰國。
資料出處：作者彙編自 ICSEAD（2003、2007），"特別報告 東アジア経済の趨勢と展望"、表 3-4。

　　而中國輸入成長 1980 年代高於輸出的水準，並從表 10-6 可知其主要的輸入來源亦集中在亞洲，特別是東亞地區，東亞十國輸入比重 1980 年代中從 36.9%上升後維持在 49%上下水準，但在 1990 年代進一步上升，1991 年達 56.55%，其後維持在 55%上下水準，2003 年仍佔 54.41%，其後下降，2006 年低於 50%佔 49.48%。

　　東亞中比重最大的日本，1980 年代前半雖持續上升，特別是 1985 年一度高達 35.73%，然後半則持續下降至 20%以下，1990 年代從 1991 年 15.71%回升至 20%以上後維持在 20%水準，其後持續下滑，2006 年雖降至 14.52%仍佔穩最大進口國地位。香港主要是轉口機能，1980 年代輸入比重持續上升，特別是 1985 年以後大幅提升，1989 年天安門事件以及台灣的間接出口成長達 21.21%亦開始取代日本成為中國最大輸入地區，至 1991 年更佔 27.47%，但其後急遽下降 1990 年代後半在 5%以下，2006 年 1.37%。其他東亞國家的輸入比重在 1980、1990 年代中均皆呈現增加的趨勢，其中以一梯 NIEs 的台灣、韓國呈現較大幅度的增加。台灣在 1980 年代後半開始急速增加，1987 年 1.27%、1991 年 5.7%，1993 年更大幅上升至 12.48%，其後維持在 11%以上水準，2003 年 11.96%東亞中僅次於日本，但 2006 年 11.03%在日韓之後。韓國在 1990 年代開始急速增加，1991 年 1.67%、1993 年 5.17%、1995 年 7.78%、1997 年 10.47%，2003 年 10.45%，東亞中在日本與台灣之後，但 2006 年 11.36%僅次於日本。東協國家在 1990 年代皆呈持續增加趨勢，其中馬來西亞持續增加至 1999 年 2.18%，2003 年 3.39%，但 2006 年下降為 2.96%。

　　而 EU 的輸入比重 1980 年代在 17 至 20%間波動，但 1990 年代稍降維持在 14 至 17%間，2003 年 13.71%，但 2006 年下降為 11.75%。而美國輸入比重 1980 年代在 11 至 13%間波動，但 1990 年代呈下降趨勢在 10.26%至 12.54%間波動，2000 年後下降，2003 年 8.22%，2006 年 7.51%。

　　中國輸入進入 1990 年代後其來源呈現集中在東亞地區的現象，但東亞區內的輸入來源則呈現擴散的發展，最大進口國日本的比重呈下降趨勢，而一梯 NIEs 台灣、韓國以及二梯 NIEs 馬來西亞、泰國比重則呈現明顯上升趨勢。此種趨勢的轉變與這些國家間所形成的 ICT 機械設備零組件供應鏈網絡有密切關連，此亦是 1999 年中國對美輸出急增的原動力之一。而對 1997 年亞洲金融風暴中特別是對受傷較深的韓國、馬來西亞、泰國等輸入的增加無異是雪中送炭。1990 年代中國經濟特別是輸出的成長，如前述其中主要的機械製品特別是資訊、通信機械設備的輸出成長使其成為東亞經濟的主要牽引力之一，而此轉變在日本 90 年代的長期不景氣下顯得特別突出，而此也讓日本倍感中國經濟崛起的威脅。另外 2000 年以後中國對東亞、歐美的輸入比重皆下降則主要因為石油燃料及原材料輸入需求量及價格上漲而對中東產油國及礦產等原料供應國輸入比重增加所致。

2.不對稱的貿易收支

其次觀察國別貿易收支的變化，從表 5-10 可知，1990 年代特別是 1995 年以後中國整體貿易收支轉變成持續順差的時代，但對美歐日先進國以及東亞國家間則呈現兩極化發展。

1980 年代中國對外貿易收支的逆差主要來自 EU、日本、美國等先進國，對東亞十國雖然整體呈現順差但主要是來自香港的轉口貿易順差，對新加坡、菲律賓及越南也有較小幅度的順差，而其他亞洲一梯及二梯 NIEs 國家則大多為逆差。進入 1990 年代後，美國在 1993 年、EU 在 1997 年陸續轉變成持續性順差成為中國主要順差的來源國家。順差金額最大的是香港，但因其主要是轉口貿易所以此處不討論。日本 2000 年以後呈現逆差大幅擴大的現象，與中國對美國及 EU 的持續順差擴大形成對比。對一梯 NIEs 的持續順差主要因為香港的順差，其中對台灣、韓國則逆差擴大。對一梯 NIEs 持續逆差擴大，其中對馬來西亞、泰國、菲律賓逆差均持續擴大。對越南則持續順差且擴大。美國特別是在 1993 年以後順差急速持續地擴大，2006 年 1,452.7 億美元超過香港成為中國最大順差國。

表5-10　中國貿易收支（國別）

（百萬美元）

	1983	1985	1987	1889	1991	1993	1995	1997	1999	2001	2003	2005	2006
貿易收支	783	-15151	-3774	-6215	8085	-11929	16792	40754	29213	22542	25468	102001	175131
日本	-978	-9087	-3695	-2139	220	-7521	-541	2830	-1369	2161	-14739	-16421	-21007
一梯NIEs	4540	4208	5488	7853	13615	-2809	12216	17952	5445	4567	145	12523	36643
香港	4087	2386	5327	9376	14595	11566	27404	36801	29999	37124	65156	112249	143883
韓國			-6	46	1113	-2500	-3600	-5749	-9420	-10868	-23033	-41713	-45656
台灣			-539	-176	-3044	-11473	-11690	-13036	-15578	-22339	-40356	-58131	-66767
新加坡	453	1822	705	193	951	-402	102	-64	444	650	-1621	118	5182
二梯NIEs	28	-148	-449	-799	-649	-916	-504	-890	-4077	-6737	-17324	-23928	-30267
印尼	-101	-206	-403	-359	-922	-753	-615	-830	-1272	-1051	-1265	-87	-379
馬來西亞	-29	-12	-47	-340	-276	-380	-784	-564	-1932	-2985	-7846	-9487	-9917
菲律賓	98	217	105	156	123	68	754	1007	471	-325	-3214	-8182	-11860
泰國	60	-147	-104	-256	426	149	141	-503	-1344	-2376	-4999	-6173	-8111
越南		1	0	-4	10	154	390	722	610	793	1726	3091	4910
東亞十國	3590	-5026	1343	4911	13196	-11092	11561	20614	609	784	-30192	-24736	-9721
EU	-1228	-4535	-4217	-5176	-2593	-4217	-2586	4595	4299	3958	17322	61464	79572
美國	-1040	-2863	-1806	-3450	-1812	6343	8621	16454	22514	28081	58682	114439	145269

注：ANIES：香港、韓國、台灣、新加坡、ASEAN：印尼、馬來西亞、菲律賓、泰國。
資料出處：ICSEAD（2003、2007）"特別報告東アジア経済の趨勢と展望"、表3-4。

2000 年後中國對香港、新加坡、越南以外東亞國家的貿易收支均轉為逆差，其中對台灣逆差最大且持續性擴大，2006 年達 667.7 億美元，約等於中國對美順差的 46%。接著是 1993 年反轉為逆差後持續性擴大的韓國 2006 年 456.6 億美元，是東亞第二大逆差國，日本 210.1 億美元排序第三。ASEAN4 中，2000 年以後反轉為逆差的菲律賓，2006 年 118.6 億美元最高。持續逆差擴大的馬來西亞 2006 年 99.2 億美元第二，1997 年反轉為逆差後持續擴大的泰國 2006 年 81.1 億美元第三，同為 1997 年以後逆差金額大幅增加的印尼 2003 年後急降，2006 年 3.8 億美元。2000 年後，香港、新加坡、越南以外東亞國家呈現逆差擴大的狀態，與美歐先進國的順差擴大狀態形成強烈對比。

（二）外資企業與中國對外貿易

改革開放後中國積極導入外資對協助其工業化經濟發展發生重要影響，外資導入在其總體經濟特別是國內固定資本形成上的影響甚鉅[15]，此處進一步探討外資企業在中國對外貿易上的影響[16]。

依外資來源別，改革開放後中國導入外資過程可分為兩個階段，1980 年代主要以海外華人資本為主，一方面海外華人較無語言、文化的差異，較易取得攸關中國改革開放真意的資訊，而中國亦刻意釋出政策上的善意誘引海外華人資本，如廣東、福建經濟特區的優先開設，對台商的特殊優惠條件等。配合相關政策與國內法律的修

---

[15] 雖然 OECD 報告提出改革開放期間中國已具高儲蓄率所以導入外資主要目的不是彌補國內投資資本的缺口，而重要的是藉由外資作為其生產性投資的資本配置管道以替代社會主義下所欠缺的商業及投資銀行、資本市場等的金融仲介機能的看法，然外資佔國內固定資本形成比率仍從 1980 年 0.06% 持續增加，90 年 3.53%，94 年最高達 17.3% 後下降，至 2000 年仍佔達 10.4%。參照 OECD, *Investment Policy Reviews China: Progress and Reform Challenges*（Paris: OECD Publications, 2003）, pp.32。

[16] 外商投資企業指外資在中國投資設立的各種型態，包含中外合資經營企業、中外合作經營企業、外資企業（100%外資，不含分支機構）的主要型態，其他尚有外商投資股份有限公司、投資性公司、合作發展、BOT 等。本文以下外商投資企業簡稱外資企業，但非指狹義的 100%外資企業。

訂，1980 年代中確實吸引有地緣關係的香港等海外華人資本以及台商的投資，但大多屬於中小型投資。1992 年社會主義市場經濟制的宣示後，先進國與東亞中進國及東協主要國家才真正開始大量投資，特別是加入 WTO 前後更是蜂擁而入。外資進入中國的目的雖各自不同，如先進國與中進國、東協國家，中小企業與大型企業，又先進國美歐與日本多國籍企業的考量各皆不同，然不管是著眼國內市場亦或輸出市場，不管是考量工資率與利率的生產要素相對價格亦或交易成本的高低，不管是追求產業聚落亦或經營流程的重整與分斷化（fragmentation）的效益，外資企業都與中國的對外貿易產生密切關係[17]。

從圖 5-5 及表 5-11 可看出外資企業對外貿易的成長軌跡與中國對外貿易的成長呈現同步的狀態。但是 1980 年代外資企業在中國對外貿易上所佔比重，雖逐年增加但至 1989 年只佔其總貿易額 12.3%，佔輸出 9.4%，而佔輸入最高 14.9%。1990 年代特別是 1992 年以後隨著外資的急速增加，1993 年外資企業佔總貿易額超過 30%，輸入 27.5%，而佔輸出最高超過 40%達 40.2%。進入 1990 年代中期以後隨著中國對外貿易的急遽成長，外資企業的對外貿易不但亦急速成長，其佔中國對外貿易比重亦快速增加，1996 年佔總貿易額 47.3%，輸出 40.7%，而佔輸入更達 54.5%，1999 年佔總貿易額 50.8%，輸出 45.5%，而佔輸入 51.8%。進入 2000 年以後更上一層，2001 年佔總貿易額 50.8%，輸出 50.1%，輸入達 51.7%，2004 年佔總貿易額 57.43%，輸出 57.07%，而佔輸入 57.81%，2006 年佔總貿易額 58.9%，輸出 58.2%，而佔輸入更達 59.7%。中國對外貿易中近 60%由外資所創造出的，1990 年代以來外資企業在中國對外貿易上所佔比重的持續上升說明其扮演中國對外貿易成長真正推手的角色[18]。

---

[17] 例如日本企業對外直接投資與其對母國貿易的密切相關性為其主要特色之一，參照小島清，『日本の海外直接投資──經濟学的接近』（東京：文真堂，1986 年），358-365 頁。有關日本製造業對中國直接投資的主要理由及回銷比率，參照任燿廷，〈日本製造業在亞洲的經營──全球化與當地化〉，《臺灣經濟金融月刊》，第 39 卷第 10 期，2003，74-78 及 87 頁。
[18] 中國對出口的促進政策上屬中性，基本上除出口經濟特區、加工出口用原料關稅記帳及出口沖退稅、穩定人民幣對美元匯率等外，並不像韓國般實施強力的產業別或市場別出口獎勵。

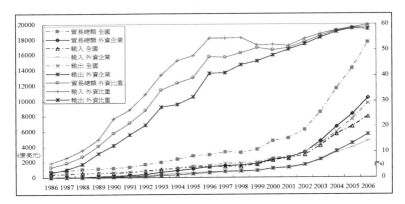

圖 5-5　外資企業佔中國貿易比重

注：1.各貿易比重，右軸，外資企業貿易金額，左軸；2.資料出處：中國海關總署統計。

表 5-11　中國外資企業貿易統計（1986-2006 年）（億美元，%）

	貿易總額			輸入			輸出		
	全國	外資企業	外資比重	全國	外資企業	外資比重	全國	外資企業	外資比重
1986	738.5	29.9	4.0	429.0	24.0	5.6	309.4	5.8	1.9
1987	826.5	45.8	5.6	432.2	33.7	7.8	394.4	12.1	3.1
1988	1027.8	83.4	8.1	552.7	58.8	10.6	475.2	24.6	5.2
1989	1116.8	137.1	12.3	591.4	88.0	14.9	525.4	49.1	9.4
1990	1154.4	201.2	17.4	533.5	123.0	23.1	620.9	78.1	12.6
1991	1357.0	289.6	21.3	637.9	169.1	26.5	719.1	120.5	16.8
1992	1655.3	437.5	26.4	805.9	263.9	32.7	849.4	173.6	20.4
1993	1957.0	670.7	34.3	1039.6	418.3	40.2	917.4	252.4	27.5
1994	2366.2	876.5	37.0	1156.2	529.3	45.8	1210.1	347.1	28.7
1995	2808.5	1098.2	39.1	1320.8	629.4	47.7	1487.7	468.8	31.5
1996	2899.0	1371.1	47.3	1388.4	756.0	54.5	1510.7	615.1	40.7
1997	3250.6	1526.2	47.0	1423.6	777.2	54.6	1827.0	749.0	41.0
1998	3239.2	1576.8	48.7	1401.7	767.2	54.7	1837.6	809.6	44.1
1999	3606.5	1831.3	50.8	1657.2	858.8	51.8	1949.3	886.3	45.5
2000	4742.8	2367.1	49.9	2250.9	1172.7	52.1	2492.0	1194.4	47.9
2001	5097.7	2591.0	50.8	2436.1	1258.6	51.7	2661.6	1332.4	50.1
2002	6207.9	3302.2	53.2	2952.2	1602.9	54.3	3255.7	1699.4	52.2
2003	8512.1	4722.5	55.5	4128.4	2319.1	56.2	4383.7	2403.4	54.8
2004	11547.9	6631.8	57.4	5614.2	3245.7	57.8	5933.7	3386.1	57.1
2005	14221.0	8317.0	58.5	6601.0	3875.0	58.7	7620.0	4442.0	58.3
2006	17607.0	10364.0	58.9	7916.0	4726.0	59.7	9691.0	5638.0	58.2

資料來源：中國海關統計。

　　外資企業不但帶進資本、技術更帶來國外市場的需求。中國改革開放後雖與國際經濟社會開始接軌，但是對外貿易能顯現急遽的成長主要就是外資企業在國外既有的商業信譽、人際關係網絡、行銷網絡、熟練的商業運作技能等的互補作用所帶動的。而外資企業帶動中國輸出成長的模式即是大多數外資企業運用其行銷優勢結合中國相對豐富勞力的比較利益所採取「本國接單、大陸出貨」的經營策略下的結果。

　　這一點從外資企業對中國各主要貿易國家的比重增加中可得到証實。

　　從圖 5-6 及表 5-12 可知，1990 年代，外資企業對美國、歐盟、日本、香港、台灣、韓國、馬來西亞、泰國等中國各主要貿易國家的輸出比重中，對日本 1991 年 11.9%、1995 年 38.6%、1999 年 54.6%、2001 年 58.7%、2003 年 64%、2007 年 67.68%，美國 1991 年 15%、1995 年 45.2%、1999 年 53.7%、2001 年 55%、2003 年 62.3%、2007 年 68.33%，歐盟 1991 年 6.2%、1995 年 24.2%、1999 年 40.5%、2001 年 45.9%、2003 年 53.5%、2007 年 58.3%，香港 1991 年 16.6%、1995 年 33.2%、1999 年 48.9%、2001 年 61.2%、2003 年 66.4%、2007 年 75.09%，台灣 1993 年 38.5%、1995 年 37.2%、1999 年 50.3%、2001 年 51.2%、2003 年 63.2%、2007 年 66.97%，顯示 1990 年代前半外資企業輸出佔中國對主要貿易國家輸出的比重均呈現跳躍式增加，至 1999 年除歐盟外均達 50%或以上水準。

　　2000 年以後其他東亞主要國家，除香港外，外資比重均較日、台為低，但其中除新加坡 1999 年 55%、2003 年 66.5%、2007 年 59.32%以及菲律賓 1999 年 50%、2001 年 38.7%、2003 年 44.5%、2007 年 46.35%等降低外，韓國 1999 年 44.3%、2003 年 50.9%、2007 年 66.97%，馬來西亞 1999 年 36.7%、2003 年 58.7%、2007 年 63.34%，泰國 1999 年 44.1%、2003 及 2007 年 53.1%均亦佔一半或以上且呈持續增加。所以對一梯 NIEs 輸出 1999 年 48.9%、2003 年 63.4%、2007 年增加至 69.12%，對二梯 NIEs 輸出 1999 年 36.9%、

2003 年 48.2%、2007 年亦增加至 51.51%。以上檢討可知 1990 年
代後期中國輸出市場的擴散中，外資企業扮演主要推手的角色。

　　而對日本輸入中外資企業所佔比重，從圖 5-7 及表 5-12 可知，
1991 年 25.7%、1995 年 58.7%、1999 年 63.5%、2001 年 67.5%、
2003 年 69.1%、2007 年 74.08%，美國 1991 年 13.5%、1995 年 33.2%、
1999 年 42.6%、2001 年 44.2%、2003 年 49.5%、2007 年 57.18%，
歐盟 1991 年 23.5%、1995 年 66.3%、1999 年 46.3%、2001 年 48.8%、
2003 年 46%、2007 年 53.97%，香港 1991 年 26.2%、1995 年 57.8%、
1999 年 60.2%、2001 年 60.3%、2003 年 62.3%、2007 年 57.69%，
台灣 1993 年 70.1%、1995 年 70.7%、1999 年 65.3%、2001 年 65.4%、
2003 年 72.5%、2007 年 79.56%，一如出口外資企業輸入佔中國
對主要貿易國家輸入的比重在 1990 年代特別期前半均呈現跳躍
式增加。

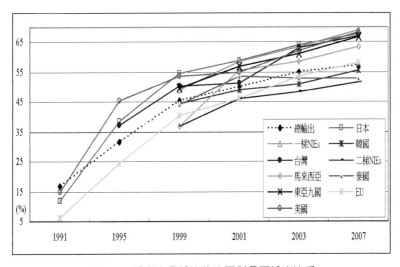

圖 5-6　外資企業輸出佔中國對各國輸出比重

注：1.資料來源：外資企業對各國／地區進出口金額，中國商務部外資司；2.作者計算編製。

表 5-12　中國外資企業貿易比重（國別）　　　　(%)

	1991	1995	1999	2001	2003	2007
總輸出	16.75	31.51	45.47	50.10	54.83	57.13
日本	11.88	38.57	54.58	58.73	64.00	67.68
一梯 NIEs			48.85	58.47	63.41	69.12
香港	16.56	33.22	48.91	61.24	66.37	75.09
韓國			44.26	49.13	50.92	55.56
台灣		37.16	50.28	51.22	63.22	66.97
新加坡			55.01	62.66	66.47	59.32
二梯 NIEs			36.90	46.11	48.20	51.51
印尼			21.19	33.42	32.22	36.49
馬來西亞			36.68	55.68	58.65	63.34
菲律賓			49.96	38.70	44.52	46.35
泰國			44.08	53.44	53.08	53.09
東亞九國			49.53	56.75	61.18	66.82
EU	6.19	24.23	40.49	45.90	53.46	58.30
美國	14.97	45.22	53.69	55.04	62.26	68.33
	1991	1995	1999	2001	2003	2007
總輸入	26.51	47.66	51.83	51.70	56.17	58.67
日本	25.70	58.71	63.48	67.52	69.13	74.08
一梯 NIEs			61.78	62.31	68.80	76.08
香港	26.17	57.80	60.19	60.34	62.25	57.69
韓國			57.93	59.70	67.66	75.86
台灣		70.67	65.34	65.43	72.50	79.56
新加坡			63.70	61.12	62.97	70.83
二梯 NIEs			49.42	55.90	63.50	67.72
印尼			41.76	43.88	44.11	45.54
馬來西亞			49.86	62.01	68.83	68.83
菲律賓			53.96	63.70	79.09	81.71
泰國			55.76	54.55	56.55	64.19
東亞九國			60.78	62.73	67.64	73.90
EU	23.52	66.32	46.33	48.83	46.01	53.97
美國	13.53	33.16	42.64	44.15	49.52	57.18

注：1. 外資企業輸出入佔中國對各國／地區輸出入的比重。

　　2. 資料來源：外資企業對各國／地區進出口金額，中國商務部外資司。

　　3. 作者計算編製。

　　1990 年代後半除美國、歐盟以及印尼外，其餘國家外資比重均佔一半以上，其中 1990 年代中台灣的比重最高佔七成，而日本的比重持續增加 2000 年以後更佔近七成。對其他東亞主要國家輸入中外資企業所佔比重，除泰國 1999 年 55.8%、2001 年 54.6%、2003 年 56.6%、2007 年 64.19%，新加坡 1999 年 63.7%、2001 年 61.1%、2003 年 63%、2007 年 70.83%等呈微減再回增外，其餘皆持續增加，其中韓國 1999 年 57.9%、2001 年 59.7%、2003 年 67.7%、2007 年 75.86%，馬來西亞 1999 年 50%、2001 年 62%、2003 年及 2007 年 68.8%，菲律賓 1999 年 54%、2001 年 63.7%、2003 年 79.1%、2007 年 81.71%。所以對一梯 NIEs 輸入中外資企業所佔比重 1999 年 61.8%、2001 年 62.3%、2003 年 68.8%、2007 年增加至 76.08%，對二梯 NIEs 輸入所佔比重 1999 年 49.4%、2001 年 55.9%、2003 年 63.5%、2007 年亦增加至 67.72%，均較美、歐的比重高且呈持續增加。以上的檢討亦可知 1990 年代後期中國輸入來源的擴散中，特別是東亞地區內的分散，外資企業同樣扮演主要推手的角色。

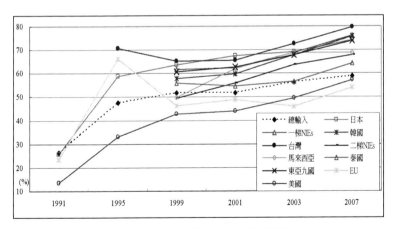

圖 5-7　外資企業輸入站中國對各國輸入比重

注：1.資料來源：外資企業對各國/地區進出口金額，中國商務部外資司；2.作者計算編製。

　　1990 年代以來中國對外經貿關係的長足進展，特別是上述外資企業對其外貿上所呈現日益加深的影響基本源自其改革開放政策的實施。而外資企業在對外貿易上的表現一定程度上顯示出中國雙軌經濟體制並行運作下自由市場經濟制在經濟發展上的優越性。但是對國內經濟是否產生誘發效果，以下接著探討中國改革開放政策下特別是出口導向政策對其國內經濟、產業發展的具體影響。

三、中國的對外貿易與國內生產波及效果

　　貿易結構與生產結構是一體的兩面，本節首先擬由中國的投入產出結構探討前述主要輸出入製品的產業在其國內產業連關結構中的特性。

　　其次，如前所述 1990 年代東亞各國經濟的成長深化區域內經濟依存關係，特別是貿易關係。而此期間中國經濟的快速成長與對外貿易結構的轉變使其對其他國家，特別是東亞國家經濟產生不同程度的衝擊影響。因此接著探討中國對外特別東亞國家生產波及效果的變動影響以助瞭解中國經濟的崛起如何改變戰後形成的東亞區域內的貿易依存關係。

　　中國產業連關表的編製始於 1987 年，以下利用其中 1995、1997、2000 等三個年度較詳細的 17 部門表進行分析。

　　首先就 1990 年代中國快速經濟成長過程所建構的產業生產技術結構中，探討各產業在其經濟成長中的意義亦即重要性。產業在經濟體中的重要性可從各年度負矩陣表（Ｂ表）所計算出各產業的影響力及感應度係數值在整體產業中的相對大小及其變化加以觀察[19]。

---

[19] 產業影響力係數值的計算為 Ｂ 表中各產業列的合計值除全產業列的平均值，$Pdi=\Sigma i[Bij] n*n / (1/n) \Sigma j \Sigma i[Bij] n*n$；感應度係數值的計算為 Ｂ 表中各產業行的合計值除全產業行的平均值，$Sdi=\Sigma j〔Bij〕n×n/ (1/n) \Sigma i \Sigma j〔Bij〕n×n$，〔Bij〕n×n：負矩陣表。

　　影響力係數指各產業一單位生產的增加會帶動經濟體其他產業直接間接生產增加的誘發效果，即各產業需求增加下誘發其一單位的生產增加時，該生產過程會透過其後方連關即供應鏈誘發其相關產業生產的增加，而供應鏈產業生產的增加又會誘發其他相關產業生產的增加，所以產業的影響力係數值代表帶動整體經濟的能力，亦代表助益經濟成長的重要性。另在經濟的循環中，除產業生產需求對整體經濟的帶動力外，整體經濟對產業的需求上產業的供應能力亦相對重要，測計此供應能力的方法之一即感應度係數。感應度係數指經濟體其他產業一單位生產的增加會帶動對某一產業直接間接需求增加的效果，即某一產業感應其他產業生產增加時被需求的變動程度。由產業別影響力及感應力係數值的計算式可知其是代表相對於產業平均值的大小，係數值 1 表示與產業平均值相等的意思，因此係數值越大於 1 表示相對於整體經濟的影響力及感應力越大。

　　表 5-13 顯示 1995、1997、2000 年中國依影響力及感應度係數值大小順排列的各產業，其中影響力係數值大於 1 的產業中製造業前五位依序 1995 年為紡織皮革製造業、機械設備製造業、化學工業、其他製造業、金屬品製造業，97 年為金屬品製造業、機械設備製造業、化學工業、紡織皮革製造業、石化精煉業，2000 年為機械設備製造業、金屬品製造業、化學工業、紡織皮革製造業、建材及其他非金屬礦物製品業。

　　感應度係數值大於 1 的產業中製造業前五位依序 1995 年為機械設備製造業、化學工業、金屬品製造業、紡織皮革製造業，1997 年為機械設備製造業、化學工業、金屬品製造業、其他製造業、紡織皮革製造業，2000 年為機械設備製造業、金屬品製造業、化學工業、紡織皮革製造業、石化精煉業。

表 5-13　中國產業別影響力及感應度係數（依大小順序）

1995年 影響力係數	產業	感應度係數	產業	1997年 影響力係數	產業	感應度係數	產業	2000年 感應度係數	產業	影響力係數	產業
1.4848	紡織、縫紉及皮革產品製造業	2.1838	機械設備製造業	1.3903	金屬產品製造業	2.3693	機械設備製造業	2.5914	機械設備製造業	1.4254	機械設備製造業
1.3663	機械設備製造業	2.1430	化學工業	1.3389	機械設備製造業	2.0747	化學工業	2.1913	化學工業	1.3782	金屬產品製造業
1.3318	金屬產品製造業	1.8643	金屬產品製造業	1.2522	化學工業	1.7372	金屬產品製造業	1.5310	採礦業	1.3002	化學工業
1.3280	化學工業	1.5079	其他製造業	1.2449	建築業	1.6807	農業	1.5235	金屬產品製造業	1.2742	紡織、縫紉及皮革產品製造業
1.2942	其他製造業	1.4104	農業	1.1953	紡織、縫紉及皮革產品製造業	1.2821	農業	1.1074	農業	1.2651	建築業
1.2507	建築業	1.3954	採礦業	1.1567	煤焦、煤氣及石油加工業	1.1584	其他製造業	1.0975	商業飲食業	1.1598	建築材料及其他非金屬礦物製品業
1.1347	建築材料及其他非金屬礦物製品業	1.3823	紡織、縫紉及皮革產品製造業	1.1322	建築材料及其他非金屬礦物製品業	1.0935	紡織、縫紉及皮革產品製造業	1.0787	電力及蒸汽熱水生產和供應業	1.1116	其他製造業
1.0564	煤焦、煤氣及石油加工業	0.8659	其他製造業	1.0825	其他製造業	1.0855	運輸郵電業	1.0442	煤焦、煤氣及石油加工業	1.0408	煤焦、煤氣及石油加工業
0.9359	食品製造業	0.8451	食品製造業	1.0000	食品製造業	0.8099	建築材料及其他非金屬礦物製品業	1.0259	紡織、縫紉及皮革產品製造業	0.9376	電力及蒸汽熱水生產和供應業
0.8486	採礦業	0.7154	電力及蒸汽熱水生產和供應業	0.9021	電力及蒸汽熱水生產和供應業	0.6603	電力及蒸汽熱水生產和供應業	0.8328	其他製造業	0.9364	食品製造業
0.8418	其他服務業	0.5732	其他服務業	0.8780	採礦業	0.6307	公用事業及居民服務業	0.8288	運輸郵電業	0.8839	公用事業及居民服務業
0.8019	電力及蒸汽熱水生產和供應業	0.5562	運輸郵電業	0.8607	其他服務業	0.5971	商業飲食業	0.6058	公用事業及居民服務業	0.8765	商業飲食業
0.7394	運輸郵電業	0.5035	商業飲食業	0.8190	公用事業及居民服務業	0.5727	其他服務業	0.4555	金融保險業	0.8514	其他服務業
0.6909	商業飲食業	0.4166	公用事業及居民服務業	0.7900	商業飲食業	0.5073	採礦業	0.4379	食品製造業	0.8357	運輸郵電業
0.6825	公用事業及居民服務業	0.3664	金融保險業	0.7602	運輸郵電業	0.4503	金融保險業	0.3598	建築材料及其他非金屬礦物製品業	0.7035	採礦業
0.6102	金融保險業	0.1949	其他服務業	0.6050	農業	0.1495	食品製造業	0.1536	其他製造業	0.6369	農業
0.6030	農業	0.0758	建築業	0.5920	金融保險業	0.1408	建築業	0.1349	建築業	0.3827	金融保險業

注：
1. i 產業影響力係數(P_{dj})，$P_{dj}＝Σ_j[B_{ij}]_{n*n}/(1/n)Σ_iΣ_j[B_{ij}]_{n*n}$，$[A_{ij}]_{n*n}＝[I]_{n*n}-[A_{ij}]_{n*n}$；投入係數矩陣$[A_{ij}]_{n*n}$，$I-[I]_{n*n}$，$[B_{ij}]_{n*n}$：表資料自中國統計局《1995-97-2000 年表》2003，
　 i 產業感應度係數(S_i)，$S_i＝Σ_i[B_{ij}]_{n*n}/(1/n)Σ_iΣ_j[B_{ij}]_{n*n}$；單位對角矩陣$[I]_{n*n}$：單位列對角陣，$[B_{ij}]_{n*n}$：負矩陣，$[B_{ij}]_{n*n}＝[I]_{n*n}-[[I]]_{n*n}$
2. 資料出處，表資料自中國統計局《1995-97-2000 年表》2003。
3. 作者計算各產業影響力、感應度係數。

　　圖 5-8 為中國 1995、1997、2000 年產業別影響力及感應度係數值。圖中右上第一象限顯示三年度係數值均大於 1 的產業，由圖可知均為製造業。第一象限內分佈位置由右上而左下分別為機械製造業、化學工業、金屬製造業、紡織皮革製造業、1997 年其他製造業、2000 年石化精煉業，其中三年度係數值均大於 1 的產業中重要性以機械製造業最大，其後依序為化學工業、金屬製造業、紡織皮革製造業。三年度係數值均大於 1 的產業中紡織皮革製造業兩係數值均呈減小變化，金屬製造業呈影響力係數值增大但感應度係數值減小變化，化學工業呈感應度係數值增大但影響力係數值 1997 至 2000 年減小變化，機械製造業影響力係數值 1995 至 1997 年稍減後大幅增加其感應度係數值則持續增大。

　　中國機械設備製品的輸出比重在 1993 年以後呈現急速上升的變化，與此相對應的是 1990 年代後半期機械製造業在中國的產業聯關結構中逐漸演變成為最重要產業部門的角色地位。

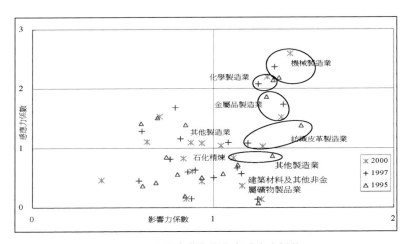

圖 5-8　中國產業影響力與感應度係數

注：1.影響力係數 1，感應力係數 1 以上象限產業為生產波及效果大的產業。2.資料：中國統計局
　　「1995.97.2000 年投入產出完全消耗係數表」作者計算.

接著進一步從各產業影響力係數值及出口係數值觀察中國產業別影響力與輸出的關係。出口係數值為各產業輸出值與總產出值的比。1995 年中國投入產出表最終使用項目中只有淨出口值並未區分為進、出口，所以此處只作 1997 與 2000 年的比較觀察。

圖 5-9 顯示 1997、2000 年中國產業影響力及出口係數值的分佈，圖中影響力係數值 1 及出口係數平均值以上的右上第一象限內由上而下分別為機械製造業、金屬品製造業、化學工業、紡織皮革製造業、其他製造業等均屬製造業部門。此象限內製造業部門群基本上屬於中國改革開放政策下輸出促進的重點產業部門。其中紡織皮革製造業的輸出比重最大，1997、2000 年出口係數值各為 0.252、0.261，機械製造業居次各為 0.152、0.196，其他製造業第三各為 0.14、0.146，金屬品製造業各為 0.089、0.092，化學工業各為 0.099、0.089，兩年度間又以機械製造業輸出比重的增幅最大。同圖中可知此些產業影響力係數值亦相對較大，確認此些產業均為 1990 年代後期中國經濟中具影響力的出口導向產業。

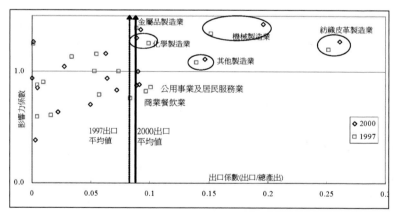

圖 5-9　中國產業別影響力係數與出口係數

注：1.影響力係數 1，出口係數平均值 0.074(1997)‧0.075(2000)以上象限產業為具影響力的出口導
　　向產業. 2.資料:中國統計局「1997‧2000 年投入產出完全消耗係數表‧基本流量表（最終使用
　　部份）」作者計算.

接著將各產業的輸入亦納入進一步從各產業影響力係數值及淨出口係數值觀察產業別影響力與貿易收支的關係。淨出口係數值為各產業輸出值與輸入值的差額與總產出值的比。

圖 5-10 為中國 1995、1997、2000 年製造業產業別影響力及淨出口係數值。圖中右上第一象限顯示三年度影響力係數值均大於1，且貿易收支順差的產業，第一象限內由右而左分佈位置分別為紡織皮革製造業、其他製造業、建材及其他非金屬礦物製品業、1997年食品製造業、2000 年機械製造業等。此象限內再以 2000 年製造業影響力係數平均值為橫軸區隔後，則只有紡織皮革製造業及機械製造業。同圖觀察可知 1990 年代後半期，紡織皮革製造業的影響力及貿易順差從 1995 至 1997 年俱減後 2000 年回增，機械製造業的影響力係數值從 1995 至 1997 年稍減後 2000 年大幅增加而其貿易收支逆差則大幅改善 2000 年呈小幅順差。其他製造業的兩係數值均呈減小變化後，2000 年影響力稍回升但貿易順差續減。建材

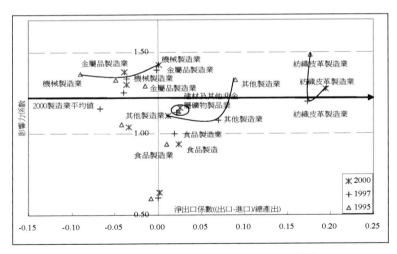

圖 5-10　中國製造業影響力係數與淨出口係數

注：1.製造業影響力係數 2000 年平均值 1.20。2.資料：中國統計局「1995.97．2000 年投入產出完全消耗係數表．基本流量表（最終使用部份）」作者計算。

及其他非金屬礦物製品業 2000 年兩係數值均呈小幅增加變化，但影響力係數值落後製造業整體平均值。食品製造業 2000 年貿易順差小幅續增但影響力係數值落後產業整體平均值。

　　上述中國具經濟影響力的出口導向產業群中，1990 年代後半期，紡織皮革製造業雖影響力蛻減但其淨出口係數值續增是中國重要創匯產業，機械製造業則影響力持續增加為 2000 年最大產業的同時其貿易逆差亦大幅改善為順差是中國高影響力產業中貿易逆差改善幅度最大產業。

　　從產業出口係數與淨出口係數值相比可知中國具影響力的出口導向產業不但輸出比重高，其輸入的依存度亦處相對高水準，因此相對於金屬品製造業、化學工業的持續貿易逆差或擴大，機械製造業大幅改善為順差是極為特出的演變。

　　以上中國最具影響力產業群組的貿易屬性的檢討，顯示改革開放後特別是 1990 年代中國經濟發展過程中所獲得的對外貿易利益透過這些最具影響力產業群組轉化成國內經濟成長的利益，其中 1990 年代後半特別是機械產業的演變最為突出。

　　根據上述理由接下來針對中國機械產業的對外生產波及效果進一步探討其對美日及其他東亞國家的影響。中國機械產業生產波及效果指中國機械產業每增加一單位的國內或國外需求，所會帶動其國內與國外機械及相關產業直接及間接的生產增加效果[20]。

　　表 5-14 可知，1990 年代中，中國機械產業對國內的生產波及效果 1990 年佔 95.6，1995 年下降至 91，2000 年才回升至 93.6，顯示 1990 年代其對中國國內的生產波及效果有前期下降而後期小回的現象。相對地，其對國外的生產波及效果則呈現前期上升後期小降現象，1990 年 4.4，95 年提高至 9，2000 年才回降至 6.2，顯

---

[20] 以下分析數據引用高川泉、岡田敏裕，「国際産業連関表からみたアジア太平洋経済の相互依存関係——投入係数の予測に基く分析」，日本銀行 Working Paper no.04-J-6，2004，圖表 10-12 的計算結果。

表 5-14　機械產業的生產波及效果

(%)

中國	國內	國外	日本	美國	台灣	韓國	新加坡	馬來西亞	泰國	印尼	菲律賓
1990	95.6	4.4	56.8	19.4	9.3	6.1	2.2	2.8	1.1	1.9	0.4
1995	91.0	9.0	57.1	15.8	6.4	12.0	3.4	2.6	0.9	1.4	0.3
2000	93.8	6.2	50.7	16.5	5.4	16.0	3.6	4.3	1.1	2.6	0.5
日本	國內	國外	美國	中國	台灣	韓國	新加坡	馬來西亞	泰國	印尼	菲律賓
1990	97.1	2.9	48.2	8.5	12.7	12.7	3.4	3.6	3.1	6.1	1.8
1995	95.7	4.3	43.9	13.7	8.5	15.3	4.7	4.8	4.2	3.1	1.9
2000	94.6	5.4	39.1	19.0	5.8	16.7	3.5	6.4	4.2	3.0	2.3
美國	國內	國外	日本	中國	台灣	韓國	新加坡	馬來西亞	泰國	印尼	菲律賓
1990	89.5	10.5	84.0	1.4	5.1	3.6	3.0	1.6	0.7	0.3	0.4
1995	85.8	14.2	75.8	3.1	5.0	5.9	3.9	3.5	1.3	0.5	0.9
2000	86.6	13.4	70.0	5.3	4.2	8.0	3.5	5.7	1.6	0.4	1.4

注：機械產業的生產波及效果指各國機械產業最終需求每增加一單位時對國內外生產的波及效果。
資料來源：高川泉、岡田敏裕（2004）「國際產業連関表からみたアジア太平洋経済の相互依存関係—投入係数の予測に基く分析」、日本銀行 Working
　　　　　Paper no.04-J-6、圖表 10-12。

示 1990 年代中國機械產業生產波及的海外漏出效果前期較大後期縮小，此與上述其貿易收支的變化相互對映。

雖說 1990 年代中中國機械產業生產波及的漏出效果增大，但比之於美國，則仍小，1990、2000 年約只有 50%的水準，1995 年差距較小也只有 65%的水準。然與日本相比則較大，1990年 1.5 倍，95 年更達 2 倍以上，但 2000 年縮小至 1.15 倍。以上比較顯示中國機械產業對國外的生產波及效果介於美國與日本之間。

另外美國與日本機械產業對國外的生產波及效果雖然 1990 年代中皆呈現上升現象，不同的是漏出效果較小的日本呈現持續增加的趨勢。主要原因即是日本經濟開放程度遠低於美國甚至於中國，特別是日本一向視為技術重鎮所在的機械產業。若以 1978 年改革開放起算，中國在歷經 1980 年代的近代經濟成長的市場化、自由化過程後其對國外的開放程度已大於日本。造成日本產業結構對外開放程度落後的內部原因則是日本自身從戰後至 1990 年代中不景氣止堅持國內全方位工業化（Full Range Industrialization）、生產一貫、完整性（One-Set）的保守心態，而日本此種保守心態直到 1990年代後期才真正轉變，此轉變是日本對外生產波及效果持續擴大的根由。

而中國機械產業對國外的生產波及效果中，主要是對日本但 1990 年代中前期增加、後期則急減，1990 年佔 56.8，1995 年增加至 57.1，2000 年則急減至 50.7。波及效果第二大的是對美國，但 1990 年代中亦呈減少趨勢，1990 年佔 19.4，95 年減低至 15.8，2000 年則稍回增至 16.5。而對台灣的波及效果 1990 年在東亞中僅次於日本，但與日本及美國情況相似，在 1990 年代中亦呈減少的趨勢，1990 年佔 9.3，1995 年減至 6.4，2000 年更減至 5.4。對其他東亞國家的波及效果則呈現增加趨勢，韓國 1990 年 6.1，1995 年急增至 12，2000 年更增至 16 直追美國，為當年度日本以外東亞國家中最大亦是 1990 年代中增幅最大國家，新加坡 1990

年 2.2、95 年 3.4、2000 年 3.6，馬來西亞 1990 年 2.8、95 年 2.6、2000 年 4.3，印尼 1990 年 1.9、1995 年 1.4、2000 年 2.6，泰國 1990 年 1.1、1995 年 0.9、2000 年 1.1，菲律賓 1990 年 0.4、1995 年 0.3、2000 年 0.5。顯示中國機械製造業對日本、台灣以外東亞國家生產誘發力的移轉與增強，亦表示中國對這些國家經濟影響力的深化。

　　另外美國、日本機械產業 1990 年代中對中國的生產波及效果均呈上升趨勢，日本對中國波及效果的比重遠大於美國，其增幅亦遠高於美國的波及效果，2000 年僅次於美國的比重，成為日本機械產業對東亞波及效果中最大國家。1990 年與台灣同列日本對東亞波及效果中第一大的韓國 2000 年成為第二大國家，主要因為 1990 年代中波及效果增幅低於中國。1990 年代中日本機械產業對外波及效果呈現增加的還有馬來西亞、泰國與菲律賓，而呈現減低的有台灣、印尼，特別是台灣的減幅最大。而美國機械產業對外波及效果中，主要集中日本，然在 1990 年代中呈現減低趨勢，台灣 1990 年雖然高於日本以外東亞國家但 1990 年代中亦呈現減低趨勢，2000 年已低於韓國、馬來西亞與中國。1990 年代中美國機械產業對日本、台灣以外東亞國家普遍均呈現增加。

　　1990 年代中美國、日本機械產業對中國生產波及效果均呈增加趨勢，而美國、日本、中國機械產業對韓國、馬來西亞、泰國、菲律賓亦均呈增加趨勢，另外中國機械產業對新加坡、印尼亦均呈增加趨勢，只有台灣是美國、日本、中國機械產業對外生產波及效果均呈減低趨勢的。簡言之，美國機械產業對外生產波及效果由對日、台的降低中擴散至韓、中、馬、泰等國的增加，日本機械產業對外生產波及效果從對美、台、印的降低中擴散至中、韓、馬、泰、菲等國的增加，中國機械產業對外生產波及效果從對日、台的降低中擴散至韓、馬、新、泰、印、菲等國的增加。此顯示美國、日本機械產業需求的增加除直接波及外亦透過中國間接對台灣以外東

亞國家強化生產波及效果。亦即，在美國、日本、中國與東亞國家
間所形成的機械產業的生產連關關係中，對台灣的波及程度均有減
低的現象，此種現象極有可能是因為 1990 年代中台灣相關產業外
移大陸所使然。

　　而日本與中國在東亞的經濟影響力，就機械製造業的對外生產
波及效果而言，雖然 1990 年代中兩國對東亞貿易比重上顯現消長
的現象，而中國機械產業藉由東亞區域內基於市場機制形成的國際
分工體系快速增加對台灣以外東亞國家的生產波及效果且增幅波
及國家亦較多，但日本與東亞國家間機械產業的國際生產技術結構
關係仍較大且波及效果除台灣、印尼外亦深化中，日本對東亞經濟
的影響力仍舊大於中國。

參、中日貿易發展對台灣的影響

一、中日台的貿易發展與結合度

（一）1970 年代以來日中台貿易的成長

　　中國在 1978 年開放政策以來積極與世界經濟接軌，對外貿易
快速成長，表 5-15 可知 1970 年代至 2004 年其輸出入均持續維持
兩位數的成長，輸入成長率更大於輸出。台灣與日本在 1970 年代
亦達兩位數的成長，1980 年代台灣進出口仍維持兩位數的成長，
但是日本則為個位數成長，1990 年代台灣下降為個位數成長，但
仍高於日本的成長。然而 2002 年以後三國貿易皆達兩位數的成
長。而亞洲工業先進國的日本與美國不同的是其輸出成長率基本上
仍大於輸入。

表 5-15　日中台美貿易成長率（1970-2004）　　　(%)

		1970-1980	1980-1990	1990-2000	2000-2001	2001-2002	2002-2003	2003-2004
日本	輸出額	20.77	8.91	4.11	-15.81	3.28	13.22	19.92
	輸入額	21.97	5.07	4.60	-8.02	-3.41	13.56	18.70
中國	輸出額	20.04	12.78	14.46	6.78	22.36	34.49	30.98
	輸入額	23.68	13.45	13.05	8.20	21.19	39.94	35.92
台灣	輸出額	28.76	14.86	7.22	-17.10	6.49	10.30	21.09
	輸入額	28.12	12.37	8.54	-23.33	5.11	12.96	31.82
美國	輸出額	18.43	5.70	7.23	-6.75	-4.94	4.57	12.93
	輸入額	20.27	8.16	9.48	-6.36	1.79	8.57	17.09

資料出處：UNCTAD *Handbook of Statistics 2005*,
http://stats.unctad.org/Handbook/TableViewer/download.aspx。

　　對外貿易的成長下，表 5-16 可知台灣佔世界進出口比重均維持在 2%水準的上下。中國貿易佔世界的比重快速上升，1991 年其輸入、1993 年其輸出比重超過台灣，2003 年其其輸入、2004 年其輸出比重超過日本，其輸出的世界比重達 7.6%，輸入的同比重達 7%。日本 1990 年代中貿易雖成長，但佔世界比重則持續下降，輸出從 1991 年 9.2%降至 2004 年 7.3%，輸入自 6.7%降至 5.7%。日本與美國不同的是其進輸出比重均下跌，美國則是輸出比重下跌但是輸入比重持續上升。

表 5-16　日中台美佔世界貿易比重（1991-2004）　　　(%)

		1991	1993	1995	1997	1999	2000	2001	2002	2003	2004
日本	輸出額	9.15	9.65	8.75	7.66	7.49	7.63	6.65	6.61	6.39	7.27
	輸入額	6.65	6.38	6.58	6.09	5.43	5.87	5.59	5.23	5.08	5.68
中國	輸出額	2.09	2.45	2.94	3.32	3.50	3.97	4.39	5.17	5.93	7.62
	輸入額	1.79	2.75	2.59	2.56	2.90	3.48	3.90	4.57	5.46	7.01
台灣	輸出額	2.21	2.26	2.20	2.22	2.14	2.36	2.03	2.07	2.04	2.23
	輸入額	1.77	2.04	2.03	2.06	1.94	2.17	1.72	1.74	1.68	2.08
美國	輸出額	12.27	12.42	11.51	12.50	12.43	12.42	12.05	11.00	9.80	10.51
	輸入額	14.31	15.98	15.10	16.14	18.54	19.46	18.90	18.61	17.27	19.04

資料出處：UNCTAD *Handbook of Statistics 2005*,
http://stats.unctad.org/Handbook/TableViewer/download.aspx。

因此從表 5-17 可知，日本持續維持對外的鉅額貿易順差，而台灣與其總貿易額比亦維持高水準的貿易順差，眾所周知，1990 年中期以後日台的貿易順差與中國經濟的崛起密切相關。中國在 1990 年代中期以後維持高水準的貿易順差。而美國則在 1990 年代開始，其貿易逆差加速惡化。

表 5-17　日中台美貿易（1991-2004）　（百萬美元）

		1991	1993	1995	1997	1999	2000	2001	2002	2003	2004
日本	輸出額	314,786	362,244	443,116	420,957	419,367	479,249	403,496	416,726	471,817	565,807
	輸入額	236,999	241,624	335,882	338,754	311,262	379,511	349,089	337,194	382,930	454,543
	(輸出-輸入)	77,787	120,620	107,234	82,203	108,105	99,738	54,407	79,532	88,887	111,264
中國	輸出額	71,910	91,744	148,780	182,792	194,931	249,203	266,098	325,591	437,899	573,567
	輸入額	63,791	103,959	132,084	142,370	165,699	225,094	243,553	295,171	413,062	561,440
	(輸出-輸入)	8,119	-12,215	16,696	40,422	29,232	24,109	22,545	30,420	24,837	12,127
台灣	輸出額	76,163	84,641	111,563	121,081	121,496	147,777	122,506	130,457	143,900	174,246
	輸入額	63,078	77,099	103,698	113,924	110,957	139,927	107,276	112,758	127,366	167,895
	(輸出-輸入)	13,085	7,542	7,865	7,157	10,539	7,850	15,230	17,699	16,534	6,351
美國	輸出額	421,730	464,773	584,743	689,182	695,797	781,918	729,100	693,103	724,771	818,520
	輸入額	508,363	603,438	770,852	899,019	1,059,440	1,259,300	1,179,180	1,200,230	1,303,050	1,525,680
	(輸出-輸入)	-86,633	-138,665	-186,109	-209,837	-363,643	-477,382	-450,080	-507,127	-578,279	-707,160

資料出處：UNCTAD *Handbook of Statistics 2005*,
　　　　　http://stats.unctad.org/Handbook/TableViewer/download.aspx。

（二）日中台間的貿易收支

日中台間的貿易在三國對外貿易成長過程中日益密切。從表 5-18 可知，1990 年代中日與中台間的貿易隨著其與亞洲國家的貿易進展更形深化。但日本對中國的貿易逆差急速擴大，中國成為日本對亞洲國家中最大的逆差對象國。對台灣則是日本的貿易順差急速擴大，1990 年代中期以來對台灣貿易的鉅額順差是使其在中國

表 5-18　日本對中台美貿易（1991-2004）

（百萬美元）

	1991	1993	1995	1997	1999	2000	2001	2002	2003	2004
日-亞洲										
輸入額	106,762	113,632	160,636	168,594	157,462	212,770	196,558	191,410	226,689	274,775
輸出額	118,703	149,664	203,149	188,488	165,817	207,736	173,696	192,041	234,196	292,412
（輸出-輸入）	11,941	36,033	42,514	19,895	8,355	-5,034	-23,000	631	7,508	17,637
日-中										
輸入額	14,202	20,522	36,022	41,873	42,842	55,101	57,751	61,784	75,470	94,337
輸出額	8,589	17,225	22,007	21,743	23,314	30,379	30,937	39,825	57,416	73,936
（輸出-輸入）	-5,613	-3,297	-14,015	-20,130	-19,528	-24,722	-26,813	-21,960	-18,054	-20,401
日-台										
輸入額	9,504	9,710	14,352	12,499	12,794	17,901	14,158	13,583	14,311	16,693
輸出額	18,264	22,137	28,919	27,566	28,743	35,942	24,185	26,241	31,236	42,011
（輸出-輸入）	8,760	12,427	14,567	15,066	15,949	18,041	10,027	12,657	16,924	25,318
日-美										
輸入額	53,364	55,518	75,397	75,688	67,132	72,142	63,050	57,862	58,993	
輸出額	91,505	105,758	120,954	117,109	128,133	142,465	120,923	118,946	116,053	
（輸出-輸入）	38,141	50,241	45,558	41,421	61,002	70,323	57,873	61,084	57,060	
A(E-M)	15.35	29.87	39.69	24.20	7.79	-5.06	-42.34	0.80	8.48	15.96
C(E-M)	-7.22	-2.73	-13.08	-24.49	-18.21	-24.83	-49.65	-27.76	-20.39	-18.46
T(E-M)	11.26	10.30	13.60	18.33	14.87	18.12	18.57	16.00	19.11	22.91
US(E-M)	49.04	41.65	42.53	50.39	56.89	70.64	107.17	77.21	64.44	

注：1. A(E-M)：日-亞洲貿易易佔日本總支比重，%；C(E-M)：日-中貿易易佔日本總支比重，%；T(E-M)：日-台貿易易佔日本總貿易收支比重，%；US(E-M)：US(E-M)：日-美貿易易佔日本總貿易收支比重，%。

2. 資料取自 OECD(2005) ITS [SITC Rev.2]: Japan (1991-2004)，作者計算。

的鉅額逆差下對亞洲仍能維持順差的重要原因之一。此從 1990 年代以來日本對中台的逆差與順差佔其總貿易收支比的演變中可知，當對台順差比率（T（E-M））大幅低於對中逆差比率（C（X-M））的絕對值時，日本對亞洲的貿易收支（A（X-M））就會趨於逆差或逆差的擴大。另外，美國是日本最大的順差對象國，1990 年代以來日本對美順差仍持續擴增的趨勢。（參照表下欄）

另外，中台間貿易快速成長下，從表 5-19 可知，1990 年代中國對台灣輸入大幅超過輸出，1992 年中國對台貿易逆差 51.7 億美元，93 年倍增至 114.7 億美元，2000 年 204.6 億美元，2003 年更達 403.6 億美元。急速擴增的中國對台貿易逆差不但是中國對外主要貿易逆差來源，其佔中國總貿易收支 1992 年為 -119%，其後雖降低，2000 年 -85%，但 2003 年達 -163%。而對台灣貿易的影響更大，台灣對中貿易順差佔台灣貿易總收支 1992 年為 56%，95 年 149%，2000 年佔 261%，2003 年達 244%，是台灣貿易順差的主要來源。

表 5-19　中國對台灣貿易（1991-2003）　　（百萬美元）

	1992	1993	1995	1997	1999	2000	2001	2002	2003
輸入額	5,866	12,931	14,784	16,441	19,527	25,494	27,339	38,061	49,360
輸出額	694	1,462	3,098	3,398	3,950	5,039	5,000	6,586	9,004
(輸出-輸入)	-5,172	-11,469	-11,686	-13,044	-15,577	-20,455	-22,339	-31,476	-40,356
C(E-M)	-118.77	93.90	-69.99	-32.27	-53.29	-84.84	-99.09	-103.47	-162.48
T(E-M)	56.19	152.08	148.58	182.25	147.80	260.57	146.68	177.84	244.08

注：1. C(E-M)：中-台貿易收支佔中國總貿易收支比重，%；T(E-M)：佔台灣總貿易收支比重，%。
　　2.資料取自 OECD(2005) ITS [SITC Rev.2]: China (1991-2003)，作者計算。

1990 年代以來中日貿易的快速成長不但使中國成為日本主要貿易逆差來源國，另一方面由於中台間貿易逆差的持續擴大，2000 年以後穩定超過台美貿易順差成為台灣對外貿易順差主要來源，亦成為台灣對日貿易逆差擴大的主要原因。

（三）中日台的貿易結合度

再從輸出入結合度的演變觀察中日台間貿易關係的進展對各國的相對重要性。輸出結合度為輸出國的輸出比重對輸入國的相對重要性，輸入結合度為輸入國的輸入比重對輸出國的相對重要性。貿易結合度越大表示兩國間貿易關係益趨緊密，對雙方重要性愈高。

表 5-20 可知，1990 年代以來中日台間雙邊貿易結合度均大於 1 且數值越來越大，顯示中日台間雙邊貿易益趨緊密，對雙方重要性也愈昇高。其中日本對中及對台輸入結合度各在 1999 及 2000 年達到高峰後下降，但 2004 年結合度各仍大於 1991 年。相對地，中台對日本輸出結合度也呈現同樣的變化。

整體而言，日本對台灣的輸出佔台灣輸入的重要性遠大於日本對中國的輸出佔中國輸入的重要性。而日本對中國的輸入佔中國輸出的重要性又大於日本對中國的輸出佔中國輸入的重要性。但是日本對台灣的輸出佔台灣輸入的重要性則大於日本對台灣的輸入佔台灣輸出的重要性。

表 5-20　日中台貿易結合度

	1991	1993	1995	1997	1999	2000	2001	2002	2003	2004
日對中輸出結合度	1.5513	1.7558	1.9648	2.0557	1.9595	1.8679	2.0087	2.1423	2.2640	2.1517
日對台輸出結合度	3.3360	3.0426	3.2887	3.2568	3.6076	3.5551	3.5650	3.6952	3.9945	4.0883
日對中輸入結合度	2.9219	3.4945	3.7260	3.7717	4.0289	3.7495	3.8405	3.6384	3.3711	3.2478
日對台輸入結合度	1.8460	1.7921	1.9798	1.6997	1.9303	2.0541	2.0451	1.9963	1.9454	1.8917
中對日輸出結合度	3.0225	3.5537	3.7668	3.8315	4.1238	3.8645	3.9667	3.7238	3.4587	3.3452
台對日輸出結合度	1.9095	1.8225	2.0014	1.7267	1.9758	2.1171	2.1123	2.0432	1.9959	1.9484
中對日輸入結合度	1.4997	1.7265	1.9435	2.0236	1.9143	1.8124	1.9447	2.0932	2.2067	2.0890
台對日輸入結合度	3.2250	2.9920	3.2531	3.2060	3.5245	3.4493	3.4515	3.6104	3.8933	3.9693

注：1. A 國對 B 國輸出口貿易結合度：((Xab/Xaw)/(Mwb/Mw))；Xab：A 國對 B 國輸出，Xaw：A
國對世界輸出，Mwb：B 國對世界輸入，Mw：世界總輸入。

2. B 國對 A 國輸入貿易結合度：((Mba/Mbw)/(Xwa/Xw))；Mba：B 國對 A 國輸入，Mbw：B 國
對世界輸入，Xwa：A 國對世界輸出，Xw：世界總輸出。

3. 貿易結合度以 1 為基準，若大於 1 即表示兩國間貿易相對緊密，年度比較亦相同。

4. 統計資料取自 OECD(2005) ITS database,ITS [SITC Rev.2]: Japan (1991-2004), China
(1991-2003)及 UNCTAD Handbook of Statistics 2006，作者計算。

　　另一方面，中國對日本的輸出佔日本輸入的重要性大於台灣對日本的輸出，而台灣對日本的輸入佔日本輸出的重要性則大於中國對日本的輸入。中國對日本的輸出佔日本輸入的重要性大於中國對日本的輸入佔日本輸出的重要性，但是台灣對日本的輸入佔日本輸出的重要性則大於台灣對日本的輸出佔日本輸入的重要性。

　　即對日本輸出而言，台灣的輸入重要性大於中國，而對日本輸入而言，中國的輸出重要性大於台灣。

　　中國經濟的崛起也影響日中台對美的貿易重要性。日中台對美的輸出對美國輸入的重要性上，1990 年代以來產生大幅轉變，從表 5-21 可知，首先三國對美出口結合度雖均大於 1，但日、台皆呈現下降趨勢變化，只有中國呈現上升趨勢變化。第二，1991 年三國中台灣的重要性最高，其次日本，中國最低，1993 年中國上升至最高，台灣降至第二，日本轉成最低，1995 年以後中國穩定轉變成最高，日本次之，台灣最低。其間台灣重要性的下降幅度最大。相對地，美國的輸入佔日中台輸出的重要性亦呈現同樣變化。

表 5-21　日中台與美貿易結合度

	1991	1993	1995	1997	1999	2000	2001	2002	2003
日對美輸出結合度	2.1498	1.9399	1.9460	1.8625	1.7733	1.6571	1.7381	1.6460	1.5130
中對美輸出結合度	2.0093	2.3359	2.2102	2.2716	2.4828	2.2768	2.2225	2.2564	2.1952
台對美輸出結合度	2.2659	1.9775	1.8325	1.7570	1.6683	1.5078	1.5350	1.4141	1.3511
美對日輸出結合度	1.7466	1.6385	1.7149	1.5973	1.5568	1.4615	1.4411	1.4561	1.4437
美對中輸出結合度	0.8476	0.6965	0.7973	0.7412	0.6674	0.6137	0.6893	0.7131	0.7306
美對台輸出結合度	1.7969	1.7407	1.6679	1.4748	1.4528	1.4811	1.4769	1.5571	1.4580
美對日輸入結合度	2.0783	1.9076	1.9249	1.8334	1.7324	1.6078	1.6828	1.6083	1.4747
美對中輸入結合度	1.9424	2.2970	2.1862	2.2361	2.4256	2.2091	2.1518	2.2046	2.1396
美對台輸入結合度	2.1905	1.9446	1.8127	1.7296	1.6299	1.4629	1.4861	1.3817	1.3169

注：1. 統計資料取自 OECD(2005) ITS database,ITS [SITC Rev.2]: Japan (1991-2004), United States (1991-2003), China (1991-2003)及 UNCTAD Handbook of Statistics 2006，作者計算；其餘同表 5-20。

　　而美國的輸出對日中台輸入的重要性而言，只有中國的結合度
小於1，日台雖呈現下降趨勢但皆大於1，顯示美國輸出對日台輸
入的相對重要性高於中國。

　　另外，相較於對美輸出結合度，中台對日輸出結合度皆較大，
顯示中台輸出對日輸入的密切及相對重要性高於對美國。而中台貿
易結合度亦發生變化，從表5-22可知，首先，台灣對中輸出結合
度及中國對台輸入結合度皆大於3，且1993年以後呈現5以上的
增加趨勢變化，是日中台美貿易結合度中最高的數值，顯示台灣
對中輸出對中國的輸入以及中國對台輸入對台灣的輸出皆呈現高
度重要性。而中國對台輸出結合度及台灣對中輸入結合度 1990
年代以來皆呈現增加趨勢變化，但1990年代中皆在1或小於1
的程度，2001年以後穩定大於1。此顯示台灣對中輸出對中國的
輸入重要性仍然遠大於中國對台輸出對台灣的輸入重要性，另外
中國對台輸入對台灣的輸出重要性亦遠大於台灣對中輸入對中國
的輸出重要性。

表 5-22　中台貿易結合度

	1992	1993	1995	1997	1999	2000	2001	2002	2003
台對中輸出結合度	3.4575	5.6412	5.2427	5.4041	5.6648	5.0836	5.8463	6.5404	6.3817
中對台輸出結合度	0.4373	0.7933	1.0493	0.9245	1.0666	0.9585	1.1175	1.1870	1.2406
台對中輸入結合度	0.4253	0.7801	1.0379	0.9100	1.0420	0.9300	1.0819	1.1598	1.2092
中對台輸入結合度	3.3632	5.5472	5.1858	5.3196	5.5344	4.9324	5.6602	6.3904	6.2201

注：1. 統計資料取自 OECD(2005) ITS database,ITS [SITC Rev.2]:　China (1991-2003)及 UNCTAD
　　　Handbook of Statistics 2006，作者計算；
　　2. 1991 年無資料；其餘同表 5-20。

二、中日台的競合關係

（一）日中台的雙邊產品別競爭力

以下以顯示性比較利益的手法（Revealed Comparative Advantage, RCA）檢視日中台的雙邊產品別競爭力並據以推敲產業競合關係的演變[21]。

1. 日本對中、台的競爭優勢

首先日本對全世界的競爭優勢品目，以 2003 年順位觀察，從表 5-23 左列可知，日本的競爭優勢品目主要集中 SITC7 類的蒸汽機引擎、錄放音機、摩托車、船舶、轎車、工作機械、紡織機械、土木工程機械等（前 30 順位中佔 17 項），其次是 SITC8 類的攝影器械、光學設備、辦公用品等其他製品（前 30 順位中佔 5 項），接著是 SITC6 類的金屬與礦物製品（前 30 順位中佔 3 項），以及 SITC5 類的碳氫化合物與樹脂、塑膠等化學品（前 30 順位中佔 2 項）。

（1）日對中競爭優勢品目

日本對中國的競爭優勢品目，同樣以 2003 年順位觀察，從表 10-18 中列可知，日本的競爭優勢品目最多的是 SITC6 類的鋼板及錠製品、織物等（前 30 順位中佔 9 項），其次是 SITC7 類的紡織機械、特殊機械、工作機械（前 30 順位中佔 8 項），接著是 SITC5 類的碳氫化合物與樹脂等化學品（前 30 順位中佔 6 項）以及 SITC2 類的合纖、廢鐵、合成橡膠與非鐵廢金屬製品（前 30 順位中佔 6 項）。其中又以 SITC5、6、7 類工業製品為主，此些也是日本對世界的競爭優勢品目。

---

[21] 本論文所用顯示性比較利益的手法（Revealed Comparative Advantage, RCA）雖然基本上依據 B. Balasa 的計算式，但考量產業內貿易的進展及出口值小於其進口值品目實難言具國際競爭力，故更改 Balasa 計算式中分子部份的出口值為淨出口值，A 國對 B 國計算式為（Ai 產品對 B 淨出口 /A 對 B 總出口）/（世 i 產品出口 /世總出口），對象計算為 SITC2 之三分位 231 品目。

表 5-23　日本對中台競爭優勢

Rank03	日對世界競爭優勢品目 YEAR	1991	1995	1999	2003	日對中競爭優勢品目 YEAR	1991	1995	1999	2003	日對台競爭優勢品目 YEAR	1991	1995	1999	2003
1	712 Steam & other vapour power units, steam engines	0.0177	0.0143	0.0305	0.0406	266 Synthetic fibres suitable for spinning	0.1085	0.1162	0.1196	0.0765	882 Photographic & cinematographic supplies	0.0195	0.0381	0.0796	0.1060
2	763 Gramophones, dictating, sound recorders etc	0.0571	0.0246	0.0417	0.0316	724 Textile & leather machinery and parts	0.0585	0.0724	0.0297	0.0601	591 Disinfectants, insecticides, fungicides, weed killers	0.0567	0.0314	0.0463	0.0900
3	881 Photographic apparatus and equipment, n.e.s.	0.0367	0.0316	0.0280	0.0311	511 Hydrocarbons nes, & their halogen.& etc.derivatives	0.0069	0.0192	0.0537	0.0579	713 Internal combustion piston engines & parts	0.0242	0.0157	0.0363	0.0892
4	882 Photographic & cinematographic supplies	0.0208	0.0219	0.0241	0.0310	274 Sulphur and unroasted iron pyrites	.	0.0082	0.0533	0.0533	736 Mach.tools for working metal or met.carb., parts	0.0207	0.0280	0.0726	0.0874
5	785 Motorcycles, motor scooters, invalid carriages	0.0366	0.0317	0.0353	0.0308	282 Waste and scrap metal of iron or steel	0.0012	0.0192	0.0581	0.0483	885 Watches and clocks	0.0118	0.0091	0.0169	0.0820
6	585 Other artificial resins and plastic materials	0.0211	0.0191	0.0267	0.0300	585 Other artificial resins and plastic materials	-0.0394	0.0036	0.0288	0.0422	883 Cinematograph film, exposed-developed, neg.or pos.	0.0176	0.0186	0.0312	0.0668
7	736 Mach.tools for working metal or met.carb., parts	0.0171	0.0254	0.0249	0.0299	728 Mach.& equipment specialized for particular ind.	0.0163	0.0399	0.0298	0.0416	677 Iron/steel wire, wheth/not coated, but not insulated	0.0165	0.0240	0.0277	0.0632
8	793 Ships, boats and floating structures	0.0269	0.0331	0.0323	0.0285	674 Universals, plates and sheets, of iron or steel	0.0419	0.0402	0.0393	0.0401	512 Alcohols, phenols, phenol-alcohols, & their derivat.	0.0292	0.0728	0.0675	0.0576
9	781 Passenger motor cars, for transport of pass.& goods	0.0250	0.0156	0.0220	0.0244	654 Textil fabrics, woven, oth.than cotton/man-made fibr	-0.0026	0.0369	0.0644	0.0376	737 Metal working machinery and parts	0.0134	0.0235	0.0368	0.0379
10	884 Optical goods, n.e.s.	0.0197	0.0148	0.0160	0.0238	267 Other man-made fibres suitab. for spinning & waste	.	0.0698	0.0513	0.0370	683 Nickel	0.0151	0.0221	0.0330	0.0343
11	728 Mach.& equipment specialized for particular ind	0.0120	0.0177	0.0179	0.0221	736 Mach.tools for working metal or met.carb., parts	0.0116	0.0381	0.0292	0.0357	665 Glassware	0.0204	0.0235	0.0284	0.0338
12	737 Metal working machinery and parts	0.0159	0.0204	0.0156	0.0201	871 Optical instruments and apparatus	0.0077	0.0005	-0.0073	0.0356	781 Passenger motor cars, for transport of pass.& goods	0.0226	0.0176	0.0233	0.0329
13	713 Internal combustion piston engines & parts	0.0191	0.0259	0.0201	0.0201	737 Metal working machinery and parts	0.0168	0.0685	0.0332	0.0349	741 Heating & cooling equipment and parts	0.0245	0.0328	0.0286	0.0311
14	674 Universals, plates and sheets, of iron or steel	0.0132	0.0131	0.0155	0.0194	653 Fabrics, woven, of man-made fibres	0.0264	0.0447	0.0602	0.0343	611 Leather	0.0177	0.0216	0.0296	0.0305
15	266 Synthetic fibres suitable for spinning	0.0133	0.0162	0.0190	0.0194	712 Steam & other vapour power units, steam engines	0.0118	0.0352	0.0849	0.0336	745 Other non-electrical mach.tools, apparatus & parts	0.0171	0.0179	0.0245	0.0287
16	723 Civil engineering & contractors plant and parts	0.0108	0.0131	0.0129	0.0183	233 Synthetic rubber latex; synthetic rubber & reclaimed; waste scrap	0.0721	0.0346	0.0496	0.0292	721 Agricultural machinery and parts	0.0074	0.0072	0.0038	0.0282

表 5-23（續）　日本對中台競爭優勢

日本對世界競爭優勢品目

Rank03	SITC	YEAR	1991	1995	1999	2003
17	724	Textile & leather machinery and parts	0.0212	0.0189	0.0167	0.0183
18	895	Office and stationery supplies, n.e.s.	0.0162	0.0167	0.0198	0.0168
19	778	Electrical machinery and apparatus, n.e.s.	0.0178	0.0163	0.0189	0.0160
20	782	Motor vehicles for transport of goods/materials	0.0253	0.0236	0.0162	0.0159
21	511	Hydrocarbons nes, & their halogen & etc.derivatives	0.0029	0.0115	0.0128	0.0153
22	722	Tractors fitted or not with power take-offs, etc.	0.0077	0.0098	0.0137	0.0152
23	678	Tubes, pipes and fittings, of iron or steel	0.0204	0.0136	0.0142	0.0151
24	784	Parts & accessories of 722-, 781-, 782-, 783-	0.0138	0.0185	0.0128	0.0150
25	233	Synthetic rubber latex synthetic rubber & reclaimed; waste scrap	0.0095	0.0124	0.0158	0.0145
26	871	Optical instruments and apparatus	0.0210	0.0241	0.0167	0.0141
27	744	Mechanical handling equip.and parts	0.0153	0.0177	0.0133	0.0138
28	676	Rails and railway track construction material	0.0096	0.0120	0.0146	0.0136
29	761	Television receivers	0.0115	0.0041	0.0062	0.0125
30	663	Mineral manufactures, n.e.s	0.0110	0.0136	0.0134	0.0123

日本對中競爭優勢品目

SITC	YEAR	1991	1995	1999	2003
513	Carboxylic acids, & their anhydrides, halides, etc.	0.0241	0.0228	0.0396	0.0275
726	Printing & bookbinding mach.and parts	0.0068	0.0158	0.0157	0.0252
672	Ingots and other primary forms, of iron or steel	0.0138	0.0286	0.0268	0.0245
776	Thermionic, cold & photo-cathode valves, tubes, parts	0.0102	0.0073	0.0125	0.0235
664	Glass	0.0579	0.0161	0.0304	0.0221
288	Non-ferrous base metal waste and scrap, n.e.s.	-0.0048	-0.0021	0.0025	0.0216
723	Civil engineering & contractors plant and parts	0.0056	0.0091	0.0155	0.0215
655	Knitted or crocheted fabrics	0.0237	0.0280	0.0320	0.0201
652	Cotton fabrics, woven	-0.0238	-0.0013	0.0224	0.0196
582	Condensation, polycondensation & polyaddition products	0.0147	0.0122	0.0195	0.0181
678	Tubes, pipes and fittings, of iron or steel	0.1238	0.0369	0.0177	0.0179
656	Tulle, lace, embroidery, ribbons, & other small wares	-0.0020	0.0273	0.0382	0.0172
512	Alcohols, phenols, phenol-alcohols, & their derivat.	0.0038	0.0080	0.0186	0.0168
583	Polymerization and copolymerization products	0.0162	0.0134	0.0225	0.0164

日本對台競爭優勢品目

SITC	YEAR	1991	1995	1999	2003
881	Photographic apparatus and equipment, n.e.s.	0.0126	0.0186	0.0244	0.0261
523	Other inorganic chemicals	0.0140	0.0107	0.0115	0.0223
673	Iron and steel bars, rods, angles, shapes & sections	0.0048	0.0167	0.0175	0.0222
872	Medical instruments and appliances	0.0383	0.0582	0.1182	0.0221
664	Glass	0.0218	0.0189	0.0196	0.0194
286	Ores and concentrates of uranium and thorium	-0.0104	-0.0107	0.0120	0.0194
672	Ingots and other primary forms, of iron or steel	0.0027	0.0077	0.0292	0.0192
211	Hides and skins (except furskins), raw	0.0003	0.0074	0.0183	0.0191
541	Medicinal and pharmaceutical products	0.0195	0.0123	0.0218	0.0190
562	Fertilizers, manufactured	0.0111	0.0085	0.0099	0.0175
583	Polymerization and copolymerization products	0.0154	0.0155	0.0220	0.0173
773	Equipment for distributing electricity	0.0267	0.0209	0.0188	0.0172
524	Radio-active and associated materials	0.0040	0.0061	0.0103	0.0170
532	Dyeing & tanning extracts; synthetic tanning materials	0.0194	0.0111	0.0138	0.0169

注：1. 競爭優勢基本上依顯示性比較利益（Revealed Comparative Advantage, RCA）的計算方式，但考量產業內貿易的進展及出口值出口值品目實算貳員國際競爭力，故此處計算式中更改分子部份的出口值為淨出口值，日本對世界計算方式為日產品對世界淨出口/（世ⅰ產品出口/世總出口），日本對中國計算式為（日ⅰ產品對中國出口/日對中國總出口）/（世ⅰ產品出口/世總出口）。日本對台灣計算方式為（日ⅰ產品對台灣淨出口/日對台灣總出口）/（世ⅰ產品出口/世總出口）。
2. SITC 三分位 231 品目 2003 年排名前 30 順位之品項。

（2）日本對台競爭優勢品目

日本對台灣的競爭優勢品目，同樣以 2003 年順位觀察，從表5-23 右列可知，日本的競爭優勢品目最多的是 SITC7 類的引擎、金屬製品、轎車、農機等（前 30 順位中佔 8 項），其次是 SITC6類的鋼鐵絲圈、鎳、鋼鐵錠等金屬及皮革製品（前 30 順位中佔 7項），接著是 SITC5 類的消毒殺菌、醫藥、聚合物、染料等化學製品（前 30 順位中佔 7 項）以及 SITC8 類的攝影、醫療器材（前 30順位中佔 5 項）。亦以 SITC5、6、7、8 類工業製品為主。

日本對中台競爭優勢品目中，7 類製品皆排名在前，但是對中國主要是最終機械製品如紡織機械（724），而對台則引擎（713）等中間財零組件排名在前。

2. 中台對日的競爭優勢

接著檢視中國、台灣對日本的競爭優勢品目。

（1）中國對日競爭優勢品目

中國對日本的競爭優勢品目，同樣以 2003 年順位觀察，從表5-24 左列可知，中國的競爭優勢品目最多的是 SITC8 類的皮包、內外用成衣、織物、玩具、鞋類等製品（前 30 順位中佔 10 項），其次是 SITC0 類的漁貝類、肉品食用內臟、生鮮冷藏蔬菜、茶葉等食品（前 30 順位中佔 6 項）與 SITC 6 類的紡織原料、石灰建材、生鐵、非鐵金屬、錫、木製品（前 30 順位中佔 6 項），接著是 SITC2類的絲、木炭、紙漿用木材、天然礦物質（前 30 順位中佔 5 項），SITC3 類的煤、焦煤（前 30 順位中佔 2 項）以及 SITC7 類的自動資料處理機器（前 30 順位中佔 1 項）。

除 SITC6、7、8 類的工業製品外，餘為農原料食品、礦業資源及原材料。中國競爭優勢品目中農原料食品、礦業資源、原材料及勞力密集型 8 類工業製品排名在前顯示基本上是要素秉賦條件下的比較利益。但 1990 年代中期以來，其資本、技術相對密集的自動資料處理機器的競爭力大幅提升。

（2）台灣對日競爭優勢品目

台灣對日本的競爭優勢品目，同樣以 2003 年順位觀察，從表 5-24 右列可知，台灣的競爭優勢品目最多的是 SITC6 類的螺絲釘拴、紡織品、線紗、膠合板、木製品（前 30 順位中佔 8 項），其次是 SITC8 類的樂器、家俱、服飾配件、嬰兒車、衛浴配件、行李箱（前 30 順位中佔 7 項）以及 SITC2 類的貴金屬礦石、天然動物材料、羊毛、非鐵廢金屬、其他合纖原料、木製品（前 30 順位中佔 7 項），接著是 SITC0 類的生鮮冷凍漁類、香料調味品、茶、生鮮冷藏蔬菜、肉品食用內臟等（前 30 順位中佔 5 項），SITC7 類的自動資料處理機器、資料處理及辦公機器零件、摩托車等（前 30 順位中佔 3 項）。

SITC6、7、8 類的工業製品外，尚含農原料食品及原材料。但台灣除漁品、原材料外，SITC6、7、8 類的工業製品排名在前。特別是自動資料處理機器、資料處理及辦公機器零件皆具競爭優勢，顯示台灣不但是 IT 製成品，IT 相關零組件 2000 年以後競爭力亦提升。而資源、勞力密集型 8 類製品競爭力（821）的衰退以及資本、技術密集型 7 類製品競爭力（752、759）的提升呈現台灣經濟結構改變、製品輸出結構的興衰更迭。台灣農水產品及其加工食品以及勞力密集型製品對日輸出競爭力的衰退與中國相關產製品競爭力的興起形成台灣與中國對日本輸出的市場再利用與比較利益再循環（'market recycling' or 'comparative advantage recycling'）[22]的轉換歷程。

台灣對日本的競爭優勢品目中 SITC7、8 類製品排名在前，中國則主要為 8 類製品，顯示工業化發展程度的差距。

---

[22] 此命名與定義參照 Cutler, Harvey, David J. Berri and Terutomo Ozawa, "Market recycling in labor-intensive goods, flying-geese style: an empirical analysis of East Asian exports to the U.S.," *Journal of Asian Economics*, Vol. 14, 2003, pp.36。

表 5-24　中台對日競爭優勢

RankO3	SITC 3d	中對日競爭優勢品目 SITC 3d	1991	1995	1999	2001	2003	SITC 3d	台對日競爭優勢品目 SITC 3d	1991	1995	1999	2001	2003
1	261	Silk	0.5450	0.1825	0.1514	0.1183	0.1100	034	Fish, fresh (live or dead), chilled or frozen	0.1191	0.1438	0.1392	0.1096	0.1580
2	245	Fuel wood (excluding wood waste) and wood charcoal	0.0100	0.5667	0.1560	0.1700	0.1057	289	Ores & concentrates of precious metals; waste, scrap	0.0150	0.0031	0.0118	0.0485	0.1095
3	037	Fish, crustaceans and molluscs, prepared or preserved	0.0712	0.1743	0.1597	0.1280	0.0985	291	Crude animal materials, n.e.s.	0.1655	0.1549	0.1170	0.0795	0.0600
4	323	Briquettes; coke and semi-coke of coal, lignite/peat	0.0216	0.0351	0.0678	0.0715	0.0916	752	Automatic data processing machines & units thereof	-0.0164	0.0296	0.0365	0.0368	0.0285
5	831	Travel goods, handbags, brief-cases, purses, sheaths	0.0556	0.0913	0.0892	0.0844	0.0781	694	Nails, screws, nuts, bolts etc.of iron, steel, copper	-0.0004	0.0080	0.0135	0.0207	0.0262
6	843	Outer garments, women's, of textile fabrics	0.0668	0.1047	0.0874	0.0870	0.0741	898	Musical instruments, parts and accessories	-0.0222	-0.0049	-0.0028	0.0118	0.0247
7	845	Outer garments and other articles, knitted	0.0698	0.1125	0.0924	0.0846	0.0717	821	Furniture and parts thereof	0.0326	0.0331	0.0317	0.0277	0.0193
8	014	Meat & edible offals, prep./pres., fish extracts	0.0037	0.0206	0.0571	0.0752	0.0691	075	Spices	0.0225	0.0292	0.0266	0.0193	0.0179
9	844	Under garments of textile fabrics	0.0723	0.0950	0.0941	0.0866	0.0666	759	Parts of and accessories suitable for 751- or 752-	-0.0114	-0.0044	-0.0022	0.0321	0.0161
10	842	Outer garments, men's, of textile fabrics	0.0863	0.1030	0.0826	0.0805	0.0640	074	Tea and mate	0.0221	0.0135	0.0104	0.0085	0.0124
11	847	Clothing accessories of textile fabrics	0.0435	0.0512	0.0616	0.0717	0.0631	268	Wool and other animal hair (excluding wool tops)	0.0004	0.0015	0.0120	0.0110	0.0118
12	056	Vegetables, roots & tubers, prepared/preserved, n.e.s.	0.0988	0.0787	0.0841	0.0753	0.0626	654	Textil.fabrics, woven, oth.than cotton/man-made fibr	-0.0038	-0.0085	0.0005	0.0102	0.0115
13	658	Made-up articles, wholly/chiefly of text.materials	0.0558	0.0973	0.0765	0.0773	0.0587	848	Art.of apparel & clothing accessories, no textile	0.0262	0.0277	0.0258	0.0118	0.0114
14	846	Under garments, knitted or crocheted	0.0511	0.0639	0.0573	0.0657	0.0527	288	Non-ferrous base metal waste and scrap, n.e.s.	0.0167	0.0218	0.0175	0.0098	0.0112
15	322	Coal, lignite and peat	0.0369	0.0328	0.0371	0.0476	0.0497	894	Baby carriages, toys, games and sporting goods	0.0364	0.0336	0.0241	0.0183	0.0096
16	661	Lime, cement, and fabricated construction materials	0.0315	0.0629	0.0692	0.0614	0.0497	054	Vegetables, fresh, chilled, frozen/preserved; roots, tubers	0.0344	0.0164	0.0146	0.0085	0.0086
17	894	Baby carriages, toys, games and sporting goods	0.0217	0.0291	0.0424	0.0434	0.0434	292	Crude vegetable materials, n.e.s.	0.0033	0.0083	0.0080	0.0085	0.0086
18	671	Pig iron, spiegeleisen, sponge iron, iron or steel	0.1308	0.1057	0.0374	0.0332	0.0423	651	Textile yarn	0.0082	0.0032	-0.0048	0.0036	0.0080
19	689	Miscell.non-ferrous base metals employ in metallurgy	0.0374	0.0659	0.0384	0.0421	0.0423	634	Veneers, plywood, improved or reconstituted wood	-0.0046	0.0036	0.0009	0.0037	0.0078
20	851	Footwear	0.0221	0.0434	0.0518	0.0464	0.0393	785	Motorcycles, motor scooters, invalid carriages	-0.0688	0.0042	0.0181	0.0221	0.0077
21	291	Crude animal materials, n.e.s.	0.0670	0.0556	0.0768	0.0558	0.0367	014	Meat & edible offals, prep./pres., fish extracts	0.0126	0.0154	0.0064	0.0070	0.0064
22	246	Pulpwood (including chips and wood waste)	0.0694	0.0785	0.0528	0.0472	0.0336	697	Household equipment of base metal, n.e.s.	0.0109	0.0125	0.0058	0.0074	0.0061
23	848	Art.of apparel & clothing accessories, no textile	0.0317	0.0324	0.0317	0.0439	0.0329	267	Other man-made fibres suitab.for spinning & waste	-0.0352	-0.0164	-0.0192	-0.0027	0.0060
24	687	Tin	0.0775	0.0469	0.0325	0.0291	0.0328	58	Articles of materials described in division 58	0.0119	0.0134	0.0108	0.0092	0.0054
25	278	Other crude minerals	0.0837	0.0617	0.0459	0.0398	0.0324	635	Wood manufactures, n.e.s.	0.0508	0.0282	0.0115	0.0088	0.0053
26	752	Automatic data processing machines & units thereof	-0.0018	0.0017	0.0096	0.0096	0.0248	248	Wood, simply worked, and railway sleepers of wood	0.0134	0.0080	0.0037	0.0088	0.0053
27	635	Wood manufactures, n.e.s.	0.0240	0.0266	0.0259	0.0263	0.0273	812	Sanitary, plumbing, heating, lighting fixtures	0.0071	0.0074	0.0063	0.0078	0.0047
28	054	Vegetables, fresh, chilled, frozen/preserved; roots, tubers	0.0352	0.0413	0.0506	0.0443	0.0273	831	Travel goods, handbags, brief-cases, purses, sheaths	0.0326	0.0258	0.0159	0.0107	0.0046
29	074	Tea and mate	0.0606	0.0450	0.0431	0.0462	0.0268	633	Cork manufactures	0.0041	0.0068	0.0027	0.0050	0.0045
30	034	Fish, fresh (live or dead), chilled or frozen	0.0317	0.0315	0.0327	0.0280	0.0258	612	Manufactures of leather/of compostion leather nes	0.0062	0.0076	0.0052	0.0046	0.0042

注：1. 競爭優勢基本上依顯示性比較利益（Revealed Comparative Advantage, RCA）的計算方式，但考量產業內貿易的迅速及進口值占比小，於其進口值目實難言具國際競爭力，故此處計算式中更改分子部份的出口值為淨出口值（中 i 產品對日本淨出口/中國對日總出口/中國產品的出口/世產品出口/世總出口）、台灣對日本力計算式為（台 i 產品對日本淨出口/台灣對日/世 i 產品出口/世總出口）。

2.SITC 三分位231品目 2003年排名前30順位之品項。

（二）日中台的產業內貿易

　　另外兩國間的產業分工程度可從產業內貿易的程度進行觀察。以下從雙邊產業內貿易係數檢視日中台的產品別產業內貿易的演變。產業內貿易係數越大表示兩國間同產業的分工程度越高。而產業內貿易的進展中，企業內貿易的進展是主要推動力之一。

　　首先日本與世界的產業內貿易，以 2004 年順位觀察，從表 5-25 左列可知，日本產業內貿易程度高的前 20 順位品目主要集中 SITC6 類的紙與紙板、紡紗、鉛、鍛鑄品、基礎金屬製品（前 20 順位中佔 8 項），以及 SITC5 類的合成染料、消毒殺菌劑、無機化學元素、氮化合物、有機無機化合物、肥皂等化學品（前 20 順位中佔 8 項），其次是 SITC7 類的發電機、拖掛車、農業機械與醫療用發電器械（前 20 順位中佔 4 項）等三類工業製品。

　　其次日本與中國的產業內貿易，以 2004 年順位觀察，從表 5-25 中列可知，日中產業內貿易程度高的前 20 順位中品目最多的是 SITC7 類的加熱及冷卻設備、農業機械、非電氣機械工具、航空器設備、電信設備與零件、渦旋發電設備、資料處理及辦公機器的零組件（前 20 順位中佔 7 項），其次是 SITC6 類的螺絲釘栓、礦物製品、橡膠製品、玻璃器皿、紡紗（前 20 順位中佔 5 項），接著 SITC8 類的印刷製品、樂器、光學製品（前 20 順位中佔 3 項），SITC5 類的芳香料、有機無機化合物（前 20 順位中佔 2 項），SITC3 類的石油副產品、石油產品（前 20 順位中佔 2 項），及 SITC4 類的其他菜油（前 20 順位中佔 1 項）。除 SITC5、6、7、8 類工業製品外，尚包含 4 類的農產加工品及 3 類的礦物燃料，但以 7、8 類工業製品係數較高。

　　日本與台灣的產業內貿易，以 2004 年順位觀察，從表 5-25 右列可知，日台產業內貿易程度高的前 20 順位中品目最多的是 SITC8 類的鐘錶、其他雜項製品、衣物配件、光學製品、內衣用織布等（前 20 順位中佔 6 項），其次是 SITC7 類的電信設備與零件、摩托車、

表 5-25　日中台間產業內貿易

日本對世界貿易

RankO4	TIME PERIOD	SITC 3d	1991	1995	2000	2004
1	641	Paper and paperboard	0.7955	0.9379	0.9759	0.9920
2	771	Electric power machinery and parts	0.5720	0.7204	0.9327	0.9904
3	512	Alcohols, phenols, phenol-alcohols, & their derivat.	0.6167	0.7431	0.9272	0.9777
4	531	Synthetic organic dyestuffs, etc. natural indigo & colour lakes	0.7194	0.7308	0.8165	0.9771
5	786	Trailers & other vehicles, not motorized	0.6645	0.4410	0.9656	0.9719
6	591	Disinfectants, insecticides, fungicides, weed killers	0.7708	0.9060	0.9906	0.9441
7	523	Other inorganic chemicals	0.8609	0.8297	0.9325	0.9371
8	651	Textile yarn	0.9029	0.8228	0.9927	0.9325
9	522	Inorganic chemical elements, oxides & halogen salts	0.9760	0.9660	0.9956	0.9318
10	721	Agricultural machinery and parts	0.6857	0.8931	0.9528	0.9168
11	685	Lead	0.0998	0.2007	0.4783	0.8839
12	514	Nitrogen-function compounds	0.8435	0.9376	0.8673	0.8838
13	515	Organo-inorganic and heterocyclic compounds	0.9667	0.9182	0.9339	0.8772
14	773	Equipment for distributing electricity	0.5016	0.5955	0.8133	0.8671
15	679	Iron & steel castings, forgings & stampings; rough	0.7186	0.7634	0.8156	0.8588
16	699	Manufactures of base metal, n.e.s.	0.6229	0.6546	0.7508	0.8550
17	611	Leather	0.9621	0.8948	0.8769	0.8501
18	654	Textil fabrics, woven, oth than cotton/man-made fibr	0.5477	0.7787	0.7929	0.8449
19	554	Soap, cleansing and polishing preparations	0.6701	0.9893	0.8859	0.8390
20	665	Glassware	0.8372	0.8956	0.9892	0.8387

日中雙對貿易

SITC 3d	1991	1995	2000	2004
424 Other fixed vegetable oils, fluid or solid, crude	0.0600	0.0300	0.5100	1.0000
741 Heating & cooling equipment and parts	0.0500	0.1500	0.6900	0.9900
335 Residual petroleum products, nes & related materials	0.0900	0.3200	0.8400	0.9500
694 Nails, screws, nuts, bolts etc.of iron, steel, copper	0.6600	0.8300	0.9700	0.9300
721 Agricultural machinery and parts	0.5700	0.5200	0.3600	0.9300
745 Other non-electrical mach.tools, apparatus & parts	0.2600	0.2200	0.7700	0.9300
792 Aircraft & associated equipment and parts	0.2000	0.3000	0.0800	0.9100
551 Essential oils, perfume and flavour materials	0.2800	0.3500	0.5000	0.8900
892 Printed matter	0.3400	0.5000	0.7000	0.8800
898 Musical instruments, parts and accessories	0.2700	0.6900	0.3200	0.8800
764 Telecommunications equipment and accessories	0.6300	0.9500	0.9800	0.8700
515 Organo-inorganic and heterocyclic compounds	0.5300	0.5900	0.6200	0.8600
663 Mineral manufactures, n.e.s	0.3500	0.4600	0.7200	0.8500
716 Rotating electric plant and parts	0.7000	0.8300	0.7300	0.8300
759 Parts of and accessories suitable for 751-or 752-	0.2800	0.7900	0.8100	0.8300
334 Petroleum products, refined	0.5000	0.0500	0.9800	0.8200
628 Articles of rubber, n.e.s	0.2400	0.3700	0.8100	0.8200
665 Glassware	0.9000	0.5300	0.7700	0.8100
884 Optical goods, n.e.s.	0.8000	0.9600	0.9500	0.8100
651 Textile yarn	0.6100	0.7200	0.8400	0.8000

日台雙對貿易

SITC 3d	1991	1995	2000	2004
764 Telecommunications equipment and parts	0.6600	0.9500	0.9600	0.9900
334 Petroleum products, refined	0.1400	0.0900	0.2600	0.9600
885 Watches and clocks	0.9000	0.7200	0.9500	0.9600
532 Dyeing & tanning extracts; synthetic tanning materials	0.5100	0.8100	0.8000	0.9500
785 Motorcycles, motor scooters, invalid carriages	0.5100	0.9500	0.6600	0.9400
899 Other miscellaneous manufactured articles	0.2400	0.6900	0.7300	0.9400
081 Feed stuff for animals (not including unmilled cereals)	0.6500	0.7000	0.9100	0.9300
431 Animal & vegetable oils and fats, processed & waxes	0.6900	0.2900	0.6000	0.9300
776 Thermionic, cold & photo-cathode valves, tubes, parts	0.3200	0.3100	0.9700	0.9300
793 Ships, boats and floating structures	0.8000	0.4600	0.0600	0.9000
267 Other man-made fibres suitabl for spinning & waste	0.0600	0.0400	0.6600	0.8900
411 Animal oils and fats	0.5500	0.4500	0.6600	0.8900
847 Clothing accessories of textile fabrics	0.6500	0.5300	0.7700	0.8500
057 Fruit & nuts (not including oil nuts), fresh or dried	0.1000	0.1100	0.2000	0.8300
893 Articles of materials described in division 58	0.5600	0.5300	0.6400	0.8300
562 Fertilizers, manufactured	0.7500	0.5200	0.3900	0.8200
846 Under garments of textile fabrics	0.2500	0.7800	0.4100	0.8000
036 Crustaceans and molluscs, fresh, chilled, frozen etc.	0.8000	0.9600	0.9500	0.8100
222 Oil seeds and oleaginous fruit, whole or broken	0.1700	0.7600	0.4300	0.7900

注：1. 日本對世界 SITC 三分位品目產業內貿易，計算式（IIT_{jw}）=(1-ABS(X_{jw}-M_{jw})/(X_{jw}+M_{jw})，ABS(X_{jw}-M_{jw})，X_{jw}+M_{jw}：日本 j 品目出口進口總值。

2. 日本對中國 SITC 三分位品目產業內貿易，計算式（IIT_{jc}）=(1-ABS(X_{jc}-M_{jc})/(X_{jc}+M_{jc})，ABS(X_{jc}-M_{jc})：日本 j 品目對中出口減對中進口差額絕對值，X_{jc}+M_{jc}：日本 j 品目對中出口進口總值。

3. 日本對台灣 SITC 三分位品目產業內貿易，計算式（IIT_{jt}）=(1-ABS(X_{jt}-M_{jt})/(X_{jt}+M_{jt})，ABS(X_{jt}-M_{jt})：日本 j 品目對台出口減對台進口差額絕對值，X_{jt}+M_{jt}：日本 j 品目對台出口進口總值。

4. SITC 三分位 231 品目取產業內貿易係數值 2004 年排名前 20 位品項。

活門閥、船舶（前 20 順位中佔 4 項），接著 SITC0 類的動物飼料、生鮮及乾燥水果、甲殼類（前 20 順位中佔 3 項），SITC5 類的染料皮革悴取物、肥料（前 20 順位中佔 2 項），SITC4 類的動植物油、動物油脂(前 20 順位中佔 2 項)及 SITC2 類的其他紡紗用合纖原料、油籽（前 20 順位中佔 2 項），SITC3 類的石油產品（前 20 順位中佔 1 項）。除 SITC5、7、8 類工業製品外，尚包含 4 類的農業製品、3 類的礦物燃料及 2 類的原材料，同樣亦是 7、8 類工業製品係數較高。而中日間產業內貿易急遽進展的資料處理及辦公機器的零組件，因是台灣對日的競爭優勢品目，所以未出現在台灣的前 20 順位中。

中日與台日間在 SITC7、8 類製品的產業內貿易雖都大幅進展，但只有電信設備與零件（764）品目相同，而其在台日的產業內貿易程度大於中日間。此亦顯示日中台間在產業內貿易的進展上產生互補性的可能。

縱或產業內貿易水準類似，但其中可能存在不同品質產品所呈現不同價格產品的分工情形。未來有必要進一步依進輸出價格差異對產業內貿易進行垂直或水平分工的分析以更明確瞭解中台與日本分工的性質。

三、日台在中國市場的合作展望

（一）日本企業對中國投資的演變

1.中國是日本製造業對亞洲投資的最主要國家

如前出第九章所述日本 2001-06 年日本企業對中國直接投資年平均達 4,478 億日圓，佔日本對外投資的 9.6%，製造業直接投資達 3,576 億日圓佔 15.6%，超過日本對美國 14.1%的比重成為日本製造業對外投資最大地區。2006 年中國日系企業 3,520 家，加上香港為 4,418 家佔日本對亞洲投資總家數的半數，中國成為日本企業對外投資家數最多的國家。並 2000 年以後對中投資日本企業的獲利情況大幅改善。

　　1980 年代以前日本對東南亞國家的電子電氣機械業投資家數中，新加坡、馬來西亞以電子零組件為主、家用電氣機器次之，其他東南亞國家主要是家用電氣機器，而中國大陸則尚無。1980 年代中期以後對馬來西亞、泰國、新加坡、中國大陸、菲律賓新投資快速擴增，其中亦以電子零組件為主，家用電氣機器次之，而產業用電氣機械特別是對泰國、馬來西亞亦顯著增加。1990 年代對中國、馬來西亞、印尼新投資家數快速擴增，亦以電子零組件為主，家用電氣機器次之，而產業用電氣機械特別是對中國大陸亦顯著增加。1980 年代為止台灣是日本電子電氣機械業海外投資總家數最多國家，其次是馬來西亞、新加坡，但 90 年代以來對亞洲二梯 NIEs 及中國投資總家數快速增加，特別是對中國的投資一躍成為投資家數最多國家。

　　但是由於中國景氣過熱，中國政府的宏觀調控下緊縮政策的實施使在中國日本企業特別是運輸機械、非鐵金屬業的庫存量產生過剩情形；集中投資中國的風險性升高等的考量下，日本企業一方面其對外投資策略中亞洲部份有由中國轉移東南亞國家的傾向，另一方面其在中國的經營策略也由增加投資、增設據點、擴大經營規模等轉變成改善生產線、調整採購及銷售結構以提升經營體質，深化當地的經營為主[23]。

2. 日本企業對中國經營策略重點由加工製造轉型區域管理（logistic）及研發

　　在中國日本企業的經營重點已轉變為提高經營的品質，滲透當地的市場。在提昇經營的效率及品質上，設立區域管理中心，進行協調集團企業的經營活動，以迅速執行企業的策略決策，及累積中

---

[23] 根據 2005 年 5 月日本みずほ總合研究所針對 5,157 家會員企業所作「アジアビジネスに関するアンケート調査」（有效回答 1,351 家，回收率 26.2%）的統計結果。參照內堀敬則（2005）「転換期迎える日本企業の中国戦略」みずほリサーチ October 2005、PP.11。

國經營的知識、技能及竅門成為當前的趨勢。在全球性創新型經營模式的推展下，全球性研發網絡的建構中，面對歐美企業在中國的積極佈局，日本企業也開始積極展開在中國的據點佈建，進行研發活動。

　　日本在中國設立區域管理中心上，主要以行銷活動機能為導向，在上海及廣州則以生產製造機能為主要考量。目前日本企業在中國設立區域管理中心的機能主要傾向日常管理作業需要的後勤業務，而區域管理中心在企業組織中的位階則大多屬總公司的下部組織。另外，日本企業雖已積極或積極準備在中國展開研發活動，但其在中國進行研發活動的目的主要考量中國相對低廉的研發成本，內容則以母公司對中國子公司的技術移轉為主。此與日本企業在歐美的研發活動主要為因應當地及全球市場需求的新製品、新技術的研發以積極提高附加價值在本質上大不相同，但與其在東南亞的研發目的及內容相似[24]。

（二）出口導向型台商的策略轉變

　　台商對中國投資進入 1990 年代後急遽增加，中國成為台灣最大對外投資對象。台商對中投資以製造業為主，並集中華南、華東地區。業種範圍由勞力密集產業逐漸移轉技術、資本密集產業，最近 IT 產業已成為最大投資比重產業。台商對中投資目的有降低成本強化競爭力、取得中國內銷市場、配合國內外客戶的對中國投資等，最近為求在中國投資企業經營自主性的提升而有當地化與「內資化」的傾向。而為此目的，台商在中國的經營不論在人力、財貨、資金或技術上都極力朝當地化努力[25]。此種經營策略的方向轉變當然意味脫離台灣的演變。

---

[24] 同前注出處，pp.12，圖表 3、4。
[25] 根據台灣經濟部統計處『製造業對外投資實況調查報告 2002 年』。

　　台商對中國投資因首要考量輸出的目的[26]，因此企業立地條件的選擇上除了硬體基礎建設、獎勵措施、政府服務效能等外，就是距離港灣近、運輸條件優良的地理條件。1990 年代初期的紡織成衣、製鞋、雜貨業首先選擇廣東、福建等華南地區以至 90 年代中後期的機械、筆記型電腦、IC、TFT-LCD 等 IT 電子機器選擇上海等華東地區主要就是基於此種考量。雖然各業種台商投資初期已考量立地條件上上游零組件供應及下游客戶銷售的方便性，其後又由於產業鏈上下游台灣企業的投資，形成台商在此些地區的產業聚落，特別在紡織成衣、IT 及機械產業的台商企業間。除了低廉的中國勞力、土地、原料外，此產業聚落的外部經濟效益成為台商的另一項競爭優勢，也進一步提高台商相關企業的競爭力。也因此台商企業的當地資財採購及銷售比率較其他外資企業皆高，特別是部份傳統產業更完全在中國採購原材料，其完成品也完全內銷中國市場。此種優勢也另外使中國內資企業採購台商企業的零組件或委託台商 OEM 生產方式代工的情形越來越多，特別是 PC 及筆記型電腦廠商，此種過程中使專注輸出的台商得以順利轉為內外銷並重。台商的銷售市場比重中近年來中國內銷比重逐漸提高已接近50%，而含回銷台灣在內的輸出比重雖仍超過一半但逐漸降低，過去以第三國為主的出口導向經營策略已轉變。

　　而此種競爭優勢另也形成台商與日本企業在中國市場的合作契機。

（三）日、台商未來在中國策略合作的方向

　　世界各國在中國的競爭已進入熾熱化的階段，台商與日商在中國的策略合作對雙方未來在中國市場因應此激烈競爭上具有重要的意義。除了持續過去雙方優勢資源的互補性策略合作外，進一步

---

[26] 出口導向是所有中國外商的共同現象，並非台商特有。詳參閻任耀廷（2005）「改革開放後中國大陸對外貿易的探討──貿易結構與生產波及效果的變化」，『遠景基金會季刊』，第六卷第三期，頁 43。

合作的課題尚有強化產業供應鏈的整合，包含物流的合作等，提升
後勤管理能力。

1. 全球性創新型經營模式的實現

在中國的另一項重要合作方向，是實現全球性創新型經營模式
的構想[27]。日本企業戰後以來所建構的東亞分工體系的供應鏈優勢
要進一步提昇就必須要再加上創新鏈的建構才能持續競爭力，亦即
運用各國的研發能量，除了回應當地國的需求，需要更進一步整合
各地研發能量開發核心技術，不但是製品到製程的技術，更重要的
是提升整體經營流程品質與效率的新技術，亦即經營模式的創新才
能在全球性競爭中樹立內生型核心競爭力。日台商在中國的研發合
作不但對中國市場的開發，更將是立足亞洲的重要里程碑。日商的
研發與研發管理能力及品牌優勢、台商的快速商品化及成本控制管
理能力優勢加上中國質優量多的高級研發人力，全球企業匯聚帶動
市場激盪下的中國正是日台商雙方合作建構全球性創新型經營模
式原型的最佳地點。而全球性創新型經營模式的實現也同時會回饋
日台兩國的經濟結構的調整與高度化。

2. 台商與日商進軍中國的合作

台商中以與日本的關係言可分為日系與非日系台商。日系台商
泛指 1960 年代以來日本企業對台灣直接投資所設立的子企業、關
係企業等資本合作關係的台灣企業外，還包含銷售代理、代工、技
術合作等業務關係的台灣企業。在進入中國過程中，台日商經常基
於各自擁有的經營優勢資源進行互補性策略合作，相互運用對方優
勢性資源彌補自己的短處。而台日商的合作夥伴選擇上，日系台商
與日本母公司自然成為雙方優先的考量對象。

---

27 Doz, Y., J. Santos and P. Williamson, *From Global to Metanational*,（Boston:
Harvard Business School Press, 2001）。

　　日系台商一如所有台商，其對中國投資方式中有單獨出資、與日本母公司合資、與其他台灣或日本企業合資、與中國企業或其他台商合資等。另其他不出資的合作方式尚有日本企業品牌、技術授權台商生產、伴隨技術移轉的委託台商 OEM 生產、委託台商在中國生產及行銷以及日系台商協助日本母企業開拓中國事業版圖等。對中國的投資或委託生產模式基本上與一般外商的進入中國雷同，只是日系台商側重與日商的合作以及特別是 1990 年代後期以來日商在進入中國市場時策略上轉向更積極運用台灣子公司或日系台商的資源。

3. 台商與日商經營中國市場的合作

　　台商因為在中國與當地政府溝通能力、對中國員工等生產管理能力、與當地台商間行銷與採購網絡、與中國企業間行銷與採購網絡、台商產業聚落效益等的優勢，日商因為技術與品質管理能力、品牌、與當地日商間行銷與採購網絡、對日行銷網絡等的優勢，雙方在中國市場的經營上正朝積極合作方向進行。

　　特別日系台商因為與日商在台灣的合作經驗以及中國社會中語言溝通的方便性，同時瞭解中國與日本的商業習性，在中國扮演橋樑的角色。日本在台子公司的機能由於台灣經濟條件的改變及日本母企業對中國策略的積極性轉變下大多由生產機能轉移至研發、生產指導諮詢、採購的機能為主，以協助日本母公司在中國的事業開展。其中台灣子公司人才的常駐中國，協助中國子公司的行銷、採購、技術與生產管理、研發等活動[28]。1990 年代中更有部份日本企業為規避投資風險而策略性轉由日系台商先行投資中國，或因其國內景氣影響財務能力轉而積極邀請日系台商共同投資中

---

[28] 如台灣松下公司協助日本松下母公司及台灣和泰汽車協助日本豐田母公司在中國的經營管理活動。詳參考野村總研台北支店 2003「2003 年度『在台灣日本企業の事業活動に関するアンケート調査』結果概要」、經濟部投資業務處『台灣投資通信』2003 年 10 月號。

國。並在對中技術移轉過程中，透過與日系台商合作的間接轉移方式，也可降低日本企業智財權受損的疑慮。

另外在中國產業鏈的整合上，由於日本企業的製品品質與交期比中國企業信用一般較好，所以許多台商向中國日商採購原材料、零組件等。而台商因擁有前述在中國的產業聚落效益加上日商欲利用台商在中國的台商間行銷採購網絡所以亦積極吸納台商參與在中國日商的零組件供應行列[29]。2000 年以後，原本相對封閉性的台商產業聚落因為與日商供應鏈的整合而更為開放，並因與日商的技術、人才交流產生更大的外部經濟效益，更進一步提昇台商與日商的競爭力。

還有針對日本市場，台商除由台灣或中國接單、中國生產製品出口供應外，亦以 OEM 方式接受日本的委託生產。日商的大量訂單以及 OEM 方式委託生產方式下伴隨的技術移轉，特別對 IT 產業台商在中國的茁壯是重要的原因。

另外 WTO 加盟後中國服務市場的逐步開放亦使日台商在相關產業上獲得進一步合作的機會。2002 年以後台商與日商在中國物流產業、零售業的合作案例也顯著增加。

肆、小結

漸進式（gradualism）改革開放是中國改革開放後特別是 1990 年代經濟急速發展及成長的主因。在對外開放政策的實施下，中國參與成為東亞經濟「雁行形態發展」的一環。其特色之一即為在其

---

[29] 根據日本交流協會 2002 年針對在中國華東及廣東 270 家日商所作調查（有效回收數 62 家），中國日商與台商的合作方式中第一位原材料採購（37%）、第二位製品銷售（35％）、第三位 OEM 委託生產（13％）、第四位技術合作（3％）等。參照日本交流協會「中国大陸における日・台企業ビジネスアライアンスの現状」、2002 年 3 月。

高度經濟成長的同時伴隨著更高度的輸出成長，並與其他東亞國家形成漸層的發展分佈順序，同時亦如其他較後轉型發展的東亞國家其成長速度也較高。中國在世界製品輸出市場的比重亦隨之快速提升，一方面快速提升其在國際經濟社會特別是東亞地區的影響力，但其追趕與超越的強勁力道同時亦使其他東亞國家深感威脅。

　　本章從貿易產品及對象國家結構的探討，發現中國特別是1990年代快速經貿成長的背後，其輸出產品的快速交替更迭首先轉變為製品為主輸出結構接著機械製品比重急速上升與其他製品並列主要輸出製品項目，以及輸出市場的擴散首先由日本擴散至其他東亞國家接著擴散至美歐是持續其輸出成長的重要原因，也顯現其靈活性。

　　中國持續的快速輸出成長使其有能力支持相對所需的快速輸入成長，也得以遂行其最終製品加工出口政策。同時其製品貿易型態亦快速轉型產業內貿易型態，其中特別是機械製品的轉變，1990年代中期以後達東亞國家間的中高水準。

　　而從 RSCA 值所觀察的出口競爭力的變化，其他製品一如其輸出佔世界比重的追趕、超越其出口競爭力亦呈現快速提升的變化，但是機械製品的競爭力卻未如其比重追趕、超越的提升反而低於其他東亞國家甚至小於 0。RSCA 值所呈現中國機械製品競爭力的意涵有待進一步釐清，但是從機械製品的關鍵零組件輸入比重持續提升的事實中可知特別是 1990 年代後期其輸出的快速成長與中國政府的最終製品加工出口策略關係密切。換言之，中國機械製品的競爭力並非主要來自整體產業鏈進口替代後的生產力提升，而是運用其勞力的比較利益結合外資企業的資本、技術及市場等外部資源產生互補性效果下的政策性結果。此點從外資企業在中國出輸入成長以及輸出入市場擴散中所佔比重的持續提高並超過 50%的演變中可得到一部份的證實。而外資企業在追求國際分工體制下的網絡經濟性特別是技術波及效果以及製品或製程分斷化下生產特化的規模經濟性時,其所採行的生產模式也不必然會與中國勞力相對豐富的比較利益條件相整合。

另外從產業聯關表檢視出口導向產業對中國國內及美日和其他東亞國家的波及效果。首先 1990 年代後半期影響力、感應度係數值的變化檢討中確認機械製造業演變成為中國最重要的產業部門。在影響力、出口係數值的變化檢討中發現機械製造業與紡織皮革製造業為中國具影響力的出口導向產業中的領導產業。再加上輸入的因素後,2000 年中國具高影響力且呈貿易順差的製造業亦只有機械製造業與紡織皮革製造業兩產業,不同的是 1990 年代後半期紡織皮革製造業持續大幅貿易順差但影響力下降,而機械製造業則持續相對高影響力且上升的同時其貿易逆差亦轉變為順差。

而中國機械產業對國外的生產波及效果,1990 年代中呈現從美國、日本、台灣移轉其他東亞國家的現象,亦表示中國對這些國家經濟影響力的深化。而美國、日本機械產業對中國生產波及效果則均呈增加趨勢。美國、日本、中國機械產業對其他東亞國家的生產波及效果中,除對台灣均呈現減低趨勢外對其餘東亞國家皆增強。此顯示美國、日本機械產業需求的增加除直接波及外亦透過中國間接對台灣以外東亞國家強化生產波及效果,亦即,在美國、日本、中國與東亞國家間所形成的機械產業的生產連關關係中,對台灣的波及程度均有減低的現象,此種現象極可能是因為台灣相關產業外移大陸所使然。

日本雖然 1990 年代中承受中國增強對日台以外東亞國家經濟影響力的威脅,但其在東亞區域內基於市場機制所形成的實質經濟整合(de facto integration)中依仍是主導的角色,其對東亞經濟的影響力仍舊大於中國。

附表 5-1　Agri-Food 產品分類 SITC 編號及品名

糧食產品 Foods 共 44 項		原料農產品 Agri-Materials 共 18 項	
001	Live animals chiefly for food	211	Hides and skins (except furskins), raw
011	Meat, edible meat offals, fresh, chilled or frozen	212	Furskins, raw (including astrakhan, caracul, etc.)
012	Meat & edible offals, salted, in brine, dried/smoked	232	Natural rubber latex; nat.rubber & sim.nat. gums
014	Meat & edible offals, prep./pres., fish extracts	233	Synthetic rubber latex synthetic rubber & reclaimed; waste scrap
022	Milk and cream	244	Cork, natural, raw & waste (including in blocks/sheets)
023	Butter	245	Fuel wood (excluding wood waste) and wood charcoal
024	Cheese and curd	246	Pulpwood (including chips and wood waste)
025	Eggs and yolks, fresh, dried or otherwise preserved	247	Other wood in the rough or roughly squared
034	Fish, fresh (live or dead), chilled or frozen	248	Wood, simply worked, and railway sleepers of wood
035	Fish, dried, salted or in brine smoked fish	251	Pulp and waste paper
036	Crustaceans and molluscs, fresh, chilled, frozen etc.	261	Silk
037	Fish, crustaceans and molluscs, prepared or preserved	263	Cotton
041	Wheat (including spelt) and meslin, unmilled	264	Jute & other textile bast fibres, nes, raw/processed
042	Rice	265	Vegetable textile fibres and waste of such fibres
043	Barley, unmilled	268	Wool and other animal hair (excluding wool tops)
044	Maize (corn), unmilled	269	Old clothing and other old textile articles; rags
045	Cereals, unmilled (no wheat, rice, barley or maize)	291	Crude animal materials, n.e.s.
046	Meal and flour of wheat and flour of meslin	292	Crude vegetable materials, n.e.s.
047	Other cereal meals and flours		
048	Cereal preparations & preparations of flour of fruits or vegetables		
054	Vegetables, fresh, chilled, frozen/preserved; roots, tubers		
056	Vegetables, roots & tubers, prepared/preserved, n.e.s.		
057	Fruit & nuts (not including oil nuts), fresh or dried		
058	Fruit, preserved, and fruit preparations		
061	Sugar and honey		
062	Sugar confectionery and other sugar preparations		
071	Coffee and coffee substitutes		
072	Cocoa		
073	Chocolate & other food preptions containing cocoa		
074	Tea and mate		
075	Spices		
081	Feed.stuff for animals (not including unmilled cereals)		
091	Margarine and shortening		
098	Edible products and preparations n.e.s.		
111	Non alcoholic beverages		
112	Alcoholic beverages		
121	Tobacco, unmanufactured; tobacco refuse		
122	Tobacco manufactured		
222	Oil seeds and oleaginous fruit, whole or broken		
223	Oils seeds and oleaginous fruit, whole or broken		
411	Animal oils and fats		
423	Fixed vegetable oils, soft, crude, refined/purified		
424	Other fixed vegetable oils, fluid or solid, crude		
431	Animal & vegetable oils and fats, processed & waxes		

附表 5-2 工業製品 SITC 編號及品名

化學製品 Chemical manufactured goods (SITC5)共 25 項		機械製品 Machinery & transport equipment (SITC 7)共 45 項			
511	Hydrocarbons nes, derivitives	711	Steam boilers and auxil parts	783	Road motor vehicles nes
512	Alcohols, phenols, etc	712	Steam engines, turbines	784	Motor vehicl parts, acces nes
513	Carboxylic acids, etc	713	Intern combust piston engines	785	Cycles, etc, motorized or not
514	Nitrogen-function compounds	714	Engines and motors nes	786	Trailers, non-motor vehicl nes
515	Organo-inorgan compounds, etc	716	Rotating electric plant	791	Railway vehicles
516	Other organic chemicals	718	Oth power generating machinery	792	Aircraft, etc
522	Inorg chem elmnt, oxides, etc	721	Agricul machinry exc tractor	793	Ships, boats, etc
523	Other inorganic chemicals	722	Tractors non-road		
524	Radioactive etc materials	723	Civil engineering equip, etc		
531	Synth dye, natrl indigo, lakes	724	Textile, leather machinery		
532	Dyes nes, tanning products	725	Paper etc mill machinery		
533	Pigments, paints, varnishes etc	726	Print and bookbind machy, parts		
541	Medicinal, pharmaceutical prdts	727	Food machinery, non-demestic		
551	Essential oils, perfume, etc	728	Oth machy for spec industries		
553	Perfumery, cosmetics, etc	736	Metal working machy, tools		
554	Soap, cleansing, etc preps	737	Metal working machinery nes		
562	Fertilizers, manufactured	741	Heating, cooling equipment		
572	Explosives, pyrotechnic prdts	742	Pumps for liquids, etc		
582	Prdts of condensation, etc	743	Pumps nes, centrifuges, etc		
583	Polymerization, etc, prdts	744	Mechanical handling equipment		
584	Cellulose, derivatives, etc	745	Non-elect machy, tools nes		
585	Plastic materials nes	749	Non-elect machy parts, acces		
591	Pesticides, disinfectants	751	Office machines		
592	Starch, inulin, gluten, etc	752	Automatic data processing equip		
598	Miscel chemical prdts nes	759	Office, adp machy parts, acces		
		761	Television receivers		
		762	Radio-broadcast receivers		
		763	Sound recorders, phonographs		
		764	Telecom equip, parts, acces		
		771	Electric power machinery nes		
		772	Switchgear etc, parts nes		
		773	Electricity distributing equip		
		774	Electro-medical, xray equip		
		775	Household type equip nes		
		776	Transistors, valves, etc		
		778	Electrical machinery nes		
		781	Passengr motor vehicl, exc bus		
		782	Lorries, spec motor vehicl nes		

資料出處：UNCTAD *Statitical Databook*, 2003。

附表 5-2 （續）　　工業製品 SITC 編號及品名

其他製品 Other manufactured goods (SITC 6 & 8 except 68)共 71 項		纖維製品 Textile yarn, fabrics and clothing (SITC 65 & 84)共 16 項
611 Leather	694 Stell, copper nails, nuts, etc	651 Textile yarn
612 Leather, etc, manufactures	695 Tools	652 Cotton fabrics, woven
613 Fur skins tanned, dressed	696 Cutlery	653 Woven man-made fib fabric
621 Materials of rubber	697 Base metal household equip	654 Other woven textile fabric
625 Rubber tyres,tubes, etc	699 Base metal manufactures nes	655 Knitted, etc, fabric
628 Rubber articles nes	812 Plumbg, heatg, lightg equip	656 Lace, ribbon, tulle, etc
633 Cork manufactures	821 Furniture and parts thereof	657 Spec textile fabrics, products
634 Veneers, plywood, etc	831 Travel goods, handbags, etc	658 Textile articles nes
635 Wood manufactures nes	842 Men's outwear non-knit	659 Floor coverings, etc
641 Paper and paperboard	843 Women's outwear non-knit	842 Men's outwear non-knit
642 Paper and paperboard, cut	844 Under garments non-knit	843 Women's outwear non-knit
651 Textile yarn	845 Outer garments knit nonelastic	844 Under garments non-knit
652 Cotton fabrics, woven	846 Under garments knitted	845 Outer garments knit nonelastic
653 Woven man-made fib fabric	847 Textile clothing accessoris nes	846 Under garments knitted
654 Other woven textile fabric	848 Headgear, non-textile clothing	847 Textile clothing accessoris nes
655 Knitted, etc, fabric	851 Footwear	848 Headgear, non-textile clothing
656 Lace, ribbon, tulle, etc	871 Optical instruments	
657 Spec textile fabrics, products	872 Medical instruments nes	
658 Textile articles nes	873 Meters and counters nes	
659 Floor coverings, etc	874 Measuring, controlg instruments	
661 Lime, cement and building prdts	881 Photogr apparatus, equip nes	
662 Clay, refractory building prdts	882 Photogr and cinema supplies	
663 Mineral manufactures nes	883 Developed cinema film	
664 Glass	884 Optical goods nes	
665 Glassware	885 Watches and clocks	
666 Pottery	892 Printed matter	
667 Pearl, prec, semi-prec stones	893 Articles of plastic nes	
671 Pig iron, etc	894 Toys, sporting goods, etc	
672 Iron, steel primary forms	895 Office supplies nes	
673 Iron, steel shapes, etc	896 Works of art, etc	
674 Iron, steel univ, plate, sheet	897 Gold, silver ware, jewellery	
676 Railway rails etc, iron, steel	898 Musical instruments and parts	
677 Iron, steel wire, exc w rod	899 Other manufactured goods	
678 Iron, steel tubes, pipes, etc		
679 Iron, steel castings unworked		
691 Structures and parts nes		
692 Metal tanks, boxes, etc		
693 Wire products, non-electric		

第六章　東亞區域經濟合作與日本

壹、前言

一、日本對外多軌經濟政策的新思維與戰略

　　1990 年代區域性經濟整合快速增加，向 WTO 通報的區域貿易協定（Regional Trade Agreement, RTA）的數目由 1990 年的 27件增加到 2007 年 9 月底止的 381 件，其中適用 GATT 第 24 條款有 300 件，適用 GATS 第 5 條款有 59 件，適用授權條款（Enabling Clause）有 22 件。1948 至 1994 年累計 FTA 通報件數 124 件，1995至 2000 年 39 件，2001 至 2006 年 143 件，2007 年 9 月底 78 件。2001 年以後的 7 年間 FTA 通報件數急速增加，達 182 件，佔 GATT成立以來 59 年間總通報件數的 47.9%，若以 1995 年 WTO 成立以來的累計則 FTA 通報件數達 256 件，佔總通報件數的 67.4%[1]。主要原因有兩點，一為多邊主義下貿易自由化交涉的觸礁。首先烏拉圭回合談判期間，1993 年歐盟（EU）及 1994 年北美自由貿易協定（NAFTA）等生效的骨牌效應帶動其後區域主義的盛行。而 1999 年 WTO 西雅圖部長會議的破裂彰顯多邊主義下推動貿易自由化的困難後，更加速雙邊及區域性自由貿易協定（Free Trade Agreement, FTA）的進行，形成一股世界性潮流。而原先未參加的國家為避免因未參加而蒙受經濟不利益亦開始加入既成的區域性組織或另起爐灶積極洽簽新 FTA 或 RTA。二為開發中國

---

[1]　然其中 175 件未實際運作，正常運作中的有 206 件，扣除適用不同條款重複計算部份則運作中 RTA/FTA 的實際件數為 194。參照 http://www.wto.org/english/tratop_e/region_e/summary_e.xls。

家及轉型國家仿傚東亞國家的經驗轉換為外向型出口導向工業化經濟發展政策後，亦積極參與促進貿易、投資自由化的區域性經濟整合。

在此世界潮流下，日本亦在 1990 年代末葉捨棄二次大戰後以來堅持的 WTO 多邊談判單一對外經濟政策路線，調整轉變為雙邊的經濟夥伴協定（Economic Partnership Agreement, EPA）、RTA 及 WTO 多邊談判等三軌並行的多重（Multi-layered approach）戰略架構[2]。此為日本所勾勒 21 世紀的經濟外交戰略。

日本提倡 EPA 主要是冀由 EPA 推動 RTA 的建立，並將此策略定位在 WTO 多邊自由化談判架構的互補性功能上。日本所提倡的 EPA 是「FTA plus」的協定，除了排除商品關稅及非關稅貿易障礙外，尚包含促進人流、金流、技術流等的自由化亦即投資、服務貿易、智財權、市場制度及經貿活動一體化等廣泛領域合作架構的協商。EPA 與 FTA 同屬特惠貿易協定（Preferential Trade Agreement, PTA），所以基本上是依循 WTO 對 RTA 的規定，必須遵照 GATT 第 24 條及 GATS 第 5 條或授權條款的規範。依 WTO 規定 EPA 協定為最惠國待遇的例外措施所以必須符合「實質上所有（substantially all）貿易活動的自由化」的要求。其基準有 1、依 GATT24 條 5 項規定，EPA 締結後的關稅等的貿易障礙不能比締結前高，2、依 GATT24 條 8 項規定，廢除實質上所有貿易活動的關稅及非關稅貿易障礙，3、依 GATT24 條 5 項規定及其解釋。雖然 WTO 對「實質上所有貿易活動的自由化」的規定至今並不明確，但日本基本上以各通報 WTO 的 RTA 所實際達成的結果為參考基準，如 NAFTA 的關稅減讓涵蓋其平均貿易額

---

[2] FTA（Free Trade Agreement）為自由貿易協定，一般指特定締約國或區域間削減商品關稅或服務貿易障礙等的協定。EPA（Economic Partnership Agreement）為經濟合作協定，一般指特定締約國或區域間為促進人員、商品、資本移動等的自由化與順暢，除商品關稅或服務貿易障礙等的削減外，亦包括締約國國內管制的撤除及經濟制度的調和等更廣泛範圍經濟活動一體化的協定。

的 99%以上，EU 與墨西哥間亦涵蓋其平均貿易額的 97%，另外農產品亦涵蓋在協商範圍內。而過渡期日本原則上以 10 年內為基準。

EPA 雖屬最惠國待遇的例外措施，但因可以彈性選擇交涉對手國及區域、交涉範疇，因此極富機動性。而且對 WTO 尚未涵蓋或未充分涵蓋的領域亦可以透過 EPA 進行先行性交涉建立規範達成「WTO plus」的可能性。更由於過去堅守 WTO 多邊談判政策路線，日本在此波全球性 FTA 締結風潮中明顯落後，也使日本企業遭受經濟上的不利益。RTA 雖為次佳選擇（second best solution），但為確保日本國家利益以及在東亞的影響力，一方面也為獲得國內的支持，因此選擇商品貿易自由化再加上投資等貿易相關事項內容的高水準雙邊協定，即增加「FTA plus」及「WTO plus」的 EPA 締結為新政策重點，此為 EPA 在 21 世紀日本對外經濟政策上的戰略性意義。

日本冀由 EPA 追求其經濟及政治外交上的利益分述如下。經濟上利益包括，1、貿易創造與市場擴大效果，2、競爭條件的改善效果（因應貿易轉向效果的對策），避免因未與 RTA 國家如墨西哥簽訂 EPA 而使日本遭受經濟不利益的損失，3、促進國內經濟的競爭及活化效果，主要透過 EPA 擴大價廉質優產品與服務的進口促進國內企業的競爭與合作帶動產業結構的效率化轉型，4、透過共通規則處理貿易糾紛及其他經濟問題使經貿問題政治外交化的可能性降至最低，5、透過 EPA 協商調和制度，將制度‧規則的適用性擴及對手國。

政治外交上的利益包括，1、確保經濟外交的彈性。EPA 談判對手較 WTO 少較具機動性，另所達成的自由化及所建構的規則亦可以回饋 WTO 的協商並增加日本在 WTO 談判的影響力。2、強化經濟依存及政治合作關係。透過經濟依存關係促進政治上的連帶及信賴關係，並形成地政學及戰略上的一體感。3、學習美國與以色

列及約旦，EU 與亞洲及地中海、非洲國家 FTA 的締約案例，擴大
日本全球外交上的影響力及利益[3]。

二、日本推動雙邊經濟合作上東亞的戰略地位

21 世紀日本新經濟外交戰略所規劃的第一步就是對東亞地區
的 EPA 締結。

主要理由如下，

首先東亞是日本的後院，東亞地區包括日本、台灣、韓國、中
國、香港、東協十國等，總人口約 20.5 億。日本長期以來與東亞
國家間的經貿依存及互補關係密切，特別 1990 年代日本雖然國內
經濟景氣長期低迷但與東亞在貿易、投資、產業分工、流通等各領
域的關係卻日益密切。

其次是東亞域內的 RTA/FTA 呈現大幅進展。戰後 GATT/WTO
架構下東亞區域開放型經濟的發展透過貿易、海外直接投資及技術
合作，國際間產業分工網絡已達相當綿密，1989 年建立以開放性
市場經濟機制導向的亞洲太平洋經濟合作組織（APEC），但是 1997
年亞洲金融風暴後東亞國家深感建立域內經濟合作機制共同防禦
全球性經濟、金融危機的必要性，因此除前述亞洲金融合作的清邁
協定外更積極著手締結雙邊或複邊貿易協定以邁向域內制度性經
濟整合的目標。也因此東亞區域經濟合作的精神也產生質變，雖然
仍是 WTO 架構下的自由貿易精神，但是無差別性適用的原則則因
不同的經濟合作制度安排，從多邊、開放轉變為雙邊、複數的特定
對象。

[3] 參照外務省，「我が国の FTA 戰略」『日本の FTA 戰略』，2002，
<http://www.mofa.go.jp/mofaj/gaiko/fta/policy.html>及經濟連携促進關係閣
僚会議，〈今後の經濟連携協定の推進についての基本方針〉（平成 16 年 12
月 21 日），2004，<http://www.mofa.go.jp/mofaj/gaiko/fta/hoshin_0412.html>。

　　2007 年 9 月底止亞洲國家向 WTO 通報的 RTA/FTA 生效件數有 22 件，而通報依據 GATT 第 24 條款為 19 件，GATS 第 5 條款為 18 件，授權條款為 3 件。其中新加坡 9 件，日本 4 件，中國 4 件，韓國 3 件，泰國 2 件，東協 2 件。亞洲域內國家間簽訂生效的有 9 件，餘 13 件為東亞國家與亞洲域外的 RTA/FTA，而除東協自由貿易協定（AFTA）外，其他 21 件都是 2000 年以後生效的 RTA/FTA。

　　但東亞 RTA/FTA 的實際件數不僅是向 WTO 通報的件數。根據亞洲開發銀行的資料，1976 年至 2007 年 6 月東亞地區簽訂完成的 RTA/FTA 累計達 36 件，協商中 41 件，已提議 25 件，合計達 102 件。[4]而其發生時間主要也都分布在 2000 年以後，包括完成簽署的 31 件，協商中 41 件及 24 件提議案。其中雙邊協定佔 75 件，多邊佔 27 件，區域內協定佔 21 件，與域外的協定佔 81 件。RTA/FTA 自由貿易網絡不同於 WTO 的多邊協定，網絡中心（Hub）國家的經濟效益最大，因此東亞國家無不儘速建構以自國為中心的網絡。新加坡是最積極的國家，2007 年 6 月止其生效、已達協議及協商中的 FTA 總數高達 31 件，高居東亞第一，另外泰國、中國、韓國、日本、馬來西亞各為 23 件、20 件、20 件、18 件、18 件，台灣為 7 件。21 世紀東亞此股 RTA/FTA 浪潮中的締約對象不僅止於域內，更擴至南亞的印度、大洋州的澳紐、美洲及歐洲。另外中國也提議中日韓及東協+3（中日韓）、日本亦提議東協+6（中日韓印度澳紐）等區域性或跨區域的 RTA。

　　依目前進行中各項 RTA/FTA 的規劃時程，東亞地區在 2020 年將進入另一個 RTA/FTA 網絡形成的自由貿易的時代。而東亞區域整合的步驟，以目前的 RTA/FTAs 發展狀況而言，ASEAN 的軸心位置（Hub）加上域內其他國家（ASEAN+1（中國），ASEAN+3（日韓中））或含南亞印度及域外大洋洲澳洲、紐西蘭（ASEAN+6）

---

[4]　參照 ADB FTA Database, Asia Regional Integration Center（www.aric.adb.org）。

的選項是基於實質經貿效益的考量下，可行性較高，也是正在進行的順序，其中當然又以 ASEAN+6 的實質經貿效益最大。而東北亞國家間因為地緣政治上的衝突、亞洲領導地位的中日競爭等因素導致其經濟整合的角步嚴重落後東南亞，也因此 2000 年後亞洲域內 RTA/FTA 經濟整合的主導權落入東協的手中。日本在全球性 RTA/FTA 風潮下，基於經濟層面、地政學上以及持續對東亞影響力等的考量，優先選擇與此區域內特別是東亞國家締結 FTA 以主導東亞經濟整合並確保資源與糧食的經濟安全。

　　本章的主要目的即是探討日本推動東亞經濟合作協定的意義與影響。主要內容如下，首先探討東亞經濟合作協定對日本的重要性以及日本洽簽協定的進展狀況。其次解析日本與東亞各國經濟合作協定的內涵範圍、差異與特殊設計。第三分析東亞經濟合作協定的締結對日本的影響及其殘留課題。第四分析日本與東亞經濟合作協定的締結對台灣的影響、啟示及因應建議。最後為小結與建議。

貳、日本與東亞國家經濟合作協定的進展

一、與亞洲經濟整合對日本經濟改革的正面意義

　　二次大戰後日本的經濟發展模式中，一方面由具國際競爭力產業強力牽引經濟成長，另一方面在國內高保護下對非效率產業進行財富重分配，形成「雙重結構」。但是日本經濟長期以來的雙重性結構在全球化的衝擊以及人口結構高齡化、少子化的勞動供給減少、經濟規模縮小的陰影下已無法持續維持[5]。一者，由於日本經

---

[5]　日本勞動人口在 1995 年達到 8,717 萬人的高峰後呈現持續減少的現象，2000 年為 8,638 萬人，根據日本國立社會保障人口問題研究所推估，2028 年會降低至 7,000 萬人以下，2050 年更只剩 4,868 萬人。參照国立社会保障・人

濟成長率的下降無法繼續背負長期嚴重扭曲國內市場機能所導致的高成本結構，其永續發展的可能性受到嚴厲質疑。再者，日本經濟的雙重結構也阻礙亞洲國家對日的輸出，使日本無法對其他亞洲國家發揮市場吸納的功能，無法充分扮演亞洲先進國家的角色。此不符合亞洲國家與日本經濟合作的基本需求。所以雖然日本的政府開發援助（ODA）集中在亞洲國家以及日本製造業對亞洲的大量直接投資（FDI）仍然無法改變日本在亞洲的形象。此外 1990 年代以來全球性 FTA 風潮下，歐美對亞洲國家積極洽簽 FTA 的動作[6]以及亞洲域內特別是中國的 FTA 戰略性開展亦使日本深感威脅。[7]

因此日本 21 世紀的新經濟成長戰略的主軸之一就是藉由與亞洲特別是東亞國家的經濟整合挹注重振日本經濟的動能[8]。

東亞是日本對外貿易、投資之重要區域，日本企業以生產據點為主展開的國際分工佈局已經建立日本與東亞國家間極其深厚的經貿關係。日本與東亞的貿易關係上，從前出表 7-2 可知對東亞的輸出從 1980 年代前半期 24.8%，2006 年上升至 46.3%，對東亞輸入也從 23.1%增加至 42.3%。特別是產業內貿易的中間財貿易比重，以電子電氣製品貿易中所佔電子零組件的貿易比重而言，日本

口問題研究所，〈日本の将来推計人口（平成１４年１月推計）〉，2002，<http://www.ipss.go.jp/pp-newest/j/newest02/p_age2.xls>。

[6] 美國 2002 年通過綜合通商法案確立 FTA 在其對外戰略的積極性角色地位。同年 10 月發表東協行動計畫（Enterprise for ASEAN InitiAtive）並與新加坡簽訂雙邊 FTA，接著 2003 年 11 月擬妥與東協間的綜合性協商架構，陸續與東協其他各國展開洽簽雙邊 FTA 的諮商。

[7] 朱鎔基 2000 年 11 月提出 ASEAN+1（中國）的中國、ASEAN FTA 區域性經貿合作構想。2001 年 11 月的高峰會議達成 ASEAN、中國間經貿合作架構，10 年內設立中國、ASEAN FTA 的目標（新加盟國 2015 年），2002 年 11 月簽約「中國與東協綜合性經濟合作架構協定」，並於 2003 年 7 月起生效。2004 年 1 月對東協國家實施早期收割（early harvest）措施針對部份農產品減讓關稅，2004 年 11 月中國與東協正式簽署商品貿易協定及綜合性經濟合作架構協定的爭端解決機制協定並於 2005 年 7 月生效實施。

[8] 對重振日本經濟而言，與亞洲國家的經濟整合是其可以選擇少數對策中的最符實際的方案。其他因應人口減少對國內經濟規模縮小影響的對策，如增加人口出生率或引進外籍勞工者緩不濟急再者社會成本亦可能過高。

對東亞輸出中達 79%，輸入中達 61%，均大於日本對世界同製品輸出中的 76%及輸入中的 57%[9]。而日本對東亞的直接投資比重從前出表 4-31 亦可知1980 年代前半期 12.11%增加到 2006 年 33%[10]。其他尚有人員等多重的交流。而日本約佔東亞區域 GDP 總和的六成，因此活化日本國內經濟對其他東亞國家的輸出發揮吸納功能對東亞經濟的安定發展以及經濟圈的建構上深具意義。此外日本作為東亞域內市場經濟制度建構的先行者、產業・環保・能源等技術的領先者、參與 G8 首腦會議等為與域外國際組織的重要連結者，更應貢獻其過往經貿發展的經驗與智慧,在亞洲經濟發展新機制及秩序的建構上發揮主導性，積極與東亞國家共創經濟共同體的機制，提升區域永續發展的可能性。

然而就日本以外東亞國家的自由化程度而言,其進口關稅率大多比先進國家的水準高，而對外來投資的出資比率、投資項目的限制、不透明的制度規定等雖在 WTO 的 TRIMs 規範下大都作出改善或廢除的承諾但仍存在障礙[11]。放眼未來東亞域內的製程分工及

9　此為 2002 年數據，參照浦田秀次郎「貿易・投資主導の経済成長と地域統合」伊藤健一・田中明彦監修『東アジア共同体と日本の針路』(東京：NHK 出版社，2006)，表 8，頁 148。

10　另同前注可知，1999 至 2004 年，日本對 NAFTA 的輸出從 33%降至 26%，輸入從 25%降至 16%，直接投資從 39%降至 15%。而日本對 EU25 國的輸出從 18%降至 16%，輸入從 14%降至 13%，直接投資從 38%降至 36%。另外，2002 年日本對 NAFTA 的電子電氣製品輸出中所佔電子零組件的比重為 42%，輸入中為 48%，而對 EU 輸出中為 43%，輸入中為 50%。

11　東亞國家目前尚存在對外資的主要管制如，(1)禁止業種的管制：韓國，電影產業、電力業、瓦斯業、屋外廣告業等；中國，電力網的建設・營運、郵政公司、遺傳基因轉換植物的種子生產、開發等；印尼，國防產業、國內海運、商業部門、廣播與電視放送、商業服務與相關服務（但是大規模的零售業、大規模流通業、港灣倉庫業、售後服務業等 7 業種除外）等；泰國，新聞發行、廣播放送、電視放送事業、農業、果樹園等；菲律賓，醫療與其相關業種、會計師、稅關貨物處理業等；馬來西亞，依據公用業種（鐵路、電力、自來水、電氣通信、放送等）的條件不同，至多可出資到 30％。(2)外資出資比率的管制：韓國，外国人投資開放業種允許 100％控股，但部分開放業種只能依照外国人投資許可比率；中國，依據合資企業法與合作企業法，外資比率允許 25％以上，其他依照「外商投資產業指

產業內貿易勢必越來越頻繁，日本認為有必要透過 EPA 降低貿易與投資障礙，調和域內制度，進一步促進經濟合作以減低域內的交易成本，提升各國在域內進行國際分工的企業競爭力。

所以日本冀由與各國的雙邊 EPA 達成的與亞洲經濟整合新戰略構想中不只開放日本市場，更希望透過制度性協商整合亞洲形成一個大市場並與戰後以來亞洲國家所建構的世界工業製品供應體系相結合，完成一個亞洲地區自我良性循環的經濟架構。此也可以對應歐盟、北美自由貿易區的發展。

日本積極主張以締結 EPA 方式與東亞國家進行經濟整合主要在於其視 EPA 為促進東亞經濟持續發展與良性循環的一個有效的策略手段。即透過域內經貿障礙的排除以及域內分工與交易的擴大，刺激域內投資促進域內經濟的成長，進而安定域內經濟與政治的發展，如此亦會吸引更多的域外投資，更增進東亞區域經濟的發展。而透過 EPA 的簽訂除靜態的貿易創造效果以及貿易轉向效果的排除外，更期待透過資本累積促進研發提升生產力的動態效果的實現。亦即整合亞洲大市場實現規模經濟性，促進競爭帶動創新意願並改善、提升技術，再藉由貿易與直接投資型態移轉、傳播技術提升域內生產力，並在締約國企業獲利率提升或政策、管制等不確定性減低下，進一步吸引域外直接投資的流入，更貢獻域內的資本蓄積及生產力的提升。

導目錄」所訂立的出資比率限制；印尼，與印尼企業合資情況時，出資比率至多可到 95%，而 100% 外資的情況時，規定開業後 15 年以內，必須將部份股票以直接讓渡或透過證券市場，讓渡給印尼的個人或法人的義務；泰國，依據外國人事業法中所規定的 43 業種，外資比率不得超過 50% 以上，但是泰國的投資委員會（BOI）的新投資獎勵政策下亦有特例，例如不管製造業的投資計畫和其立地環境的條件，外資亦可能 100% 控股；菲律賓，對於非負面表列中的出資限制業種並無上限規定；馬來西亞，製造業部門，原則上允許外資 100% 控股，而非製造業部門，導入 30% 以上的原住民資本情況下，允許其餘的外資持有比例。詳請參照 http://www3.jetro.go.jp/jetro-file/cmpselect.do。

　　簡言之，日本與亞洲國家洽簽 EPA 的經濟意義除開放市場凝聚日本國內經濟改革的共識加快改革速度，刺激日本經濟恢復活力外，也同時賦予包含中國在內其他東亞國家經濟發展的新契機。因此日本將透過 EPA 與東亞國家的經濟整合定位為國家大戰略的一環[12]。

二、日本與東亞洽簽 EPA 的考量、基準與流程

（一）日本 EPA 交涉的政府體制

　　日本 EPA 的洽簽主導權基本上由首相掌握。日本政府的 EPA 交涉體制主要由官邸設置的經濟合作促進相關部長會議及政府交涉代表團形成，前者為決策單位，後者為執行單位。

　　經濟合作促進相關部長會議設置在官邸，會議成員包括首相、法務、外交、財政、經濟產業、教育、厚生勞動、農林水產、國土交通、環境等部長及金融、經濟財政、管制解除、科技、ICT 等特命擔綱部長、國家公安委員長等。經濟合作相關議案提報部長會議討論，經首相可決再送內閣會議決議簽署。通常議案提報部長會議討論前會由內閣秘書長、外交、財政、厚生勞動、農林水產、經濟產業等主要相關部長間先行協商。而部長會議前的準備工作，則由內閣副秘書長主持相關部會連絡會議進行。日本交涉代表團在交涉過程中除相關部會首長對交涉的進行予以指示外，透過經濟合作促進相關部長會議與首相官邸直接保持連繫。日本的 EPA 國家戰略及方針在此機制下由首相裁決後送交內閣會議決議再付諸執行。（參照表 6-1）

---

[12] 有關日本對東亞共同體的構想，參照経済連携促進関係閣僚会議，「今後の経済連携協定の推進についての基本方針」(平成 16 年 12 月 21 日)，2004，<http://www.mofa.go.jp/mofaj/gaiko/fta/hoshin_0412.html>。

表 6-1 日本政府 EPA 交涉體制

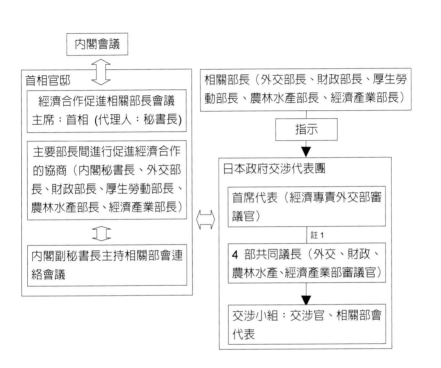

註 1： 首席代表與 4 部共同議長綿密進行商議。交涉前 4 部為主進行領域別、國別以及與所有相關
　　　部會間進行對策方針的商討會議。
資料出處：外務省經濟局，〈日本の經濟連携協定（EPA）交涉－現狀と課題－〉，2006，頁 9。

（二）EPA 的目標內容與基準

其次，日本與東亞國家洽簽 EPA 的目標內容基本上可分為以下二項，1、確保商品‧服務‧人員的自由移動，2、促進區域經濟活動的圓滑化。

1. 確保商品・服務・人員的自由移動上，其內容包括，(1)取消域內關稅外進一步開放市場，實現包括東協在內東亞區域市場的整合；(2)商品移動的圓滑化上，活用 ODA 等整備域內物流的基盤，推動通關便捷化・電子化；(3)服務貿易自由化，撤除服務相關管制，確保透明性及安定性，改善市場進入條件；(4)擴大人員的交流，入境簽證手續的便捷化及放寬條件，整備研修制度及收容設施等，開放護士・照護人員等專業人才的引進，並檢討給予高級技術人員永久居留權等。

2. 促進區域經濟活動的圓滑化上，其內容包括，(1)整備與調和投資規則，撤銷或放寬外資管制，促進手續便捷化・透明化，排除被接管的風險，整備紛爭處理機制等；(2)調和制度與促進透明化，智慧財產權制度、基準・規格、IT 關連制度、公平交易法規、司法制度等的調和與透明化以及執行能力的提升；(3)追求安定與永續性發展，提升經濟・社會的基礎建構技術，促進貿易與投資，增進環境保護合作，確保能源安全。

但是日本對於洽簽 EPA 目標的追求並非一成不變。首先在強化雙方政治、經濟關係的手段方法上，FTA 或 EPA 並非唯一選擇，日本亦斟酌對手國的狀況有時只針對投資協定或相互認證等規則領域進行協商的因應彈性。而對手國的選擇及協商內容也兼顧對已進行海外投資的日本企業以及未投資企業的影響。另外推動 EPA過程中，亦同時促進國內產業結構升級，作為市場開放所導致國內衝擊的因應對策。因此，自由化與國內產業結構改革是同時進行。

日本與各國 EPA 協商內容的決定基準，主要從經濟、外交及對手國家的情況等做成綜合性判斷。具體而言，第一考量如何形成對日本有利的國際環境，其次確保日本的整體經濟利益，以及第三考量對手國的情況。[13]

---

[13] 同前注 217。

1. 考量形成對日本有利的國際環境上，(1)助益東亞共同體的形成及其安定與繁榮，(2)助益日本經濟力的提升及政治外交的開展，(3)助益日本在 WTO 等國際組織的地位或影響力因協助對手國或合作上的努力而獲得提升。

2. 確保日本的整體經濟利益上，(1)財貨服務貿易、投資的自由化下，是否助益工業製品、農產品的輸出及服務貿易投資的實質增加與圓滑化。知識財產權保護等各經濟制度的調和、人員移動的圓滑化等是否助益日本對外投資企業經營環境的改善；(2)競爭條件的改善，排除因未簽訂 EPA 蒙受經濟損失的狀況；(3)資源糧食的安定進口、進口來源的多元化；(4)助益國內經濟社會結構變革，促進經濟活動的效率化與活性化，特別是農業領域的協商是否助益糧食的安全保障及其結構改革；(5)海外專門性、技術性勞動者的引進是否助益國內經濟社會的活性化與國際化等。

3. 因應對手國的情況，考量實施 EPA 內容的可行性上，(1)是否針對雙方所關切的問題適切地考量自由化上困難的項目；(2)EPA 是否引起締約國以外國家或地區的貿易、投資上的摩擦；(3)評估對手國執行協定及處理摩擦的體制；(4)考量與對手國經濟合作的理想方案，採用 EPA 或 FTA（基本上以關稅免除或減讓為中心的內容）的最適切性選擇。

因此日本 EPA 的進行與其內容協商是兼具全面性、彈性與選擇性的原則。日本與東亞洽簽 EPA 時，針對對手國的經貿發展狀況，彈性選擇談判領域範圍如是否涵蓋農產品的範圍，並為避免受其他先進國家經濟整合的影響與牽制，也儘可能朝較寬廣的領域進行協商，而對協商尚無法準備妥當的國家亦提供技術上的協助。特別對開發中國家也儘可能使其瞭解經濟協助除 ODA 外，透過 EPA 促進貿易與投資的交流也是促進經濟發展及消除貧困的重要策略手段。[14]

---

[14] 參照外務省〈我が国の FTA 戦略〉2002 及 METI, "Japan's Policy on FTAs/EPAs,"

（三）日本洽簽 EPA 的流程

第三，日本洽簽 EPA 的流程共分為願景檢討、政府間預備性協商（準備會議）、產官學共同研究、實體協商交涉、協定內容協商、國會承認及生效實施等 7 個手續階段。（參照表 6-2）

願景檢討階段針對準備洽簽 EPA 的戰略規劃與立案及其對國內影響所必要的調整進行檢討。準備會議針對擬協商 EPA 的基本方針、個別協商領域想法的磨合以及雙方關切事項與執行可能性進行檢討，並提出報告書。接著進入產官學共同研究階段，除選定產學參加者及先行整合產學相關人員間的意見外，針對準備會議提出的報告書就雙方政府的基本想法、民間參加者的報告及質疑、經濟效果分析以及各領域別影響等進行研討，並提出共同報告書。

在共同報告書決定採用後進入就協定內容進行協商的階段，此階段的問題釐清主要即為達成共識的程序，完成共識達成的程序接著就進入協定內容協商階段。此階段在國內除整合相關政府部會、業界團體的意見，整理相關法律條文確認國內制度的整合性並交內閣法制局審查外，與對手國間針對商品關稅、服務、投資、人員移動、政府採購等領域的自由化規則訂定、智慧財產權及競爭規則訂定、經營環境整備等各協商領域進行交涉。

完成協定內容協商後，由雙方首腦簽署協定。接著向國會提出簽署的協定以及相關國內法律的制定或修定案，國會通過承認後協定即生效。協定生效後進入協定執行追蹤及定期檢討階段，除確認協定的實施狀況並公佈實施的效果外，並定期性檢討協定內容以及其與 WTO 的整合性問題。

2005, <http://www.meti.go.jp/english/policy/index_externaleconomicpolicy.html>。

表 6-2　日本 EPA 洽簽手續流程

願景檢討	政府間預備性協商(準備會議)	產官學共同研究	實體協商交涉	協定內容協商	國會承認	生效

（共同報告書的採用）　（共識達成）　（協定簽署）

願景檢討	政府間預備性協商	產官學共同研究	實體協商交涉	協定內容協商	國會承認	生效
戰略企劃與立案 國內調整					國內相關法律的制定	實施狀況的確認 實施效果的公佈 定期性檢討 與 WTO 整合性的檢討
		選定產學參加者 產學相關人員間的意見整合		國內整合（相關政府部會、業界團體） 條文的法律整理（國內制度的確認等） 內閣法制局審查		
	基本方針 個別領域想法的磨合 雙方關切事項與執行可能性 （報告書）	雙方政府的基本想法 民間參加者的報告及質疑 經濟效果分析 領域別研討 （報告書）		商品關稅交涉 服務‧投資、人員移動、政府採購等領域的規則訂定、自由化協商 智財‧競爭規則的訂定 經營環境整備 合作案件 （協定）		

資料出處：外務省經濟局，〈日本の経済連携協定（EPA）交渉－現狀と課題－〉，2006，頁 7。

三、日本與東亞 EPA 的進展狀況

（一）日本締結 EPA 的進展

　　以下根據日本洽簽 EPA 流程的願景檢討、政府間預備性協商（準備會議）、產官學共同研究、實體協商交涉、協定內容協商、國會承認及生效實施等 7 個手續階段檢視其 EPA 的進展。2000 年以後日本分別與亞洲、美洲、澳洲等國家或區域組織進行協商準備，其中 2001 年與新加坡開始進行協商，2002 年 1 月簽訂「日本和新加坡新時代經濟夥伴關係協定」（The Japan-Singapore Economic Agreement for a New Age Partnership），2002 年 11 月正式生效，日新 EPA 是為日本對外的首件 EPA。（參照表 6-3）

　　接著 2003 年 10 月日本與東協在印尼峇里島簽署「日本與東協總括性經濟夥伴架構協定」（Framework for Comprehensive Economic Partnership between Japan and the Association of South East Asian Nations）。2003 年 12 月日本舉行東協日本特別高峰會議，會後發表了「東京宣言」（Tokyo Declaration for the Dynamic and Enduring Japan-ASEAN Partnership in the New Millennium）與「日本東協行動計畫」（The Japan-ASEAN Plan of Action），加強日本與東協及域內新加坡、馬來西亞、菲律賓、泰國與印尼等國的經濟、政治和安全關係。日本除了加入「東南亞友好合作條約」（Treaty of Amity and Cooperation in Southeast Asia, TAC），並且與馬來西亞、泰國、菲律賓與印尼等國個別展開自由貿易協定的協商。

　　日本在「東京宣言」更揭示深化東亞合作建立「東亞共同體」（East Asian Community）的構想。在承認東協加三是促進區域合作與經濟整合的重要管道後，日本與東協基於相互瞭解的精神，尋求建立一個外向型與堅持東亞傳統與價值的東亞共同體。日本更在「日本東協行動計畫」表示將研究東亞自由貿易區（East Asia Free Trade Area）的可能性。

表 6-3　日本主要 EPA 的進展狀況（2008 止）

		2001	2002	2003	2004	2005	2006	2007/2008
已生效	新加坡	1月協商開始	11月生效					
	墨西哥		11月協商開始			4月生效		
	馬來西亞			12月協商開始		12月簽署	7月生效	
	泰國			12月協商開始		9月完成協定內容協商		2007/11生效
	智利					1月產官學研究會開始	2月協商開始	2007/09生效
	菲律賓			12月協商開始	11月完成協定內容協商		9月簽署	2008/10生效
	印尼					7月協商開始		2008/07生效
	汶萊						2月準備會開始	2008/07生效
	東協					4月協商開始		2008/12生效
協商中斷	韓國		12月協商開始					
協商中	越南						2月產官學研究會開始	協商中
	印度					7月產官學研究會開始	6月提出報告	協商中
	澳洲					11月政府間研究會開始		協商中
	瑞士					10月政府間研究會開始		協商中
	GCC						9月協商開始	協商中

資料出處：1. 經済產業省，《通商白書2006》（東京：經済產業調查会，2006），頁183。
　　　　　2. 外務省經済局，〈日本の經済連携協定（EPA）交渉－現状と課題－〉，2008，頁18-9。
　　　　　3. 經済產業省，〈經済連携の取組（EPA）について（平成18年3月）〉，2006，頁8。
　　　　　4. 作者2006.09彙編。

　　2004 年 9 月接著與墨西哥簽訂「日本和墨西哥經濟夥伴關係協定」（Japan-Mexico Economic Partnership Agreement），2005 年 4 月正式生效，日墨 EPA 是為日本首件包含農產品在內的完整 EPA。2005 年 12 月與馬來西亞簽訂「日本和馬來西亞經濟夥伴關係協定」（Japan-Malaysia Economic Partnership Agreement），2006 年 7 月正式生效，日馬 EPA 為日本對亞洲首件包含農產品在內的 EPA。2006 年 9 月與菲律賓完成「日本和菲律賓經濟夥伴關係協定」（Japan - Philippines Economic Partnership Agreement）的簽署。2005 年 9 月與泰國的 EPA（Japan-Thailand Economic Partnership Agreement）完成協定內容的協商，並已於 2007 年 11 月正式生效。2006 年 2 月與智利的 EPA 開始協商，2007 年 9 月正式生效。與韓國於 2003 年 10 月開始協商，但 2004 年 11 月以後處於停擺狀態。與東協於 2005 年 4 月開始協商，並於 2008 年 4 月完成簽署。與印尼於 2005 年 7 月開始協商，並於 2007 年 8 月完成簽署。2006 年 2 月同時與越南、汶萊各開始產官學研究會及準備會，其中與汶萊於 2007 年 6 月完成簽署。與瑞士、澳洲各於 2005 年 10、11 月開始政府間研究會。2006 年 6 月與印度完成產官學研究報告。

（二）日本締結 EPA 的戰略規劃

　　迄 2008 年 4 月止，日本所締結已生效實施的五件 EPA 中，三件對象國為東亞的新加坡與馬來西亞，兩件為美洲的墨西哥、智利，其中除首件新加坡 EPA 不含農產品外餘均包括農產品。

　　日本在 EPA 戰略目標區域的東亞中，除東協內個別國家外，另亦規劃與整體東協的交涉。其主要著眼點為東協與域外美國、EU、澳洲紐西蘭 CER 等以及亞洲的中國、韓國、印度等國家或區域性的東協加 3（中日韓）等積極洽簽 FTA，企圖建構東協 FTA 網絡的軸心地位，所以從區域經濟整合以及 FTA/EPA 網絡的角度，東協的地位日益重要。[15]二為日本與東協各國間的 EPA 只是達成日本與東協區域整合（RTA）的一部份。目前日本與東協各國的 EPA 與東協 FTA 間存在不相容的問題。其中如東協各國其他商業法規（Other regulation of commerce，ORCs）中原產地規定（Rule of origin）的要求，即使是 AFTA（ASEAN FTA）的對象品目但若不符東協原產規定即域內附加價值門檻未超過 40%者則不能適用區域自由貿易協定的優惠關稅。因此日本中間財零組件輸出到東協 A 國加工後，即使輸出到與日本簽定 EPA 的東協 B 國，若不符東協原產地規定也不能適用其優惠關稅。日本與東協各國間雙邊 EPA 難以解決之區域性整合問題，只有另從日本與東協整體的 EPA 協商上尋求解決。不但是東協，日本的規劃是透過雙邊及區域性 EPA 的協定形成大範圍、大規模的東亞經濟整合，如此也才能避免日本企業過度集中投資中國。

而與墨西哥則屬跨洲的 EPA。日本優先規劃墨西哥 EPA 的原因主要著眼墨國為 NAFAT 的成員國，而墨國又與世界 30 餘國簽訂 FTA，與墨國簽訂 EPA 可為日本建立進入 NAFTA 的橋頭堡，未來美洲自由貿易區（Free Trade Area of the Americas, FTAA）的窗口。而日本若不積極與墨國簽訂，日本企業由於相對其他與墨國簽訂國的競爭條件惡化所遭受經濟損失勢必擴大，並且日本企業自助救濟下也會造成對墨國投資的轉換效果。因此日本將與墨國 EPA 的戰略順位與東亞地區並列。

---

[15] 日本若未與東協簽訂 EPA 也會因美、中等國與與東協簽訂 EPA 受到經濟上的損失。美、東協的 EPA 會導致日本 GDP 減少 4,600 億日圓，中、東協的 EPA 會導致日本 GDP 減少 3,600 億日圓，相反地日、東協的 EPA 會增加日本 GDP 約 1.1 至 2 兆日圓。參照經濟產業省，「経済連携の取組（EPA）について」『経済連携（FTA/EPA）の推進について』，平成 16 年 12 月，2004c，<http://www.meti.go.jp/policy/trade_policy/epa/data/world_fta200412.pdf>，頁 28-29。

參、日本與東亞國家經濟合作協定的內容與特殊設計

一、日本 EPA 的內容範圍

　　本文主要以上述日本已生效及完成協定內容協商的 EPA，另加上具戰略性意義目前協商中的日東協 EPA 為探討對象。

（一）日新 EPA

　　商品關稅撤除及減讓上，日本即時撤銷加上一定時間後撤銷關稅的金額及品目數佔總貿易比率，金額比為 94%，品目數比為 77%，新加坡金額及品目數比皆為 100%。[16]（商品自由化主要內容參照表 6-4）通關便捷化與貿易文書電子化是商品貿易協商上的另兩項重點，而通關便捷化方面，認證程序簡化為最大特色。

　　協定內容除商品貿易外，尚包含服務、投資、人員移動、智慧財產權、相互認證、政府採購、爭端解決、競爭政策、經濟合作等其他領域。（詳見表 6-9）基本上皆依照國民待遇、最惠國待遇、透明化原則訂定。在服務業投資方面，日新 EPA 的開放承諾也遠超過 WTO 規定。新加坡和日本分別承諾開放國內 88.5%（139 個部門）和 86%（135 個部門）的服務業市場，星國的服務供應商在日本與當地企業同樣享有國民待遇。[17]而日本政府在制定服務業相關法令時，也必須確保對新加坡企業的公平與合理待遇。相互認證方面主要為電子通信機器及電氣製品的認證。智慧財產權特別規定日新同時提出申請的專利，將日本的審查結果英譯後向新加坡提出申請可以簡化手續並較低申請費用取得新加坡的專利權。日新 EPA

---

[16] 參照柴山和久、中澤剛太〈マレーシアとの経済連携協定の分析－関税撤廃・原産地規則・知的財産権を中心に－〉，《貿易と関税》，2006 年 1 月号，2006，圖表 2。

[17] 參照陳怡君，〈亞洲區域整合發展現況及日星自由貿易協定簡析〉，《中華經濟研究院台灣 WTO 中心》，2004，<http://192.192.124.14/SmartKMS/do/www/readDoc?document_id=18033>，頁 7-8。

也包含「自然人移動」，亦即兩國將開放人民出入境條例，延長商務旅客和企業內部調派人員的居留時間，並將繼續探討設立互相承認專業人員資格機制。

經濟合作包括金融服務、資訊通信技術、科學技術、人才養成、貿易投資促進、中小企業、觀光、傳播等 8 領域。資訊通信技術合作方面，日新 EPA 簡化電子認證業者之相互承認手續，以促進兩國電子商務交易。在人材培育方面，將免除兩國大學部門及學生交換的限制規定，並增加兩國政府人員相互派遣。

日新 EPA 協定是日本第一件 EPA，其協定內容方面，與一般自由貿易協定最大不同是，除商品貿易外也包括金融等各類服務業和投資領域，並涵蓋技術合作等「經濟合作」的廣泛範圍，兩國經貿受惠程度遠超過任何傳統自由貿易協定。其全面性內容架構成為之後日本 EPA 協商的典範。而由於特殊考量不包含農產品，日新洽簽 EPA 亦避免觸及敏感的農產品市場開放問題，更強化兩國推動 EPA 之意願及締約的速度。

表 6-4　日新 EPA 的商品貿易領域關稅協商內容概要（2002.12 生效）

工礦製品		
1.總論	工礦製品的自由化，日新雙方所有品目 10 年內關稅皆撤除。	
2.關稅撤銷	(1) 日本：免稅及減讓品目比重依進口金額從 84%增加至 94%；新加坡：所有品目免稅。	
	(2) 主要品目的關稅撤銷，塑膠製品關稅從 6.5%，汽油從 2,336 日圓/KL，啤酒從 1.7 新加坡幣/L 皆降至 0。	

資料出處：経済産業省，〈経済連携の取組（EPA）について〉，2004，頁 37-38。

（二）日墨 EPA

商品關稅撤除及減讓上，日本即時撤銷加上一定時間後撤銷關稅的金額及品目數佔總貿易比率，金額比為 87%，品目數比為

86%，墨國金額比 98%，品目數比 94%[18]。亦即 2001 年平均實質有效關稅率 16%的日本對墨出口的幾乎所有（almost all）產品將在10 年內撤銷。（商品自由化主要內容參照表 6-5）

表 6-5　日墨 EPA 的商品貿易領域關稅協商內容概要（2005.04 生效）

農產品		工礦製品	
1.豬肉	從價稅率減半的特惠進口額度，第一年 38,000 噸，第五年 80,000 噸。	1.總論	考量日墨雙方的關切事項下，工礦製品的關稅調降至不遜色於國際間的程度。10 年內日墨雙方皆撤銷幾乎所有（almost all）品目關稅。
2.橘子汁	關稅率減半的特惠進口額度第一年 4,000 噸，第五年 6,500 噸（濃縮換算）。	2.鋼鐵領域的墨國自由化承諾	10 年內日墨雙方皆撤銷所有鋼鐵製品關稅。電子、家電製品、資本財及汽車四領域加工用鋼鐵製品關稅即時撤銷。
3.牛肉	開始兩年免稅額度 10 噸，第三以後依生效後第二年協定關稅率，免稅額度第三年 3,000 噸，第五年 6,000 噸。	3.汽車領域的墨國自由化承諾	協定生效開始，轎車及非大型巴士卡車均依前一年墨國內銷售台數的 5%數量設定免稅額度，第七年開始完全自由化。另繼續維持對在墨國境內設有生產據點企業的現行免稅額度。
4.雞肉	開始第一年免稅額度 10 噸，第二年以後依生效後第一年協定關稅率，免稅額度第二年 2,500 噸，第五年 8,500 噸。		
5.生鮮橘子	開始兩年免稅額度 10 噸，第三年以後依生效後第二年協定關稅率，免稅額度第三年 2,000 噸，第五年 4,000 噸。		

※所有項目均在協定生效後第五年再協議。
資料出處：經濟產業省，〈經濟連携の取組（EPA）について（平成 18 年 3 月）〉，2006，頁 47。

---

[18] 參照柴山和久、中澤剛太〈マレーシアとの經濟連携協定の分析－關稅撤廢・原產地規則・知的財產權を中心に－〉，圖表 2。

　　協定內容除商品貿易外，尚包含服務、投資、人員移動、智慧財產權、相互認證、政府採購、爭端解決、競爭政策、經營環境、經濟合作等其他領域。基本上皆依照國民待遇、最惠國待遇、透明化原則訂定。投資規定採負面表列方式，亦對確保海外匯款的自由並對爭端解決作出明確規定。經營環境領域由雙方具建議權的政府官員及民間人士組成「經營環境整備委員會」向雙方政府提出改善建言。經濟合作包括貿易投資促進、下游產業鏈育成、人才養成、科學技術、中小企業、農業合作、觀光、環境等 8 領域。日墨 EPA 的締結使日本企業在投資、服務、政府採購等領域獲得與歐美同等的競爭條件。

（三）日馬 EPA

　　日馬 EPA 是日本第三件生效但第一件對東亞涵蓋農業的 EPA，是馬來西亞的第一件 EPA。日馬 EPA 協定中關於商品關稅撤除及減讓上，日本即時撤銷加上一定時間後撤銷關稅的金額及品目數佔總貿易比率，金額比為 94%，品目數比為 87%，墨國金額比 99%，品目數比 99%。[19]（商品自由化主要內容參照表 6-6） 商品貿易協商中特別是原產地規定對東協原產材料的認定採累積性原則是一新突破，通稱馬來西亞特惠原產地規定又名東協累積規定。協定中對締約國原產地規定如馬來西亞原產地規定中承認日本及其他東協國家產原材料的使用在一定條件下得納入附加價值基準的原產材料計算以符合馬國原產地規定的門檻要求比率，此規定是日本朝向東協經濟合作目標邁出的一大步。而日本及其他東協國家產原材料的使用得以認定為馬國產原材料的條件為日本或其他東協國家所收穫、採伐、採集、採取或完全生產的原產材料而非成品。而此原產材料必須是直接運送到馬國者或改裝、一時儲存的原

---

[19] 參照柴山和久、中澤剛太〈マレーシアとの経済連携協定の分析－関税撤廃・原産地規則・知的財産権を中心に－〉，圖表 2。

因再經由其他東協國家轉運者。且經由其他東協國家轉運者限於良好保存狀態並未在其他轉運國施行任何加工作業者。[20]

表 6-6　日馬 EPA 的商品貿易領域關稅協商內容概要（2006.07 生效）

農產品		工礦製品	
1.總論	協定生效後 10 年內撤銷大部份產品的大部份關稅。	1.總論	協定生效後 10 年內撤銷實質上所有產品的關稅。
2.日本市場開放的改善		2.特定領域	
(1)農產品	芒果、榴槤、木瓜、秋葵等即時撤銷關稅。生鮮木瓜設置關稅配額制度，額度內免稅，關稅配額數總量年 1,000 噸，實施 4 年後再議。人造奶油關稅 5 年內從 29.8%調降至 25%，5 年後再議。除部份對象產品外，可可亞調製品（不加糖）撤銷關稅。	(1)汽車及零組件	A.馬國市場開放的改善：當地組裝車（CKD）用零組件關稅即時撤銷，其他汽車零組件關稅 2008 年降至 0-5%，2010 年撤銷關稅；2010 年止階段性調撤 2000-3000cc 轎車、3000cc 以上多目的車、20 噸以上卡車及巴士的關稅；3000cc 以上轎車關稅 2008 年調降至 0-5%，2010 年完全撤銷；除上列外所有完成車關稅至 2015 年分階段撤銷。
(2)林產品	合板以外的林產品即時撤銷關稅，合板依馬國出口稅及出口規則再議。雙方合作建立國家木材品質評價制度，促進永續性資源木材的製品貿易。		
			B.汽車領域的合作：為提升產業競爭力以擴大馬國汽車及零組件產業的市場，日本及馬國政府徵求業界參加下實施共同事業。
(3)水產品	蝦（shrimp, prawns）及海哲皮關稅撤銷。		
(4)排除及再議的敏感性品目	國家貿易品目（米、小麥、大麥及指定特定乳製品）、牛肉、豬肉、澱粉、適用進口配額水產品等。	(2)鋼鐵	A.馬國的市場開放：馬來西亞在所同意條件下對直接製造用途的日本進口製品實施免關稅措施；10 年內撤銷實質所有鋼鐵製品關稅。
3.馬國市場開放的改善	蘋果、梨子及柿子即時撤銷關稅。		B.日本的市場開放：日本即時撤銷實質所有進口工礦製品關稅。

資料出處：經濟產業省，〈經濟連携の取組（EPA）について（平成 18 年 3 月）〉，2006，頁 18。

---

[20] 參照日馬 EPA 協定第 29 條 1 款有關原產地規定的累積規定及其相關解釋文。

　　協定內容除商品貿易外，尚包含服務、投資、智慧財產權、相互認證、競爭政策、經營環境、經濟合作等其他領域。基本上皆依照國民待遇、最惠國待遇、透明化原則訂定。投資規定採負面表列方式，亦對確保海外匯款的自由並對爭端解決作出明確規定。經營環境領域由雙方具建議權的政府官員及民間人士組成「經營環境整備委員會」向雙方政府提出改善投資規定、勞動關係、入境管理等攸關經營環境的建言。經濟合作包括農林水產、教育、人才養成、資訊通信技術、科學技術、中小企業、觀光、環境等 7 領域。另外選定 24 項合作案作為早期收割（early harvest）的實施對象，在協定生效後儘速實施。並為雙方未來的經濟合作設立經濟合作研修計畫，由馬國相關機構受理，預定協定生效後 10 年間培育 1,000 名研修人員。日馬 EPA，由於助益當地經營環境的提升及原材料採購成本的降低，日本企業認為有利於當地生產競爭力的提升，另外馬國企業則認為面臨國際競爭的受保護馬國產業在日本的協助下應能強化其國際競爭力[21]。

（四）日泰 EPA

　　日本所關切的事項有（1）鋼鐵、汽車工礦製品的關稅撤除、（2）服務及投資的自由化及透明化、（3）智慧財產權、政府採購、競爭政策等。泰國的反應是（1）必須考量開發中國家的實情、（2）對智慧財產權、競爭政策等表示理解、（3）但對政府採購、服務及投資表達慎重的態度。

　　泰國所關切的事項有（1）含農產品在內的關稅撤除並表示關稅撤銷期間亦應考量開發中國家的影響、（2）人員移動的大幅放寬要求、（3）包含農業及湄公河開發在內的經濟合作等。日本的反應是（1）泰國有必要針對鋼鐵、汽車、服務及投資等的自由化進一

---

[21] 參照經濟產業省通商政策局編，〈地域統合〉，《2006 年版不公正貿易報告書 WTO 協定から見た主要国の貿易政策》第 15 章，（東京：經濟產業省通商政策局，2006），頁 372。

步努力、（2）對人員移動的問題表示協商意願、（3）積極因應泰國
的經濟合作案。

依據日泰 EPA 所完成的協商內容，商品關稅撤除及減讓上，
日本撤銷幾乎所有工礦製品關稅，而農產品則撤銷部份品目關稅。
泰國撤銷鋼鐵製品、汽車零組件關稅。（商品自由化主要內容參照
表 6-7）協定內容除商品貿易外，尚包含服務、投資、人員移動、
智慧財產權、相互認證、競爭政策、經營環境、經濟合作等其他領
域。基本上皆依照國民待遇、最惠國待遇、透明化原則訂定。投資
方面列出管制項目表外，泰國考慮未來對第三國的優惠待遇亦賦予
日本，另亦放寬製造業相關服務領域的外資限制。人員移動方面，
日本放寬泰籍調理師、指導員的入境及就業條件，並考慮未來亦
放寬照護人員等的入境就業。泰國放寬日籍人士的居留就業條件。
經濟合作包括農業合作、貿易投資促進、人才養成、科學技術‧能
源‧環境、金融服務、資訊通信技術、中小企業、觀光、經營環境
等 9 領域。目前先實施鋼鐵、汽車、食品、省能源等 6 方面的合作
計畫案。

（五）日菲 EPA

日本所關切的事項有（1）10 年內所有貿易品項的關稅撤除，
（2）服務方面，表列所有不符市場開放及國民待遇的管制、確保
各領域現行自由化的水準同時檢討建設、運輸等領域的自由化，（3）
投資的自由化及透明化、提升投資規定中有關國民待遇、投資相關
限制及投資保障等質方面的水準，（4）制定智慧財產權保護及執行
規定、建立整備經營環境的協商架構等。

菲國所關切的事項有（1）含香蕉、木瓜、鳳梨、雞肉、鮪魚
鰹魚等農產品的關稅撤除或關稅配額的約定，粗糖則希望協定生效
4 年後再議，（2）人員移動的大幅放寬要求，（3）強化兩國的經濟
合作等。

表 6-7　日泰 EPA 的商品貿易領域關稅協商內容概要（2007.11 生效）

農產品		工礦製品	
1.總論	協定生效後 10 年內撤銷大部份產品的關稅。	1.總論	協定生效後 10 年內撤銷日泰雙方工礦製品幾乎所有（almost all）品目的關稅。
2.特定領域		2.特定領域	
(1)日本市場開放的改善	A. 即時或 10 年內撤銷關稅：芒果、榴槤、木瓜、秋葵、椰子果實、調製混合水果等、蝦子、蝦調製品、鮪魚調製品、林產品(不寒合板、纖維板等) 等即時撤銷，生鮮及冷凍蔬菜 5-10 年內撤銷，生鮮魚肉、海哲皮、生鮮及冷凍花枝等 5 年內撤銷，寵物食品、纖維板等 10 年內撤銷。 B. 關稅調降：雞肉調製品 5 年間調降至 8-3%；米油 5 年間調降 55.5%。 C. 關稅配額制：生鮮木瓜、小顆生鮮鳳梨、澱粉等配額內免稅；豬肉調製品的配額內稅率調降 20%；糖蜜第三年設置關稅配額制，配額內外稅率皆調降 50%。 D. 排除及再議品目：米、麥、生鮮及冷凍牛肉及豬肉、粗糖（甘蔗及甜菜糖）、精製糖、澱粉、鳳梨罐頭、合板、水產 IQ 製品、鮪魚及鰹魚、大部份牛豬肉調製品、指定乳製品。	(1)泰國市場開放的改善	A. 汽車車體：3000cc 以上引擎轎車關稅率由 80%以年平均方式 2009 年調降至 60%；3000cc 以下轎車關稅率視市場開放改善成效在協定簽訂前選擇時點再議；協定簽訂時另行發佈有關汽車的政治宣言。 B. 汽車零組件：2010 年 AFTA 成立的前提下汽車零組件（生產用）的特惠關稅撤除，20%以上關稅品目協定生效日起調降為 20%，2011 年撤銷；20%以下關稅品目維持原關稅率，2011 年撤銷；敏感性品目（5 品目）維持原關稅率，2013 年撤銷。 C. 鋼鐵及製品：部份鋼鐵製品關稅即時撤銷；其他品目最晚在協定生效第 11 年的第一日撤銷關稅；部份熱延鋼線圈及鋼板實施免稅及關稅配額制，配額數量每年檢討修訂。
(2)泰國市場開放的改善	蘋果、梨子、水蜜桃關稅即時撤銷；泰國水產業原料用途的魚類，鮪魚、鰹魚、沙丁魚關稅 5 年內撤銷，鯡魚、鱈魚關稅即時撤銷，排除及再議品目含青花魚、煙草、蠶絲、雞蛋、乾燥蛋黃及指定魚類。	(2)日本市場開放的改善	A. 纖維及衣類：所有品目關稅相互即時撤銷。 B. 身邊使用雜貨類：5 品目關稅即時撤銷。 C. 石油及石化製品：大部份品目關稅即時撤銷，其他品目關稅每年平均調降至協定生效 5 年後完全撤銷。

資料出處：經濟產業省，〈経済連携の取組（EPA）について（平成 18 年 3 月）〉，2006，頁 25。

　　依據日菲 EPA 所完成的協商內容，商品關稅撤除及減讓上，日本撤銷幾乎所有工礦製品關稅，而農產品則撤銷部份品目關稅。菲國撤銷汽車及零組件、電氣電子製品及零組件關稅。（商品自由化主要內容參照表6-8）協定內容除商品貿易外，尚包含服務、投資、人員移動、智慧財產權、相互認證、競爭政策、經濟合作等其他領域。基本上皆依照國民待遇、最惠國待遇、透明化原則訂定。投資方面列出違反國民待遇、最惠國待遇、投資保障等的管制項目表外並確保目前的自由化水準。人員移動方面，日本同意取得國家資格前提下的菲籍護士及照護人員的引進架構，允許各3 及 4 年的居留期間，並同意取得國家資格者可繼續就業的條件。建立強化智慧財產權的保護協商機制並進行國際合作以確實保障智慧財產權及其權利的執行。經營環境領域由雙方具建議權的官員及民間人士組成「經營環境整備委員會」向雙方政府提出改善建言。經濟合作包括人才養成、金融服務、資訊通信技術、能源與環境、科學技術、貿易投資促進、中小企業、觀光、運輸等 9 領域。

（六）日東協 EPA（AJCEP）

　　2005 年 4 月日本與東協十國正式展開協商，為日本與東協的經濟整合跨出第一步，2008 年 4 月日本首次完成此以區域為對象的 EPA 簽署。與東協的整體交涉，日本主要著眼於調和雙方的經貿制度，而與東協整體協商的焦點之一即是整合日本與東協各成員國先行訂定的雙邊 EPA 間不相調和的規定。

　　所以日本與東協主要側重整體性協商，特別針對原產地規則、智慧財產權保護及放寬投資限制等締結共通性規則，至於汽車、農產品等物品關稅撤除與減讓、受理護理人員赴日工作等的個別問題，則依國別進行交涉。日本的戰略即是透過與東協整體的協商整合雙邊 EPA 的內容。

表 6-8　日菲 EPA 的商品貿易領域關稅協商內容概要（2008.10 生效）

農產品		工礦製品	
1.日本的措施		1.總論	幾乎所有（almost all）日菲品目自協定生效日起 10 年內撤銷關稅。
(1)排除或再議品目	米麥及乳製品（國家貿易品目）、牛肉、豬肉、粗糖、澱粉、鳳梨罐頭、水產 IQ 品目、鮪魚及鰍魚類、合板等	2.各論	
(2)砂糖	粗糖協定生效後第 4 年再議；糖蜜採關稅配額，配額內稅率為配額外的 50%水準，第 3 年配額 2,000 噸，第 4 年 3,000 噸；蜂蜜等同採關稅配額，配額內稅率為配額外的 50%水準，第 3 年配額 300 噸，第 4 年 400 噸（1 公斤小容器包裝）。	(1)菲律賓的自由化	A 鋼鐵：即時撤銷日本出口量 60%以上的關稅。
			B 汽車及零組件：部份品目關稅即時撤銷外，2010 年止撤銷關稅。
			C 電氣電子製品及零組件：協定生效日起 10 年內撤銷關稅，電漿電視等附加價值高製品等的關稅即時撤銷。
(3) 雞肉	除付骨雞肉外，採關稅配額制，配額內關稅率從 11.9%降至 8.5%，配額第 1 年 3,000 噸，第 5 年 7,000 噸。		D 纖維及衣類：幾乎所有品目關稅即時相互撤銷。
(4)鳳梨	生鮮鳳梨採關稅配額制，配額內免稅；輕量的鳳梨配額，第 1 年 1,000 噸，第 5 年 1,800 噸。	(2)日本的自由化	幾乎所有品目關稅即時撤銷。
(5)香蕉	小種類香蕉協定生效後 10 年間撤銷關稅，其他種類關稅 10 年間冬季從 20%調降至 18%，夏季 10%降至 8%。		
(6)水產品	鮪魚及鰹魚關稅協定生效後 5 年間撤銷關稅。		
2. 菲律賓的措施	日本出口關切品目葡萄、蘋果、梨子等關稅即時撤銷。		

資料出處：経済産業省，〈経済連携の取組（EPA）について（平成 18 年 3 月）〉，2006，頁 21。

在自由化方面，商品關稅的撤銷或減讓基本上依已協商完成的雙邊協定的減讓表，不必再度協商，日本的重點在於國際分工體系下中間財的自由流通環境的建置，其中之一即汎區域的原產地規定。東協自由貿易協定（AFTA）中雖有附加價值基準 40%門檻的共同規定，但是日本企業目前的主要障礙即是日本與東協各國 EPA 協定中原產地規定各不同，日本東協域內國家間商品流通經常發生適用上的困擾與成本增加的問題[22]。

若東協各國與日本能以域內累積性附加價值基準的想法重新界定原產地規定，則不但日本中間財可以在域內自由流通，東協各國間的加工過程亦可能因此擴大，增加域內的貿易以及域內的附加價值創造。另在東協自由貿易區（AFTA）完成時，域內貿易關稅撤除明確化下也更會增加適用對象品目。此即為日本所稱「日本東協原產」或累積性原產地規定。即原產地規定的附加價值比率計算時日本產與東協各國產原材料可以合併視為締約國產原材料，若跨越原產地規定的門檻，即可適用特惠稅率。而此構想得透過日本與東協整體的 EPA 才可能實現。

另外順暢化方面除通關手續的電子化、便捷化以及與國際基準調和外，協商內容尚包含經營環境、智慧財產權、國際經濟合作等領域。國際經濟合作則包括能源、人才養成、資訊通信技術、中小企業、交通運輸、觀光、相互認證、環境‧汽車‧生化‧科學技術‧競爭政策‧糧食安全‧金融服務的各種技術合作方案等 8 領域[23]。

---

[22] 此即所謂義大利麵碗現象的效應（spaghetti bowl phenomenon）。

[23] 參照外務省，〈日本国と東南アジア諸国連合との間の包括的経済連携の枠組み〉，2003，《日‧ASEAN 包括的経済連携構想》，<http://www.mofa.go.jp/mofaj/gaiko/fta/j_asean/kouso.html >。

表 6-9　日本 EPA 涵蓋範圍（商品貿易外）

		服務貿易	投資	人員移動	智慧財產權	相互認證	政府採購	紛爭處理	競爭政策	經營環境	經濟合作	其他
已生效	日新 EPA	V	V	V	V	V	V	V	V	V	金融服務、資訊通信技術、科學技術、人才養成、貿易投資促進、中小企業、觀光、傳播等8領域	原產地規定、貿易文書電子化、通關手續等
	日馬 EPA	V	V		V					V	農林水產、教育、人才養成、資訊通信技術、科學技術、中小企業、觀光、環境等7領域	原產地規定、通關手續、衛生檢疫規定等
	日墨 EPA	V	V	V	V	V	V	V	V		貿易投資促進、下游產業鏈育成、人才養成、科學技術、中小企業、農業合作、觀光、環境等8領域	原產地規定、金融服務等
	日泰 EPA	V	V	V	V	V				V	農業合作、貿易投資促進、人才養成、科學技術‧能源與環境、金融服務、資訊通信技術、中小企業、觀光、經營環境等9領域	通關手續、貿易文書電子化等
	日本智利 EPA	V	V				V		V		金融服務、智慧財產、競爭、入境與短期滯留等	通關手續等
	日菲 EPA	V	V	V	V	V			V	V	人才養成、金融服務、資訊通信技術、能源與環境、科學技術、貿易投資促進、中小企業、觀光、運輸等9領域	通關手續等
	日本印尼 EPA	V	V	V	V	V	V			V	人才養成、製造業、農林水產、資訊通信技術、環境、金融服務、貿易投資促進、政府採購、觀光等9領域	通關手續等
	日本東協 EPA	V			V	V				V	能源、人才養成、資訊通信技術、中小企業、交通運輸、觀光、環境‧汽車‧生化‧科學技術‧競爭政策‧糧食安全‧與金融服務等技術合作方案的領域	日本東協累積原則的原產地規定
	日本汶萊 EPA	V	V							V	人才養成、農林水產、資訊通信技術、知識財產、環境、科學技術、貿易投資促進、中小企業、觀光、運輸等10領域	另外增加能源專章
	日本韓國 EPA	V	V	V	V	V		V				

注：作者依各協定內容、協商架構彙編。

二、日本 EPA 內涵的比較與特殊設計

日本 EPA 的主要內容依日本與東亞國家的主要關切項目而各不同，但總而言之日本主要關切項目為原料‧零組件的關稅率、投資規定、服務貿易含製造業相關服務的自由化、政府採購、智慧財產權、相互認證、經營環境整備等。東亞國家主要關切項目為商品關稅、人員移動、技術移轉與合作、投資誘引等。因此日本與東亞 EPA 除貿易服務自由化外，尚包括投資、智慧財產領域的規定、經濟合作等。

涵蓋領域廣泛，除商品貿易自由化外，包括多樣的貿易相關國內制度調和事項及基礎建設、技術開發、人才教育、經營環境等非制度調和的國際合作事項。另外日本與東協國家的 EPA 中亦包含政府開發援助（ODA）運用的特性[24]。

其協定內容除了如前述除了傳統的關稅的廢除、取消外資對服務貿易限制規定等項目外，進一步的以促進區域內之貿易、投資之自由化及便捷化，取消國境內外之規則限制與調和各種經濟制度為前提，已達成整合區域經濟之目的。其主要的措施如投資規定上給予投資保護及放寬外資條件、取消投資設限與完備投資規則等自由化措施；服務貿易上放寬人員移動項目中專家或技術性職務類別與短期滯留等條件之限制；政府採購上採取無差別與透明性原則；在涵蓋智慧財產權的保護、調和競爭政策等高度整合的要求下，以促進區域內人員的交流與擴大領域間之合作，提升區域內之投資經營環境並建立各種不同領域之問題解決機制，是以 EPA 對日本與締約對手國而言即在強化締約國間之密切合作，深化彼此間的整體性經濟關係。

---

[24] 貿易相關國內制度調和事項如新加坡主張（Singapore Issue）的投資、競爭政策、通關手續便捷化等的貿易順暢化及政府採購透明化等四項。另外 EPA 架構中加入 ODA 運用的思維上存在日本對開發中國家援助的性質，並非單純立足於自由、無差別性的對等夥伴關係。參照青木まき，〈東アジアに於ける地域貿易協定の特徵〉，平塚大祐編《東アジアの挑戰》第 14 章，（東京：アジア經濟研究所，2006），頁 374、393。

　　特別就日本而言，日本首先以東亞區域為 EPA 的推動戰略對象當然主要是此區域與日本已存在直接投資、貿易等較高相互依存關係並深具發展潛力，未來持續發展上必須進一步全方位調和總體性經貿措施。而日本企業在此區域經營扎根已深，透過 EPA 的締結調和經貿結構更可帶動經貿合作關係的升級而不至流於國內產業空洞化的負面結果，其進展具有經貿結構調整及海外擴展的意義。特別東亞國際製造分工上，日本與東協所締結之 AJCEP 生效後，國際分工生產過程中所不可或缺的中間財貿易自由化，即累續性原產地原則的實施，對東亞區域內之生產、物流分工等經貿發展具提升作用。東亞各國間形成可持續進行技術移轉、完備製造、服務領域經貿制度及人材養成等交流與合作的經貿環境。

（一）商品貿易領域

1. 關稅協商

　　日本 EPA 中針對商品貿易自由化協商部份，原則上 10 年期間內撤銷所有貿易品目關稅。具體而言，對東亞國家從汽車零組件、鋼鐵製品等戰略品目到幾乎所有產品的關稅撤除，日本亦涵蓋幾乎所有工礦產品及部份農產品的關稅撤除，希望達成高水準的自由化。各 EPA10 年內零關稅品目貿易額所佔的自由化比率[25]，日新EPA，日本對新加坡輸出 100%，輸入 93%其後 2007 年提高至 95%。日馬 EPA，日本對馬來西亞輸出 99%，輸入 94%。日泰 EPA，日本對泰國輸出 97%，輸入 92%。日印尼 EPA，日本對印尼輸出 90%但若加上鋼鐵的特定用途免稅部份則為 96%，輸入 93%。日菲EPA，日本對菲律賓輸出 97%，輸入 92%。日墨 EPA，日本對墨西哥輸出 96%，輸入 98%。日智利 EPA，日本對智利輸出 99.8%，輸入 90.5%。

---

[25] 參照日本外務省公佈的財務省統計資料，http://www.mofa.go.jp/mofaj/gaiko/fta/pdfs/kyotei_0703.pdf。

　　但另也針對敏感性項目，依日本與對手國的關切所在，予以特別考量而保留排除、再議及關稅配額品目的例外設計。表 6-10 為日本已生效的五件 EPA 均保留例外項目的設計，依日本與對手國的關切而品目各不相同。日本的關切品目基本上皆屬農產品及其加工品。雖因墨西哥與東南亞國家的農業條件不同而有差異，但大體而言，主要集中在農作物的米、麥、砂糖、蔬果類及其加工品，畜產品的豬肉、牛肉、乳製品，水產品的鮪魚，林產加工品的合板等項目。

表 6-10　日本 EPA 關稅撤除的例外品目

日新 EPA	乳製品、鮪魚等。
日墨 EPA	小麥、柑桔、蘋果、砂糖、黑鮪魚等。
日馬 EPA	米、小麥、大麥、指定特定乳製品、牛肉、豬肉、澱粉、適用進口配額水產品等。
日泰 EPA	米、麥、生鮮及冷凍牛肉及豬肉、粗糖（甘蔗及甜菜糖）、精製糖、澱粉、鳳梨罐頭、合板、水產 IQ 製品、鮪魚及鰹魚、大部份牛豬肉調製品、指定乳製品等。
日菲 EPA	米、麥、乳製品、牛肉、豬肉、粗糖、澱粉、鳳梨罐頭、水產 IQ 品目、鮪魚及鰍魚類、合板等

2. 原產地規定

　　日本已生效、簽署及協商完成的五件 EPA 亦均有原產地規定，共通點是各國別原則上皆採用關稅稅則號列變更基準以及部份品目採附加價值基準。不同點是，A、附加價值基準門檻各不相同，特別是日馬 EPA 以製品區分如對汽車的門檻設為 60%。B、例外規定，日馬 EPA 特別設計對日本及東協第三國產原材料亦適用的例外規定，此為東協國家間分工體系所需中間財流通的特殊考量。加工品的原材料來源可不限日馬兩國，東協第三國產的原材料一定條件下亦予認定計入附加價值基準的締約國產原材料比率規定。這可以說是落實日本所提倡日本東協原產概念的累積性原產地規定的第一步。另外是日菲 EPA 中特別針對非加工農產品依完全生產品基準認定的設計。C、協商中的日東協 EPA 採累積性原產地規定設計，此設計如前述是日本為整合東亞經濟所提倡的特殊設計。（請參照表 6-11）

表 6-11　日本 EPA 原產地規定

日新 EPA	關稅稅則號列變更基準,部份品目依附加價值基準(門檻 60%)。
日墨 EPA	關稅稅則號列變更基準,部份品目依附加價值基準(門檻 50%)。
日馬 EPA	關稅稅則號列變更基準，部份品目依附加價值基準（門檻 40-60%），東協第三國產部份原材料適用的例外規定。
日泰 EPA	關稅稅則號列變更基準，部份品目依附加價值基準。
日菲 EPA	關稅稅則號列變更基準，部份品目依附加價值基準，非加工農產品依完全生產品基準。
日東協 EPA	累積性原產地規定（日本東協原產概念）

（二）其他涵蓋的領域

投資‧服務領域方面，主要除確保已進行及部份製造業相關服務的投資自由化外，亦包括投資後的經營活動相關的國民待遇、海外匯款等投資保障規定以及投資爭端解決等。智慧財產權領域方面，加強智財權保護，提升保護制度的透明度，執行力的加強以及制度調和等。

而日本已生效的五件 EPA 的商品貿易以外領域涵蓋範圍雖然大致相同，但仍然有差異。日墨 EPA 涵蓋服務、投資等 10 項領域，其中經營環境整備項目由政府及民間共同組成經營環境整備委員會建構一個官民共同討論的機制並且可以對各國政府直接建言的設計是日新 EPA 所沒有的新設計，另外其經濟合作項目中特別包括下游產業鏈育成，是東南亞國家所沒有。日本與東南亞國家 EPA

的經濟合作項目中沒有包括下游產業鏈育成，主要可能是東協國家間與日本的分工體系已非常緊密，不需特別強調。而日墨 EPA 的經營環境整備項目中政府及民間共組委員會並可對各國政府直接建言的新設計則在之後日本與其他東亞國家的 EPA，日馬、日泰、日菲及協商中的日印尼、日東協的 EPA 架構中都被採納。（詳見表6-9）

此外，日泰及日菲 EPA 中特別關切人員移動的問題，而有護士、照護人員等專業人員引進架構的特殊設計。另因馬泰菲等國對開放政府採購態度保留而未涵蓋。而日馬及日泰 EPA 的經濟合作項目中特別包括農業合作項目。

肆、東亞國家經濟合作協定對日本的影響與課題

一、締結東亞 EPA 對日本經濟的影響評估

EPA 的簽定對日本經濟產生的影響，因架構中除自由化、順暢化外，包含經濟技術合作等的設計，所以商品貿易的創造效果外，尚有透過投資保障及智慧財產權保護規則的訂定等對服務及投資自由化的促進效果，整備、改善經營環境對市場擴大及活化經濟的效果等。

目前對於 EPA 締結效益的量化評估，由於技術尚不完全，現行可計算一般均衡模型（Computable General Equilibrium Model，CGE）等的研究多數並不含市場擴大效果或競爭的活化經濟效果。

日本與東亞國家 EPA 的商品及服務貿易自由化對日本的經濟效益，根據清田耕造（2006a）的研究報告，[26]以日東協的 EPA 最

---

[26] 此研究報告為清田耕造（2006a）利用密西根大學開發的世界生產與貿易模型（The Michigan Model of World Production and Trade）模擬農工商品、服務貿易及投資自由化情境下，針對 WTO、包含 AFTA、中東協 FTA 在內的4件 RTA 以及包含日本與新加坡及墨西哥 EPA 在內的6件 EPA 等所計算的

高，日新 EPA 最低。[27]（參照表 6-12）區域性 EPA 因涵蓋多數國家所以效益高於雙邊 EPA 是必然的合理結果。因此 WTO 的效益也必然高於區域性 EPA。而雙邊 EPA 的效益中，日泰最高，日新最低。其原因除日新 EPA 排除農產品協商以及協商內容差異的影響外，基本上符合 EPA 的效益以經濟發展水準、結構差異越大雙方的效益越高的定論。但是純就服務自由化的效益而言，不論金額或對 GDP 百分比，日新最高，日菲最低。

表 6-12　日本與東亞 EPA 商品‧服務自由化對日本的經濟效益

	商品‧服務自由化		服務自由化	
	金額（百萬美元）	GDP%	金額（百萬美元）	GDP%
日新 EPA	4,996	0.09	4,385	0.08
日馬 EPA	10,478	0.19	2,884	0.05
日泰 EPA	19,458	0.36	4,256	0.08
日菲 EPA	6,840	0.13	2,201	0.04
日印尼 EPA	10,730	0.20	3,589	0.07
日東協 EPA	52,727	0.97	18,275	0.34
WTO	401,806	7.40	189,667	3.49

資料出處：清田耕造，〈日本の二国間‧地域的自由貿易協定と多角的貿易自由化の効果：ミシガン‧モデルによる分析〉，RIETI 編《わが国の財/サービス貿易及び投資の自由化の経済効果等に関する調査研究報告書》（東京：RIETI，2006），表 3-1-28。

而表 6-13 所示清田耕造（2006b）的另一報告中將日新及日墨 EPA 的經濟效益分解成農產品、工業製品及服務的自由化後，可發現日新及日墨 EPA 對日本的經濟效益主要皆來自服務自由化。新、墨等對手國的經濟效益以對 GDP 變化百分比衡量除較日本高外，

經濟效果。密西根模型特色為導入規模經濟、獨佔等不完全競爭條件，參照 www.Fordschool.umich.edu/rsie/model/。

[27] 以 GDP 比變化的試算結果作國際間比較時，值得注意是 GDP 規模相對較大國家其變化可能顯示較低比率的結果，相反亦然。

同樣主要皆來自服務自由化。三項自由化的效益中，各國皆是農產品的效益最小，工業製品居中，而其中墨國的農產品自由化效益是締約國中唯一呈現負的結果，但數值不大。

另外與 WTO 的經濟效益相較，以對 GDP 變化百分比衡量，WTO 架構下雖然墨國農產品自由化的負效益擴大，但日新墨三國的總效益、日新兩國的三項效益及墨國農產品以外的兩項效益皆呈現大幅領先，顯示多邊效益大於雙邊的結果。

表 6-13　日本與東亞 EPA/FTA 的領域別經濟效益　（對各國 GDP%）

		雙邊 EPA/FTA				WTO			
		農產品保護	工業製品關稅	服務業障礙	總障礙	農產品保護	工業製品關稅	服務業障礙	總障礙
日新	日本	0.00	0.01	0.08	0.09	0.52	3.39	3.50	7.40
EPA	新加坡	0.01	0.25	0.43	0.68	0.34	7.54	13.16	21.04
日墨	日本	0.01	0.05	0.09	0.15				
EPA	墨西哥	-0.01	0.21	0.47	0.67	-0.03	2.68	4.09	6.75

資料來源：1. Kiyota, Kozo, "An Analysis of the Potential Economic Effects of Bilateral, Regional, and Multilateral Free Trade," RIETI Discussion Paper Series 06-E-027 , 2006, RIETI, Table 4 及 Table 5，
　　　　　2. 作者彙編。

關於日本 EPA 對締約國及其他東亞非締約國的經濟影響上，首先與多邊（WTO）、區域（RTA）架構相較，如前所述雙邊架構的效益最低。其次依表 6-14 可知，不論區域（RTA）或雙邊架構對締約國的經濟效益均高於非締約國。中·東協 FTA 及 AFTA 區域架構的影響中，特別是韓國呈現負的經濟效益。雙邊架構的日新 EPA 對馬來西亞，日墨 EPA 對新、馬等東亞及美國等非締約國各產生負的經濟效益。對台灣的影響請見第五節的分析。日本 EPA 的經濟效益試算結果顯示其對非締約國的排他性影響。

表 6-14　日本與東亞 EPA/FTA 的經濟影響　　（對各國 GDP%）

	雙邊 EPA/FTA		RTA		多邊
	日新 EPA	日墨 EPA	AFTA	中·東協 FTA	WTO
日本	0.09	0.15	0.00	0.01	7.40
美國	0.00	-0.01	0.01	0.02	5.35
中國	0.01	0.00	0.04	1.11	9.63
韓國	0.01	0.00	-0.02	-0.04	13.24
新加坡	0.68	-0.01	4.67	5.99	21.04
印尼	0.01	0.00	1.76	2.17	9.64
馬來西亞	-0.02	-0.01	2.17	3.26	13.66
菲律賓	0.01	0.00	2.51	3.23	17.05
泰國	0.01	0.00	1.66	2.68	13.66
墨西哥	0.00	0.67	0.00	0.01	6.75
台灣	0.01	0.00	1.47	-0.05	15.92

資料出處：1. Kiyota, Kozo, "An Analysis of the Potential Economic Effects of Bilateral, Regional, and Multilateral Free Trade," RIETI Discussion Paper Series 06-E-027, 2006, RIETI, Table 3，
2. 作者彙編。

二、EPA 對日本經貿的實際影響

　　而日本締結 EPA 對日本貿易及投資的實際影響，除新加坡、墨西哥、馬來西亞生效時間較長外其他皆只有一年左右，以下僅就相關 EPA 簽署及生效後的有限時間統計資料從日本的角度觀察其變化。首先根據日本財務省的統計[28]，2007 年日本與已締結 EPA 對象國家東協、墨西哥、智利等的貿易額佔日本總貿易額的 14.8%，而韓國、印度、GCC、澳洲、瑞士等協議中的 EPA 對象國家的貿易額佔 19.9%。另外 2006 年底日本與當時締結 EPA 對象國

---

[28] 參照日本外務省經濟局「日本の経済連携協定（EPA）交渉-現状と課題-」，2008，pp.13,14。http://www.mofa.go.jp/mofaj/gaiko/fta/pdfs/kyotei_0703.pdf。

家佔日本對外直接投資餘額 11.5%，而協議中的 EPA 對象國家印度、GCC、澳洲、瑞士則佔 3.8%。

日本與新加坡的貿易進展從表 6-15 可知，在 2002 年日新 EPA 生效後，日本對新加坡輸出從 2002 年 17,570 億日圓增加至 2007 年 26,619 億日圓，成長 51.5%，對新加坡輸入從 6,105 億日圓增加至 8,250 億日圓，成長 35.1%，但對新加坡輸出佔日本總輸出比重從 3.33%下降至 3.13%，對新加坡輸入佔日本總輸入比重亦從 1.42%下降至 1.10%。雖然 2004 年後日新輸出入均有兩位數的成長但其佔日本貿易比重卻持續下降。而 2007 年日新增改定 EPA 協約部份內容，包括日本調降新加坡石化製品及農林水產品的進口關稅率並增加免稅品目數使其輸入品目自由化比率由 93%提升至 95%；放寬原產地規定的附加價值基準門檻比率由 60%降為 40%；放寬金融服務業的進入管制，新加坡方面增加日本總合銀行一家的分行設立許可、撤除金融控股公司的法人業務執照許可管制、日本方面擴大保險仲介服務業的自由化，雙方皆擴大跨國證券交易的自由化；通關手續的進一步透明化等。而日本對新加坡直接投資 2002 年 1,435 億日圓、2007 年 2,626 億日圓，成長 83%[29]。

日墨 EPA2005 年生效後，日本與墨西哥貿易額 2004 年至 2007 年從 8,317 億日圓增加至 15,442 億日圓，成長 85.7%。日本對墨西哥輸出從 5,922 億日圓增加至 11,497 億日圓，成長 94.1%，輸入從 2,395 億日圓增加至 3,945 億日圓，成長 64.7%。主要為關稅調降及特惠輸入品目的貿易大幅增加。對墨西哥輸出佔日本總輸出比重從 2004 年 0.96%上升至 2007 年 1.35 %，對墨西哥輸入佔日本總輸入比重亦從 0.48%微升至 0.53%。而日本對墨直接投資由 363 億日圓增加至 589 億日圓，成長 62%。主要為汽車及其零組件廠商的設廠及銷售據點投資。

---

[29] 參照日本財務省直接投資統計。http://www.mof.go.jp/bpoffice/bpdata/pdf/bprfdi070112.pdf；http://www.mof.go.jp/fdi/sankou01.xls。

　　日馬 EPA2006 年生效後，日本與馬來西亞貿易額 2005 年至 2007 年從 28,090 億日圓增加至 39,326 億日圓，成長 40%。日本對馬來西亞輸出從 11,409 億日圓增加至 17,940 億日圓，成長 57.2%，輸入從 16,681 億日圓增加至 21,386 億日圓，成長 28.2%。對馬來西亞輸出佔日本總輸出比重 2005 及 2007 年持平在 2.11%，對馬來西亞輸入佔日本總輸入比重從 2.76%微升至 2.86%。而日本對馬來西亞直接投資由 2005 年 580 億日圓增加至 2006 年 3,455 億日圓，成長 496%，但 2007 年下降為 379 億日圓。

　　日泰 EPA 於 2007 年生效，而日本與泰國貿易額 2006 年至 2007 年從 49,061 億日圓增加至 52,358 億日圓，成長 6.7%。日本對泰國輸出從 27,398 億日圓增加至 30,695 億日圓，成長 12.03%，輸入從 20,260 億日圓增加至 21,663 億日圓，成長 6.93%。對泰國輸出佔日本總輸出比重從 2006 年 3.54%微升至 2007 年 3.61%，對泰國輸入佔日本總輸入比重則從 2.96%微降至 2007 年 2.89%。而日本對泰國直接投資由 2006 年 2,307 億日圓增加至 2007 年 3,063 億日圓，成長 32%。

　　日智利 EPA 亦於 2007 年生效，而日本與智利貿易額 2006 年至 2007 年從 49,063 億日圓增加至 52,358 億日圓，成長 6.7%。日本對智利輸出從 1,372 億日圓增加至 2,125 億日圓，成長 54.88%，輸入從 8,490 億日圓增加至 9,273 億日圓，成長 9.22%。對智利輸出佔日本總輸出比重從 2006 年 0.18%微升至 2007 年 0.25%，對智利輸入佔日本總輸入比重則持平在 1.24%。但日本對智利直接投資由 2006 年 160 億日圓減少為 2007 年 100 億日圓。

表 6-15　日本對 EPA 締約國的貿易

金額(億日圓)

	世界		新加坡(2002)		墨西哥(2005)		馬來西亞(2006)		泰國(2007)		智利(2007)		汶萊(2008)		菲律賓(2008)		印尼(2008)	
	輸出	輸入	輸出	輸入	輸出	輸入	輸出	輸入	輸出	輸入	輸出	輸入	輸出	輸入	輸出	輸入	輸出	輸入
2000	520452.41	424493.70	22230.70	7306.05	5707.14	2605.25	15323.29	16224.81	15024.17	11906.47	653.90	3026.24	66.25	1885.96	11144.99	8204.52	8392.86	18285.74
2001	485927.92	415090.71	17098.80	6236.28	4926.19	2412.73	12997.84	14992.09	14295.01	12663.46	592.80	2804.76	100.47	2011.76	9949.87	7731.36	7674.46	17359.23
2002	527271.07	430671.02	17569.58	6104.62	4420.63	2129.10	13548.30	13923.98	17105.11	13288.68	614.40	2789.48	380.02	1909.31	10556.18	8026.28	7851.32	18692.76
2003	560602.93	448551.81	17721.36	6417.43	4307.55	2168.99	13267.28	14624.79	19335.27	13982.00	700.41	3232.59	109.06	2047.53	10481.57	8404.55	8605.32	18728.78
2004	617194.15	503867.81	19507.35	6956.05	5921.66	2394.90	13414.33	15639.02	22729.43	15746.40	860.89	4836.98	115.00	2212.77	10160.08	8861.42	10037.07	20688.29
2005	682901.57	605112.92	20869.00	7818.00	8577.67	2933.53	14408.89	16681.39	25268.86	17734.94	1065.58	6621.61	118.56	2563.91	10110.69	8589.75	9791.06	24559.84
2006	774605.85	684473.46	23213.01	8612.46	11351.22	3322.20	15626.26	18378.00	27398.09	20260.16	1371.88	8490.03	121.72	2714.69	10763.74	9618.39	8875.22	28760.25
2007	851159.19	749038.02	26618.91	8249.62	11496.76	3944.83	17940.24	21386.10	30695.25	21663.19	2124.52	9272.99	152.73	3481.31	11075.00	10099.62	11274.02	32207.65

成長率(%)

	世界		新加坡		墨西哥		馬來西亞		泰國		智利		汶萊		菲律賓		印尼	
	輸出	輸入	輸出	輸入	輸出	輸入	輸出	輸入	輸出	輸入	輸出	輸入	輸出	輸入	輸出	輸入	輸出	輸入
2000	7.20	16.45	12.86	18.46	13.29	24.23	15.37	21.06	13.35	16.05	0.98	1.29	21.39	39.11	10.76	28.21	36.67	19.97
2001	-6.63	-2.22	-23.08	-14.64	-13.68	-7.39	-15.18	-7.60	-4.85	6.36	-9.34	-7.32	51.66	6.67	-10.72	-5.77	-8.56	-5.07
2002	8.51	3.75	2.75	-2.11	-10.26	-11.76	4.23	-7.12	19.66	4.94	3.64	-0.54	278.23	-5.09	6.09	3.81	2.30	7.68
2003	6.32	4.15	0.86	5.12	-2.56	1.87	-2.07	5.03	13.04	5.22	14.00	15.89	-71.30	7.24	-0.71	4.71	9.60	0.19
2004	10.09	12.33	10.08	8.39	37.47	10.42	1.11	6.94	17.55	12.62	22.91	49.63	5.45	8.07	-3.07	5.44	16.64	10.46
2005	10.65	20.10	6.98	12.39	44.85	22.49	7.41	6.67	11.17	12.63	23.78	36.90	3.09	15.87	-0.49	-3.07	-2.45	18.71
2006	13.43	13.12	11.23	10.16	32.33	13.25	8.45	10.17	8.43	14.24	28.74	28.22	2.67	5.88	6.46	11.98	-9.35	17.10
2007	9.88	9.43	14.67	-4.21	1.28	18.74	14.81	16.37	12.03	6.93	54.86	9.22	25.48	28.24	2.89	5.00	27.03	11.99

比重(%)

	世界		新加坡		墨西哥		馬來西亞		泰國		智利		汶萊		菲律賓		印尼	
	輸出	輸入	輸出	輸入	輸出	輸入	輸出	輸入	輸出	輸入	輸出	輸入	輸出	輸入	輸出	輸入	輸出	輸入
2000	100.00	100.00	4.27	1.72	1.10	0.61	2.94	3.82	2.89	2.80	0.13	0.71	0.01	0.44	2.14	1.93	1.61	4.31
2001	100.00	100.00	3.52	1.50	1.01	0.58	2.67	3.61	2.94	3.05	0.12	0.68	0.02	0.48	2.05	1.86	1.58	4.18
2002	100.00	100.00	3.33	1.42	0.84	0.49	2.57	3.23	3.24	3.09	0.12	0.65	0.07	0.44	2.00	1.86	1.49	4.34
2003	100.00	100.00	3.16	1.43	0.77	0.48	2.37	3.26	3.45	3.12	0.12	0.72	0.02	0.46	1.87	1.87	1.54	4.18
2004	100.00	100.00	3.16	1.38	0.96	0.48	2.17	3.10	3.68	3.13	0.14	0.96	0.02	0.44	1.65	1.76	1.63	4.11
2005	100.00	100.00	3.06	1.29	1.26	0.48	2.11	2.76	3.70	2.93	0.16	1.09	0.02	0.42	1.48	1.42	1.43	4.06
2006	100.00	100.00	3.00	1.26	1.47	0.49	2.02	2.69	3.54	2.96	0.18	1.24	0.02	0.40	1.39	1.41	1.15	4.20
2007	100.00	100.00	3.13	1.10	1.35	0.53	2.11	2.86	3.61	2.89	0.25	1.24	0.02	0.46	1.30	1.35	1.32	4.30

注：1.2006 年止為確定金額，2007 年為概算金額。2.締約國()內數字為生效年度。
資料出處：日本海關統計。http://www.customs.go.jp/toukei/suii/html/data/d41fa.csv；
http://www.customs.go.jp/toukei/suii/html/data/d42fa001.csv；
http://www.customs.go.jp/toukei/suii/html/data/d42fa004.csv。

　　2008 年生效的日汶萊 EPA，日本與汶萊貿易額 2006 年至 2007 年從 2,837 億日圓增加至 3,634 億日圓，成長 28.16%。日本對汶萊輸出從 122 億日圓增加至 153 億日圓，成長 25.48%，輸入從 2,715 億日圓增加至 3,481 億日圓，成長 28.24%。對汶萊輸出佔日本總輸出比重 2006、2007 年持平在 0.02%，對汶萊輸入佔日本總輸入比重則從 1.39%微降至 1.3%。而日本對汶萊直接投資由 2006 年 8 億日圓增加至 2007 年 82 億日圓，成長 925%。

　　日菲 EPA2008 年生效，日本與菲律賓貿易額 2006 年至 2007 年從 20,292 億日圓增加至 21,175 億日圓，成長 4.3%。日本對菲律賓輸出從 10,674 億日圓增加至 11,075 億日圓，成長 2.89%，輸入從 9,618 億日圓增加至 10,100 億日圓，成長 5%。對菲律賓輸出佔日本總輸出比重從 2006 年 1.39%微降至 2007 年 1.3%，對菲律賓輸入佔日本總輸入比重亦從 1. 41%微降至 1.35%。而日本對菲律賓直接投資由 2006 年 427 億日圓增加至 2007 年 1,244 億日圓，成長 191%。

　　日印尼 EPA 亦於 2008 年生效，日本與印尼貿易額 2006 年至 2007 年從 37,635 億日圓增加至 43,481 億日圓，成長 15.5%。日本對印尼輸出從 8,875 億日圓增加至 11,274 億日圓，成長 27%，輸入從 28,760 億日圓增加至 32,207 億日圓，成長 12%。對印尼輸出佔日本總輸出比重從 2006 年 1.15%微升至 2007 年 1.32%，對印尼輸入佔日本總輸入比重亦從 4.2%微升至 4.3%。而日本對印尼直接投資由 2006 年 864 億日圓增加至 2007 年 1,207 億日圓，成長 39.7%。

　　大抵而言，在 EPA 簽署以及生效後，日本與締約國間的貿易均呈現相當幅度的成長，並且輸出入或其中一項也多高於日本對世界的成長率，但是其佔日本的貿易比重則微升或微降變化不大。而日本的直接投資除對智利外皆增加。

三、日本的課題

（一）日本 EPA 協定與 WTO 的整合性及設計評價

　　依照世銀的報告，有效的雙邊特惠貿易協定取決於其架構設計與執行。因 EPA 等特惠貿易協定只是次善的選擇，為確保改革開放策略的持續及可靠性，其架構設計的關鍵除了低域外貿易障礙外，尚包括所有主要領域的總括性自由化以及非限制性（非排他性）的原產地規定[30]。然而 FTA 原產地規定為其基本形成條件，且為 WTO 規定所許可者，因此世銀的「非排他性」原產地規定的見解可否據以評估特惠貿易協定的有效性尚有商榷之處。

　　日本與東協國家 EPA 協定的內容中，商品貿易自由化涵蓋程度與 10 年的時期設計基本上符合 WTO 的要求。但商品自由化例外品項的保留及原產地規定，雖不違反 WTO 規定，但依世銀有效的雙邊特惠貿易協定的基準，仍待商酌。服務自由化上各國國情不同，涵蓋領域多寡有別，以日新各承諾開放 86% 及 89% 市場，雖與實質所有品項仍有距離，但可算是高水準。另整體而言，因為是 EPA 所以商品貿易以外的涵蓋領域廣泛，其中更包括技術在內的經濟合作，可說是高層次的經濟自由化協定。

（二）日本與東亞雙邊 EPA 的軸心效果與義大利麵碗效應課題

1. 追求 EPA 網絡軸心（hub）效果的課題

　　日本在全球性 RTA 風潮下，特別針對東亞區域多國間同時期平行展開的 EPA 洽簽，雖可以理解是日本追求 PTA 網絡軸心地位及效益的策略性展開，但不可諱言的是因此也會蒙受不利的影響。

---

[30] World Bank, *Global Economic Prospects: Trade, Regionalism, and Development*（Washington, D.C.: The International Bank for Reconstruction and Development/ The World Bank, 2005b），pp.72。

　　日本追求 PTA 網絡軸心地位除經濟效益外，因為網絡軸心國經濟利益較大而可能得到國內產業在推動上較大力的支持。但是多數重疊的 EPA 架構下亦會因為義大利麵碗現象（spaghetti- bowl phenomenon）而遭受成本增加的不利益。[31]此成本增加的不利益主要來自前述日本與東亞各國間原產地規定的差異。日本在日馬 EPA 協定中導入東協累積例外規定或對協商中的日本東協 EPA 提出日本東協原產的概念都是希望調和不同國家間原產地規定的差異以減低其所導致的成本，但是如何擴及東協以外的國家是日本進一步必要注意的問題[32]。

　　此外，與不同對手國締結的 EPA，因對手國經貿發展程度不同導致國內產業經濟效益的差異所引起的政治反彈的問題亦值得注意。一般而言，對手國的經濟發展、自由化程度的差距越大，特惠協定締約後的整體經濟效益可能越大，亦即先進國與開發中國家的特惠貿易協定。若與差距不大的對手國締約則可能整體經濟效益有限外，因為締約導致國內產業交易條件的惡化以及個別產業影響的差異所衍生的政治反彈可能更大。

　　還有不同國家 EPA 的自由化進展程度或對手國政經能力的差異導致執行上回饋締約國利益與協定承諾上的落差問題。

　　最後日本是雙邊、區域及多邊的三軌並行戰略，雙邊協商上投入過多資源必然排擠多邊甚至區域協商的資源。如何妥善安排協商

---

[31] 參照 Bhagwati, Jagdish N. and Arvind Panagariya, "Preferential Trading Areas and Multilateralism: Strangers, Friends or Foes?", in Jagdish N. Bhagwati and Arvind Panagariya eds. *The Economics of Preferential Trading*（Washington, D.C.: AEI Press,1996）, pp. 1-78。

[32] 關於因應雙邊特惠貿易協定的排他性負面效應所導致世界貿易體制的支離破碎問題，從 EU 的經驗及其修改調和原產地規則的發展趨勢（the Pan-European Cumulation System, PECS, 1997），R.Baldwin 提出區域性貿易協定多邊化（the multilateralisation of regionalism on a global scale）的解決構想。參照 Baldwin, Richard, "Multilateralising Regionalism: Spaghetti Bowls as Building Blocs on the Path to Global Free Trade," *NBER Working Paper* 12545, 2006, <http://papers.nber.org/papers/W12545>, pp.31-35.

資源的運用，如雙邊與多邊的協商領域的優先順序或雙邊協商上同
領域問題的先後協商時間的安排以免造成過重負荷等問題。

2. EPA 與原產地規定的內外排他性的衍生問題

多數獨立重疊的 EPA 架構，表面上透過雙邊協商似乎形成多
邊網絡，但實際上各雙邊協定都是獨立狀態，因此與多邊協商的自
由化內容大不相同。如前述義大利麵碗效應下由於與各締約國間原
產地規定的基準不同形成對非締約國的排他性導致成本增加的負
面結果。

其一是，EPA 誘發排除良幣的負面選擇效應。各國企業為享受
特惠原產地規定的優惠，跨國分工或採購的選擇對象轉向集中 EPA
締約國的企業，此種誘發效應會導致市場的扭曲。因為 EPA 的特
惠而無視其合作對象的能力優劣下，不管是透過貿易或所誘發的直
接投資，國際分工的深化可能無法使企業真正享受國際互補效益即
降低成本提高競爭力的效益，反而導致機會成本的增加。

其二是執行原產地規定的行政成本。執行 EPA 協定多達數百
頁附件的原產地規定造成締約國的鉅大行政成本。2005 年日本經
產省為新擬以及執行與各國已訂 EPA 協定的原產地規定特別在其
貿易經濟合作局下新設「原產地證明室」，除業務電子化外並增加
執行的人力以為因應。根據研究，執行原產地認證的行政成本形同
對企業賦課其出口價格 2 至 5%的新稅負[33]。

而且與多邊架構下的自由化意義不同，原產地規定使 EPA 形
成一種附帶條件的自由化。只有能符合原產地規定的企業才能享受
特殊優惠，沒有能力主動達成原產地規定或受限於其衍生成本被迫
放棄的企業都被排除在外，貿易自由化的對象範圍實質上受到限

---

[33] 參照 Herin, Jan, "Rules of Origin and DIfferences between Tariff Levels in EFTA and in the EC" *EFTA Occasional Paper No.13*, 1986 及 World Bank, *Global Economic Prospects: Trade, Regionalism, and Development*, pp.70。

制。對此，日本國內呼籲政府正視原產地規定對企業成本增加的負面效應問題[34]。

（三）日本 EPA 的商品自由化例外項目與農業自由化問題

各 EPA 中都設有商品自由化的例外項目，其中包括被排除、再議以及實施關稅配額的部份自由化商品品目。此一方面是因為現行 WTO 第 24 條對實質所有貿易自由化規定的意義並不明確，另一方面也因為締約國確有部份敏感性產品在各國內難以自由化的實情。

但例外品目的規定卻可能造成對品目別產品的相對保護，進而形成品目別壁壘化，嚴重挑戰多邊自由化的可能性。而協定中的例外品目，日本主要集中在農產品。亦即日本在雙邊協商中，要求對手國開放工業製品市場，但對手國皆相對要求日本開放農產品市場。

日本市場相對其他東亞國家較大，其開放對東亞經濟的整合意義重大。特別日本農產品市場的開放是新加坡以外東亞國家關切的焦點之一。1990 年代末葉以來日本的農政改革雖然局部促進國內農業自由化的進展，但國內農業團體對於開放的程度、進程等仍然相對保守。雙邊協商的優點即在針對此種敏感性領域的交涉上相對於多邊協商較易取得對手國的諒解與共識。基本上，日本以農業對糧食供給安全以及多功能性機能作為無法全面或立即自由化的主要理由。

日本已簽約生效的 EPA 中，日新 EPA 不含農業協商，以下就含農業協商的日墨及日馬 EPA 協商針對農業的主要問題說明。日墨 EPA 協商中，墨西哥提出 EPA 應包含農產品協商，但墨國的立場是以不對日本農業造成威脅原則下希望日本開放農產品市場，特

---

[34] 如日本貿易振興會的相關建言，參照日本貿易振興会，《経済連携協定における原産地規則に関する要望（2005 年 3 月 3 日）》（東京：JETRO，2005）。

別針對墨國關切的熱帶農產品、蔬果、家禽、牛豬肉、飲料加工品等，同時承諾對敏感性品目的考量。日本以糧食供給安全以及多功能性機能的主要理由說明國內農產品市場無法全面或立即自由化的困難。另外針對墨國芒果等對日出口農產品的衛生檢疫（Sanitary and Phytosanitary Measures, SPS）問題，日本表示應由雙方專家間討論處理也願意配合進行，但日本的檢疫措施是對世界各國平等公開實施，不會針對特定國家作特別的處理[35]。

　　日本對馬來西亞 EPA 協商中，日本亦以糧食供給安全以及多功能性機能的主要理由說明國內農產品市場無法全面或立即自由化，特別是澱粉、砂糖、木瓜等品目。關於林產物的關稅保護，日本除了說明國內自給率下降的理由，主要還著眼於環保及對再生可能的天然有限資源的永續利用。日本並提議另行商討馬國為保護國內木材加工業採取林產物出口稅等限制、以及合法採伐對環保影響上的疑慮等問題。日本針對馬國要求水產品市場自由化問題，說明水產自由化應與國際資源管理及保護架構相整合以確實維護水產資源的永續利用，另外日本沿海漁業除面臨小規模經營的限制，亦為維護水產業及漁村的多功能性機能因此自由化有其困難性。馬國強調原則上同意永續發展漁業及養殖業的原則。另外針對馬國蔬果、高價畜產品、水產品等對日出口農產品的衛生檢疫措施（SPS）、日本市場需求的掌握及滿足日本消費者需求的能力建構等的技術合作要求，日本表示合作的意願，並提議另闢 EPA 以外場合就衛生檢疫措施的問題進行協商[36]。

---

[35] 參照日・メキシコ経済連携共同研究会，〈日・メキシコ経済連携共同研究会報告書〉，2002，《経済関係強化のための日墨共同研究会報告書》，<http://www.mofa.go.jp/mofaj/area/mexico/nm_kyodo/index.html >，第 2 部貿易及び投資の自由化，頁 14-15。

[36] 參照日・マレーシア経済連携共同研究会，〈日・マレーシア経済連携共同研究会報告書〉，2003，《経済連携（FTA/EPA）の推進について》，<http://www.meti.go.jp/policy/trade_policy/epa/data/malaysia_report_j.pdf>，頁 7-9。

　　但是一如 WTO 多邊協商的爭議，國內生產與糧食安全是否能劃上等號，糧食安全的問題反而應在開放體系下考量供應來源的安定性與多元化以及糧食儲備機制的建構等。另外農業對社會的生產、生態及生活上多功能性機能的維護亦不是只以農業保護就可以達成，應就個別功能的維護上提出個別因應對策，況且開放體系下的國際合作更有助於農業多功能性機能的維護。

　　日本農業自由化的方向無法抵擋，但純就協商的角度，農產品市場開放的策略性運用則是日本政府對外經濟戰略上可以使用的一張牌，但是不應作為要求對手國開放工業製品市場的交換工具。另外站在整體經濟考量的戰略性制高點，亦應對國內農業團體提出廣泛領域的經濟合作與整合對日本整體經濟的利益、農業自由化的利弊以及降低農業衝擊的對策等的說明以取得農業團體的配合，特別農業自由化的效應不僅限於對生產者的影響，亦應強調對消費者福祉的影響。還有老年化下農業就業人口絕對不足等生產條件惡化的因應上，除開放農企業的進入外，外籍農業勞工的開放亦是自由化應考慮的一環。農業自由化的國內配套措施如所得、環保直接給付措施的全面實施，加強促進優質農產品出口措施如協助國際行銷等幫助農民亦能受惠於自由化。

（四）日本洽簽東亞 EPA 對中國及台灣的處理態度

　　日本整合東亞經濟中並未將中國設定為優先洽簽對象國家。日本對中國積極整合東亞經濟，強化其政經影響力的態度十分保留，在與中國締結雙邊貿易協定上則以觀察中國履行世貿承諾作為前提，排除積極與中國協商的可能性。其原因除了政治、歷史情節外，以經濟上的原因而言，兩國即使締結 FTA，由於多項日本農產品及中國工業製品，極可能被設定為自由化例外項目，因此縱然締結 FTA，中國可能不會撤除或調降日本對中國汽車、電子電氣等主要出口相關工業製品關稅。

　　然而，中國經濟崛起後，已成為東亞國家出口的主要吸納市場。並且，中國經濟高度成長背後也潛藏國營企業不良債權問題、泡沫化、通貨緊縮的金融危機，並且人口結構的少子化與快速老化、資源大量耗用的經濟結構與發展模式已然反轉成為制約其持續成長的原因。以目前中國在東亞區域經濟的比重，中國經濟失衡必定首先衝擊東亞國家，是以日本希望建構對其企業有利的東亞經營投資環境前提下，實際上已無法繼續將中國排除在外。

　　另外，台灣是否納入日本的東亞經濟整合構圖中，以 WTO 的獨立關稅地區加盟會員身份而言，台灣並無法律地位上的問題，但因受制於中國的一個中國原則，日本政府並不積極。日本的官方見解是，雖然理論上、法的地位上，台灣是應納入 EPA 協商的檢討對象，但是純就經濟利益而言，台日雙方的關稅差異不大，雙方貿易自由化後可能產生的經濟效益有限。因此進行台日 EPA 協商不如針對產業界的期望，以宏觀的角度就個別領域的具體事項進行協商強化雙方經貿關係的作法較為妥當[37]。

（五）日本整合東亞區域經濟的未來藍圖（東亞 EPA 的構想）

　　為因應與東亞國家 EPA 締造的區域性整合問題以及國內的經濟調整，2006 年 4 月日本政府提出最新的全球經濟戰略，其中所勾勒的東亞經濟整合的新方策上，特別強調「東亞 EPA 構想」並規劃催生「東亞版 OECD」作為推動東亞經濟整合的機構。此「東亞 EPA 構想」的重點在於東亞「產業基礎型公共財」的建構，其中包括形成日本與東亞國家共創「亞洲標準」以及以民間為主導的東亞投資環境整備[38]。構想中希望涵蓋東協 10 國、日、中、韓、

---

[37] 參照外務省，〈我が国の FTA 戦略〉。
[38] 日本新提出的「東亞 EPA 構想」參照経済産業省，《グローバル経済戦略》（東京：経済産業調査会，2006），頁 35-40。而東亞「產業基礎型公共財」乃指為促進東亞產業高度化及區域內的生產網絡更具效率及整合合力，除透過 EPA 促進經濟自由化外，日本提議將日本過去為建構產業發展基礎所施行的制度、經營模式、政策手段等的經驗和知識等體系化，並與區域國家

印度、澳洲及紐西蘭等 16 國，日本預計 2007 年與東協 EPA 協商完成後啟動與構想中其他國家的協商。協商架構包含商品貿易、投資、服務、智慧財產權、經濟合作等領域。

　　具體內容上，貿易自由化、順暢化，促進電子電氣製品及汽車等領域的貿易自由化帶動東亞分工體系的升級，同時亦進行物流順暢化及人力育成的國際合作；整備投資規則，整備涵蓋製造業及服務業投資自由化及投資保障規則，另外放寬技術授權限制，締結租稅協定以防止雙重課稅等制度的整備亦應與 EPA 同時進行；人員移動，促進有護士、照護人員資格人員的引進，整備促進日本高級人才在東亞地區自由活動的制度如入境簽證手續的便捷化等；智慧財產權保護，以高於 WTO・TRIPs 協定的標準進行商標保護等，設定域內共同達成的智慧財產權保護目標並由各國制定行動計畫朝目標的實現進行共同合作；爭端解決機制，成立中立的國際爭端解決機關特別針對投資人與國家能以對等立場進行爭端解決的機制[39]。

伍、日本與東亞國家經濟合作協定對台灣的影響與啟示

一、日本 EPA 對台灣的影響

　　台灣不是日本 EPA 的締約國，所以蒙受經濟不利益是預料的結果。但根據前出表 6-14 清田耕造（2006b）的試算結果可知日新與日墨 EPA 對台灣 GDP 的影響為 0.01% 及 0%，顯示台灣經濟基

合作將其發展成更具普遍性，區域內適用的公共財，以助益東亞區域產業發展環境的改善。日本的經營模式如日系企業的零庫存即時進貨管理模式（Just-in Time System），政策如日本中小企業輔導政策的「企業診斷士」制度、「資訊處理技士」檢定制度，區域經濟振興政策的「一村一品」運動等。
[39] 參照經濟產業省，《グローバル經濟戰略》，頁 37。

本上並不受影響，此結果還比負效益的馬來西亞與新加坡為佳。但從同表亦可知，中國東協 FTA 對台灣就產生負效益的結果。由於東協國家大都是農業與食品產業的生產與出口國，台灣農產品出口將面臨更大的挑戰，此外台灣工業製成品亦可能受到排擠效應的影響[40]。

　　另外黃兆仁、朱浩（2004）的試算亦顯示類似結果，表 6-16 可知中國東協、東協加 3（中日韓）FTA 的情況下，台灣都不利，尤其東協加 3 的 FTA 對台灣最不利，GDP 將減少 0.1 至 0.16%。

表 6-16　東亞經濟整合對台灣經濟之衝擊　　　　　　(%)

	東協	東協加中國	東協加中日韓(2)	東協加中日韓(3)
GDP				
貿易條件	0.013	-0.014	0.022	0.028
利水準	-0.007	-0.026	-0.046	-0.092
總產值	-0.06	-0.09	-0.28	-0.44
出口值	0.039	0.007	0.186	0.106
進口值	0.038	-0.002	0.197	0.134

注：1.CGE 模型，GTAP5.4 版 1997 年資料的模擬試算結果。
　　2.中日韓簽約但未成立 FTA。
　　3.中日韓簽約並成立 FTA。
資料來源：黃兆仁、朱浩，《東亞經貿整合中長期趨勢與台灣定位》（台北：行政院經濟建設委員會，2004），表 11，頁 38。

---

[40] 對於東協加 1 可能產生的影響上，由於其協定基本上是根據 WTO 對開發中國家的授權條款規定所成立，因此不但不受涵蓋實質所有貿易品目的約束，其時程也超過一般設定的 10 年，而且其自由化例外品目及原產地規定也不明確。所以有學者認為至少短期內應不致對非締約國造成太嚴重的經貿影響，而中國與東協的主要目的應是在吸引域外國家直接投資的示範效果以及中國增加其對域外國家影響力的政治效應上。參照木村福成，〈東アジアにおける FTA 形成の動き：期待と懸念〉，《世界經濟評論》，10 月号，2002，頁 6-9。另外東協加 1 可能產生中國引導東亞區域合作方向的驅動力作用。請參照鄧中堅、李文志、李國雄等，《中共加速推動區域整合對東亞及台灣之影響》中華歐亞基金會政策專題研究（台北：中華歐亞基金會，2005），頁 38-39。

其他試算結果也都顯示東協加 3 FTA 的架構下台灣經濟會遭受更大負面效應的類似結果，陳元保等（2004）的試算，東協加 3 的情況下， 2005-2008 的四年台灣 GDP 合計會產生-0.07%的結果[41]。劉大年、杜巧霞、林培州等（2004）的試算，日新、日韓、中日韓及東協加 3 的情況下，各對台灣 GDP 會產生-0.02%、-0.08%、-0.71% 及-0.98%的結果[42]。徐世勳、蔡名書（2001）的試算，東協加 3 的情況下，會使台灣實質 GDP 減少 0.014%，貿易條件會惡化0.46%，福利水準降低 8.06 億美元。而對台灣出口的影響試算，台灣的農業部門會減少出口 3.17 億美元，尤以食品產業減少 2.68 億美元最嚴重，電子與電機業及石化業亦各將減少 6.86 億美元及 4.21 億美元[43]。

而日本雙邊 EPA 對台灣經濟的影響依清田耕造(2006b)表 6-14 或劉大年等（2004）的試算結果，似乎不大。但此主要是針對商品與服務自由化的量化經濟效益，事實上 EPA 成立後貿易的後續效應是對投資的影響。EPA 成員國間相互投資等生產要素流通自由化的特惠，不但促進域內投資的增加，更會增加對域外直接投資的吸引力，此間接將造成台灣吸收外資上的負面影響。另外台灣企業也會為享受特惠而增加對 EPA 域內國家的投資，甚至將締約國外的生產基地轉移至締約國，以符合適用特惠關稅之原產地規則，則更將會導致非締約國台灣投資外移的轉向效應，以及國內產業空洞化、競爭力下滑的可能延續效應。

---

[41] 參照陳元保、周濟、郭乃鋒、彭素玲，《全球經貿結盟區域化與雙邊化的趨勢與衝擊》行政院經濟建設委員會委託研究計畫（台北：行政院經濟建設委員會，2004），頁 93。

[42] 參照劉大年、杜巧霞、林培州等，《全球 FTA/RTA 整合發展趨勢及我國因應策略》行政院經濟部國貿局委託研究計畫（台北：中華經濟研究院台灣 WTO 中心，2004），頁 149。

[43] 參照徐世勳、蔡名書，〈區域貿易協定演變對 APEC 與台灣經貿的影響評估——東協加三成立自由貿易區的模擬分析〉，《自由中國之工業》，91 卷 10 期，2001，頁 24-28。

　　杜巧霞、李欣蓁（2006）試算日本倡議的東亞 EPA 構想，即包括日、韓、中、澳、紐、印度及東協十國的 16 國整合下的動態效果，在關稅撤銷、貿易便捷化的行政、交易成本的下降以及後續的投資誘導等的影響結果，對台灣出口產生減少 31.26 億美元，進口產生減少 23. 98 億美元，實質 GDP 成長率產生下降 0.77%的影響[44]。

　　另外針對台灣農業的可能影響，顧瑩華、陳添枝、李盈嬌（2007）試算東協加三（日韓中）對台灣農耕業的產出會產生靜態（不含投資影響）上及動態（含投資影響）上-0.31%及-0.18%，對畜牧業各產生-1.27%及-1.36%，對食品加工業各產生-1.92%及-2.08%的負面影響，但對漁業則產生+0.13%及+0.14%，對林業產生+0.63%及+0.74%的正面影響[45]。

　　而川崎賢太郎（2005）試算日泰 EPA 全面自由化及考量日本單獨排除敏感性項目米、砂糖、雞肉下，對台灣農耕業的產出各產生-0.8%、-0.1%，對畜牧業-1.3%、-0.1%，對漁業-0.2%、-0.1%，對食品加工業-0.5%、-0.4%，對敏感性項目-2.0%、-0.1%的影響。[46]另日韓 EPA 全面自由化及考量日本單獨排除敏感性項目米、乳品、豬肉下，對台灣農耕業的產出各產生-0.2%、-0.1%，對畜牧業-0.4%、-0.1%，對漁業-0.3%、-0.2%，對食品加工業-0.4%、-0.3%，對敏感性項目-0.5%、-0.1%的影響[47]。此結果顯示排除敏感性項目的自由化措施對非締約國的台灣有緩和負面經濟效應的作用。

---

[44] 參照杜巧霞、李欣蓁（2006），pp.3-5。

[45] 東協加三對台灣產業產出的負面影響上，製造業的紡織業最大（靜態減少 8.9%、動態減少 9.97%，以下同），其次成衣業（1.44%、2.21%），第三為塑化業（1.67%、2.49%）。但也有正面影響的產業，電子業（靜態增加 2.64%、動態增加 1.81%），其次其他運輸工具（1.42%、1.14%），第三為金屬製品（1.23%、0.79%）。參照顧瑩華、陳添枝、李盈嬌（2007），pp.217，表 8-12。

[46] 參照川崎賢太郎，「GTAP モデルによる日タイ FTA および日韓 FTA の分析」鈴木宣弘編『FTA と食料——評価の理論と分析枠組』（東京：筑波書房，2005），表 8，pp.211。

[47] 參照川崎賢太郎（2005），表 13，pp.222。

　　所有東亞 FTA 的經濟效益試算結果均顯現台灣若無法參與成為其中一員的情況對台灣經貿的負面影響。特別東亞經濟整合的範圍越大，FTA 的涵蓋範圍越大對台灣不利的影響越大。相反地，若台灣加入東亞FTA 則可以得到正面的經濟效益。浦田秀次郎（2006）模擬商品貿易自由化情境下的估算，台灣 GDP 將增加 1.5%，在所模擬情境的東亞國家內大於日本、香港與中國的效益。（參照表6-17）

表 6-17　加入東亞 FTA 對台灣的經濟影響

台灣	日本	中國	香港	韓國	新加坡	馬來西亞
1.51	0.05	1.27	1.41	1.71	2.26	2.83
泰國	菲律賓	印尼	越南	美國	EU	澳紐
15.90	2.02	5.61	8.42	-0.06	-0.01	-0.23

注：1. GTAP 模型模擬表中所有東亞國家締結 FTA 時對各國 GDP 影響的試算結果，
　　2. 只針對貿易自由化估算，不含投資或服務自由化的效益，
　　3. 對各國 GDP%的變化。
出處：浦田秀次郎，〈貿易・投資主導の經濟成長と地域統合〉，伊藤健一、田中明彥監修《東アジア共同体と日本の針路》（東京：NHK 出版社，2006），表 11，頁 172。

　　其他模擬台日 FTA 締結下的台灣試算亦顯示類似結果，台灣經濟研究院（2002）的試算，對台灣 GDP 會產生 0.98%的增加效果，中華經濟研究院（2004）的試算，對台灣 GDP 會產生 1.57%的增加效果[48]。

　　然而日本並不積極與台灣洽簽 EPA，其官方見解雖如前述，但眾所周知真正原因在中國的阻撓。台灣的經貿實力本應成為東亞區域經濟整合中各國積極爭取的締約國對象，但是台灣與中國間長期的敵對關係，中國封鎖台灣在國際上一切可能具有主權國家意涵的

[48] 參照劉大年、杜巧霞、林培州等，《全球 FTA/RTA 整合發展趨勢及我國因應策略》，頁 140、149。

對外關係，也阻撓台灣與其他國家洽商的 PTA。中國在東亞政經整合中扮演的角色越重，就會越壓縮台灣參與東亞經貿合作的空間。因此不但是日本，台灣在東亞區域內所有進行的 PTA 網絡中都有被邊緣化的危機。

二、對台灣的啓示與台灣因應之策

（一）對台灣的啓示

　　日本在東亞區域整合的經驗顯示，唯有積極參與國際整合事務以及改革國內經濟結構的雙管並進下，才能夠保障本國的政治與經濟利益，並進而拓展國際經貿合作。

　　日本在拓展東亞 EPA 的過程中亦遭受內外的阻撓，外有與中國的亞洲主導權競爭以及東亞國家對日本的戒心，內有各產業利益團體、環保及勞工團體的抗爭。因為面臨諸多障礙，日本與他國間 EPA 的簽洽過程無法事先預期成果目標，只是按部就班，一個接一個確實地洽商、完成訂約及付諸實施。在洽簽過程中日本除累積成功案例的經驗外，並對其國內逐步形成實施 EPA 的動力，在國內對改革尚未完全形成共識前，EPA 洽簽是逐步推動經濟結構改革的有效方略。

　　因此日本在 EPA 的簽定上，除積極主動的態度外，按部就班、彈性協商是雙方最後達成共識締約的主因，另其國內經貿結構的改革成果亦使對手國增加洽簽的意願。

　　當前台灣苦於政治因素無法參與亞洲積極進行中的經濟整合。日本洽簽 EPA 上採取積極參與國際整合事務以及改革國內經濟結構的雙管並進的大戰略提供台灣 FTA 洽簽戰略不只從外部的對手國，從內部經貿結構的確實改革上著手亦是增加對手國洽簽意願的重要切入點的啟示。

　　另外，日本與馬來西亞及東協整體 EPA 的設計中，原產地規定的累積性原則雖然對日本及東協國家具正面、積極性意義，但卻可能對台灣造成嚴重影響。主要在其對非締約國中間財零組件貿易的轉向效應以及衍生的投資轉向效應。目前台灣與日本或東協國家間的貿易結構的重心就是中間財零組件，因此台灣應即時針對此種可能的負面效應進行產業、產品別的深入研究並提出可行對策以為因應。

（二）台灣因應之策

　　台灣對東亞地區的貿易、投資及技術輸出上雖然保有一定程度的相對優勢，但若未能參與亞洲國家的經貿整合，則相對優勢可能會受特惠貿易協定安排的影響而被抵消。台灣產業與中國、日本及東南亞地區的當地產業均保持密切的垂直或水平分工關係，而出口也極大部分仰賴此地區市場，若此地區逐步形成不含台灣的自由貿易區，區域內產業分工模式勢必重組，除對台灣產品造成排擠效應，亦會加速台灣廠商的外移，則台灣在亞洲經濟整合過程中就會遭遇被邊緣化的負面影響。面對此趨勢，台灣的因應之策，基本上可分為積極參與國際經濟整合事務以及推展國內改革的兩個方向。

1. 積極進行改革，強化經濟競爭力

　　東亞區域經濟整合中，台灣首要之務就是強化投資經營環境，持續發展國內經濟。此除提升台灣企業在拓展全球貿易與投資時的國際競爭力維持台灣的國際經貿地位外，並在東亞各國進行區域經濟整合之際，營造納入台灣必要性的有利環境，也同時促進對台投資，更提升台灣的經營、經濟競爭力。

（1）提升服務業生產力，拓展服務貿易

　　服務業占台灣 GDP 的比重超過 7 成，已成為經濟發展的主力。提升服務業的競爭力，可有效帶動經濟成長與就業。因此，中

華經濟研究院的「全球化和中國經濟崛起對我國的挑戰、願景與策略之研究」報告指出台灣未來的發展願景應以發展「全球加值服務中心」為目標，藉以順應全球化的趨勢、強化產業服務內涵提升附加價值及以服務促進生活品質[49]。

東亞國家戰後的經濟發展中，服務業普遍呈現劣勢，因此提升服務競爭力不只助益國內經濟的進一步發展，更可形成吸引其他東亞國家尋求台灣洽簽 FTA/EPA 的魅力。

目前世界經濟發展趨勢中，服務貿易已成為國際分工重要且深具潛力的一環。日本政府於 2006 年所提出的「新經濟成長戰略」，除了持續技術創新外，特別將提升服務業生產力列為活化區域經濟的具體策略，藉以因應日本國內人口高齡化與勞動力短缺的危機以及服務貿易重要性日益提升的趨勢變化[50]。近代經濟發展過程中，技術創新成為經濟成長的主要驅動力，特別近年來 ICT 技術的運用，同時促進農業、製造業與服務業的升級。台灣必須順應此潮流再提升服務的創新能量，帶動整體產業服務內涵的提升，增進附加價值。

（2）強化農業競爭力，發揮農業多功能性機能

農業是台日雙方敏感性產業，市場開放後最大疑慮是既有農產品競爭力的問題。除了市場區隔、產品差異化等的努力下進行結構的互補性調整外，農業多功能性機能的維護與發揮上雖然雙方各有進展，但農政改革與民間實際推動經驗的進一步交流有其必要[51]。

---

[49] 參照蕭萬長、麥朝成、柯承恩，《全球化和中國經濟崛起對我國的挑戰、願景與策略之研究》行政院經濟建設委員會委託研究計畫（台北：行政院經濟建設委員會，2006），頁 2-33。

[50] 參照經済産業省，《新経済成長戦略》（東京：経済産業調查会，2006），頁 183-235。

[51] 有關日本因應 WTO 農業自由化的農政改革及其對台灣的啟示，參照 Jen, Eau-tin, "The Implications of Agricultural Domestic Support of Japan on World Agricultural Trade Liberalization to Taiwan," in Tai Wan-chin eds., *New Development in Asia Pacific and the World*（Taipei: Taiwan Elite, 2006），

若目前政府間合作的進行有困難，建議在官方協助下，由民間先行展開台日合作機制的建構。不但希望透過相互交流與理解減少日本政府相關部會及其國內農業團體對台日 EPA 洽簽的阻力，更希望轉化為洽簽的助力，並助益台灣農業競爭力的再造及多功能性機能的維護與發揮。

（3）擴充國際接軌機制，改善投資經營環境

去除貿易相關障礙上，關稅、非關稅障礙外，降低貿易成本方面，貿易投資便捷化、電子化是全球的發展趨勢。目前台灣列為國家重要旗艦計畫的貿易投資便捷化推動工作，不但助益台灣企業的貿易成本降低，更增進外國企業的對台貿易意願。台灣應繼續推動類似的貿易順暢化改革措施，使台灣對外接軌機制更圓滑，更改善台灣的投資經營環境。

2.積極參與 WTO 協商累積參與東亞經濟整合的能量

台灣參與東亞經濟整合的可能性雖受阻於中國，但可以會員國身份積極參與 WTO 的全球經貿體制協商，從全球制度面改革減少東亞區域整合對台灣被排除下可能造成的不利益。目前 WTO 整體協商雖然陷入膠著狀態，但對 RTA 規定的改革上卻有進展[52]。台灣可以結合其他國家，特別針對與 FTA/EPA 有關的 RTA 規定的改革上提出有力與可行的提案，在全球經貿制度的談判決策過程中，發揮影響作用，加速全球經貿的自由化，間接減緩東亞經濟整合對台灣的負面效應。

---

pp.224-236.
[52] 參照汪惠慈，〈區域貿易協定──透明化議題之分析〉，2006，《中華經濟 WTO 中心》，<https://www.wtocenter.org.tw/SmartKMS/do/www/readDoc?document_id=76554&action=content>及杜巧霞、汪惠慈，〈區域貿易協定 RTA 實質性議題之最新發展與評析〉，2006，《中華經濟研究院台灣 WTO 中心》，<http://192.192.124.14/SmartKMS/do/www/readDoc?document_id=78923>。

3. 以開放態度積極面對中國，並持續推動與友好國家簽署自由
　　貿易協定

　　面對中國的抵制，台灣更應積極與世界所有國家及國際組織加
強接觸。持續推動與重要友好國家洽簽自由貿易協定的既定政策
外，更應加強對國際經濟社會的付出與貢獻，以提升台灣的國際地
位。除 WTO 場合外，在亞洲區域積極透過亞洲開發銀行或是亞太
經濟合作會議的管道，提供東亞經濟整合上具建設性的建議及付出
貢獻，以切入參與東亞經濟的整合過程。

　　另與友好國家簽署自由貿易協定上，台灣目前與中南美洲邦交
國的巴拿馬、瓜地馬拉已簽署 FTA 並付諸實施。基於地緣、經貿
關係，亞洲國家雖是台灣的優先選擇，因受阻於中國，只停留在民
間評估、共同研究階段。

　　但為建構雙邊自由貿易網絡上的有利地位，亞洲國家仍應是台
灣洽簽 FTA 對手國的優先選擇，特別對日本的突破應更戮力。有
研究建議，短期內台灣可以利用實質及虛擬的 FTA 來避免貿易轉
向效果的衝擊。[53]虛擬架構的建議雖具創意，但在中國壓力下，亞
洲的可行性不高，另各 FTA 的排他性規定下，其實效性亦有爭議。

4. 與日本洽簽 EPA 之切入方策的初步構想

　　日本官方雖然表示雙方貿易自由化的經濟效益低是其對與台
灣洽簽 EPA 態度消極的原因所在，但眾所周知主要原因是在日本
對中國的顧慮。日本國內及國際的政治情勢瞬息萬變，以台灣與日
本經貿等各方面的緊密關係，台日 EPA 洽簽的機會仍舊存在，而
機會必須是台灣積極主動創造。

---

[53] 虛擬 FTA 的構想，參照黃兆仁、朱浩，《東亞經貿整合中長期趨勢與台灣定
　　位》行政院經濟建設委員會委託研究計畫（台北：行政院經濟建設委員會，
　　2004），頁 40。

本文針對台灣如何切入與日本洽簽 EPA 的方法上，基於低調、多軌、長期、務實原則提出方策管見。首先，EPA 的經貿合作領域範圍廣泛，實施後的實質經濟利益也較 FTA 大，故台日應以洽簽 EPA 為目標。

其次，台灣在亞洲經濟整合的過程中，因為中國的因素被排除，日本也顧慮中國的反彈而態度消極。為此，台灣在撮合台日洽簽 EPA 的過程必須保持低調。而目前台日的經貿協商主要管道是東亞經濟會議，但未來若以洽簽 EPA 為目標，因其涵蓋領域範圍較廣，牽涉的政府主管單位及利益、非利益團體較多，化整為零、分進合擊的戰略即多軌的進行遊說有其實質上的必要性。未來正式進入協商時再由政府出面統籌即可，而正式協商前則由外交部負責整合。另外，不論多邊或雙邊自由貿易協定的形成，均需有長期努力的心理準備。

第三，立即可行的建議是台灣政府著手建構促進台日 EPA 的機制平台以進行協商準備的先行性工作。此機制可從組成促進台日 EPA 小組並定期召開台日 EPA 論壇廣納各方意見開始。平台的運作可以定期性台日 EPA 論壇為主下分領域別研究會方式，並由雙方有識學者的研究為主進行討論，整合共識，會後向政府提交會議的共識與分歧點的結論報告書。此成果的累積可為未來雙邊協商的方向、交涉內容優先順序的選擇參考。此構想不只在研究評估雙邊 EPA 的經濟效益，更重要的是促進雙方有識人員的持續性意見交流，相互理解對手國的問題與困難，進而共同探討解決之策。

最後，未來台日 EPA 在貿易自由化外，更重要的是投資、服務、農業、技術合作、智財權保護等其他領域的開放與合作。面對開放的衝擊，各國內經濟改革的配合是必要條件。各領域中台日農業、服務業同樣都是長期受保護的內需型產業，開放所受影響也最深刻。從務實的角度，建議定期性台日 EPA 論壇從此兩大領域先行切入討論研究其雙邊開放的影響及改革與因應合作策略。此也是促成日本願意與台灣洽商 EPA 的著力點所在。

陸、小結與建議

近年來，東亞域內各國紛紛成立各種雙邊及區域性的自由貿易協定。日本在其 21 世紀新對外經濟戰略主導下也積極與新加坡、馬來西亞、泰國、印尼、菲律賓、汶萊等東亞國家以及域外的墨西哥、智利相繼簽署 EPA 並生效實施。台灣則在中國的阻撓下遲遲無法參與東亞經濟整合的活動。

特惠性貿易協定（PTA）屬性的 EPA 或 FTA 與 WTO 多邊協定不同，不管何者對非締約國均會產生經貿上以及政治關係上的負面效應。所有量化經濟效益的試算結果以及從日本與東亞雙邊 EPA 的內容設計，特別是原產地規定亦均顯示台灣作為非締約國極可能遭受經濟上的負面影響。因此台灣有必要積極研擬因應對策以突破困境。

從日本 EPA 的洽簽過程以及協定內容的設計，本章歸納涵蓋廣泛領域、包含技術在內的經濟合作、原產地規定的累積性原則等特點外，亦整理日本雙邊 EPA 的建構中，追求軸心效益、義大利麵碗效應以及商品自由化例外品目與農業自由化等的殘留課題。同時也說明日本洽簽東亞 EPA 對中國及台灣的處理態度，並說明日本最新提出的全球經濟戰略中東亞 EPA 構想的藍圖。

文中借鏡日本經驗提出積極參與國際經濟整合事務以及推展國內改革的內外兩個方向的對策提供台灣參考。對內積極進行結構改革，強化服務業、農業的競爭力並擴充貿易順暢化措施，改善國內的經營、投資環境，促進國內經濟競爭力同時也擴大、圓滑與國際接軌的機制，此亦會增加台灣吸引外資的魅力。對外積極參與 WTO 協商，累積未來參與東亞經濟整合的能量，並透過既有亞洲開發銀行或是亞太經濟合作會議的管道，積極提供東亞經濟整合上的建言或付出貢獻，以切入參與東亞經濟的整合過程。同時以開放態度積極面對中國，持續推動簽署自由貿易協定的計畫，友邦國家以外，更應積極推動對具戰略性價值國家的洽簽。日本是亞洲國家中優先選擇的對象。

　　對台日洽簽 EPA 基於低調、多軌、長期、務實原則本文建議台灣政府著手建構促進台日 EPA 的機制平台，此機制可從組成促進台日 EPA 小組並定期召開台日 EPA 論壇廣納各方意見開始。平台的運作可以定期性台日 EPA 論壇為主下分領域別研究會方式，並由雙方有識學者的研究為主進行討論，整合共識，會後向政府提交意見歸納報告。此構想不只在研究評估雙邊 EPA 的經濟效益，更重要的是促進雙方有識人員的持續性意見交流，相互理解對手國的問題與困難，進而共同探討解決之策。另外衡量台日雙方農業、服務業都是長期受保護的內需型產業，開放所受影響也最深刻，以務實的角度，建議從此兩大領域先行切入研究討論其改革與雙邊開放的影響與因應合作策略。此也是提升日本參與洽商意願，進而促成台日 EPA 洽簽的著力點所在。

　　在東亞經濟整合的過程中，台灣如何能在東亞經貿版圖變動的過程中持續保持競爭優勢，與日本 EPA 的洽簽具關鍵性的影響，台灣應排除萬難達成此課題。

參考文獻

一、英文部份（依英文字母序）

Akamatsu, K.（1961）, "A Theory of Unbalanced Growth in the World Economy," Weltwirtschaftliches Archiv 86, pp.196-215.

Ando, M., and F. Kimura（2003）, "The Formation of International Production and Distribution Networks in East Asia," NBER Working Paper 10167, http://www.nber.org/papers/w10167.

Aturupane, Chonira, Simeon Djankov and Bernard Hoekman（1999）, "Horizontal and Vertical Intra-Industry Trade Between Eastern Europe and the European Union," Weltwirtschaftliches Archiv, Vol.135, No.1, pp.62-81.

Augier, P., M. Gasiorek and Tong Charles Lai（2005）, "The impact of rules of origin on trade flows," Economic Policy, Vol.20, Iss.43, pp.567-624.

Baer, W., W.R. Miles and A.B. Moran（1999）, "The End of the Asian Myth: Why were the Experts Fooled?" World Development 27(10), pp.1735-47.

Balassa, B.（1987）, "Intra-Industry Specialization in a Multi-Country and Multi-Industry Framework," Economic Journal, Vol.97, pp.923-939.

Ballance, R., H. Forstner and T. Murray（1985）, "On Measuring Comparative Advantage: A Note on Bowen's Indices," Weltwirtschaftliches Archiv, Vol. 121, pp.346-350.

Balasa, B.（1979）, "The Changing Pattern of Comparative Advantage in Manufacturing Goods," Review of Economics and Statistics, Vol. 61, pp.259-266.

Balassa, B.（1978）, "Exports and Economic Growth: Further Evidence," Journal of Development Economics 5, pp.181-9.

Balasa, B.（1977）, " 'Revealed' Comparative Advantage Revisited: An Analysis of Relative Export Shares of the Industrial Countries, 1953-1971," The Manchester School of Economics and Social Studies, Vol. 45, pp.327-344.

Balassa, B. and Associates（1971）, The Structure of Protection in Developing Countries, Baltimore: The John Hopkins Press.

Balasa, B.（1965）, "Trade Liberalization and 'Revealed' Comparative Advantage," The Manchester School of Economics and Social Studies, Vol. 32, pp.99-123.

Balassa, B.（1961）, The Theory of Economic Integration, Homewood: Richard D. Irwin.

Baldwin, R.（2006）, "Multilateralising Regionalism: Spaghetti Bowls as Building Blocs on the Path to Global Free Trade," NBER Working Paper 12545, <http://papers.nber.org/papers/W12545>.

Baldwin, R. E.（2000）, "Trade and Growth: Still Disagreement About The Relationships," OECD Economics Department Working Papers No.264, Oct.

Baldwin, R.E.（1969）, "The Case Against Infant-Industry Tariff Protection," Journal of Political Economy 77, pp.295-305.

Beelen, E., and B. Verspagen（1994）, "The Role of Convergence in Trade and Sectoral Growth," in J. Fragerberg, B.Verspagen and N. V. Tunzelmann, eds., The Dynamics of Technology, Trade and Growth. London: Edward Elgar. pp.75-98.

Bhagwati, J., D. Greenway and A. Panagariya（1998a）, "Trading Preferentially: Theory and Policy," The Economic Journal 108(449), pp.1128-48.

Bhagwati, J., A. Panagariya and T. N. Srinivasan（1998b）, Lectures on International Trade 2nd edition, Boston: MIT Press.

Bhagwati, Jagdish N., and Arvind Panagariya（1996）, "Preferential Trading Areas and Multilateralism: Strangers, Friends or Foes?", in Jagdish N. Bhagwati and Arvind Panagariya, eds., The Economics of Preferential Trading, Washington, D.C.: AEI Press, pp. 1–78.

Bhagwati, J., E. Dinopoulos and Kar-yiu Wong（1992）, "Quid Pro Quo Foreign Investment," American Economic Review 82:2, pp. 186-190.

Bhagwati, J.（1978）, Foreign Trade Regimes and Economic Development: Anatomy and Consequences of Exchange Control Regimes, Ballinger Press for National Bureau of Economic Research, Mass.:Lexington.

Bosworth, B. and S. M. Collins（2000）, "From Boom to Crisis and Back Again: What Have We Learned?" ADB Institute Working Paper 7, http://www.adbi.org/files/2000.02.rp07.asian.crisis.lessons.pdf.

Bosworth,B. P., and S. M. Collins（1999）, "Capital Flows to Developing Economies: Implications for Savings and Investment," Paper presented at IMF Research Dept. Seminar, May 6,1999.

Borga, M. and Robert E. Lipsey（2004）, "FACTOR-PRICES AND FACTOR SUBSTITUTION IN U.S. FIRMS' MANUFACTURING AFFILIATES ABROAD," NBER Working Paper 10442, April, National Bureau of Economic Research.

Bowen, P. H.（1983）, "On the Theoretical Interpretation of Indices of Trade Intensity and Revealed Comparative Advantage," Weltwirtschaftliches Archiv, Vol.119, pp.464-472.

Bowen, P. H. (1985), "On Measuring Comparative Advantage: A Reply and Extension," Weltwirtschaftliches Archiv, Vol.121, pp.351-353.

Branstetter, Lee (2006), "Is Foreign Direct Investment a Channel of Knowledge Spillover? Evidence from Japan's FDI in the United States," Journal of International Economics 68:2, pp. 325-344.

Branstetter, Lee and Yoshiaki Nakamura (2003), "IS JAPAN'S INNOVATIVE CAPACITY IN DECLINE?" NBER Working Paper 9438.

Branstter, L. and M. Sakakibara(1998), "Japanese Research Consortia: A Micro-econometric Analysis of Industrial Policy," Journal of Industrial Economics 46(2), June, pp.207-33.

Cadot, O., J.de Melo, A. Estevadeordal, A. Suwa-Eisenmann and B. Tumurchudur(2002), "Assessing the Effect of NAFTA's Rules of Origin,"INRA Research Unit Working Papers 0306

Cadot, O., de Melo J. and A. Portugal-Pérez (2007), "Rules of Origin for Preferential Trading Arrangements: Implications for the ASEAN Free Trade Area of EU and US Experience," Journal of Economic Integration, Vol.22, Iss.2, pp.288-319.

Campa, Jose and Linda S.Goldberg (1997), "The Evolving External Orientation of Manufacturing Industry : Evidence From Four Countries," NBER Working Paper No.5919, Feb.

Cantwell, J. (1989), Technological Innovation and Multinational Corporations. Oxford: Blackwell.

Carolan, Terrie, Nirvikar Singh and Cyrus Talati (1997), "THE COMPOSITION OF U.S.-EAST ASIA TRADE AND CHANGING COMPARATIVE ADVANTAGE," UC Santa Cruz Working Paper No. 332, <http://rspas.anu.edu.au/economics/publish/papers/wp1997/9704.txt>.

Carroll, C., D. Weil and L. H. Summers（1993）, "Savings and Growth: A Reinterpretation.", Paper presented at the Carnegie-Rochester Public Policy Conference, Bradley Policy Research Center, Apr..

Chen, Been-Lon（2002）, "R & D and Productivity: The Case of Taiwan's Electronics Industry," ICSEAD Working Paper Series Vol. 2002-16, May, The International Centre for the Study of East Asian Development（ICSEAD）.

Chenery, H., and A. Strout（1966）, "Foreign Assistance and Economic development," American Economic Review 56(4), June, pp.679-733.

Cheung, Yin-Wong, Menzie D. Chinn and Eiji Fuiji（2003）, "The Chinese Economies in Global Context: The Integration Process and its Determinants," NBER Working Paper 10047, October, National Bureau of Economic Research.

Claessens, S., S. Djankov and G. Ferri（1999）, "Corporate Distress in East Asia: Assessing the Impact of Interest and Exchange Rate Shocks," reported in World Bank, "Public Policy for the Private Sector," Note No.172, Washington, D.C.,: World Bank, Jan.

Coe, D.T., and E. Helpman（1995）, "International R&D Spillovers," The European Economic Review 39, pp.859-87.

Cohen, W., and D. Levinthal（1989）, "Innovation and Learning: The Two Faces of R&D," The Economic Journal 99, pp.569-96.

Collins, S. M. and B. P. Bosworth（1996）, "Economic Growth in East Asia: Accumulation versus Assimilation," Brookings Papers on Economic Activity 2, pp.135-203.

Crowther, G.（1957）, Balance and Imbalances of Payments, Harvard University.

Cutler, Harvey, David J. Berri and Terutomo Ozawa（2003）, "Market recycling in labor-intensive goods, flying-geese style: an empirical analysis of East Asian exports to the U.S.," Journal of Asian Economics, Vol. 14, pp.35–50.

Dollar, D. (1992), "Outward-oriented Developing Economies Really Do Grow More Rapidly: Evidence from 95 LDCs, 1976-1985," Economic Development and Cultural Change 40(3), pp.523-44.

Dalum, B., K. Laursen and G. Villumsen(1998), "Structural Change in OECD Export Specialisation Patterns: de-specialisation and 'stickiness'," International Review of Applied Economics, Vol.12, No.3, pp.423-443.

Debroy, B., and D. Chakraborty eds. (2006), Use and Misuse of Anti-Dumping Provisions in World Trade: A Cross-Country Perspective, New Delhi: Liberty Institute and Rajiv Gandhi Institute for Contemporary Studies.

Development Bank of Japan(2003), "China's Economic Development and the role of Foreign-Funded Enterprises," Research Report No.39, May, Economic and Industrial Research Department, Development Bank of Japan.

Directorate-General of Budget, Accounting and Statistics (2002), Yearbook of Earnings and Productivity Statistics, Taiwan Area, Republic of China, 2001. Taipei: Directorate General of Budget, Accounting and Statistics.

Dosi, G., K.L.R. Pavitt and L.L.G. Soete (1990), The Economics of Technical Change and International Trade. Hemel Hempstead: Harvester Wheatsheaf.

Dowling, M. and C. T. Cheang (2000), "Shifting comparative advantage in Asia: new tests of the 'flying geese' model," Journal of Asian Economics Vol. 11, pp.443–463.

Doz, Y., J. Santos and P. Williamson (2001), From Global to Metanational, Boston: Harvard Business School Press.

Easterly, W. & R. Levine（2000）, "It's Not Factor Accumulation: Stylized Facts and Growth Models," World Bank Working Paper.

Edwards, S.（1998）, "Openness, Productivity and Growth: What Do We Really Know?" The Economic Journal 108（446）, pp.383-98.

Edwards, S.（2008）, "Sequencing of Reforms, Financial Globalization, and Macroeconomic Vulnerability," NBER Working Paper No. 14384, http://www.nber.org/tmp/61883-w14384.pdf.

Edwards, S.（1993）, "Openness, Trade Liberalization, and Growth in Developing Countries," Journal of Economic Literature XXXI(3), pp.1358-93.

Falvey, Rodney E.（1981）,"Commercial Policy and Intra-Industry Trade," Journal of International Economics Vol.11, pp.495-511.

Feridhanusetyawan, T.（2005）, "Preferential Trade Agreements in the Asian-Pacific Region," IMF Working Paper WP/05/149, IMF.

Fertő, Imre and L J Hubbard（2001）, "Regional comparative advantage and competitiveness in Hungarian agri-food sectors," Paper prepared for 77th EAAE Seminar / NJF Seminar No. 325. Helsinki: Finland, 2001/8/17-18..

Fontagne, Lionel, Michael Freudenberg and Nicholas Peridy（1997）, "Trade Patterns Inside the Single Market," CEPII Working Paper No.1997-07, April, Centre D'Etudes Prospectives et D'Informations Internationals.

Fontagne, L. and M. Freudenberg（2002）, "Long-Term Trends in Intra-Industry Trade," in P.J. Lloyd and Hyun-Hoon Lee, eds., Frontiers of Intra-Industry Trade. London: Palgrave Macmillan Press Ltd.

Freestra, Robert C. and H.Hanson Gordon（1999）,"The Impact of Outsourcing and High-Technology Capital on Wages: Estimates for the United States, 1979-1990" The Quarterly Journal of Economics, Vol.114, Issue 3, pp.907-940.

Freestra, Robert C. and H. Hanson Gordon(2001), "Global Production Sharing and Rising Inequality：A Survey of Trade and Wages," NBER Working Paper No.8732, July.

Freenstra, Robert T., Maria Yang and Gary G. Hamilton（1997）, "BUSINESS GROUPS AND TRADE IN EAST ASIA: PART 2,PRODUCT VERIETY," NBER Working Paper 5887, January, National Bureau of Economic Research.

Fry. M .J.（1988）, Money, Interest, and Banking in Economic Development., Baltimore, Md.: Johns Hopkins University Press.

Fukao,Kyoji, Hikari Ishido and Keiko Ito（2003），"Vertical Intra-Industry Trade and Foreign Direct Investment in East Asia," RIETI Discussion Paper Series 03-E-001, Research Institute of Economy, Trade and Industry.

Fukao, Kyoji, Ishido Hikari and Keiko Ito（2002）, "Vertical Intra-Industry Trade and Foreign Direct Investment in East Asia," RIETI Discussion Paper Series 03-E-001, Research Institute of Economy, Trade and Industry.

Geroski, P. A.（1995）, "Do spillovers undermine the incentive to innovate?" in S. Dowrick, ed., Economic Approach to Innovation, Aldershot, UK: Edward Elgar, pp.76-97.

Gerschenkron, A.（1962）, Economic Backwardness in Historical Perspective, Cambridge, MA: Harvard University Press.

Giovanni, Peri, and Dieter Urban, "Catching-Up to Foreign Technology? Evidence on the "Veblen-Gerschenkron" Effect of Foreign Investments," NBER Working Paper No. 10893, 2004, <http://papers.nber.org/papers/w10893.pdf>.

Godo, Y., and Y. Hayami（1999）, "Accumulation of Education in Modern Economic Growth-A Comparison of Japan with the United States," ADB Institute Working Paper No.4, December.

Greene, J. E.（2002）, "The Output Decline in Asian Crisis Countries: Investment Aspects," IMF Working Paper WP/02/25, Feb., pp.8-19.

Greenway, David, Robert Hine and Chris Milner（1995）, "Vertical and Horizontal Intra-Industry Trade：A Cross Industry Analysis for the United Kingdom," Economic Journal, Vol.105, Nov., pp.1505-1518.

Greenway, David, Robert Hine and Chris Milner（1994）, "Country-Specific Factors and the Pattern of Horizontal and Vertical Intra-Industry Trade in the UK," Weltwirtschaftliches Archiv, Vol.130, No.1, pp.77-100.

Grossman, G., E. Helpman and A. Szeidl（2006）, "Optimal Integration Strategies for the Multinational Firm," Journal of Internatiional Economics, Vol.70, No.1, pp. 216-238.

Grossman, G. and E. Helpman（1994）, "Technology and Trade," NBER Working Paper No. 4926, November. <http://www.nber.org/papers/w4926.pdf>.

Grossman, G. M. and E. Helpman（1991）, Innovation and Growth in the Global Economy, Cambridge, MA: The MIT Press.

Grossman, G. and E. Helpman（1989）, "Product Development and International Trade," Journal of Political Economy, Vol. 97, pp.1261-1283.

Grubel, H. G. and P. J. Lloyd（1975）, INTRA-INDUSTRY TRADE-The Measurement of International Trade in Differentiated Products, London: Macmillan Press Ltd.

Guellec, D., De La Van Pottlesberghe and B. Potterie（2001a）, "Internationalisation of Technology Analysis with Patent Data," Research Policy 30, pp.1253-66.

Guellec, D., De La Van Pottlesberghe and B. Potterie（2001b）, "R&D and Productivity Growth: Panel Data Analysis of 16 OECD Countries," OECD Economic Studies No.33, 2001/II, pp.103-26.

Gupta, P., D. Mishra and R. Sahay（2001）, "Understanding the Diverse Growth Impacts of Currency Crisis," unpublished, IMF, Jan.

Gupta, P., D. Mishra and R. Sahay（1998）, "Mitigating the Social Costs of the Economic Crisis and the Reform Programs in Asia," IMF Paper on Policy Analysis and Assessment PPAA/98/7.

Hall, B. H.（2004）, "Innovation and Diffusion," NBER Working Paper 10212.

Harrison, A.（1996）, "Openness and Growth: A Time-Series, Cross-Country Analysis for Developing Countries,", Journal of Development Economics 48(2), pp.419-47.

Han, Gaofeng, Kalirajan Kaliappa and Nirvikar Singh（2002）, "Productivity and economic growth in East Asia: Innovation, efficiency and accumulation," Japan and the World Economy ,Vol.14, pp.401-24.

Hart, P.E. and S. J. Prais（1956）, "The analysis of business concentration: a statistical approach," Journal of the Royal Statistical Society Series A, Vol. 119, pp.150-191.

Havrylyshyn, O. and E. Civan（1983）, "Intra-Industry Trade and the Stage of Development-A Regression Analysis of Industrial and Developing Countries," in P. K. M. Tharakan, ed., Intra-Industry Trade: Empirical and Methodological Aspects. Amsterdam: North-Holland.

Helpman, Elhanan and Paul R.Krugman（1985）, Market Structure and Foreign Trade, The MIT Press.

Herin, Jan（1986）, "Rules of Origin and DIfferences between Tariff Levels in EFTA and in the EC" EFTA Occasional Paper No.13, EFTA.

Hillman, A. L.（1980）, "Observations on the Relation between 'Revealed Comparative Advantage' and Comparative Advantage as Indicated by Pre-Trade Relative Prices," Weltwirtschaftliches Archiv, Vol. 116, pp.315–321.

Hinloopen, Jeroen, and Charles van Marrewijk（2004）, "Dynamics of Chinese comparative advantage," Tinbergen Institute Discussion Paper 04-034/2, <http://papers.ssrn.com/sol3/papers.cfm? Abstract _id=524722>.

Hinloopen, J., and C. van Marrewijk（2001）, "On the empirical distribution of the Balassa index," Weltwirtschaftliches Archiv, Vol. 137, No.1, pp.1–35.

Hobday, Mike（2001）, "The Electronics Industries of the Asia-Pacific: Exploiting International Production Networks for Economic Development," Asian-Pacific Economic Literature, Vol.15, Issue 1.

Easterly, W., and R. Levine（2000）, "It's Not Factor Accumulation: Stylized Facts and Growth Models," World Bank Working Paper.

Eaton, J., and S. Kortum（2006）, "Innovation, diffusion and Trade," NBER Working Paper 12385, http://www.nber.org/papers/w12385.

Hayami, Y.（2003）, "From Washington Consensus to the Post-Washington Consensus: Retrospect and Prospect," Asian Development Review 20(2).

Hayami, Y. and J. Ogasaswara（1999）, "Change in the Source of Modern Economic Growth: Japan Compared with the United States," Journal of Japan and International Economies 13, March, pp.1-21.

ICSEAD（2005）, "Special Issue: Recent Trends and Prospects for Major Asian Economies," East Asian Economic Perspectives, Vol.16.

Irving Kravis and Robert E. Lipsey（1992）, "Source of competitiveness of the United States and of its multinational firms," Review of Economics and Statistics, Vol. 74, No. 2, pp.193-201.

Iwata, S., M. S. Khan and H. Murao（2002）, "Sources of Economic Growth in East Asia: A Nonparametric Assessment" IMF Working Paper WP/02/13, 2002.1.

Jen, Eau-tin（2006）, "The Implications of Agricultural Domestic Support of Japan on World Agricultural Trade Liberalization to Taiwan," in Tai Wan-chin eds., New Development in Asia Pacific and the World, Taipei: Taiwan Elite, pp.217-243.

Jomo, K. S.（2001）, "Globalisation, Liberalisation, Poverty and Income Inequlity in Southeast Asia," OECD Technical Papers No.185, OECD Development Centre.

Kasahara, S.（2004）, "The Flying Geese Paradigm: A Critical Study of Its Application to East Asian Regional Development," UNCTAD Discussion Paper 169, UNCTAD/OSG/DP/2004/3, No.169, April.

Keller, W.（2001）, "International technology diffusion," NBER Working Paper 8573, National Bureau of Economic Research.

Kessides, I. N.（1991）, Appendix A2 in Michaely, M., D. Papangeorgiou and A. M. Choksi eds., Lessons of Experience in Developing World, Oxford: Basil Blackwell.

Kim, Jong-II and L. J. Lau（1994）, "The Source of Economic Growth of the East Asian Newly Industrialized Countries," Journal of Japan and International Economies 8, September, pp.235-71.

Kim, S. J., and M. R. Stone（1999）, "Corporate Leverage, Bankruptcy, and Output Adjustment in Post-Crisis Eats Asia,", IMF Working Paper WP/99/143,Oct.

Kimura, Fukunari, and Mitsuyo Ando（2003）, "The Formation of International Production and Distribution Networks in East Asia," NBER Working Paper 10167, December, National Bureau of Economic Research.

Kimura, Fukunari, and Kiichiro Fukasaku（2002）, "Globalization and Intra-firm Trade: Further Evidence," in P.J. Lloyd and Hyun-Hoon Lee, eds., Frontiers of Research in Intra-Industry Trade. New York: Palgrave Macmillan Press Ltd.

Kiyota, Kozo（2006）, "An Analysis of the Potential Economic Effects of Bilateral, Regional, and Multilateral Free Trade," RIETI Discussion Paper Series 06-E-027, RIETI.

Klenow, P.J., and A. Rodriguez-Clare（1997）, "The Neoclassical Revival in Growth Economics: Has It Gone Too Far?" NBER Macroeconomic Annual 1997, pp.73-103.

Kojima Kiyoshi（2000）, "The "flying geese" model of Asian economic development: origin, theoretical extensions, and regional policy implications," Journal of Asian Economics 11, pp.375-401.

Kojima, Kiyoshi（1977）, "Typology of Trade Intensity Indices," Hitotsubashi Journal of Economics, Vol. 17, pp.15-32.

Kojima K.（1975）, "International Trade and foreign investment: substitute or complements?", Hitotsubashi journal of economics, June.

Korhonen, P.（1994）, "The Theory of the Flying Geese Patterns of Development and Its Interpretations," Journal of Asia Peace Research 31(1), pp.93-108.

Kravis, Irving, and Robert E. Lipsey（1992）, "Source of competitiveness of the United States and of its multinational firms," Review of Economics and Statistics, Vol. 74, No. 2, pp.193-201.

Krueger A.O.（1978）, Liberalization Attemps and Consequances, Ballinger Press for National Bureau of Economic Research, Mass.: Lexington.

Krueger A.O.（1997）, "Trade Policy and Economic Development: How We Learn,", National Bureau of Economic Research Working Paper 5896.

Krugman, P.（1994）, "The Myth of Asia's Miracle," Foreign Affairs, Vol.73, Nov./Dec.

Krugman, P.（1991）, Geography and Trade, Cambridge, MA.: MIT Press.

Krugman, P.（1987）, "The Narrow Moving Band, the Dutch Disease, and the Competitive Consequences of Mrs. Thatcher: Notes on Trade in the Presence of Dynamic Scale Economics," Journal of Development Economics, Vol. 27, pp.41-55.

Krugman, P.,（1980）, "Scale Economies, Product Differentiation, and the Pattern of Trade," American Economic Review,Vol.70 No.5, Dec., pp.950-59.

Kuznets, S.（1973）, "Modern Economic Growth: Findings and Reflections," American Economic Review 63(3), pp. 247-258.

Kuznets, S.（1966）, Modern Economic Growth, New Haven and London: Yale University Press.

Lane, T., et al.（1999）, IMF Supprted Programs in Indonesia, Korea and Thailand: A Preliminary Assessment, Occasional Paper 178, Washington: International Monetary Fund.

Laursen, Keld（1998a）, "Revealed Comparative Advantage and the Alternatives as Measures of International Specialisation," DRUID Working Paper No. 98-30, <http://www.druid.dk/wp/pdf_files/98-30.pdf>.

Laursen, Keld（1998b）, "Do Export and Technological Specialisation Patterns Co-evolve in Terms of Convergence or Divergence?: Evidence From 19 OECD Countries, 1971-1991," DRUID Working Paper No. 98-18, < http://www.druid.dk/wp/pdf_files/98-18.pdf>.

Leibenstein, H.（1957）, Economic Backwardness and Economic Growth: Studies in the Theory of Economic Development, New York: John Wily.

Lemoine, F.（2000）, "FDI and the Opening Up of China's Economy," CEPII Working Paper No.00-11.

Leontief, W. W. (1956), "Factor Proportion and the Structure of American Trade: Further Theoretical Empirical Analysis," Review of Economic and Statistics, Vol.38.

Leontief, W.W. (1953), "Domestic Production and Foreign Trade: The American Capital Position Re-examined," American Philosophical Society Vol.97

Li, Li, and Ching-Hsi Chang (2004) "Can FDI Save the Shaking Chinese Economy?" Discussion Paper prepared for International Conference on Issue of China's Economic Development. Taipei: Taiwan Study Center, National Chengchi University, 2004/6/3-4.

Lichtenberg, F., De La Van Pottlesberghe and B. Potterie (1998), "International R&D Spillovers: Comment," The European Economic Review 42(8), pp.1483-91.

Liesner, H.H. (1958), "The European Common Market and British Industry," The Economic Journal, Vol.17, pp.15-32.

Little, I., T. Scitovsky and M.Scott (1970), Industry and Trade in Some Developing Countries: A Comparative Study, Cambridge: Oxford University Press.

Liu, Xiaming, Chengang Wang and Yingqi WEI (2001), "Causal links between foreign direct investment and trade in China," China Economic Review, 12, pp.190–202.

Lo, Fu-chen, and Yu-qing Xing eds. (1999), China's Sustaunable Development Framework (Summary Report), Tokyo: United Nation University/ Istitute of Advanced Studies.

Lucas, R. E. (1988), "On the Mechanics of Economic Development," Journal of Monetary Economics 22(1), pp.3-42.

Malcolm, Dowling, and Ray David (2000), "The structure and composition of international trade in Asia: historical trends and future prospects," Journal of Asian Economics 11, pp.301–318.

Mansfield, E.（1981）, "Imitation Costs and Patents: An Empirical Study," The Economic Journal 91, pp.907-18.

Marchese, S., and F. Nadal De Simone（1989）, "Monotonicity of Indices of 'Revealed' Comparative Advantage: Empirical Evidence on Hillman's Condition," Weltwirtschaftliches Archiv, Vol. 127, pp.158-167.

Markusen, J. R.（2002）, Multinational Firms and the Theory of International Trade, Boston: The MIT Press.

Mayer, Jörg（2003）, "Trade Integration and Shifting Comparative Advantage in Labour-Intensive Manufacturers," Paper prepared for the UNU/WIDER Conference on Sharing Global Prosperity. Helsinki: Finland, 2003/9/6-7.

Mead, J. E.（1955）, Trade and Welfare ,New York: Oxford University Press.

Ministry of Economy, Trade and Industry（2004）, White Paper on International Economy and Trade 2004（Japanese version）, Tokyo: METI.

METI（2005）, "Japan's Policy on FTAs/EPAs,", <http://www.meti.go.jp/ english/policy/index_externaleconomicpolicy.html>.

METI（2003）, "Japan's Policy to Strengthen Economic Partnership,", <http://www.meti.go.jp/english/policy/index_externaleconomicpo licy.html>.

Nelson, R.R., and H. Pack（1997）, "The Asian Miracle and Modern Growth Theory,", World Bank Working Paper.

OECD（2003）, Investment Policy Reviews China: Progress and Reform Challenges. Paris: OECD Publications.

OECD（2002）, China in the World Economy: The Domestic Policy Challenges. Paris: OECD Publications.

Okita, S.（1989）, Japan in the World Economy of 1980s, University of Tokyo Press.

Okita, S.（1985）, "Special Presentation: Prospect of the Pacific Economies," Korea development Institute, Pacific Economic Cooperation: Issues and Opportunities, Report of the Fourth Pacific Economic Cooperation Conference, Seoul, April 29-May 1, 1985.

Ozawa T.（2003）, "Pax Americana-led Macro-clustering and flying-geese-style catch-up in East Asia: mechanisms of regional endogenous growth," Journal of Asian Economics, Vol. 13, pp.699-713.

Ozawa, T.（2001a）, "The hidden side of the flying-geese catch-up model: Japan's dirigiste institutional setup and a deepening financial morals," Journal of Asian Economics 12.

Ozawa, T.（2001b）, "The Internet Revolution, Networking, and the "Flying-Geese" Paradigm of structuring Upgrading," Global Economic Quarterly 11.

Ozawa, T.（1993）, "Foreign Direct Investment and Structural Transformation: Japan as a Recycler of Market and Industry," Business and the Contemporary World V(2), Spring.

Papagni, E.（1992）, "High-technology exports of EEC countries: persistence and diversity of specialization patterns," Applied Economics, Vol. 24, pp.925-933.

Park, Yung Chul, and Won-Am Park（1992）, "Changing Japanese Trade Patterns and the East Asian NICs," in Paul Krugman, ed., Trade with Japan: Has the Door Opened Wider? NBER Project Report. Chicago: University of Chicago Press.

Pasinetti, L. L.（1981）, Structural Change and Economic Growth. Cambridge: Cambridge University Press.

Peri, Giovanni and Dieter Urban（2004）, "Catching-Up to Foreign Technology? Evidence on the "Veblen-Gerschenkron" Effect of Foreign Investments," NBER Working Paper No. 10893, < http://papers.nber.org/papers/w10893.pdf>.

Prebisch, R.(1950), The Economic Development of Latin America and its Principal Problems, Lake Success: United Nation, Department of Economic Affairs.

Proudman, J., and S. Redding（2000）, "Evolving patterns of international trade," Review of International Economics, Vol. 8, No.3, pp.373–396.

Proudman, J., and S. Redding（1997）, "Persistence and Mobility in International Trade," Bank of England Working Paper no.64, Bank of England, London, <http://www.bankofengland.co.uk/publications/ workingpapers/wp64.pdf>.

Radelet, S. and J. Sachs（1997）, "Asia's Reemergence," Foreign Affairs 76（6）, November/December.

Ramstetter, Eric D.（2000）, "Recent Trends in Foreign Direct Investment in Asia: The Aftermath of the Crisis to Late 1999", ICSEAD Working Paper Series Vol.2000-02, The International Centre for the Study of East Asian Development.

Razgallah, B.（2004）, "The balance of payments stages 'hypothesis': A reappraisal,". http://www.u-paris2.fr/troisdi/pdfs/The_BoP_stages_ hypothesis.pdf

Redding, Stephen（2002）, "Specialization dynamics," Journal of International Economics, Vol.58, pp.299–334.

Rodriguez, Peter L.（2001）, "Rules of Origin with Multistage Production," The World Economy, Vol.24, No.2, pp. 201-220

Rodriguez, F. and D. Rodrik（1999）, "Trade Policy and Economic Growth: A Skeptic's Guide to the Cross-Country Evidence,"

Centre for Economic Policy Research, Research Paper Series No.2143.

Romer, P.（1993）, "Idea Gaps and Object Gaps in Economic Development," Journal of Monetary Economics 32, pp.543-73.

Romer, P.（1986）, "Increasing Returns and Long-Run Growth,", Journal of Political Economy 94（5）, pp.1002-37.

Sachs, J. and A. Warner（1995）, "Economic Reform and the Process of Global Integration," Brookings Paper on Economic Activity 1, pp.1-118.

Sarel, M.（1997）, "Growth and Productivity in ASEAN Countries," IMF Working Paper 97/97.

Senhadji, A.（2000）, "Sources of Economic Growth: An Extensive Growth Accounting Exercise," IMF Staff Papers 47, pp.129-57.

Siegfried, Bender, and Kui-Wai Li（2002）, "The Changing Trade and Revealed Comparative Advantages American Manufacture Exports," Center discussion paper no.843, Economic Growth Center, Yale University,< http://www.econ.yale.edu/~egcenter/>

Solow, R. M.（1957）, "Technical Change and Aggregate Product Function," Review of Economic and Statistics 39, August, pp.312-20.

Solow, R. M.（1994）, "Perspective on Growth Theory," Journal of Economic Perspective 8, Winter, pp.45-54.

SourceOECD（2005）, ITCS International Trade, United States - SITC Rev.2 Vol. 2004 release 01, <http://oecdnt.ingenta.com/OECD/eng/TableViewer/Wdsdim/dimensionp.asp?IVTFileName=6gr2usa.ivt>.

Stiglitz, J. E.（2003）, "Globalization, Technology, and Asian Economic Development," Asian Development Review, 20（2）.

Stiglitz, J. E.（2002）, Globalization and its Discontents, New York: Norton.

Stone, M.R., and M. Weeks（2001）, "Systemic Finacial Crisis, Balance Sheets, and Model Uncertainty," IMF Working Paper WP/01/162, Oct.

Sturgeon, Timothy J.（1997）, "Turnkey Production Networks: A New American Model of Industrial Organization?" BRIE Working Paper 92A, August.

Todo, Yasujuki and Koji Miyamoto（2006a）, "knowledge Spillovers from Foreign Direct Investment and the Role of R&D Activities: Evidence from Indonesia," Economic Development and Cultural Change 55:1, pp.173-200.

Todo, Yasujuki（2006b）, "knowledge Spillovers from Foreign Direct Investment in R&D Activities: Evidence from Japanese Firm-Level Data," Journal of Asian Economics 17:6, pp.996-1013.

Tso, Allan Y.（1998）, "Foreign Direct Investment and China's Economic Development," in Y. M. Shaw, ed., European and Asia-Pacific Integration: Political, Security, and Economic Perspectives, Chap.10, Taipei: Institute of International Relations, National Chengchi University, pp.186-215.

UNCTAD（2007a）, Handbook of Statistics, New York and Geneva: United Nations publication.

UNCTAD（2007b）, World Investment Report 2007, New York and Geneva: United Nations publication.

UNCTAD（2006）, World Investment Report 2006, New York and Geneva: United Nations publication.

UNCTAD（2005）, Handbook of Statistics, New York and Geneva: United Nations publication.

UNCTAD（2004）, Handbook of Statistics , New York and Geneva: United Nations publication.

UNCTAD（2003a）, Handbook of Statistics , New York and Geneva: United Nations publication.

UNCTAD（2003b）, TRADE AND DEVELOPMENT REPORT, 2003: CAPITAL ACCUMULATION, GROWTH AND STRUCTURAL CHANGE, New York and Geneva: United Nations publication.

UNCTAD（2002a）, TRADE AND DEVELOPMENT REPORT, 2002, New York and Geneva: United Nations publication.

UNCTAD（2002b）, World Investment Report 2002, New York and Geneva: United Nations publication.

UNCTAD（1995）, World Investment Report 1995, New York and Geneva: United Nations publication.

Van Hulst, N., R. Mulder and L. G. Soete（1991）, "Exports and Technology in Manufacturing Industry," Weltwirtschaftliches Archiv, Vol. 127, pp.246-264.

Vernon, R.（1966）, "International Investment and International Trade in the Product Cycle," The Quarterly Journal of Economics, 80(2), pp.190-207.

Vollrath, L. T.（1991）, "A Theoretical Evaluation of Alternative Trade Intensity Measures of Revealed Comparative Advantage," Weltwirtschaftliches Archiv, Vol. 127, pp.265-280.

Wang, Wen Thuen（2002）, "Catching-up Process of Taiwan's Electronic Components Industry : A Frontier Analysis," ICSEAD Working Paper Series Vol. 2002-30, December, The International Centre for the Study of East Asian Development（ICSEAD）.

William, James E., and Oleksandr Movshuk（2004）, "Shifting International Competitiveness: An Analysis of Market Share in Manufacturing Industries in Japan, Korea, Taiwan and the USA," Asian Economic Journal, Vol. 18, No.2.

William James（2000）, "Comparative Advantage in Japan, Korea and Taiwan between 1980 and 1996: Testing for Convergence and Implications for Closer Economic Relations," ICSEAD Working

Paper Series Vol. 2000-24, December, The International Centre for the Study of East Asian Development（ICSEAD）.

Williamson, J.（1993）, "Democracy and the Washington Consensus," World Development 21(8), pp.1329-36.

World Bank（2005a）, Global Economic Prospect—The Regionalism and Development, Washington, DC: World Bank.

World Bank(2005b), Global Economic Prospects: Trade, Regionalism, and Development, Washington, D.C.: The International Bank for Reconstruction and Development / The World Bank.

World Bank（2004）, EAST ASIA UPDATE: Strong Fundamentals to the Fore, REGIONAL OVERVIEW. Washington, D.C.: The International Bank for Reconstruction and Development / The World Bank.

World Bank（1997）, World Development Report 1997-The State in a Changing World, http://www-wds.worldbank.org/external/default/WDSContentServer/WDSP/IB/1997/06/01/000009265_39802171 41148/Rendered/PDF/multi0page.pdf.

World Bank（1989）, World Development Report 1989, New York: Oxford University Press.

World Bank（1987）, World Development Report 1987, http://www-wds.worldbank.org/external/default/WDSContentSer ver/WDSP/IB/1987/06/01/000178830_98101911073518/Rendere d/PDF/multi0page.pdf.

World Bank（1959）, A Public Development Program for Thailand, Baltimore: The Johns Hopkins Press.

WTO（2006）, "The Changing Landscape of Regional Trade Agreements: 2006 Update ," WTO Regional Trade Agreements Section Trade Policies Review Division Discussion paper No.12

Wu, Harry X.（2001）, "China's comparative labor productivity performance in manufacturing, 1952-1997 Catching up or falling behind?" China Economic Review ,Vol.12, pp.162-89.

Yamazawa, I.（1990）, Economic Development and International Trade: The Japanese Model, East-West Center, Hawaii.

Yeaple, S. R.（2003）, "The Complex Integration Strategies of Multinationals and Cross Country Dependencies in the Structure of Foreign Direct Investment," Journal of International Economics 60:2, pp. 293-314.

Yeats, J. A.（1985）, "On the Appropriate Interpretation of the Revealed Comparative Advantage Index: Implications of a Methodology Based on Industry Sector Analysis," Weltwirtschaftliches Archiv Vol. 121, pp.61-73.

Young, A.（1992）, "A Tale of Two Cities: Factor Accumulation and Technical Change in Hong Kong and Singapore," NBER Macroeconomic Annual 1992, pp.13-54。

Yue,Changjun, and Hua Ping（2002）, "Does comparative advantage explains export patterns in China?" China Economic Review, 13, pp.276–296.

二、日文部份（依日文字母序）

青木健（2002）「ASEAN・中国の FTA 創設合意と日本の対応『ITI 季報』Spring 2002 / No.47，頁 40－47，国際貿易投資研究所。

青木まき（2006）「東アジアに於ける地域貿易協定の特徴」平塚大祐編『東アジアの挑戦』東京：アジア経済研究所。

赤松要（1935）「吾国羊毛工業品の貿易趨勢」名古屋高商・商業経済論叢、第 13 巻上冊。

赤松要（1965）『世界経済論』東京：国元書房。

阿部一知・浦田秀次郎・NIRA 編 （2008）『日中韓 FTA－その
　　意義と課題』東京：日本経済評論社。

荒木英一・西川憲二（2006）「日本の「貿易黒字神話」の崩壊―
　　通商白書（ 2002,2003 ）メッセージの検討―」
　　<http://rio.andrew.ac.jp/araki/myth.pdf>。

伊藤恵子（2003）「東アジアにおける貿易パターンと直接投資：
　　日本製造業への影響」ICSEAD Working Paper Series
　　Vol.2003-03, may, The International Center for the Study of East
　　Asian Development（ICSEAD）

石戸光・伊藤恵子・深尾京司・吉池喜政（2003）「東アジアにお
　　ける垂直的産業内貿易と直接投資」ICSEAD Working Paper
　　Series Vol. 2003-11。

伊藤元重（2000）『国際経済入門』東京：日本経済新聞出版社。

内堀敬則（2005）「転換期迎える日本企業の中国戦略」みずほリ
　　サーチ October 2005。

浦田秀次郎（2006）「貿易・投資主導の経済成長と地域統合」伊
　　藤健一・田中明彦監修『東アジア共同体と日本の針路』東
　　京：NHK 出版社。

大野幸一・岡本由美子編 （1995）『EC・NAFTA・東アジアと外
　　国直接投資－発展途上国への影響』東京：アジア経済研究所。

座間紘一・藤原貞雄編著 （2003）『東アジアの生産ネットワー
　　ク－自動車・電子機器を中心として－』東京：ミネルヴァ書
　　房。

小寺 彰（2006）「FTA のスパゲティボール現象とは」『RIETI コ
　　ラム』< http://www.rieti.go.jp/jp/columns/a01_0193.html >。

川崎賢太郎（2005）「GTAP モデルによる日タイ FTA および日韓
　　FTA の分析」鈴木宣弘編『FTA と食料－評価の理論と分析枠
　　組』東京：筑波書房。

木村福成（2002）「東アジアにおける FTA 形成の動き：期待と懸念」『世界経済評論』，10 月号，頁 6−9。

Kuznets, S.（1968）塩野谷祐一訳『近代経済成長の分析（下）』東京：東洋経済新報社（Kuznets,S.（1966）, Economic Growth of Nations：Total Output and Production structure, Cambridge, Massachusetts：Harvard University Press.）。

黒田篤郎（2001）『メイド・イン・チャイナ』東京：東洋経済新報社。

経済産業省（2008）『2006 年度海外事業活動基本調査（37 回）』。

経済産業省（2007）『通商白書 2007』東京：経済産業調査会。

経済産業省（2006a）『グローバル経済戦略』東京：経済産業調査会。

経済産業省（2006b）『新経済成長戦略』東京：経済産業調査会。

経済産業省（2006c）『通商白書 2006』東京：経済産業調査会。

経済産業省（2006d）『2004 年度海外事業活動基本調査（35 回）』。

経済産業省通商政策局編（2006e）「地域統合」『2006 年版不公正貿易報告書 WTO 協定から見た主要国の貿易政策』第 15 章,東京：経済産業省通商政策局。

経済産業省（2006f）「〈経済連携の取組（EPA）について（平成 18 年 3 月）」『経済連携（FTA/EPA）の推進について』<http://www.meti.go.jp/policy/trade_policy/epa/data/060307suishin.pdf>。

経済産業省（2004a）『通商白書 2004』東京：日本経済産業調査会。

経済産業省（2004b）『2002 年度海外事業活動基本調査（33 回）』。

経済産業省（2004c）「〈経済連携の取組（EPA）について（平成 16 年 12 月）」『経済連携（FTA/EPA）の推進について』<http://www.meti.go.jp/policy/trade_policy/epa/data/world_fta200412.pdf>。

経済産業省（2004d）「FTA をめぐる世界の動き」『経済連携（FTA/EPA）の推進について』<http://www.meti.go.jp/policy/trade_policy/epa/data/world_fta200412.pdf>。

経済産業省（2003a）『通商白書 2003』東京：日本経済産業調査会。

経済産業省（2003b）『2001 年度海外事業活動基本調査（32 回）』。

経済産業省（2002a）『通商白書 2002』東京：日本経済産業調査会。

経済産業省（2002b）『2000 年度海外事業活動基本調査（31 回）』。

経済産業省（2001）「内外一体の経済政策について」『対外経済政策の基本理念』<http://www.meti.go.jp/policy/trade_policy/ideology/index.html>。

経済産業省（1996）『通商白書 1996』東京：日本経済産業調査会。

経済社会総合研究所編（2003）『新世紀における中国と国際経済に関する研究会報告』東京：内閣府経済社会総合研究所。

経済連携促進関係閣僚会議（2004）「今後の経済連携協定の推進についての基本方針」（平成 16 年 12 月 21 日）<http://www.mofa.go.jp/mofaj/gaiko/fta/hoshin_0412.html>。

国際東アジア研究センター（2004）『特別報告東アジア経済の趨勢と展望　東アジアへの視点 2003 年春季特別号』，14 巻 2 号，国際東アジア研究センター（ICSEAD）。

国立社会保障・人口問題研究所（2002）「日本の将来推計人口（平成 14 年 1 月推計）」<http://www.ipss.go.jp/pp-newest/j/newest02/p_age2.xls>。

清田耕造（2006）「日本の二国間・地域的自由貿易協定と多角的貿易自由化の効果：ミシガン・モデルによる分析」RIETI 編『わが国の財/サービス貿易及び投資の自由化の経済効果等に関する調査研究報告書』東京：RIETI。

外務省經濟局（2008）「日本の経済連携協定（EPA）交渉-現状と課題-」http://www.mofa.go.jp/mofaj/gaiko/fta/pdfs/kyotei_0703.pdf。

外務省経済局（2006）「日本の経済連携協定（EPA）交渉－現状と課題－」<http://www.mofa.go.jp/mofaj/gaiko/fta/pdfs/kyotei_0602.pdf>。

外務省経済局（2005）「東アジア諸国との経済連携協定交渉の現状と課題」<http://www.mofa.go.jp/mofaj/gaiko/fta/pdfs/kyotei_0504.pdf>。

外務省（2003）「日本国と東南アジア諸国連合との間の包括的経済連携の枠組み」『日・ASEAN 包括的経済連携構想』<http://www.mofa.go.jp/mofaj/gaiko/fta/j_asean/kouso.html>。

外務省（2002）「我が国の FTA 戦略」『日本の FTA 戦略』<http://www.mofa.go.jp/mofaj/gaiko/fta/policy.html>。

関志雄（2002）「中国の台頭と IT 革命で雁行形態が崩れたか－米国市場における中国製品の競争力の変化による検証－」『中国の産業と企業』<http://www.rieti.go.jp/users/china-tr/jp/020502newkeizai.htm >。

Guan, Goh Aik（1991）「日本の産業内分業の推移：一考察」『日本経済研究』，No.21，日本経済研究センター。

香西泰・宮川努・日本経済研究センター編（2008）『日本経済グローバル競争力の再生』東京：日本経済新聞社。

小島清（2003）『雁行型経済発展論 1、2 巻』東京：文真堂。

小島清（1989）『海外直接投資のマクロ分析』東京：文真堂。

小島清（1986）『日本の海外直接投資－経済学的接近』東京：文真堂。

小宮隆太郎（1989）『日本経済-マクロ的展開と国際経済関係』東京：東京大学出版会。

佐佐木仁・古賀優子（2005）「機械部門の貿易パターンの分析」日本銀行 working paper series、日本銀行調査統計局。

Samuelson, P. A.（1973）Economics, 都留重人訳（1976）『サムエルソン経済学』東京：岩波書店。

柴山和久・中澤剛太（2006）「マレーシアとの経済連携協定の分析─関税撤廃・原産地規則・知的財産権を中心に─」『貿易と関税』2006年1月号。

篠原三代平（2006）『成長と循環で読み解く日本とアジア』東京：日本経済新聞社。

末広昭（2000）『キャッチッアップ型工業化論－アジア経済の軌跡と展望－』名古屋大学出版会。

世界銀行（1993）The East Asian Miracle: Economic Growth and Public Policy，白鳥正喜監譯（1994）『東アジアの奇跡-経済成長と政府の役割-』東京：東洋経済新報社。

Stiglitz, J. E., and C. Walsh（2002），Economics, 藪下史郎等訳（2007）『ステッグリッツ　マクロ経済学』第3版，東京：東洋経済新報社。

関口末夫（1988）『直接投資と技術移転の経済学』東京：中央経済社。

財務省（2002）「對外直接投資状況」。

田中素香・馬田啓一編著（2007）『国際経済関係論－対外経済政策の方向性を探る－』東京：文真堂。

高川泉・岡田敏裕（2004）「国際産業連関表からみたアジア太平洋経済の相互依存関係－投入係数の予測に基く分析」日本銀行 Working Paper　No.04-J-6。

丹下敏子（1998）『国際競争力の変化』東京：文真堂。

戸堂康之（2008）『技術転播と経済成長』東京：剄草書房。

堤 雅彦・清田耕造（2002）「日本を巡る自由貿易協定の効果：CGE モデルによる分析」日本経済研究センター。

通商産業省（1996）『通商白書1996』東京：経済産業調査会。

内閣府（2002）『世界経済の潮流秋号』東京：財務省印刷局。

日本銀行（2000）『入門 国際収支』東洋経済新報社。

日本國際協力銀行（2007）『わが国製造業企業の海外事業展開に関する調査報告-2007年度海外直接投資アンケート結果（第19回）-』

日本國際協力銀行（2003）『2002年度海外直接投資アンケイート調査報告（第14回）』日本開發金融研究所報第14號，pp.4-82.

日本國際協力銀行（2002）『2001年度海外直接投資アンケイート調査報告（第13回）』日本開發金融研究所報第9號，pp.35-98.

日本貿易振興會（2008）『平成19年度日本企業の海外事業展開に関するアンケート調査』

日本貿易振興會（2007）『平成18年度日本企業の海外事業展開に関するアンケート調査』

日本貿易振興会（2005）『経済連携協定における原産地規則に関する要望（2005年3月3日）』東京：JETRO。

日本貿易振興會（2003）『平成14年度日本企業の海外事業展開に関するアンケート調査』

日本貿易振興會（2001）「21世紀を迎えた日本企業の海外直接投資戦略の現状と見通し」．

日本貿易振興会経済情報部（2001）『日本市場における中国製品の競争力に関するアンケート調査報告書』東京：日本貿易振興会。

日本経済団体連合会（2004）『経済連携の強化に向けた緊急提言～経済連携協定（EPA）を戦略的に推進するための具体的方策～』東京：日本経済団体連合会。

日・マレーシア経済連携共同研究会（2003）「日・マレーシア経済連携共同研究会報告書」『経済連携（FTA/EPA）の推進について』<http://www.meti.go.jp/policy/trade_policy/epa/data/malaysia_report_j.pdf>。

日・メキシコ経済連携共同研究会（2002）「日・メキシコ経済連携共同研究会報告書」『経済関係強化のための日墨共同研究会報告書』<http://www.mofa.go.jp/mofaj/area/mexico/nm_kyodo/index.html >。

日本交流協會（2002）「中国大陸における日・台企業ビジネスアライアンスの現状」、2002 年 3 月。

NIRA（1996）『直接投資と経済成長に関する研究－東アジアの今後の課題－』東京：総合研究開発機構。

任燿廷（2008）「WTO・FTA と台湾農業」『問題と研究』37 巻 1 号、台北：政治大学国際関係研究センター、頁 135－173。

任燿廷（2008）「台湾の WTO 加盟と農業政策の変遷」原剛編『FTA の東アジアへの影響－特に日台韓中農業に対して－』東京：藤原書店。

任燿廷　（2005）「世界農業システムの変革のおける東北アジアの対日農産物輸出競争力」『問題と研究』34 巻 11 号、台北：政治大学国際関係研究センター、頁 1－35。

野村総研台北支店（2003）『2003 年度「在台湾日本企業の事業活動に関するアンケート調査結果」概要』、經濟部投資業務處『台灣投資通信』2003 年 10 月號。

原洋之介　（2002）『開発経済論』東京：岩波書店。

林文夫編　（2007）『経済停滞の原因と制度』東京：剄草書房。

速水佑次郎（2004）『開発経済学』東京：創文社。

久武昌人・縄田和満（2003）「わが国企業の海外直接投資の要因分析」METI-RAD Working Paper No.003, Research and Analysis Division, Trade Policy Bureau, METI。

深尾京司他（2003）「産業別生産性と経済成長：1070-98 年」『経済分析』東京：內閣府経済社会総合研究所。

深尾京司・程勤（1996）「直接投資先国の決定要因について－わ
　　が国製造業に関する実証分析」『フィナンシャル・レビュー』
　　February, 東京：大蔵省財政金融研究所。

Helpman, E., and P. R. Krugman（1989）, Trade Policy and Market
　　Structure, 大山道広訳（1992）『現代の貿易政策－国際不完全
　　競争の理論』東京：東洋経済新報社。

丸山恵也・佐護誉・小林英夫編著（1999）『アジア経済圏と国際
　　分業の進展』東京：ミネルヴァ書房。

丸山恵也編著（1995）『アジアの自動車産業』東京：亜紀書房。

南亮進（2004）『日本の経済発展』第 2 版, 東京：東洋経済新報
　　社。

椋 寛（2006）「地域貿易協定と多角的貿易自由化の補完可能性：
　　経済学的考察と今後の課題」RIETI Discussion Paper Series
　　06-J-006, RIETI。

柳沢寿、山岸祐一（1996）「日本企業の海外活動と要素生産性」，
　　経済分析，政策研究の視点シリーズ６，経済企画庁経済研究
　　所。

山澤逸平（1984）『日本の経済発展と国際分業』東京：東洋経済
　　新報社。

楊小凱（2001）「経済発展における後発優位と劣位-技術模倣を超
　　えて、制度革新を目指そう-」『中国の経済改革』
　　<http://www.rieti.go.jp/users/china-tr/jp/010903kaikaku.htm >。

吉富勝（2003）『アジア経済の真実』東京：東洋経済新報社。

List, F.（1930, original publication 1841）, Das Nationale System der
　　Politischen Okonomie, Berlin: Reimar Hobbling，小林昇訳
　　（1970）『経済学の国民的体系』東京：岩波書店。

渡辺利夫編（2005）『日本の東アジア戦略』東京：東洋経済新報
　　社。

渡辺利夫編（2004）『東アジア市場統合への道』東京：剄草書房。

渡辺松男（2003）「東アジアの FTA と日本」『国際開発ジャーナル』2003 年 3 月号＜http://www2.jiia.or.jp/column/200302/17-watanabematsuo.html＞。

三、中文部份（依中文筆畫序）

中華民國行政院主計處（2004）《中華民國台灣地區國民所得統計》，http://dgbas.gov.tw/dgbas03/bs4/nis/[p1.xls]p1'!A1。

王佳煌（2004）〈雁行理論與日本的東亞經驗〉，《問題與研究》，43 卷 1 期，頁 1-31。

任燿廷（2009）《戰後日本與東亞的經濟發展》。台北：秀威資訊科技。

任燿廷（2007）〈日本推動東亞經濟合作協定的意義與影響〉，陳添枝主編《自由貿易區與國際政治經濟》第五章，頁 101-146。台北：遠景基金會。

任燿廷（2005）〈改革開放後中國大陸對外貿易的探討——貿易結構與生產波及效果的變化〉，《遠景基金會季刊》，第六卷第三期。

任燿廷（2003）〈日本製造業在亞洲的經營——全球化與當地化〉，《臺灣經濟金融月刊》，39 卷 10 期，頁 57-101。

任燿廷（2001）〈日本與東亞國家間機械機器貿易變化的探討〉，《臺灣經濟金融月刊》，第 37 卷第 8 期。

任燿廷（2000）〈日本對外貿易變化的探討（1980-97）〉，《日本研究》，20 週年紀念特刊，頁 139-58。

杜巧霞、汪惠慈（2006）〈區域貿易協定 RTA 實質性議題之最新發展與評析〉，《中華經濟研究院台灣 WTO 中心》，＜http://192.192.124.14/SmartKMS/do/www/readDoc?document_id=78923＞。

杜巧霞、陳信宏、王儷容等（2005）《FTA/RTA 相關議題基礎研究》行政院外交部/經濟部國貿局委託研究計畫。台北：中華經濟研究院台灣 WTO 中心。

汪惠慈（2006）〈區域貿易協定—透明化議題之分析〉,《中華經濟WTO 中心》,＜https://www.wtocenter.org.tw/SmartKMS/do/www/readDoc?document_id=76554&action=content＞。

林毅夫（2000）〈信息產業發展與比較優勢原則〉,《中國與世界經濟》,Vol.8 No.4。

徐世勳、蔡名書（2001）〈區域貿易協定演變對 APEC 與台灣經貿的影響評估──東協加三成立自由貿易區的模擬分析〉,《自由中國之工業》,91 卷 10 期,頁 1-45。

黃兆仁、朱浩（2004）《東亞經貿整合中長期趨勢與台灣定位》行政院經濟建設委員會委託研究計畫。台北：行政院經濟建設委員會。

陳元保、周濟、郭乃鋒、彭素玲（2004）《全球經貿結盟區域化與雙邊化的趨勢與衝擊》,行政院經濟建設委員會委託研究計畫。台北：行政院經濟建設委員會。

陳怡君（2004）〈亞洲區域整合發展現況及日星自由貿易協定簡析〉,《中華經濟研究院台灣 WTO 中心》,＜http://192.192.124.14/SmartKMS/do/www/readDoc?document_id=18033＞。

經濟部統計處《製造業對外投資實況調查報告 2002 年》。

彭慧鸞（1998）〈柯林頓政府積極介入亞太事務的理論與實踐〉,林岩哲、柯玉枝主編,《東亞地區間之互補與競賽》。台北：政治大學國際關係研究中心。

劉大年、杜巧霞、林培州等（2004）《全球 FTA/RTA 整合發展趨勢及我國因應策略》行政院經濟部國貿局委託研究計畫。台北：中華經濟研究院台灣 WTO 中心。

鄧中堅、李文志、李國雄等（2005）《中共加速推動區域整合對東亞及台灣之影響》中華歐亞基金會政策專題研究。台北：中華歐亞基金會。

蕭萬長、麥朝成、柯承恩（2006）《全球化和中國經濟崛起對我國
　　的挑戰、願景與策略之研究》行政院經濟建設委員會委託研究
　　計畫。台北：行政院經濟建設委員會。
顧瑩華、陳添枝、陳坤銘等（2004）《亞太經濟整合對我國產業發
　　展之影響評估》經濟部工業局委託研究。台北：經濟部工業局。

國家圖書館出版品預行編目

東亞區域的經濟發展與日本 / 任燿廷著. -- 一
　版. -- 臺北市：秀威資訊科技, 2009.02
　　面；　公分. -- (社會科學類；AF0106)
BOD 版
參考書目：面
ISBN 978-986-221-173-1(平裝)

1. 經濟發展　2. 經貿關係　3. 東工　4. 日本
552.3　　　　　　　　　　　　　98002174

社會科學類　　AF0106

東亞區域的經濟發展與日本

作　　者 / 任燿廷
發 行 人 / 宋政坤
執行編輯 / 林世玲
圖文排版 / 張慧雯
封面設計 / 莊芯媚
數位轉譯 / 徐真玉　沈裕閔
圖書銷售 / 林怡君
法律顧問 / 毛國樑　律師
出版印製 / 秀威資訊科技股份有限公司
　　　　　　台北市內湖區瑞光路 583 巷 25 號 1 樓
　　　　　　電話：02-2657-9211　　　傳真：02-2657-9106
　　　　　　E-mail：service@showwe.com.tw
經 銷 商 / 紅螞蟻圖書有限公司
　　　　　　台北市內湖區舊宗路二段 121 巷 28、32 號 4 樓
　　　　　　電話：02-2795-3656　　　傳真：02-2795-4100
　　　　　　http://www.e-redant.com

2009 年 2 月 BOD 一版
2009 年 8 月 BOD 二版
定價：600 元

讀 者 回 函 卡

感謝您購買本書，為提升服務品質，煩請填寫以下問卷，收到您的寶貴意見後，我們會仔細收藏記錄並回贈紀念品，謝謝！

1.您購買的書名：_____

2.您從何得知本書的消息？

 □網路書店 □部落格 □資料庫搜尋 □書訊 □電子報 □書店

 □平面媒體 □ 朋友推薦 □網站推薦 □其他_____

3.您對本書的評價：(請填代號 1.非常滿意 2.滿意 3.尚可 4.再改進)

 封面設計____ 版面編排____ 內容____ 文/譯筆____ 價格____

4.讀完書後您覺得：

 □很有收穫 □有收穫 □收穫不多 □沒收穫

5.您會推薦本書給朋友嗎？

 □會 □不會，為什麼？_____

6.其他寶貴的意見：_____

_____

_____

_____

讀者基本資料

姓名：_____ 年齡：_____ 性別：□女 □男

聯絡電話：_____ E-mail：_____

地址：_____

學歷：□高中(含)以下 □高中 □專科學校 □大學

   □研究所(含)以上 □其他_____

職業：□製造業 □金融業 □資訊業 □軍警 □傳播業 □自由業

   □服務業 □公務員 □教職 □學生 □其他_____

(請沿線對摺寄回,謝謝!)

秀威與 BOD

BOD（Books On Demand）是數位出版的大趨勢，秀威資訊率先運用 POD 數位印刷設備來生產書籍，並提供作者全程數位出版服務，致使書籍產銷零庫存，知識傳承不絕版，目前已開闢以下書系：

一、BOD 學術著作—專業論述的閱讀延伸
二、BOD 個人著作—分享生命的心路歷程
三、BOD 旅遊著作—個人深度旅遊文學創作
四、BOD 大陸學者—大陸專業學者學術出版
五、POD 獨家經銷—數位產製的代發行書籍

BOD 秀威網路書店：www.showwe.com.tw
政府出版品網路書店：www.govbooks.com.tw

永不絕版的故事・自己寫・永不休止的音符・自己唱